中国地方志“一体两翼”工程

中国方志区域发展报告

2017

主　编　冀祥德
副主编　陈　旭

方志出版社
Publishing House of Local Records

图书在版编目（CIP）数据

中国方志区域发展报告 . 2017 / 冀祥德主编. -- 北京：方志出版社，2017. 12

ISBN 978-7-5144-2561-1

Ⅰ. ①中… Ⅱ. ①冀… Ⅲ. ①地方志 – 编辑工作 – 研究报告 – 中国 -2017 Ⅳ. ① K290

中国版本图书馆 CIP 数据核字（2017）第 245050 号

中国方志区域发展报告（2017）

主　　编：冀祥德
副 主 编：陈　旭
责任编辑：张　昊
封面设计：战盈彤

出 版 人：冀祥德
出 版 者：方志出版社
地址　北京市朝阳区潘家园东里 9 号（国家方志馆 4 层）
邮编　100021
网址　http://www.fzph.org
发　　行：方志出版社图书经销中心
电话　（010）67110500
经　　销：各地新华书店
排　　版：北京纺印图文设计制作有限公司
印　　刷：北京中科印刷有限公司

开　　本：700 × 1000　　1/16
印　　张：22.75
字　　数：357 千字
版　　次：2017 年 12 月第 1 版　　2017 年 12 月第 1 次印刷

ISBN 978-7-5144-2561-1　　　　**定价**：78.00 元

《中国方志区域发展报告（2017）》编委会

序　一

方志是传承中华文明、发掘历史智慧的重要载体。持续不断地编修地方志是中华民族的优秀文化传统，历史悠久，源远流长。在中华传统文化中，地方志具有独特的魅力，是最具有民族特征的标志性传统文化形式之一。同时，地方志所记载的内容纵贯古今，横陈百科，以真实资料和生动事实，激发人们热爱祖国、热爱家乡的情怀，成为新时期弘扬社会主义核心价值观最宝贵的思想源泉之一，在存史、资政、育人方面起着不可替代的积极作用，在展现中华文化的独特创造、价值观念、鲜明特色，展示中国历史底蕴深厚、各民族多元一体、文化多样和谐的文明大国形象，以及对于提升国家文化软实力方面具有不可替代的重要作用。

新中国成立后，特别是改革开放以来，在党中央、国务院正确领导和关怀支持下，在全国各省、市、县党委领导、政府主持下，经过各地各级地方志机构广大地方志工作者的不懈努力，新方志事业取得了巨大成就。

党的十八大以来，党和国家领导人高度重视地方志工作。习近平总书记就传承弘扬中华传统文化发表了一系列重要讲话，强调“要高度重视修史修志”并作出了一系列重要指示，为全国地方志事业指明了发展方向，提供了根本遵循。李克强总理提出“修志问道，以启未来”，并希望地方志工作者“继续发扬方志人精神，志存高远，力学笃行，直笔著信史，彰善引风气，为当代提供资政辅治之参考，为后世留下堪存堪鉴之记述”，并对地方志工作多次作出重要批示。刘延东副总理也就地方志工作发表重要讲话，并作出批示。习近平总书记系列重要讲话、李克强总理的重要批示、刘延东副总理的重要讲话和批示高屋建瓴，高瞻远瞩，充分肯定了地方志工作的重要作用，既表明党和国家对地方志工作的重视与关心爱护，同时又向地方志工作提出了新任务、新要求。

在中央领导同志的直接关心和爱护下，近年来地方志事业蓬勃发展，蒸蒸日上，形成了以修志编鉴为主业，理论研究、开发利用、信息化建设、方志馆建设、旧志整理等工作协调开展的事业格局，拓展了方志文化的内涵，在各地经济社会发展中发挥了独特作用。

为深入贯彻党和国家领导人关于地方志工作的重要指示精神，落实《全国地方志事业发展规划纲要（2015—2020年）》（以下简称《规划纲要》）有关进一步繁荣地方志文化、服务经济社会发展大局的要求，完成《规划纲要》提出的“做好《中国地情报告》《中国方志发展报告》《中国年鉴发展报告》编纂工作”的具体任务，中国地方志指导小组办公室启动了以《中国地情报告》为“一体”，以《中国方志发展报告》《中国年鉴发展报告》为“两翼”的“一体两翼”工程，其根本目的在于推动地方志事业健康可持续发展，繁荣方志文化，发挥地方志资源在推动经济社会发展和文化建设中的重要作用，推动地方志事业在国家“四个全面”战略布局中做出更大贡献。该项文化工程的实施，具有充分的必要性和重大现实意义。

首先，实施中国地方志“一体两翼”工程是贯彻落实党和国家全面推进深化改革、全面推进依法治国等重大战略部署的必然要求。地方志是全面系统地记述一定行政区域自然、政治、经济、文化和社会的历史与现状的资料性文献，蕴涵着极为丰富的治理经验和历史智慧，可为治国理政、推动国家治理体系和治理能力现代化提供重要的参考和借鉴。实施中国地方志“一体两翼”工程，是地方志工作者立足自身优势，以创新思维、勇于开拓的精神参与现代国家治理体系建设的积极尝试。

其次，实施中国地方志“一体两翼”工程是地方志事业健康、可持续发展的必然要求。修志致用，如何在新形势下更好地开发利用地方志文化资源，在服务经济社会发展方面发挥更大作用、作出更大贡献，是地方志工作者面临的重大时代课题。该工程系列图书的问世将直接有利于推动新方志事业总结经验、探索规律，进一步提升广大方志工作者思想认识，有力促进和繁荣方志文化建设。实施中国地方志“一体两翼”工程，是地方志工作者不断突破自我，展示自身价值的重要举措。

再次，实施中国地方志“一体两翼”工程是丰富和拓展中国社会科学院智库群的必然要求。《中共中央关于全面深化改革若干重大问题的决定》提出了“加强中国特色新型智库建设，建立健全决策咨询制度”的要求。中国地方志指导小组办公室理应紧抓机遇，参与其中，通过实施中国地方志“一体两翼”工程，在重视质量和创新的前提下，提供更多具有前瞻性、对策性的研究报告，为各方面决策服务。

中国地方志“一体两翼”工程系列报告由中国地方志指导小组办公室主持编纂，组织方志界和科研院校的专家学者，就方志资源开发利用和志鉴编修等地方志事业发展的重大实践和理论问题进行研究，并向社会发布。在研究过程中，课题组着力以方法创新提升研究质量。一方面，课题组坚持马克思主义唯物史观，综合运用史学、政治学、社会学、文献学等学科研究方法，将地方志事业置于跨学科的学术视野之下，对新时期地方志事业发展进行全方位研究，改变以往传统修志工作中对于志书年鉴研究、开发以及利用不足的状况。通过对大量志书的研读、分析课题组得出了客观、公正以及经得起实践和时间检验的结论，这项工作必将填补方志发展史上的一项空白。中国地方志“一体两翼”工程系列报告系统分析上一年度中全国各地地情概况、志鉴编修状况，以及地方志资源开发利用等方面工作开展情况，针对全国以及某一区域地方志事业发展状况和热点问题进行年度性的分析与研讨，以专业化的角度、专家学者的视野，开展系统性回顾、理论性分析和前瞻性预测，努力实现“一个定位、一个品牌、一个平台、一个模式、一个论坛”的“五位一体”总体设计。一个定位，即定位为年度资政类研究报告，旨在为政府决策咨询提供资政信息。一个品牌，即创立全国方志报告类图书品牌，培育形成为国内有影响力的品牌。一个平台，即组建各报告课题组，由方志界和中国社会科学院有关研究院所、其他科研单位研究人员组成报告撰写队伍，为培养研究型方志专家提供平台。一个模式，即由各课题组与方志出版社相关编辑部组成编、印、发一体的报告编纂出版的工作模式。一个论坛，即以中国地方志“一体两翼”工程系列报告为基础，每年举办一次中国地情论坛。

我相信，随着中国地方志“一体两翼”工程的实施与推动，地方志事业发展必将迈上一个新台阶，步入一个更高层次。地方志事业发展的成果将为弘扬优秀传统文化、服务经济社会发展作出更大贡献，为激发民族自豪感和自信心，实现中华民族伟大复兴的中国梦发挥更大作用！

中国社会科学院院长
中国地方志指导小组组长 王伟光
2017年12月

序　二

方志是我国传统文化中特有的瑰宝，编修地方志在我国有着悠久的历史。“方志”的名称最早见于《周官》，迄今已经有近3000年的历史，若是从汉代图经算起，也有2000多年的历史，即使从其基本定型的宋代算起，至今也有1000多年的历史。自隋代官修以来，代有编纂，虽中经战乱，但仍经久不绝，流传千年。到了明清两朝，编修地方志逐步走向制度化，朝廷不仅反复颁布修志诏谕，而且以地方志为基础，多次组织力量编修国家一统志。在民国时期，方志编纂更被列为国家重要事项，曾由中央政府下令各地设立方志馆、方志局，编修省、市志书，并颁布了修志条例与规定。据不完全统计，从秦汉至民国，保存至今的历代旧方志就有8600多种，约占我国现存古籍的十分之一左右。华夏先贤们创造出的异彩纷呈、叹为观止的优秀方志成果，其所蕴涵的丰富营养，已汇聚成推动中华文化繁荣发展取之不尽、用之不竭的资源宝库。

中华人民共和国成立后，新编地方志工作受到党和国家的高度重视。1956年，国务院科学规划委员会制订《十二年哲学社会科学规划方案》，将编修地方志列为20个重点项目之一。至1960年6月，全国共有20多个省、市、自治区530多个县建立了修志机构，尝试新方志编纂。20世纪80年代，我国正式开展新方志编修工作，无论是修志的规模，还是成书数量都盛况空前。经过三十多年首轮和第二轮新方志的编修实践，我国地方志编修逐步形成了一个内涵丰富、时代特色鲜明、可持续发展的新方志事业格局，即确立了党委领导，政府主持，地方志编纂委员会及其办公室组织实施的修志格局，确立了“一纳入，八到位”的工作原则，即把地方志工作纳入国民经济和社会发展规划、各级政府工作任务之中，做到认识到位、领导到位、机构到位、编制到位、经费到位、设施到位、规划到位、工作到位。两轮新方志编修，取得了丰硕的志书成果。地方志书作为地情书、国情书，既全面、客观、准确记载了我国各行政区域的自然、政治、经济、社会、文化发展的历史轨迹，又在其编修实践中传承了中华文明的优良传统。

国务院《地方志工作条例》颁布后，方志工作走上规范化、法制化的道路，保证了方志事业的健康、顺利发展。地方志事业不断创新工作方式，“一业为主，九业并举”，即以志（三级志书）为主，库（数据库）、馆（方志馆）、鉴（年鉴）、用（服务开发）、刊（方志期刊）、网（地情网站）、会（地方志学会）、研（理论研究）全面发展，硕果累累，方志机构成为面向社会的公共文化服务部门，并且逐步形成初具规模、较为系统的地情研究中心，越来越被社会广泛关注。丰富的修志实践，不断促进和繁荣方志文化建设，也不断推动人们思想认识的飞跃，引发人们更加深入的思考。方志事业繁荣发展的现状是什么？现实中还存在什么样的问题？未来向什么方向发展？这些无疑是方志研究者和实践者必须认真思考的问题。

中国地方志指导小组办公室首次以编纂《中国方志发展报告》的方式，组织方志界和科研院校的专家学者，就方志事业发展的重大实践和理论问题进行研究，并向社会发布，这一系列性可持续研究成果填补了方志史上的一项空白。在研究过程中，课题组没有囿于对一时一事的简单叙述，而是将地方志事业置于服务国家与地方经济社会发展这个大坐标系中，全面、客观、系统地反映我国新方志事业发展的状况，研究分析了新方志事业在不断开拓创新的历史进程中取得的新成绩，面临的新形势，遇到的新问题，以及如何应对，重点反映2014年我国新方志事业发展现状、志书编修实践与创新、修志组织管理、成果开发利用、方志文化传播以及方志理论研究等方面的年度情况，堪称一部权威的年度性重要文献。

《中国方志发展报告》的突出特点在于战略性、权威性和前瞻性。战略性体现在将地方志这一重要事业，置于国家总体战略规划实施、经济结构深刻调整、以及科学技术高速发展的三维框架中进行宏观审视，准确把握地方志事业发展的战略脉动，服务社会经济发展。权威性在于由中国地方志指导小组办公室组织全国方志界和主要科研院校的著名专家、学者，精心编写打磨，由表及里，全面系统梳理地方志发展状况，深刻把握地方志发展的规律，为广大读者提供一幅全国方志事业发展的全景图。前瞻性表现为基于深刻总结各地方志事业发展经验，通过对地方志各个专业领域的深入研究和探讨，对新方志的事业发展前景作出前瞻性的预测与判断，实现地方志学科研究历史、现实与预测的有机统一。

《中国方志发展报告》的推出是一次新的尝试，这项编纂成果必将逐步形成对内不断探索事业发展规律，对外传播方志文化的重要载体。可喜可贺，令人欣慰！

中国社会科学院副院长

中国地方志指导小组常务副组长

2017 年 12 月

编辑说明

一、指导思想　以马克思列宁主义、毛泽东思想、邓小平理论、“三个代表”重要思想、科学发展观、习近平新时代中国特色社会主义思想为指导，坚持辩证唯物主义和历史唯物主义立场、观点和方法，继承和发扬我国优秀文化传统，弘扬中国特有的方志文化，并对新方志事业的发展现状和热点问题进行年度研究，以专业的角度、专家的视野和实证的研究方法，针对方志领域现状与发展态势展开分析和预测。

二、断限范围　基本以2015—2016年两个年度进行研究，对个别事项的研究实现作适当上溯。

三、内容要求　全书各区域报告重点记述本区域2015—2016年全面贯彻党中央、国务院对地方志工作的新部署、新要求和中指组及其办公室顶层设计的思路、措施，全面展示本区域地方志事业发展的总体情况，全面评估贯彻落实“一纳入、八到位”、推进“两全”目标等核心任务的实施进度，全面展示促进地方志事业发展的创新亮点，突出地域特色等。

四、总体结构　各省（自治区、直辖市）、新疆生产建设兵团报送的区域发展报告按行政区划排序汇编成《中国方志区域发展报告（2017）》，独立成书。

五、体例要求　全书每篇报告除了对所研究领域的现状描述外，还指出该领域存在的问题和对策，并预测分析未来发展的趋势。

六、注释方式　为体现学术规范，本书所参考的重要资料，采取随文标出，集中在页下注释的方式，一一注明出处。

七、数字标点　遵循国家标准出版规定，数字书写以GB/T15835-2011《出版物上数字用法》为准；行文使用标点符号以GB/T15834-2011《标点符号用法》为准。

摘　要

《中国方志区域发展报告（2017）》详细记载2015—2016年两年间，各省（自治区、直辖市）、新疆生产建设兵团地方志工作机构全面贯彻党中央、国务院对地方志工作的新部署、新要求和中国地方志指导小组及其办公室顶层设计的思路、措施，全面展示本区域地方志事业发展的总体情况，全面反映全国地方志工作现状，分析事业发展形势，特别是对到2020年“全面完成第二轮修志规划任务，省、市、县三级地方志书全部出版”发展目标进行跟踪评估；围绕地方志工作中的热点、难点问题进行深入研究，提出对策建议；为全国地方志系统提供信息咨询、决策参考、发展指导服务；进一步提升地方志工作社会影响力和社会效益，促进地方志事业科学发展，实现转型升级。

Abstract

"Regional Report on the Development of China's Local Chronicles (2017)" describes how local chronicles offices in various provinces, autonomous regions, cities and Xinjiang Production& Construction Corps implement the new decisions and the new requirement from the CPC Central Committee and the State Council on the local chronicles work, as well as the thinking and measures from Chinese Local Chronicles Guidance Group (CLCGG), fully displays the overall local chronicles situation in different regions, comprehensively reflects the reality of local chronicles work nationwide, analyses the outlook in local chronicles development. The report examines how the goal of "comprehensively accomplishing the 2nd round local chronicles compilation, comprehensively publishing local chronicles of all provinces, cities and towns" is being undertaken, focuses on the hot topics and difficult problems in local chronicles and suggests executive measures and solutions to provide information and consultation and act as reference for decision making, guiding and serving the local chronicles development. The book further improves social influences of local chronicles and the public benefits, promoting the scientific development of the enterprise to realize the transformation and upgrading.

目　录

Contents

Contents

北京市地方志事业发展报告

北京市地方志办公室

2015—2016年，北京市地方志系统在中国地方志指导小组及其办公室的指导下，在中共北京市委、市政府的领导下，深入学习贯彻党的十八大及十八届三中、四中、五中、六中全会精神，深入学习习近平总书记系列重要讲话精神及中央领导关于地方志工作的重要指示精神，全面贯彻第五次全国地方志工作会议精神，以新发展理念引领工作，以贯彻落实《全国地方志事业发展规划纲要（2015—2020年）》（以下简称《全国规划纲要》）为主线，狠抓"一纳入、八到位"的落实，着力夯实基础、注重整体谋划、健全体制机制，切实发挥地方志存史、资政、育人的功能，以首善标准扎实推进地方志各项工作，全市地方志事业取得了新的进展。

一、北京市地方志事业发展基本情况

（一）全市地方志事业更加注重顶层设计、科学规划

北京市地方志工作历来有规划先行的传统，市委办公厅、市政府办公厅先后印发过三个地方志工作发展十年规划。2015—2016年，北京市地方志编纂委员会办公室（以下简称市地方志办）和各区地方志办全面贯彻落实《全国规划纲要》精神，加强对全市地方志工作的顶层设计，积极研究制定全

市性规划纲要和区级实施方案。《北京市地方志事业发展规划纲要（2016—2020年）》（以下简称《北京规划纲要》）经2016年5月24日北京市地方志编纂委员会扩大会议审议通过后，于7月1日由市委办公厅、市政府办公厅联合印发。延庆区委、区政府出台了北京市首个区级《北京规划纲要》实施方案。北京市地方志办还在认真调研的基础上，充分征求了相关委办局和各区的意见，制定了《北京规划纲要》任务分工方案，将该任务分工方案纳入市委市政府督查范畴，并联合下发督查方案，确保《北京规划纲要》提出的各项任务按时、保质、保量完成。

以"一纳入、八到位"为总要求，地方志工作纳入国民经济和社会发展规划和各级政府工作任务之中。《北京市国民经济和社会发展第十三个五年规划纲要》中有五处明确提出了地方志工作任务。同时，地方志工作被列入2016年北京市人民政府工作报告重点工作分工方案，由分管副市长牵头，市地方志办、各区人民政府共同落实。为贯彻落实《北京规划纲要》，全市各级地方志工作机构正在抓紧制定和实施本地区、本部门的实施方案或意见，全市地方志事业科学规划、统筹协调、共同推进、全面发展的局面初步形成。

（二）依法治志迈出新步伐

深入研究依法治志的内涵与要求，以法制建设引领、规范和保障全市地方志工作，依法履行市、区两级地方志工作机构督促、检查、指导的职责。抓住"以行政区域名称冠名的地方志组织编纂许可"进入《市政府各部门行政审批事项汇总清单》的有利契机，明确行政许可工作程序，制定市地方志办行政许可工作规定、工作流程图以及各项审批表格等文件，规范自然人、法人和其他社会组织依法修志、用志，确保流程规范准确，过程公开透明。2015—2016年完成全市21个单位关于修志申请的行政许可审批工作。加强执法检查调研工作，召开全市各区贯彻条例和实施办法情况调研会，了解各区对于行政督查和执法检查的意见和建议，明确了下一阶段行政督查和执法检查的方向。

2016年，进一步加强体制机制建设，依法落实各级政府在地方志工作中的主体责任。加强市地方志编委会建设，调整充实组成单位和人员，将市四套班子有关领导以及相关委办局、各区政府主要领导纳入编委会组成人员，加强了编委会的领导力量。与市政府审改办研究确定了市地方志办六类八项行政权力清单，市、区两级地方志工作机构上下联动、共同梳理公共服务事项，为机构到位、编制到位奠定基础。与市财政局、市人力社保局、市老干部局研究制定加强地方志编纂中退休干部队伍建设相关措施，明确审稿费、退休干部聘用费等相关标准，为落实经费到位、人员到位提供了政策保障。2016年以来，西城、朝阳、丰台、石景山、门头沟、房山、顺义、平谷、怀柔、密云、延庆等区委、区政府领导专门调研地方志工作或专题听取地方志工作汇报，市司法、人力社保、金融、文物、档案等部门领导，专门召开会议，研究解决修志工作中遇到的实际问题，为地方志工作开展创造良好条件。

（三）志书编纂有序推进

坚持首善标准，为完成《全国规划纲要》和《北京规划纲要》提出的“到2020年，全面完成第二轮修志规划任务”的目标，建立了第二轮规划志书编纂进度报告制度和通报制度，每季度制做《北京志》分志及区县志修志编纂进度表，呈报给市领导和编委会组成单位主要领导，并通报全市各修志单位。市地方志办主要领导通过参加志书初审会、复审会，与修志单位沟通督促进度和质量要求，了解并解决修志过程中存在的困难和问题。《北京志》各承编单位、各区地方志办加大培训力度，通过召开编委扩大会议、修志工作例会、业务研讨会及内部审稿会等多种形式，狠抓志稿的进度和质量，确保2018年第二轮规划志书全面进入出版环节。截至2016年12月，《北京志》分志共提交初稿41部，占68部分志的60.3%，18部区县志全部提交了初稿。

规划外志书编纂取得可喜成果。《北京四合院志》作为“十二五”国家重点图书出版规划项目，历时五年，于2015年正式出版，全书共100多万字，收录图照近5000幅，在社会上产生较大影响。中国地方志指导小组常务副组长李培林，中共北京市委常委、市委秘书长、副市长、市地方志编委会副主任张工，北京市副市长王宁出席出版座谈会。《风物图志（第二辑）》10本图志出版，在2015年台湾书展上受到广泛关注和好评。按照第二次全国地名普查工作成果转化工作规划要求，将《北京市地名志》《北京市标准地名词典》的编纂纳入北京地方志编修范围，经过召开专家座谈会，广泛征求意见，已经制定了编纂工作方案，初步拟定了地名志和地名典的编纂细则。与北京冬奥组委共同启动了《北京冬奥会志》的编纂工作。积极推动名镇志编纂工程，向中指办提交了《斋堂镇志》和《大庄科镇志》的篇目，并完成了大部分志稿撰写工作。联合北京市农委，逐步开展自然村落历史人文普查及历史文化名村修志工作，制定了北京市传统村落志丛书编纂方案，挖掘和保护自然村落历史文化资源。

基层修志持续推进。市监狱管理局主持编纂的局属9部监狱志，已有5部完成终审，3部完成复审，1部完成初审。市属十大公园资料长编编纂任务完成过半。研究制定《关于做好乡镇村志编纂工作的意见》，乡镇村志编纂工作全面启动。朝阳区修志试点单位的数量增至32家，各乡实现了修志工作全覆盖。大兴区分三步走开展镇村志指导工作，制定《大兴区镇村志书编修规范和质量规定》等文件下发各街镇。昌平区已经出版的部门志、专业志、镇村志达20部。怀柔区完成3部镇乡志、专业志的编纂工作。

（四）理论研究持续深化

经过近年来的不断探索和实践，科学研究在北京市地方志事业发展总体布局中的地位愈发重要、作用日益突出，形成“党组领导、研究室组织实施、学术委员会咨询建议、全市地方志系统积极参与”的组织体系和以科研项目管理为代表的制度体系和工作机制。截至2016年12月，北京市地方志课题共招标重点课题15项，一般课题16项，重点课题和一般课题共结项22项，形成了两本课题成果集。

科研成果不断丰富。编辑出版《主编的功课》《志鉴求道》，在业内产生较大影响，《北京方志提要（修订版）》成为研究北京地方志书的权威工具书。《北京大辞典》编纂被列入北京市社科基金重大项目，《北京文化名人收藏的北京地方文献调研》《北京城市居住建设开发口述史研究》等被列入北京市社科基金项目。推出一批地情文化研究成果，《北京胡同文化》《旧京食谭——北京副食品行业文化史》《京郊方言》《外国人眼中的北京之北京的尘土》《北京地情概览》《日文北京文史资料丛刊之北京》《日文北京文史资料丛刊之白云观访信录》《外国人眼中的北京之吴氏经历——一个北京人的生命周期》等受到社会欢迎。出版8期《北京地方志》。完成了北京城市居住建设开发口述史项目，目前该项目已经进入出版环节。成功举办“第七届北京文史论坛——

明北京学术研讨会”。发挥北京地方志学会作用，开展考察、交流、培训等，积极参与全国性地方志学术会议和北京社科界的学术活动，扩大了北京地方志的影响。

北京地方志学会新吸收团体会员31家，团体会员增至146家，通过开展考察、交流、培训等活动，密切了会员间的联系，扩大了学会的影响。

（五）资料和信息化建设不断完善

完善资料年报制度，资料年报工作进一步加强，编辑出版《北京市地方志资料年报指导手册》，全市资料年报单位完成资料收集工作的比例不断提高，2015—2016年共收集图书、期刊、文件资料、音像资料总计3369份。北京市地方志资料报送平台正式向全市修志单位开放，中国知网等4个数据库使用范围覆盖全部修志单位，促进了资源共建共享。北京地情资料网增加栏目设置，完善服务功能，浏览量持续增加。完成全市16个区地方志网站资料的收集和平台建设工作，基本完成北京市地方志各区网站群建设任务。

（六）开发利用和对外宣传打开新局面

2015年以开发利用成果展览为主线，全面展示全市地方志系统开发利用工作取得的新进展。以纪念抗战胜利70周年为契机，房山区承办“纪念抗日战争胜利70周年——平西专题展览”，编撰《平西抗战纪事》《平西抗战史》《京华英雄》房山英烈稿；密云区协助中国评剧院编写《邓玉芬》剧本，并在京津冀地区巡演；大兴区编纂《大兴抗战纪事》；东城区开展抗战老兵及亲历者寻访活动。西城区在区划调整五周年之际，组织编纂出版《方志西城》画册，海淀区编辑出版《三山考信录》《丹棱纪事》《司法者的思法》《北京海淀·历史与地情》等史地丛书，房山区依托《云居寺志》志稿编辑《云居寺画册》，大兴区编纂出版区情教材《这里是大兴》口袋书。

2016年，发挥地方志资政功能，创编《地情参阅》，编报自然环境及灾害防治相关信息参考，得到市领导的重视和批示。拍摄《这里是北京·地方志》专题片第一模块“通州的前世今生”并在北京电视台播出，与市气象局等部门合作开展通州的水务及气象研究工作，力求为北京城市副中心规划建设提供决策参考。与密云区古北口镇河西村、延庆区大庄科乡开展文化共建试点工作取得成效。完成《房山高线》《通州中仓》《延庆大庄科》等地情专题片的拍摄工作。

将方志文化作为首都文化中心建设的重要内容，2016年首次以市政府名义举办了“记住乡愁——让地方志延续北京历史文脉”新闻发布会，以讲故事的形式向社会发布和推介地方志资源。首次在第十一届中国北京国际文化创意产业博览会上设立“志说北京”专题展区，以“人在志中游”的创新互动设计，提供了解北京的全新视角，搭建了地方志资源共享、开发利用的平台，被组委会评为“最佳展示奖”。积极为北京市“两会”提供地方志书和综合年鉴展示讲解、查阅赠阅等文化服务，在市人大代表和市政协委员中形成了读志热，为参政议政提供帮助。开通“方志北京”微信号，及时面向公众发布信息。积极探索推动方志文化走出去，向全球华人华侨创业大会赠送《北京年鉴简本》，参加“品读北京·精品图书英国巡展暨文化交流活动”，向国外读者和海外华侨华人展示特色志书和综合年鉴，产生热烈反响，受到广泛关注。

（七）方志馆建设加速推进

北京市方志馆大力开展“爱国家、爱北京、爱岗位教育基地”建设工作，成为北京社会主义学院教学基地、东城区“蓝天工程”资源单位、朝阳区社会大课堂资源基地，与中国青少年发展服务中心合作举办港澳大学生暑期实践夏令营活动，两年来共接待各类参观者36000余人次。馆藏资源日渐充实丰富，通过资料年报、购置、交换、古籍拍卖等方式，两年共收集各种资料11200多册（份）。北京地情展推陈出新，专题展特色鲜明。打造“一把手走上京华讲坛”文化品牌，落实领导干部带头学史用志，西城区、市文物局、市气象局以及市政协文史委、市对外友好协会等部门一把手，通过讲述各自不同领域的发展变迁和经验规律，讲好北京故事，展示开放北京、创新北京的魅力和影响力，增强文化自信和文化自觉。

会同市有关部门，加强对全市乡情村史馆建设的培训和指导，推动乡情村史馆健康发展。房山区方志馆率先建成。房山区韩村河乡史馆、顺义区庙卷村道德祠堂、大兴区中华耕织文化园、密云区圣水头村村史馆等一批乡情村史馆相继建成，影响不断扩大。

二、北京市地方志事业发展存在的问题和对策

在充分肯定成绩的同时，也要清醒看到全市地方志事业发展存在的问题，进一步认清形势，直面问题，解放思想，勇于创新，自觉把科学发展地方志事业的重任扛在肩上，团结一致，凝心聚力，开拓进取，撸起袖子加油干。

（一）地方志在满足人民群众日益增长的文化需求方面还存在差距

地方志在人民群众中的知晓度不高，为人民群众提供文化产品的方式和途径还不够丰富。因此，要认真研究发挥地方志资源在公共服务中作用的方式和途径，将地方志纳入公共文化服务体系建设当中，一体规划、一体建设，鼓励和引导人民群众读志用志，用人民群众喜闻乐见的方式讲好地方志故事，传播地方志文化，总结历史智慧，传承优秀传统文化，延续首都城市文脉，不断满足人民群众日益增长的文化需求。

（二）地方志在服务首都核心功能方面还存在差距

2014 年，习近平总书记视察北京，为首都发展指明方向，对首都工作提出明确要求。要紧密围绕“四个中心”建设，特别是全国文化中心建设，增强首善意识，落实首都职责，为贯通历史、现状、未来，凸显北京历史文化的整体价值，强化“首都风范、古都风韵、时代风貌”的城市特色，集思广益，献计献策，做出方志人的贡献。

（三）地方志事业在发展过程中还存在不平衡、不协调、不到位的问题

目前，我市地方志工作正在按《北京规划纲要》的要求有序推进，进展比较顺利。但是，第二轮规划志书编纂还存在不平衡的情况，个别地区和部门对地方志工作认识不深，领导、机构、编制等还不到位，人才队伍建设滞后，社会修志质量需要提高，开发利用仍需开阔思路，等等。对于这些问题，必须认真研究解决。要积极争取领导支持，进一步明确政府做好地方志工作的

主体责任和法定职责，落实好“一纳入、八到位”。要坚持和完善“党委领导、政府主持、地方志编委会及其办公室组织实施、社会各界广泛参与”的工作体制，探索地方志工作机构主导、社会各界有序参与修志编鉴的途径和方式。积极争取人力社保、编制、财政、法制等部门的支持，研究梳理市级地方志编委会、地方志工作机构的职能编制，逐步健全地方志会议、目标规划、信息报告、行政督查、执法检查、预算管理、协调联动等工作机制，以此为基础，为加强全市地方志工作体制机制建设提供政策依据，奠定坚实基础。

三、“十三五”时期北京市地方志事业发展展望

“十三五”时期，北京市地方志工作将全面贯彻党的十八大和十八届三中、四中、五中、六中全会精神，以习近平总书记视察北京重要讲话精神为根本遵循，深入贯彻市委市政府及全国地方志工作部署，牢固树立新发展理念，围绕中心，服务大局，按照《全国规划纲要》《北京规划纲要》提出的各项任务，全面完成第二轮修志规划任务，实现市、区两级综合年鉴全覆盖，加快信息化和方志馆建设，做好第三轮修志工作准备，加强对社会修志的指导和管理，探索建立既与国家统一管理相衔接，又具有首都特色的地方志编修体系、理论研究体系、质量保障体系、资源开发利用体系、工作保障体系“五位一体”的地方志事业发展综合体系，开创全市地方志事业发展新局面。

（一）全面完成第二轮修志规划任务，为启动新一轮修志打好基础

2020年前，完成第二轮《北京志》和区县志的编纂和出版任务，高质量地推出一批体现时代特征、首都特色的精品佳志，并为启动第三轮修志做好准备工作。

（二）加强地方志资料信息化和方志馆建设，提高网络化、数字化水平

深化各类方志馆（室）、地情资料库及数据库等基础设施建设，完善各项制度，从硬件、软件两个方面强化资料及信息化建设，夯实工作基础。

（三）活跃学术研究氛围，推动地方志理论研究

围绕地方志工作实践，深入开展地方志理论研究，为地方志事业可持续发展提供理论支撑,并及时转化研究成果,指导地方志工作。服务国家文化“走出去”战略和全国文化中心建设，增强方志文化影响力。

（四）推动地方志资源开发利用，服务首都经济社会发展

发挥地方志在公共文化服务中的重要作用，积极探索地方志资源开发利用的新模式和新方法，推动本市地情研究，丰富地方文化，促进社会各界利用地方志资源。加强对地方志资源的深加工，拓宽服务渠道，增强服务功能，创新服务手段，更好地贴近经济社会发展实际，贴近人民群众需要。

（五）营造有利于人才成长的环境，提升修志队伍素质

在全市组织实施地方志人才培养工程，加强专兼职结合、结构合理的人才队伍建设，培养和引进一批高端人才，建设一支高素质的地方志编修、研究和管理队伍，弘扬修志问道、直笔著史的方志人精神。

（六）坚持依法治志，保障地方志事业健康发展

加强地方志法规、规章宣传和培训，提高依法行政水平，稳步推进地方志法制建设。完善地方志领导体制，健全地方志工作机构。保障地方志经费投入，不断改善地方志工作条件。健全地方志奖惩机制，确保地方志各项任务落到实处。加强宣传保障，营造良好的社会和舆论氛围。

天津市地方志事业发展报告

天津市地方志办公室

2015—2016年，在中共天津市委、天津市人民政府正确领导下，在中国地方志指导小组及其办公室具体指导下，天津市地方志编修委员会办公室（以下简称市方志办）按照《地方志工作条例》和《全国地方志事业发展规划纲要（2015—2020年）》要求，结合天津实际，团结带领全市地方志工作者，发扬拼搏奉献精神，在志书续修、年鉴编纂、地情资料书编辑出版、史志期刊质量提升、信息化建设和方志馆立项等方面取得重要进展，逐步缩小与其他省市的差距，天津地方志事业迎来新的发展机遇。

一、2015—2016年天津市地方志事业发展基本情况

2015年是“十二五”规划的收官之年，天津地方志系统认真学习习近平总书记系列重要讲话精神，落实市委市政府部署要求，认真履行职责。加大工作力度，加强修志业务指导，全力做好修志服务，积极开展读志、用志，努力传承天津优秀历史文化。不断加强自身建设，圆满完成目标任务。全年出版《天津市志》分志4部，完成终审进入出版阶段2部，完成初审4部；区县志有1部完成终审并即将出版，2部进入复审；出版17部地方综合年鉴；天津地情资料书出版1部，即将付印1部；出台2个地方志工作规范性文件，累计培训修志人员1500余人次。北辰区方志办荣获全国地方志系统先进集体

称号。《天津史志》期刊获评天津市首届优秀企业刊物。

2015年，天津市地方志系统在坚持修志为用、挖掘地情资源、传承地区历史文化方面，主要抓了五项工作。

（一）全力抓好组织推动工作

认真落实全国地方志工作会议要求，深入开展组织推动，抓任务落实，抓进度督促，确保第二轮修志工作稳步推进。

深入修志一线调研指导。先后到红桥区、河北区、宁河区方志办和市人民检察院、市环保局、市粮食局等21家承修单位调研服务，宣传市领导指示要求，宣传修志编鉴的重大意义，了解修志进度情况。各区县、各部门志书编修进度明显加快，《天津市志·审判志》《天津市志·城乡建设志》《天津市志·规划志》相继出版问世。区县志书中，《北辰区志》即将出版。河东区、西青区修志工作全面启动，天津区县修志工作实现全覆盖，为2020年全面完成第二轮修志任务打下基础。

解决问题，搞好服务。把工作督查寓于服务之中，把服务触角延伸到修志一线。上门指导服务，网上承接服务，与承修单位一起研究解决修志工作中遇到的困难，加快编修进度。帮助市公安局、市纪检委等部门解决篇目设置、重要资料核实等问题。帮助津南区方志办解决资料缺失、不足等困难。促进《天津市志·市容环卫志》《天津市志·水务志》完成初稿评审，《河北区志》《红桥区志》《天津市志·公安志》《天津市志·海关志》完成总纂，《津南区志》完成复审。

加强业务交流。坚持以点带面，网上发布全国地方志工作会议有关情况，及时组织学习贯彻，把全市各级地方志工作人员的思想统一到全国会议精神和市委市政府要求上来。组织有关区县、部门志书承修单位，到志鉴编修工作进展快、质量高、有经验的单位学习交流，就共同关心的问题进行研讨。对外省市和天津市修志专家的意见、观点、看法梳理整合后及时向各级地方志工作机构反馈。《静海年鉴》创刊并公开出版，进一步推进了地方综合年鉴区域全覆盖工作。

（二）大力开展业务培训

始终把业务培训作为推进工作的重要抓手，组织开展多层面的业务培训，抓好培训人员、时间、内容、效果四落实。

坚持培训，严格选题。市方志办组织市志指导处、区县志指导处、年鉴指导处，结合年度工作重点和人员状况，分别为津南区志办、海河水利委员会、市规划局、市环保局、市粮食局等修志机构，举办15次专题和命题培训，培训600余人次。

坚持点对点答疑释惑。逐单位进行政策、规范和修志规定等方面的知识解答，给修志人员提供切实可行的解决方案和相应帮助。审阅志稿2000余万字，接待咨询100余人次。针对各区县方志办、有关委办局修志机构报送的志书审修稿，解释编修规范和初稿撰写等专业知识40余次，答复各类修志问题60多个。

坚持专家参与，培养专业人才。两次邀请中国地方志指导小组办公室（以下简称中指办）领导、专家为修志人员授课培训，三次邀请天津市专家学者为修志编鉴人员辅导讲课，业务培训800余人次。通过集体授课、分别培训、分类指导、个别解惑，使地方志系统人员的业务素质进一步提高，为天津市储备修志人才奠定基础。

（三）严把志书审验关

认真把好地方志政治关、史实关、文字关，坚持靠前指导、提前介入、主动服务的工作路子，推进审查验收关口前移，提高了编修工作效率。

用规章制度说话。坚持依法治志，坚持质量第一，认真组织地方志系统工作人员学习地方志法规文件和规划纲要。为市属修志机构分发志书编修教材200余本，受到广泛欢迎。结合天津市志编修工作实际，出台《天津市志出版印刷规范》《天津市志分志总纂备案办法》，做到修志有责、修志担责，出有标准，印有规范。

及早把好初审关。从初稿撰写就深入承修单位指导。帮助《天津市志·环保志》《津南区志》《宁河县志》等10余部志书修改篇目、审定篇目，修改志稿，总字数1000余万字。为确保质量，一些单位都把质量关口前移，在初审阶段就邀请专家参与。河北区聘请9名专家为编修顾问，津南等区邀请中指办专家对志稿进行评审，效果良好。

环环落实责任。对志书编修的每个环节进行审查，落实市方志办、各区县和部门初审责任，对参加复审、终审人员严格备案。解答问题，做到谁答复，谁负责。对年鉴编纂供稿单位，做到对时间、单位、人员供稿如实登记，修改情况及时反馈。积极拓展网上指导、网上服务新途径，及时答复问题，反馈答复80余次。

（四）深入挖掘地情资料

坚持地方志工作服务天津发展大局，读志、用志、传志，充分发挥存史、资政、育人作用。

继续编辑天津地情资料书。抢救性挖掘地情资料，传承天津优秀历史文化，编辑出版《津门读史杂记》，真实反映20世纪50年代至21世纪初天津的地方历史、文化和风土人情。《画说津沽民俗》以图文并茂形式，展现天津民俗风情。《李叔同研究纪事》即将出版。为推进京津冀协同发展战略，收集河北省11个市首轮新编地方志书11部56卷，编成《河北省情要览》一书，供各级领导和机关参阅。

努力办好《天津史志》期刊。注重交流，积极宣传天津市修志编鉴动态，宣传天津历史文化和城市发展建设，结合抗日战争胜利70周年宣传活动，编辑天津军民抗战的历史故事，讲好天津故事，传播正能量。精心设计封面，突出展现天津的城市变迁，宣传美丽天津。

积极为领导、机关和社会服务。主动作为，积极宣传天津经济社会发展，对外交流年鉴80册，涉及19个省（区、市）。为本市及全国其他省市单位和社会人员提供服务，方志馆接待资料查阅300余人次，办理来电问询200余次，认真办理天津市政协委员提案，为全国年鉴提供宣传天津的稿件。

（五）扎实做好基础性工作

着手研究长远发展规划。围绕贯彻落实2014年市政府办公厅59号文件精神，组织推动工作做到有底数、有目标、有抓手。

着手解决关键短板问题。完成天津地方志立法调研报告。2015年6月24日，中共中央委员、中国社会科学院院长、中国地方志指导小组组长王伟光一行到津调研，对天津地方志工作提出明确要求，全市地方志工作者倍受鼓舞。在前期工作基础上，市方志办主动与市法制办、政府研究室联系，送交立法报告。天津地方志立法列入市政府的2016年立法计划。

2016年，是“十三五”规划的开局之年。天津市地方志工作者在市委、市政府及市政府办公厅党组正确领导和中指组及其办公室具体指导下，深入学习习近平总书记系列重要讲话精神，认真贯彻党的十八大和十八届三中、四中、五中、六中全会精神，落实国务院《地方志工作条例》《全国地方志事业发展规划纲要（2015—2020年）》（以下简称《规划纲要》）和《天津市地方志事业发展“十三五”规划（2016—2020年）》，全面履行职能，着力推进修志、编鉴、著史三大任务的组织推动工作，较好完成了年初确定的各项目标任务。

（一）打基础，把依法治志落到实处

针对工作实际，结合《规划纲要》要求和王伟光组长、李培林常务副组长到津调研的指示精神，认真梳理天津市地方志工作存在的问题和不足，吸收基层的意见建议，组织进行各项工作。

提请市政府下发《天津市地方志事业发展“十三五”规划（2016—2020年）》。2016年2月，关树锋同志任市方志办主任后，组织全体人员认真学习《规划纲要》精神，多次召开会议研究贯彻落实意见，分别到各区和委办局调研，征求意见建议，组织专项班子拟定天津市地方志事业发展“十三五”规划，提请市政府办公厅下发。《天津市地方志事业发展“十三五”规划（2016—2020年）》回顾了天津地方志事业发展的成绩和不足，明确到2020年工作的指导思想与基本原则、总体目标与主要任务和保障措施。以市方志办名义印发关于学习贯彻相关文件精神的通知，提出具体意见，明确时间表、路线图。为全市地方志工作健康发展奠定基础，确保到2020年实现“两全”目标。

全力推进地方志立法工作。2015年，天津地方志立法工作被列入市政府的2016年立法计划。市方志办积极行动，成立立法小组，深入区县、委办局调研，借鉴兄弟省市先进经验，结合天津实际，草拟了立法文本，九易其稿，多次与市法制办召开论证会，将绩效考核、违法处理等条款进行明确。

组织召开全市地方志工作会议，统一思想认识。2016年6月8日，天津市地方志工作会议在天津大礼堂隆重召开，中国地方志指导小组副秘书长兼办公室副主任冀祥德莅临指导并讲话。市政府秘书长、市地方志编委会副主任于秋军发表重要讲话，明确提出把创新、协调、绿色、开放、共享五大发展理念融入地方志工作，市方志办主任关树锋就贯彻好《规划纲要》提出明确要求。大会的召开，进一步提高了全市地方志工作者做好地方志工作的信心和决心。

（二）攻难点，推进第二轮市志编修

按照《市政府办公厅关于印发〈天津市地方志事业发展“十三五”规划（2016—2020年）〉的通知》要求，市方志办坚持把推动《天津市志》第二轮编修作为重点任务来抓。

深入调研摸实情。针对第二轮市志编修进展缓慢状况，市方志办深入市委统战部、市纪检委、市人民检察院、市司法局、市公安局、天津海关等单位进行调研推动，与主管领导、业务人员面对面沟通，及时把中央领导的指示、中指办的要求和我市规划部署进行传达，增强各单位修志的信心和决心；对市社科联、市政协、市人大等尚未启动的五家单位进行重点督促。

多措并举抓推动。结合市志编修具体情况，拟订《第二轮〈天津市志〉编修工作推动落实方案》，明确目标要求、时间表、路线图。2016年7月28日组织召开天津市志编修工作推动会，对未启动编修或工作处于停顿状态的27家单位进行动员部署，市政府副秘书长、办公厅主任主持会议并讲话，并与各承修单位签订编修工作备案书。

跟踪督促见实效。市方志办领导带领市志指导处逐个单位进行调研推动，督促落实全市会议和推动会要求，各单位均已健全编纂班子，部分单位召开启动会议，各项工作有序开展。2016年内，已出版《天津市志·妇女组织志》《黄崖关长城志》。完成《天津市志·公安志》《天津市志·市容环卫志》《天津市志·工会志》复审，中指组副秘书长兼办公室副主任冀祥德出席《天津市志·公安志》复审暨蓝本评审会并讲话，充分肯定成绩，指出《天津市志·公安志》的编纂经验可以为全国公安机关借鉴，《天津市志·公安志》申报中国志书精品工程。指导完成《天津市志·检察志》《天津市志·地震志》《天津市志·卫生志》《天津市志·爱国卫生运动志》《天津市志·水务志》初稿审修，拟订修改意见。审读《高新区志》《天津市志·海关志》部分初稿，提出修改意见。

抓培训，提高编纂人员素质能力。根据修志人员情况，拟定培训计划，

分阶段、有重点地组织培训。会同市纪检委、天津高新区，组织开展《天津市志·纪检志》中期培训和《高新区志》启动培训。将调研与培训相结合，深入市委市政府各编修部门，有针对性地开展辅导，推动工作，提高撰稿人能力。

（三）抓常态，稳步推进区县志编修

结合区县志书编修工作实际，以解决共性问题、把握时间节点为原则，针对普遍存在的共性问题，采取以调研走访分配任务，以交流座谈督促进度，以培训指导带动编修，以网上评稿提高效率，以先进典型带动整体的工作思路，稳步推进区县志编修工作。

加大调研力度。深入区县方志办调研走访，先后到宁河、蓟县（年内撤县设区，称蓟州区）、宝坻、津南、东丽、滨海新区和静海调研，了解工作中存在的困难，沟通解决方案，督促编修进度，推动中国名镇名村志文化工程在有条件的区县率先开展。两次到修志工作起步较晚的西青区开展培训，覆盖 109 个单位 170 人。

狠抓复审质量。将初稿质量审查关口提前，按时召开区志复审会。武清、宝坻、静海、北辰四区完成第二轮修志任务，南开、东丽、蓟州、滨海新区四区处于初稿撰写阶段。市方志办建立“一对一”跟踪指导制度，将审核工作提前。按照个人分工负责制，指导处对处于初稿撰写阶段的四个区采用网传审稿方式，完成 410 万字初稿修改，把好文字基础关。对计划召开复审会的河北、红桥、河西、和平 4 个区严格时间节点要求，采取稿件修改进度定期汇报、复审稿印刷统一规范、复审申请表提前上报三项措施。上述四区均按时召开了复审会。全年累计审阅复审稿 96 编 350 万字，反馈评审意见 114 条。

以复审带动培训。《河北区志》复审会期间，邀请《河北区志》顾问徐华鑫、李西源、何德骞、南炳文、王杰 5 位文史专家为参会人员进行五大专题史志培训。在《红桥区志》复审会上，根据全市编修人员提出的六大共性问题，召开区县第二轮修志专家组成员讨论会，逐一解答，对有争议的编写细节进行统一规范。在《河西区志》复审会上，特邀中国地方志指导小组办公室副主任邱新立参加评审，请他结合《汶川特大地震抗震救灾志》与全国第二轮志书存在的共性问题进行讲评。每次复审会均请区县第二轮修志专家组 7 位

专家讲评。三次复审会的培训讲座，解决六大方面58个问题，得到区县编修人员一致好评，提高了理论联系实际的能力和志稿质量。

以先进典型带动整体工作。2015年底，北辰区方志办荣获全国地方志系统先进集体荣誉称号，北辰区委党研室、区方志办主任霍贵兴获中国地方志指导小组通报表彰。2016年年初，经与北辰区方志办协商，将入选中国志书精品工程的《北辰区志》35编200万字的电子版发送给各个区县学习参考，便于正制定编目的区县了解中指办最新编写要求。同时，将北辰区编修经验通过三次复审会向各区推广，以此带动区志编修质量提高。

积极推动中国名镇名村志丛书工程全面铺开。继北辰区《天穆镇志》列入首批名镇志丛书序列后，市方志办积极组织北辰区《双街镇志》《双街村志》、蓟州区《毛家峪村志》《西井峪村志》和宝坻区《小甸村志》5部志稿编目上报中国名镇名村志丛书文化工程。响应中指组抢救性保护传统文化，充分发挥地方志书培育爱乡爱国情怀的号召，促使条件成熟的区县利用自身优势，多方位、立体化开展地方志工作。

（四）抓全面，推进年鉴事业健康发展

2016年，市方志办以区域全覆盖为目标，推动地方综合年鉴编纂取得新成果，确保2020年实现地方综合年鉴全覆盖目标。

加大组织推动力度。以组织召开编纂研讨会、工作推动会和调研方式，推动区县综合年鉴和部门专业年鉴编纂工作。2016年内，市方志办先后到蓟州、宝坻、津南、南开、静海等区和市社科联、市人民检察院、市纪检委等单位，调研推动年鉴编纂工作。

狠抓年鉴编纂质量。2016年3月，年鉴指导处拟定全市区县综合年鉴展评活动实施方案，定于年内组织开展区县综合年鉴展示评比活动，促进综合年鉴质量提升。4月，年鉴指导处负责人应邀到河东区参加年鉴工作会，并为参会人员进行年鉴业务培训。7月到市纪检委授课，对《天津纪检监察年鉴》框架设计、条目编写、彩版设计等提出明确要求。12月，组织召开天津市区县综合年鉴展评会。会上，与会人员对各区年鉴进行自评和互评，充分肯定成绩，指出缺点不足，交流改进提高措施。年鉴指导处负责人对展评活动进行总结，肯定各区综合年鉴编纂取得的成绩，并就框架设计、条目编写、彩

版制作、印刷出版等提出要求。

努力做好服务工作。2015—2016年，市方志办两次到蓟州区调研推动年鉴工作，督促《蓟州年鉴》早日创刊，得到区领导支持，创刊工作有条不紊地进行。天津市区县综合年鉴全覆盖即将实现，下一步将全面推进公开出版工作。参加《天津规划年鉴》蓝本评审，推动《天津旅游年鉴》抓紧创刊，《天津水务年鉴》早日公开出版。西青区乡镇年鉴编纂工作全面启动。

提升《天津区县年鉴》编纂质量。突出重点，注重实用，进一步彰显存史和资政价值。2016版《天津区县年鉴》增加专记篇，刊载天津港"8·12"特别重大火灾爆炸事故及处置情况；对天津概况中的"基本情况"进行充实；在人物篇刊登天津港爆炸事故遇难人员名单、烈士名单和中共天津市委追授天津市优秀共产党员称号人员名单；区县篇中，系统反映区域经济社会发展情况，同时突出年度重点，着重记述大项目好项目和民计民生内容。

制定区县综合年鉴公开出版时间表。按照"两全"目标要求，在征求各区县意见基础上，制定天津市区县综合年鉴公开出版任务完成时间表，具体情况如下：2017年完成《河北年鉴》《蓟州年鉴》，2018年完成《南开年鉴》《东丽年鉴》《西青年鉴》《宝坻年鉴》《宁河年鉴》，2019年完成《红桥年鉴》，2020年实现《河东年鉴》《河西年鉴》《津南年鉴》《武清年鉴》的公开出版。各区县立下军令状，确保任务按期完成。

（五）坚持编以致用原则，读志用志工作展示新亮点

全面履行职能，坚持志书编修、年鉴编纂与开展读志用志齐头并进，以实用为基础，以使用为目的，提高地方志的社会效益和资政水平。一是继续编辑天津地方志资料丛书，使其成为宣传天津、传承优秀历史文化的重要载体。出版《李叔同（弘一大师）研究纪事》。组织开展《海上国门——大沽口炮台研究文集》征集工作，年内完成初稿；组织编辑《画说天津洋楼》《天津传统童戏》，力争2017年出版；启动《大沽口炮台研究纪事》编纂，已完成各项准备工作；完成《天津方志百科》策划方案和实施办法。二是按照突出宣传天津原则，做好《中国地方志年鉴》《天津社会科学年鉴》和《天津年鉴》供稿工作。三是推进方志馆建设，进一步发挥地方志馆服务修志的职能作用。积极调研，多次与市规划局沟通，草拟天津地方志馆建设方案并上报。在摸

清库存资料底数基础上，努力为全市修志工作服务，逐步健全借阅、查询等管理制度。2016 年内接待查阅咨询 200 余人次，受理电话查询 150 余次，查阅资料文献 3000 余册。市总工会等单位致信，台胞在网上留言给予表扬。四是推动地方志文献信息化、数字化整理工作。利用现有资源与天津图书馆建立长期合作关系，为资料管理数字化模式摸索新路、打好基础。

（六）坚持打造天津历史溯源地，方志理论研究再创佳绩

方志理论研究是地方志工作的一项重要内容，也是考量一个地区文化发展水平的重要指标。打造天津史志研究平台，扩大《天津史志》期刊在社会上的影响力。坚持联合办刊方向，扩大修志经验和工作研究宣传，取得明显效果。在封面选题上突出天津特点，反映城市建设与经济社会发展变化新风貌。在栏目设置上进行新的尝试，期刊内容更加丰富。在组稿体裁上发挥专业刊物在学术研究和理论探讨方面的引领平台作用，每期组稿学术理论文章占到一定比重，全年登载学术理论文章 38 篇。2016 年内召开两次通讯员会议、一次专家学者研讨会议，颁发聘书，研究改版、扩大学术交流氛围、增强刊物影响力，取得较好效果。达到方志期刊存史用志、溯源资政目的。坚持“走出去、请进来”，加强方志理论研讨交流。组织编纂人员和通讯员外出学习交流，接待北京市、黑龙江省和陕西省方志办同仁来访，相互借鉴，取长补短，开阔视野，得到启迪。

截至 2016 年底，天津市第二轮省级志书，规划 61 部，完成 32 部，完成率 52．5%；第二轮区县志书，规划 16 部，出版 4 部，完成率 25%。全市有省级综合年鉴两部，一部为《天津年鉴》，已出版 30 卷；另一部为《天津区县年鉴》，已出版 17 卷。全市县区级综合年鉴 15 部，已出版（含内部资料）202 卷，专业年鉴 18 种，已出版 203 卷。全市累计出版行业志、部门志、专业志 208 部，乡镇村、街道社区志 55 部，山水名胜古迹志 2 部，地情书 58 部，教材、理论著述、工具书 21 部，历代旧志整理 13 部。现有省级地方志网站 1 个，省级方志馆 1 个，县区级方志馆 1 个。

天津市地方志办公室为市政府办公厅直属副局级事业单位，参照公务员法管理，设有秘书处、规划研究处、市志指导处、区县志指导处、年鉴指导处 5 个处和地方志馆（事业单位）。市方志办编制 25 人；地方志馆编制 7 人。

天津市16个区县均设有地方志工作机构，其中8家归属区政府，2家与区委党史研究室合署，6家在区档案局。

二、天津市地方志事业发展中的问题及对策

天津市地方志事业发展中存在的主要问题是，全市地方志工作发展不平衡。有的区县和部门的修志进度已经接近出版阶段，有的才刚刚启动，正在收集资料。各级地方志工作机构比较薄弱。人员配置少、不稳定。各承修单位大都没有专职机构，内部人员交流多，专兼职修志人员变动频繁，修志人员很难深入熟悉业务，影响志书质量。组织推动志书编修十分困难。地方志工作是软任务，有的承修单位因主体业务工作忙，对修志工作不够重视。市方志办自身建设，特别是在干部后备培养和专业人才建设方面，需要进一步加强。

截至2016年底，第二轮天津市志61部分志中，尚有29部没有完成。区级地方志工作机构不够健全，归属不统一，有的区人员编制被长期占用，导致实际从事修志工作人员过少，任务难以完成。16个区中，蓟州区尚未创办综合年鉴，15部创刊年鉴中只有4部公开出版，距一年一鉴、公开出版的目标，还有不小的差距。在地方志法治建设上，实施依法治志步伐有待加快，监督、检查职责落实有待加强。方志馆基础设施建设、信息化开发应用严重滞后，特别是市、区两级均无一座专用方志馆，这与国家对方志馆建设的要求，与天津大都市的地位作用，与市委市政府明确的文化强市建设目标极不相称。读志用志为现实服务的水平有待提高，特别是资政、育人功能发挥不够充分，地方志的社会知名度和影响力还比较低，方志文化独特的作用优势有待彰显。从市方志办自身看，思想政治和工作作风建设还需进一步加强。

以上问题已经成为制约天津市地方志事业蓬勃发展的瓶颈，必须通过强化体制、机制的落实，采取有力措施予以突破。具体措施主要有以下。

必须坚持依法治志，深入贯彻落实《地方志工作条例》，大力推进地方志工作法治化、制度化、规范化建设。不断完善地方志工作的规章制度，用制度管人、管事，地方志事业才能得到持续健康发展。

必须坚持党委领导、政府主持、地方志工作机构组织实施、社会组织和

力量积极参与的地方志工作体制和“一纳入，八到位”的工作机制。承修单位真正做到领导重视、机构健全、人员稳定、经费到位，修志工作才会顺利推进，任务才能按期完成，质量才有可靠保证。

必须坚持围绕中心，服务大局，存真求实，与时俱进，在天津发展大势中书写历史，才能真正凝聚成文化软实力。

三、天津市地方志事业发展趋势及展望

虽然存在以上诸多问题和不利因素，但天津仍然有充分的信心做好地方志工作。也相信，通过天津方志人的不懈努力，天津市地方志工作的发展趋势是好的，前景是光明的。

围绕天津市地方志事业发展“十三五”规划，努力做好以下十方面工作。

推进依法治志。严格落实国务院《地方志工作条例》，尽快制定出台天津市地方志工作规章。推动建立政府依法履行领导责任、地方志工作机构依法履行组织实施和管理职责、社会各界依法参与和提供支持的法治化工作格局。在完成立法的基础上，进一步建立健全配套的制度体系，加大地方志工作法律法规的宣传、执行力度，定期开展执法监督检查，依法纠正、查处执行不力和违法行为。积极推动建立修志工作绩效考评及动态管理机制，定期检查通报工作落实情况，保障地方志事业健康发展。

完成第二轮市级志书编修任务。目前距离第二轮编修完成时限不到五年时间，但《天津市志》工作进度刚刚过半，个别志书尚未启动，有的单位编修工作陷于停顿状态。市方志办将加大指导、监督、检查力度，有针对性地、逐个单位地进行业务指导，限定完成时间，协助解决工作中的实际问题。各承修单位要充分认清形势任务，切实增强责任感和紧迫感，按照市政府制定的志书编修规划进度，组织好人力、物力、财力等基本工作保障，明确任务、分解目标、落实责任，确保全市第二轮修志工作在2020年全面完成。

抓好区县志书编修。在确保进度的前提下，坚持把志书编修质量放在首位，严格按修志规律及规范程序进行编修和评审，确保优质高效地完成第二轮区县志书编修任务。大力宣传《北辰区志》纳入全国方志精品工程，《天穆镇志》率先加入首届全国名镇志工程。继续指导有条件的乡镇（街道）和村

（社区）开展名镇志、名村志文化工程。重点推出一批历史上影响力强、当前有很大发展潜力的古镇名村，修精品佳志，弘扬优秀历史文化，服务当地经济社会发展，满足人民群众文化需要。

做好第三轮修志准备。在全面完成第二轮修志任务基础上，认真总结第一、二轮修志的经验和教训，调研第三轮修志的组织管理及续修方式，组织开展有关理论研究，适时收集整理资料信息，为全面启动第三轮修志做好各项准备。已完成修志任务的区县、部门继续落实地方志资料年报制度并形成常态。

做好年鉴编纂工作。积极推动地方综合年鉴编纂工作。按照国务院《地方志工作条例》和天津市地方志工作规章要求，理顺市级综合年鉴管理体制，依法开展年鉴工作。加强对各区综合年鉴和部门专业年鉴的业务指导和管理，完善年鉴审批、出版、备案等工作规范。加大业务培训和指导力度，组织参加精品年鉴评比活动，力争提前实现区域综合年鉴全覆盖以及一年一鉴公开出版的目标。

启动地方史编著工作。按照全国地方志著史工作的总体部署，制定实施方案，积极创造条件，牵头有关单位，开展地方史研究，有计划地将地方史编著职能纳入地方志工作范畴，明确机构职责。指导有条件的区和部门开展地方史编著工作。深入挖掘历史文献和地情资料，在完成市、县两级旧志点校的基础上，继续加强旧志资源的普查搜集工作力度，为做好著史工作打下坚实基础。

加强方志馆建设。目前天津市及各区两级方志馆建设还未起步，应尽快把方志馆建设纳入公共文化服务设施建设规划，积极争取按照国家规定的标准立项改扩建，努力改变基础设施落后状况，使方志馆成为集史志文献收藏、方志文化交流及方志成果数字化展示于一身的公共文化设施。各区、各部门在完成第二轮修志的基础上，充分利用档案室、资料室等现有基础设施，做好方志文献的保存、展示及查阅服务工作，并为将来馆藏做好积累。

加强信息化建设。本着实体方志馆与数字方志馆建设并举的原则，积极按照资料数字化、传递网络化、信息共享化、使用便捷化的要求，努力提高资料管理利用水平。要适应时代发展需求，广泛应用“互联网+”等现代信息技术，逐步实现修志编鉴数字化、网络化，建成地方史志全文数据库，更好面向社会提供服务。加大资金投入，不断升级完善地情网站和地情资料库软硬件设施，建设新的载体平台，逐步建成以天津地方志网为中心，辐射各区的地情网络平台。加强史志信息的采集、编辑和发布，构建多界面、多渠道、多元化、全方位的综合服务体系。同时，加强地情网站和地情资料库管理，确保网络信息安全。

深化方志理论研究。加强传统方志和社会主义新方志编修经验总结，为方志学科的建设和史志事业的可持续发展提供理论支持。尽快启动《天津方志百科》的编写工作，提高修志人员的理论素养，用不断发展创新的理论成果指导工作实践。发挥《天津史志》期刊作用，围绕学科建设及修志工作中的热点难点问题，采取多种方式，及时组织各类交流、研讨和培训活动。依据全国地方志工作要求及做法，适时建立天津市史志研究学术团体，积极推荐方志成果参加全市社会科学成果评奖。加强地方史志跨学科交流，汇聚各门类专家学者智慧，活跃学术研讨，推动理论创新，推出一批有分量的学术成果。

提高史志资源开发利用水平。紧紧围绕党委、政府的中心工作，充分利用地方志文化资源，将地方志已有成果和中间成果，创造性地开发转化为为现实服务的新成果，更好地发挥地方志资政、育人作用。加强对地方志资源的深加工，拓宽服务渠道，增强服务功能，创新服务手段，更好地贴近经济社会发展实际，贴近人民群众需要。发挥地方志资源在公共文化服务中的重要作用，推动城乡方志文化建设，鼓励有条件的机关、团体、企事业单位修志、编鉴、著史，培育城市历史记忆。按规定要求加强与国外和我国港澳台地区高等院校、科研机构、档案馆、图书馆等单位的交流与合作，推动地方志文化产品走向海外，增强天津市方志文化的影响力。

河北省地方志事业发展报告

河北省地方志办公室

河北省是旧志大省，修志传统源远流长，名志佳作积厚流光。同时，河北省也是修志编鉴大省，第二轮省、市、县三级志书规划编纂任务量和三级地方综合年鉴编纂任务量均居全国第二。河北省地方志系统在省委、省政府的领导下，在中国地方志指导小组及其办公室的指导下，秉持依法治志新理念，积极贯彻落实《全国地方志事业发展规划纲要（2015—2020年）》，多业并举，协调推进，全省方志事业发展迈上新台阶。

一、河北省地方志事业发展基本情况

（一）《河北省地方志事业发展规划（2016—2020年）》出台

随着地方志工作领域的不断扩展，整体规划与统筹协调的重要性日益凸显。2016年，河北省地方志办公室依据《全国地方志事业发展规划纲要（2015—2020年）》，结合河北省方志事业发展实际，在广泛征求各市县、省直相关单位及方志专家意见的基础上，制定了《河北省地方志事业发展规划（2016—2020年）》（以下简称《规划》），同时细化工作目标要求，详列《〈河北省志〉进度规划表》《河北省第二轮市、县（市、区）志进度规划表》《河北省县级年鉴启动规划表》三个附表，增强规划的可操作性。6月，《河北省地方志事业发展规划（2016—2020年）》以省政府文件形式出台后，为进一步加强宣传和贯彻，河北省地方志办公室在省政府门户网站配发了《〈河北省地方志事业发展规划（2016—2020年）〉解读》，并组织调研组分赴各市县及相关省直单位进行宣讲，使全省地方志系统加深了对《规划》的理解，客观上也督促了《规划》的落实，取得了良好效果。秦皇岛市、邢台市、邯郸市、衡水市政府就《规划》的落实出台相应的配套文件，其他各市也都围绕《规划》要求制定了实施方案，全省方志系统以贯彻落实《规划》为目标掀起了推动方志事业发展的新高潮。

围绕《规划》的落实，各级政府进一步加强了对地方志工作的重视和支持力度。省政府办公厅组织召开了两次地方志工作调度会，对修志工作进展缓慢的单位予以推动。邢台市政府将地方志工作写入《政府工作报告》和邢台市"十三五规划"当中，列入重点工作督查范围，主管领导经常性地赴地方志工作一线调研指导，解决实际问题。廊坊市、沧州市政府主要领导或分管领导多次对地方志工作作出批示，并以市政府办公室名义下发加强地方志工作的文件，有力地推动了地方志工作的开展。

（二）志书编纂工作进展顺利

首轮河北省志规划志书92部，市、县（市、区）志规划志书175部，已全部完成。第二轮河北省志规划志书72部，市、县（市、区）志规划志书155部。截至2016年12月底，省志分志共初审42部，复审14部，终审6部，其中3部已经进入印刷程序。市、县（市、区）志已出版97部，已通过省级专家评审进入出版印刷阶段的31部，已完成志书初稿编写待提交专家评审的27部。

为加快志书编纂工作进度，省方志办定期调查摸底，及时了解进展情况和存在问题，2015年省方志办以督导促进度，先后两次集中赴有关厅局调研摸底，督导阶段任务完成情况，并定期召开总纂会和办公室业务工作会进行研究讨论。针对问题较多的市县和单位开展集中督促和指导，推动确有困难的，采取现场办公等形式解决相关问题。建立业务帮扶制度，组织已完成第二轮修志任务的市县对省志进展较慢的单位进行业务帮扶，弥补省直单位编纂人员变动较大、方志业务不熟悉的缺陷。省方志办还根据《规划》进度要求，结合志书编纂流程和进展情况，实行进度上墙、挂图作战、动态管理。

为提高志书编纂质量，省方志办制定规范性文件，健全志书质量保障体系。结合志书编纂和评审工作实际，制定了《河北省地方志书编纂质量标准》《河北省市、县（市、区）地方志稿评审工作暂行办法》，修订了《〈河北省志〉工作文献选编》，充实专家库成员，增强了志书编纂工作的规范性和评审活动的权威性。省志严格坚持初审、复审、终审三审制度，并建立志稿修改报告制度，修改不达标的志稿禁止进入下一阶段的评审，严把志书质量关。市县志严格坚持三次评审及终审验收制度，即在初稿完成后，首先必须经本地政府审核通过，然后送交市级方志办评议，最后由市级方志办组织专家评审，并将审核后的地方志书文稿报送省方志办验收。实行志稿质量抽查，提前介入，质量管控关口前移，把问题解决在初始阶段，为志书质量的提高奠定基础。建立评审会观摩制度，以会代训，组织进度较慢的单位参加其他进展较快单位的志书评审会，使其在志书编纂过程中避免出现相同的问题，提高志书成稿质量。

（三）年鉴编纂工作稳步推进

《河北年鉴》于1991年创刊，一年一鉴，公开出版，已连续出版25部。市县级地方综合年鉴编纂覆盖面逐年扩大，全省11个设区市地方综合年鉴一年一鉴，逐年出版，已出版11种142部，覆盖率100%；170个县（市、区）中，已连续出版地方综合年鉴82种373部，新启动地方综合年鉴26种，覆盖率达到63%。各类专业年鉴已出版21种70部。

为确保年鉴编撰工作进度和质量，省方志办制定《河北年鉴编纂方案》，报办公厅审批、印发。针对组稿难和稿件质量参差不齐的问题，各责编提前介入，及时指导，推动了《河北年鉴》编纂工作有效开展。针对《河北年鉴》省直单位撰稿人员更换频繁、不熟悉年鉴编纂业务的问题，2016年召开了省直单位年鉴撰稿人员培训会，邀请相关专家前来授课，有效提升了《河北年鉴》供稿质量。同时，省方志办还组织人员参加了中指办组织的全国精品年鉴暨《中国年鉴发展报告》启动会议、第一次全国年鉴工作会议、第一次全国省级综合年鉴编纂研讨会等会议。

各地依法理顺地方综合年鉴工作管理体制，做到地方综合年鉴由地方志工作机构组织编写，市县级方志工作机构积极争取资金、人员方面的支持，地方综合年鉴普及工作快速推进，质量不断提高。秦皇岛市率先实现县级地方综合年鉴编纂全覆盖。2016 年全国地方志优秀成果（年鉴类）评比中,《石家庄市年鉴（2013 卷）》获地市级综合年鉴一等奖。

（四）村镇志、专业志和特色志编纂成果丰硕

2015 年，石家庄市规划出版 110 部乡镇志，出版或交付出版 16 部。秦皇岛市、承德市和邢台市全面启动村镇志编修工作。其余各市共有 20 多部镇志正在编修。2016 年河北省村镇志编纂工作步入全国先进行列。积极参加中国名镇志、名村志文化工程，秦皇岛市《第一关镇志》、保定市《白沟镇志》、唐山市《丰南镇志》三部镇志已列入全国名镇志工程。其中《第一关镇志》被中指组列入第一批中国名镇志文化工程名录，并于 2016 年 5 月 18 日在人民大会堂举行了发行仪式，成为全国镇志编修的标杆。《白沟镇志》《丰南镇志》已完成终审，进入出版阶段。张家口市《矾山镇志》《大堡镇志》、保定市《冉庄镇志》《高里乡志》的申报工作正在有序推进，争取进入全国名镇志工程。

加强业务指导，繁荣基层文化，助力美丽乡村建设。河北省共编纂乡镇村志 116 种。省地方志办公室积极撰写村志培训教材，组织村镇志编纂培训，加强指导和推动力度，并以秦皇岛为试点，全面展开村镇志编修工作。秦皇岛市政府办公厅下发了《关于进一步做好村镇志编纂工作的通知》，明确了村镇志编纂的工作任务和要求。举办全市村镇志编纂工作培训会，邀请中指组领导、专家和香港特区地方志办公室副主任、香港第一部村志——《莲麻坑村志》主编刘蜀永等进行授课，并结集出版了《村镇志编修培训手册》。沧州市 12 县市启动了村镇志编写工作，已出版 30 余部。邢台市 7 县（市）启动了 20 部村镇志的编写工作，已出版 10 部。邯郸市馆陶县以美丽乡村建设为契机，结合县域特色小镇建设，相继启动黄梨小镇、粮画小镇等特色小镇志的编纂；大名县启动了“十百千”工程，即十部乡镇志、百部村志、千本家谱编纂整理工作。

突出时代特色，地域特色，积极开展专业志编纂。河北省共编纂各类行业志、部门志、专业志 580 种。省方志办与北京市方志办、张家口市方志办、河北省冬奥办等单位联合开展的《北京冬奥会志》编纂工作稳步推进。《长城

文化志》《地名志》已陆续在相关市县启动。秦皇岛市参与编纂《秦皇岛市自然灾害志》，另有《秦皇岛海关学校志》《南戴河图志》等县区专业志编修有序推进。沧州市《南大港农场志》《海兴军事志》等专业志已出版。《邢台市人事和劳动保障志》《邢台市民族宗教志》《邢台老干部工作志》等部门志、专业志编纂工作有序进行。各市、县方志办还积极开拓工作思路，认真谋划整合地方资源，融入当地大文化中，廊坊市结合全国公共文化示范区创建，组织编纂《廊坊市文化志》。秦皇岛市昌黎县组织编纂《昌黎县文化志》。沧州献县组织编纂《献县文化志》。邯郸市武安县组织编写《武安文化志》，鸡泽县组织编写《鸡泽辣椒节志》。

（五）理论研究和期刊工作取得新进展

从2006年开始至今，河北省方志办和河北省方志学会每年组织全省规模的理论研讨会，解决了一批志稿编纂实践中的共性问题，并将全省理论研究引向深入。2015年和2016年，河北省方志办与安徽省方志办合作，成功举办了两届冀皖方志论坛，扩大了交流范围，提升了理论研究水平，对全省修志实践起到积极的指导作用。同时推出方志理论研究成果，共出版理论书籍52种。2016年，将河北省近年来方志理论研讨会的论文结集出版《河北省方志论文选编》。对河北方志专家的理论研究成果进行总结，先后出版了《新编卢振川地方志理论文集》《新编王广才地方志理论文集》，《新编缴世忠地方志理论文集》、唐山市丰南区《李继隆方志文集》已进入出版阶段。各级地方志工作者还积极融入全国地方志理论研究和学科建设总体布局中，将地方志理论研究与社会经济发展热点相结合，积极参与全国地方志学术年会，探讨“一带一路”战略下地方志事业发展的新思路，提高方志理论研究的前瞻性和实用性。

全国史志期刊工作会议暨全国史志期刊研究会成立大会召开后，河北省方志办进一步加强期刊工作研究和指导，以期刊编纂带动理论研究。2016年《河北地方志》还结合时政热点，组织“方志工匠精神”“河北人的南海情缘”“地方志一带一路专题”等相关栏目。市县级期刊《志载廊坊》，以廊坊市历史名人为主要内容，目前已编辑刊发13期。大名县创刊《大名府》杂志，2016年底已经发行4期。

（六）深入挖掘文献资源，旧志整理工作卓有成效

旧志整理作为地方志的一项重要工作，有着传承文化，延续历史的重要作用。河北省是方志大省，修志历史悠久，旧志数量庞大，名志颇多，整理任务艰巨。据民国《河北通志稿·旧志源流》和相关方志书目统计，民国时期之前河北省历代编修的地方志约有1400余种、10000卷以上。现存有省通志，府、州、县志和其他专门志800余种、7000卷以上。其中明代编修255种，清代编修418种，民国期间编修117种，其他朝代所修专门志，如人物、金石、关隘、水道等方面的方志著述约有50种以上。河北省在大规模整理出版旧志集成存在困难的情况下，秉持"保存珍稀文献、传承历史文化、服务学术研究"的宗旨，采取化整为零的方式，多措并举，以市级地方志机构为单位，通过与高等院校、科研院所、图书馆、档案馆、文博馆等单位合作等方式，积极开展旧志普查、搜集、整理、出版工作，并取得初步成绩。

各地市在认真开展旧志摸底普查的基础上，合理规划，有序推进旧志整理、出版工作。2015年石家庄市整理旧志60余部。廊坊市缩印翻印旧志14部，并点校出版了《霸州旧志合刊》。邢台完成了明清《顺德府志》旧志集成的整理工作，纠错翻印再版了《邢台市志（公元前17世纪～1993.6）》。围场开展了清光绪三十四年《围场厅志》手稿的编译工作。2016年石家庄市本级规划整理旧志84部，出版旧志27部，完成45部旧志整理工作。保定市2016年由中华书局影印出版《保定府志》，并对现存90余种旧志进行分批整理出版，第一批已整理旧志10部。廊坊市分类编辑旧志目录，建立了全市旧志资源数据库，共影印整理旧志33部，并采用现代化技术手段，加快旧志数字化建设。邯郸市对21部旧志进行了校注、影印，对6部旧志进行了整理。张家口市共影印翻印古志12种。沧州市计划整理旧志36部，目前已整理出版10部。

（七）信息化建设取得新突破，公共服务能力提升

地方志信息化建设是宣传方志文化、拓宽方志服务渠道、实现方志资源共享的有效手段。河北省方志系统顺应信息化大潮，乘势而上，将传统悠久的修志事业与新兴的技术相结合。河北省情网已正式上线，"方志河北"微信公众号开通，对方志工作及河北省情进行宣传，其中微信公众平台围绕《规

划》出台和落实所做的多个专题推送，以及7月12日以后围绕南海问题推送的“河北人的南海情”系列文章（《参与收复南海诸岛主权的河北人》《我国首位利用南海诸岛观天文修历法的河北人——郭守敬》《两河北人联手收复东沙岛》《以志为证的实例——在东沙岛交涉中日本政府明确要求清政府用地方志书证明归属》），取得了较大反响。

各市县方志信息化建设稳步推进，公共服务能力进一步提高。秦皇岛市、张家口市、保定市、唐山市、廊坊市等已开通方志网站的积极抓好运行，加快地方志成果数字化速度，完善地情资源数据库，提升网站质量。邯郸市继2011年大名县创办大名史志网之后，又有8县（市、区）开通了方志网站，其中大名史志网日均3000访客，已成为较有影响的优质区域网站。张家口市地方志办公室创建了微信公众号“张垣方志”，京张铁路修建轶事及辉煌工业系列文章取得积极反响。另有“邯郸记忆”“大名史志”“方志清河”及沧州市运河区等多家微信公众平台定期向社会发布优质的历史文化内容。

同时，积极组织人员参加中国地方志指导小组办公室在云南举办的第一期全国地方志信息化业务培训班，通过学习，一方面提升地方志信息化工作专业技能，另一方面与其他各级地方志工作机构进行沟通交流，寻找差距，互学互鉴，共同提高。

（八）方志馆建设及资料工作成效初显

方志馆是展示地情、发挥方志社会功用的重要载体，在搜集收藏、开发利用、展览交流、宣教服务等方面充分发挥作用，公共文化服务功能日益凸显。河北省积极推进各级方志馆建设。省级档案方志馆新建项目选址已经省政府批准确定，省发改委对《河北省档案方志馆项目建议书》进行立项批复，初步核定省方志馆建筑面积9740平方米，占地面积28余亩，项目总投资36500万元。设计任务书初稿已报送评审专家。秦皇岛市、保定市方志馆积极抓好方志馆运行和升级改造，充实馆藏，完善功能分区，丰富展室内容，不断提升公众文化服务水平。秦皇岛市方志馆配合中央电视台《地理中国》摄制组完成对秦皇岛市古长城的拍摄任务。与山海关区文化产业协会联办“古城百业图展”，以山海关古城市井生活为背景，以乡愁为情感基点，以老行当为线索，以诗画为表现形式，再现了20世纪40年代至60年代山海关古城各种行业的繁荣景象，使参观者通过展览了解到秦皇岛厚重的历史积淀和丰富的文化内涵。与秦皇岛关里关外文化研究会等单位联办举办“北辰星拱——王岳辰先生文史治学之路展”。保定市方志馆（抗战史料馆）2015年3月落成启用以来已建为高校教学实践基地和爱国主义教育基地，2016年依托方志馆开展了澳门新闻工作者协会参观考察活动、“方大曾战地寻访活动”、北京大学新闻与传播学院现场教学等多项活动。承德市、衡水市方志馆建设项目，取得实质性进展。邯郸市大名县、曲周县、涉县、磁县、峰峰矿区等6个县（市、区）建立了方志馆，魏县、成安县、武安市等6个县（市、区）在图书馆设有方志专区。结合河北省美丽乡村建设和脱贫攻坚工作，不少村镇建立了村志村史室，记载乡土文化，丰富基层文化生活。

资料是地方志工作的基础。为丰富馆藏，河北省方志办明确资料定位，以抗日战争研究资料和姓氏谱牒类资料为主，先后两次委托省级政府采购中心购买大型丛书《中华姓氏始迁祖世系大典》《中国抗日战争史料丛刊》《中国珍稀家谱丛刊：明代家谱》等共计21种，近百万元。通过系统征集、专题征集和媒体征集等方式，搜集了许多散落民间的珍贵抗战资料，为加强抗日战争史研究，特别是敌后抗日根据地研究奠定了资料基础。接受省直机关单位、市县（区）地方志办公室、社会各界捐赠书籍近千部，省方志办向捐赠者颁发收藏证，并对捐赠书籍进行分类整理。各市县积极开展资料普查及收集工作。张家口市开展明清以来的地方志成果普查，并编纂《张家口市方志书目概览》。衡水市以市政府办公室名义，在全市范围内集中开展了一次地情史料书籍摸底普查活动，为更好地保存、开发历史文化资源奠定了基础。保定市政府办公厅于2016年7月印发了《关于进一步做好地方志资料收集归档工作的通知》，建立地方志资料年度归档备案制度，各单位在工作中形成的文件和具有查考利用价值的各类资料、原始记录、出版物、各种图表簿册、照片以及与本单位工作相关的文件等均纳入归档备案范围。秦皇岛市通过媒体征集，除征集到各界捐赠书籍外，还征集到老牌匾等20世纪80年代前的实物资料。

积极参加国家方志馆“方志中国”展览，河北省地方志执法检查、行政督导等专题工作资料及《河北通志稿》《河北省抗日战争简志》《三年大变样图志》等志书和地情书参展，在整体展览中河北元素众多。尤其是《涉县志》编纂资料30多档作为参展的唯一一部志书过程展示品，受到中指组领导和省外同行的高度评价。

（九）坚持修志为用，地情资源开发利用取得显效

面对社会发展新形势和方志事业发展新要求，河北省地方志系统坚持修志为用的导向，角色上由“记录者”向“研究者”转变，功能上由“记载历史”向“服务当代”拓展，共编纂各类地情书259种，服务中心大局和社会大众的能力水平不断提升。

2015年，全省各级方志机构向社会各界赠送地情书和乡土教材15000余册，利用地方志成果参与当地乡土文化建设。省方志办开展纪念世界反法西斯胜利70周年资料征集系列活动，搜集河北省内抗日战争资料，为人民网《“纪念抗日战争胜利70周年——我的家乡，我的好儿郎”专题报道》报送资料20余篇。保定市方志办为保定市各项活动提供《保定读本》5000余册，起到了介绍保定、宣传保定的作用。秦皇岛市方志办以方志馆资源为载体，与河北大学文学院等高校合作建立教学实习基地和毕业生就业实践基地，将高校人才教育培养与公共文化服务培训、辅导等业务有机整合；编辑出版《山海关老照片》，为山海关经济社会的全面进步，特别是旅游发展提供新的动力和丰富内涵。张家口市方志办以多种形式参与全市各项活动，并为申冬奥、重点项目建设、地质勘探、环境保护、京津水源改善等提供各类资料，扩大了地方志在社会生活中的影响力。唐山市方志办与唐山市档案局、唐山电视台联合制作《史迹唐山》专题节目，全方位展示和介绍唐山历史上的重大事件和人物史实，这是一次将方志工作推向前台、纳入全市工作的创新实践活动。与唐山民间文化学会合作，撰写出一部近三十万字的《唐山民间文化集览》。还与有关专家合作，采用绘图为主简、介为辅的形式，出版了一部《唐山历史百篇（绘图本）》。

围绕中心，服务大局。唐山市积极参与以“世界园艺博览会”为主的一系列重要活动，为世园会主题展览提供丰富资料。邢台市配合国际公路自行车赛出版了《美丽邢台》，提升邢台知名度、美誉度，加大村史馆建设力度，积极推动古村落的申报工作，2016年仅沙河市就有11个村落入选国家级古村落。承德市“掌地方史志观承德发展”地情丛书《生态文明建设》篇完成初稿，为京津冀协同发展中承德生态功能区发展提供借鉴。定州市深入挖掘

历史文化，积极参与定州古城恢复项目，参与研讨论证了《定州旅游总体发展规划》《定州古城恢复项目宋街、贡院广场、开元寺大街的设计》《中山文化研究院筹建及方案设计》《中山博物馆陈展方案》《中山国都·顾城遗址的考查》等，为领导决策提供依据。廊坊市围绕巩固全国优秀旅游城市荣誉称号，编辑出版了《京津乐道·乡愁》。保定市根据京津冀协同发展的新形势，对《保定读本》进行了修订再版。邯郸市魏县结合当前进行的新型城镇化、美丽乡村等建设，出版《魏县非物质文化遗产》，并对即将消失的村落文化、传统文化启动搜集整理工作。秦皇岛市组织编纂《秦皇岛政务》（双月刊）。邢台市组织编纂《邢台大事记（1979—1993年）》《邢台大事记（1994—2014年）》。邯郸市馆陶县《馆陶县人民政府大事记》于2005年创刊，逐年编纂。鸡泽县收集整理了《鸡泽县改革开放大事记》。

拓展工作领域，将编写地方史纳入到工作中。《承德史话》已出版，《保定通史》已完成初稿评审，《秦皇岛近代史》《张家口纵览》完成初稿，《史说石家庄》形成初稿，《图说石家庄》已完成千余幅照片的征集工作及文字的组稿工作，《定州历史编年》已进入出版阶段。涿鹿县档案史志局编纂出版《涿鹿史话》，香河县组织编纂《溯说香河》。

体现省情特色，加强抗战史研究。秦皇岛市编纂出版《秦皇岛抗战图鉴》，参与制作《秦皇岛抗战专题展》。邢台市组织编纂《邢台抗战八年纪实》《抗战岁月》。保定市组织编写《保定抗战老战士口述史》，整理采访抗战老战士文章120篇；唐山市组织编纂《抗日烽火在滦南》。廊坊市霸州市组织编纂《霸州市抗日战争时期历史资料汇编》。邯郸市大名县组织编纂《大名红色足迹》。沧州市盐山县组织编纂《冀鲁边抗日根据地·盐山专辑》。辛集市为纪念红军长征胜利90周年，编辑印刷了参加长征的辛集籍红军将领边章五的画册。

传承地域文化，服务社会大众。秦皇岛市编纂的《山海关老照片》获河北省开发利用档案优秀服务成果一等奖，同时搜集整理了秦皇岛沿海地区民俗资料。唐山市编纂出版的《唐山民俗文化集览》为第一部全面收集整理唐山民俗文化的专著，受到全市各界好评。保定市启动编纂“老保定丛书”，第一辑编纂《老保定的衙门口》《老保定的老行当》《保定老字号》三部，已形成部分初稿。邢台市《乡贤魏徵及其文化研究》《清河古风》《沉梦悠韵》《邢台县故事集》、沧州市《南皮千年文化古县系列丛书》《魅力河间简明读本》、定州市《定州历史文化读本》、邯郸市《大名方言》《鸡泽县姓氏起源》《魏县人物》《最美魏州人》《息元村村史》《沃土寻根》、廊坊市《霸州市历史文化之旅系列丛书》《信安文化振兴工程丛书》《廊坊文化名人》《当代大厂》《大厂年轮》《美丽的固安——我的家乡》、辛集市《王口村五十年的变迁》、张家口市《尚义人物志》《尚义源流》《尚义地情·子集》及承德市《木兰秋狝》大型诗画书籍等一批地情文化书籍出版或准备出版。另有辛集市、任丘市、大名县组织编纂中小学乡土教材。邢台市、沧州市、廊坊市积极推动家谱家训搜集整理工作。

加强宣传，扩大地方志工作影响力。加大宣传力度，使全社会认识、了解和使用地方志，是发挥地方志功用的重要条件。秦皇岛市地方志办公室参与秦皇岛市电视台《顾名思义秦皇岛》《说地名品历史》栏目录制。邢台市方志办与市电视台联合，开设地情文化普及栏目。南宫市志办在《南宫晚报》开辟“县志上的南宫”专栏。宁晋县志办指导本地画家创办了红韵堂民俗用具博物馆。

同时各级地方志系统还不断加强用志服务，充分发挥方志资源优势，拓宽渠道，为各级各部门及广大社会群众提供信息查询、咨询等服务，其中秦皇岛市、沧州市地情服务工作走在全省前列。

（十）迎难而上，狠抓落实，保持事业发展良好态势

近年来，全国地方志事业在中国地方志指导小组及其办公室领导下高位运行，呈现良好发展态势。河北省地方志办公室作为一个业务人员仅十几人的处级单位，克服机构、人员与所承担任务极不相称的困难，发扬方志人精神，讲奉献、比贡献，以平常心对待清苦、以责任心对待辛苦、以事业心对待艰苦，锐意进取，营造干事创业的良好氛围。紧紧围绕落实《全国地方志事业发展规划纲要（2015—2020年）》，以《河北省地方志事业发展规划（2016—2020年）》任务为具体抓手，创新工作方式，改进考核机制，狠抓任务落实。将各项工作开展与“两学一做”、省级机关作风年建设相结合，向作风要效率。开展业务知识测验和讲评，形成“比学赶帮超”的浓厚学习氛围。多次组织人员分赴市县和省志承编单位，全面摸底调研和重点督导帮扶相结合，夯实工作基础，使全省地方志事业保持良好发展态势。

二、河北省地方志事业发展中的问题及对策

（一）机构规格低，体制机制不顺畅，影响地方志事业高效发展

河北省地方志办公室为省政府办公厅代管的正处级参公事业单位，行政职能弱，组织指导和协调方志工作难度大。市县地方志机构不独立的有 48 家，其中承德市 11 个县区中“三合一”（党史、档案、地方志）的 9 个、“二合一”（档案、地方志）的 2 个。针对这一问题，省方志办树立行政意识，安排专门的行政人员，密切与办公厅的联系，与相关处室建立经常性的工作汇报制度，将地方志工作切实纳入政府日常工作范围，利用政府有效的工作手段和渠道，增强地方志工作的行政推动力。借助政府力量加强对各市县的执法和督导，推动解决市县机构问题。

（二）人员少，队伍不稳定，影响方志事业的稳定发展

省地方志办公室人员少，业务人员仅十几人，与所承担的任务极不相称。市县方志机构因机构规格偏低或机构不独立致使人员匮乏，很大程度上阻碍地方志事业发展，如邯郸市方志办为正科级参公事业单位，编制 6 人，实有 3 人（其中公勤人员 1 人）。承德市 2 个区没有专门从事地方志工作的人员，大多数区主管此项工作的只有 1 人，在当前政策严、经费紧的情况下，人员聘用受到限制，面对地方志事业发展新形势，县区工作压力极大。省志各承编单位负责地方志工作的多为兼职人员，不熟悉地方志业务，且流动频繁，给省志编纂工作造成极大困难。针对这一问题，省方志办积极争取领导支持，解决方志办的人员问题。加强对市县的执法和督查，推动解决市县方志机构的人员配备问题。

（三）专业人才不足，影响地方志事业深度发展

地方志编纂是一项专业性很强的文化事业，需要在丰富的实践中不断总结经验并进行理论升华，地方志事业高水平发展才有基础。目前，河北省方志系统的老专家多已退休离岗多年，后继的专门人才相对较少，年轻人短期

内难以对方志业务有深入研究，存在人才断档的问题，方志队伍整体素质不高。地方志工作机构参照公务员管理后，取消职称评定，方志工作者理论研究积极性不高，整体理论研究和学术水平不能适应地方志事业深入发展的需要。新型技术人才缺乏，影响地方志信息化发展的深度和广度。针对这一问题，河北省方志办在继续办好冀皖方志论坛的基础上，进一步加强理论研究氛围，创新研究方式；开展理论成果评比，调动广大方志工作人员参与理论研究的热情；加强人员培训，扩大对外交流。

（四）服务水平不高，影响地方志事业开放发展

修志为用，服务中心工作和社会大众的能力和水平决定了地方志事业发展格局。目前，河北省方志系统大局意识有待进一步增强，主动融入中心工作的能力有待进一步提高。已开展的服务工作有的与经济社会发展、人民群众需求结合不紧密，围绕党委、政府中心工作开展专项研究的成果偏少，资政作用发挥有限，服务效果不明显。针对这一问题，全省方志系统应进一步增强大局意识和服务意识，切实将服务当代与记录历史放在同等重要的位置。搭建好地方志服务平台，调动社会各界专家学者参与地情研究的积极性，整合各类资源，提升地方志服务水平。

三、河北省地方志事业发展趋势及展望

（一）方志事业发展的法治化水平将有新的提高

提升地方志工作法治化水平，是全面依法治国题中之意，也是推动地方志事业可持续发展的重要保障。河北省方志办将在贯彻《地方志工作条例》和《河北省地方志工作规定》的基础上，认真总结河北省地方志工作法治化建设的成绩、经验与不足，学习借鉴四川省、山西省等先进省份的立法经验，积极推动河北省地方志工作立法，为河北省地方志事业发展创造更加良好的法制环境。在遵循上位法的同时，结合地方志事业发展新形势和《规划》新要求，进一步体现时代特色和地方特色，在明确各级政府及其地方志工作机构职责的同时，进一步规定机关、社会团体、企事业单位和其他组织在地方

志工作中的责任。进一步建立健全与法规规章相配套的制度体系，积极开展地方志工作执法检查和行政督察，推动地方志法规规章的贯彻落实。继续做好地方志工作法规规章宣传工作，加大普法力度，营造依法开展地方志工作的良好社会环境。

（二）方志理论工作将有新的发展

第二轮三级志书编纂工作进入出版密集期，这为总结修志经验、评量得失提供了条件。地方志系统对方志理论工作的重视程度不断提高，各类学术研讨和交流活动日益活跃，史志期刊工作力度的加强都将对方志理论研究起到积极的推动作用。河北省方志办将继续营造重视理论研讨的学术氛围，加强对第二轮修志经验的总结，在发挥好冀皖方志论坛和刊物平台作用的同时，进一步丰富理论研究的形式，加强对理论研究成果的考核和奖励，进一步调动广大地方志工作者参与理论研究的积极性。

（三）资源开发利用将会进一步深化

一方面志鉴成果的大量涌现、旧志整理工作的顺利推进，为方志资源开发利用提供了基础。另一方面，公众对志鉴资料需求的针对性越来越强，这就需要提高方志资源供给水平，提供更加专业的资源。信息化的发展和方志馆的筹建为资源开发利用提供了新的平台和手段。河北省方志办将把服务经济社会发展成效作为对史志机构工作水平高低的一项考核标准；学习广东的先进经验，搭建好地方志资源开发利用平台，开展省情调查，深化地情研究；积极开展地情教育，举办讲坛与展览，编写省情干部读本、中小学生乡土教材与社会普及读物，推动地情教育进机关、进学校、进社区，不断丰富地方志资源开发利用的成果和服务手段，为经济社会发展大局和广大人民群众提供优质地情资源。

（四）村镇志编纂成果将更加丰富

城镇化的快速推进使得村镇志编纂越来越紧迫，各级政府及社会有识之士对编修村志的认识得到进一步提高。《全国地方志事业发展规划纲要（2015—2020年）》和《河北省地方志事业发展规划（2016—2020年）》的出台，对村镇志编纂工作是有力的推动。名镇名村志示范效应将显现，村镇志工作推动和编纂方面的经验正在形成。村镇志助力美丽乡村建设，成为社会主义新农村文化建设的重要组成部分，这些都会对村镇志编纂起到积极的助推作用。要在继续抓好名村名镇志的同时，进一步加强村镇志编纂规范的制定和经验的推广，加强业务指导，推动基层志书编纂工作更好发展。

（五）资料工作将成为地方志工作的重要组成部分

资料是做好地方志工作的基础，资料散佚以及资料搜集困难等问题给修志工作带来的困扰在第二轮修志实践中已充分显现，并引起了方志工作者的重视。在改革不断深化、简政放权进一步推进的大背景下，资料工作如果不能做出顺应形势的变化，将会成为地方志工作的重大瓶颈。方志馆的筹建和信息化的发展,为资料的征集和管理提供了支撑条件。要学习广东省先进经验，制定资料年报制度，在资料报送范围、资料报送流程等方面进行探索，进一步加强资料工作，充分发挥资料在地方志工作中的基础作用。

（六）信息化建设将有新的发展

地方志信息化建设，既是时代的需要，也是地方志事业发展的必然要求。地方志是地方文化的富矿，科学研究、招商引资、旅游开发、地情教育和重大决策都需要利用地方志资料，社会各界对方志资源的需求越来越多，传统的地方志传播方式和开发利用方式限制了其功能和作用的发挥。河北省要根据全国地方志信息化建设要求，结合河北实际，借鉴先进省份的经验，发挥后发优势，进一步加强信息化工作，在将方志资源载体由传统的纸质变成网络的同时，注重实现向开放模式转变，对现有资料进行多角度多层次开发，形成有效信息服务，满足不同群体的需求，成为政府向社会提供公共信息服务的重要组成部分。

山西省地方志事业发展报告

山西省地方志办公室

党的十八大以来，党中央、国务院在治国理政中，高度重视传承发扬中华民族的优秀传统文化和总结借鉴历史经验智慧，其中对具有独特功能的地方志工作给予了前所未有的高度关注，提出新要求，作出新部署，指引和推动了地方志事业不断发展。2015—2016年，是全国地方志事业发展取得重要进展的两年，也是山西地方志事业发展取得重要进展的两年。两年间，在中国地方志指导小组及其办公室的有力指导下，在山西省委、省政府的正确领导下，山西省地方志办公室充分发挥主管全省地方志业务工作的职能，承前启后，继往开来，有力地推动全省地方志事业保持了快速发展的良好态势，实现新突破。

一、事业发展情况

（一）发展基础

山西是华夏文明的重要发祥地之一，修志传统源远流长。历史上保存下来的各类古志有500多种，发挥了留存历史、积累文化、传承文明重要作用。新中国成立后特别是改革开放以来，山西是较早开展地方志工作和省级综合年鉴编纂工作的省份之一，是全国社会主义新方志的发祥地。到21世纪之初，山西在全国率先基本完成了首轮修志规划任务，编纂出版了《山西通志》50卷、66册，编纂出版市（地区）、县（市、区）两级志书124部。同时，还整理出版旧志120余种，编写出版综合年鉴等地情书800余种。山西首轮修志，编纂出版志鉴等各类成果达数十亿字，形成了较为丰富的省情地情文献资料库。在此过程中，省、市、县三级地方志工作机构也从无到有，修志队伍不断发展壮大。

2003年，山西在全国率先启动了第二轮省、市、县三级修志工作。2006年5月，国务院颁布《地方志工作条例》，将地方志工作纳入法制化的轨道，山西于同年6月全面启动《山西省志》编修工作。

2009年，山西省地方志办公室恢复独立建制，结束了十多年来山西省级史志机构合一的局面。2010年，构建起全国建制最完备的省级地方志工作机构，强化了组织指导全省地方志工作的职能和执法权力。2011年5月，山西省十一届人大常委会第23次会议通过《山西省地方志工作条例》，自7月1日起施行。近年来，山西省地方志办公室坚持依法修志、依法治志，统筹协调指导，推进了第二轮省、市、县三级修志和地方志工作的全面发展，省级形成了以志鉴编纂为主业和省情研究、地方史编纂、史志期刊编辑、省情资料库建设、资政育人服务、网络建设、省情（方志）馆建设等多业并举发展的大方志工作格局。

至2014年末，全省131个省、市、县三级政府，共设置省、市、县三级地方志工作机构131个，其中省级1个、市级11个、县级119个，有专业史志工作人员800多人。省、市、县三级第二轮修志取得重大进展，省级省志编纂出版23部，完成规划任务的25%；市级市志编纂出版3部，完成规划任务的27.3%；县级县（市、区）志编纂出版43部，完成规划任务的36.1%。市级综合年鉴编纂工作实现全覆盖，县级综合年鉴编纂工作覆盖面达到23%以上。创办省市两级地方史志期刊5种，其中省级史志期刊《沧桑》（现《史志学刊》）杂志为全国地方志系统8家拥有国家统一刊号的期刊之一，市级史志期刊有《太原地方志》《大同今古》《长治方志》《平阳方志》4种。建成运行省、市、县三级地方志（省、市、县情）网站15个，其中省级1个、市级5个、县级9个。省、市、县三级地情（方志）馆建设取得重大突破，省情（方志）馆筹建列入全省“十二五”规划，建成运行市级市情（方志）馆1个、县级县情（方志）馆 3 个。

（二）2015 年发展情况

2015 年，全省地方志系统认真学习贯彻习近平总书记、李克强总理和刘延东副总理关于地方志工作的重要讲话、重要批示精神，认真学习贯彻第五次全国地方志工作会议精神和国务院办公厅印发的《全国地方志事业发展规划纲要（2015—2020 年）》，认真贯彻落实省委、省政府的重大决策部署，主动适应经济发展新常态，特别是适应从严治党、依法治国治省、财政紧缩的新形势，大力发扬“修志问道，直笔著史”的方志人精神，再接再厉，奋力推进了事业的新发展。

一是省、市、县三级第二轮修志工作取得新进展。省志编纂出版了《人大志》《政区沿革志》《检察志》《地税志》《地震志》《邮政志》《铁路志》《林业志》《机械电子工业志》9 部 1000 多万字。市县志编纂评审了《太原市志》《运城市志》2 部市志，评审了《大宁县志》《沁源县志》《偏关县志》《代县志》《万荣县志》《介休市志》《朔州市平鲁区志》《娄烦县志》《安泽县志》9 部县（市、区）志，审定出版了《繁峙县志》《大同市新荣区志》《太谷县志》《榆社县志》《阳泉市矿区志》《绛县志》6 部县（区）志。

二是综合年鉴编纂提质扩面实现新突破。2014 年版《山西年鉴》荣获全国年鉴研究会“全国年鉴编纂一等奖”。经全国评选，《山西年鉴》入选中国地方志指导小组办公室“全国年鉴工作、中国年鉴精品工程试点单位”。市县两级综合年鉴编纂工作覆盖面进一步扩大，市级综合年鉴编纂工作进一步提质发展，县级综合年鉴编纂工作覆盖面扩大 38% 以上。

三是其他各项工作进一步拓展。省地方志办公室在专志编纂、期刊转型发展、资政服务、历史文化研究、省情（方志）馆建设等方面取得新进展。专志编纂出版了山西旅游景区志丛书之《中镇霍山志》，出版了《2014 年山西省重点工程大事志》，与省民政厅联合启动了“山西省地名志系列丛书”的编纂工作。《沧桑》杂志成功转型为《史志学刊》，开辟了学术刊物发展的新路。资政服务创新方式，继续实施按年度序列研究省情的重大“创新工程”，成功研创出版了《山西省情报告（2015）》蓝皮书；集中力量攻关研创了《山西历史文化述要》的专题资政报告。历史文化研究，编辑出版了“山西革命根据地丛书”3部，基本完成22卷《山西通史》的编审出版。省情（方志）馆筹建，落实了建设用地30余亩，并完成前期设计。各市县（市、区）地方志部门在重点推进第二轮市县（市、区）志编修和综合年鉴编纂工作的同时，结合实际，因地制宜拓展方志工作。市县两级专志、乡镇村志编纂成为地方志事业发展新的增长点和亮点。

（三）2016年发展情况

2016年，全省地方志系统继续主动适应经济发展新常态，认真学习贯彻习近平总书记、李克强总理、刘延东副总理关于地方志工作的重要讲话、重要批示精神，认真学习贯彻第五次全国地方志工作会议精神，全面实施《全国地方志事业发展规划纲要（2015—2020年）》《山西省地方志事业发展规划纲要（2015—2020年）》，紧紧围绕中心工作，坚持从严治党和依法修志相衔接，坚持志、鉴、史编纂的基础性工作与资政育人的根本性工作相统一，坚持突出重点与全面推进相结合，开创了事业发展的新局面。

一是省级地方志机构建设进一步加强。省委专项巡视组对省地方志办公室进行了巡视，省审计厅对省地方志办公室进行了专项审计。省地方志办公室以专项巡视和专项审计此为契机，加强整改，进一步加强了机关党的建设和各项建设，机关面貌焕然一新。在省地方志办公室主要领导新老交替之际，省委选派了曾在省、市、县多岗位工作、年富力强的张志仁同志担任了党组书记，加强班子建设。省政府加强了对地方志工作的领导，明确地方志工作由副省长分管。

二是多措并举推进志鉴“两全”目标任务的落实。省地方志办公室积极争取省政府支持，省政府办公厅于2016年1月印发了贯彻实施《全国地方志事业发展规划纲要（2015—2020年）》的《山西省地方志事业发展规划纲要（2015—2020年）》，对全国规划提出的到2020年全面完成省、市、县三级二轮修志任务和实现省、市、县三级综合年鉴全覆盖的“两全”目标任务，作出具体规划部署。在此基础上，积极争取省人大常委会和教科文卫委支持，确定对落实“两全”目标任务滞后的市县（市、区）和省直部门开展执法调研；积极争取省政府支持，确定对落实“两全”目标任务滞后的市县（市、区）和省直部门开展专项督查。

三是省、市、县三级二轮修志工作取得新进展。省志编纂出版了《民政志》《人物志（下）》《人物志（中）》《证券志》《煤炭志》《商务志》4部6册1000多万字。市县志编纂评审了《忻州市志》《阳泉市志》2部市志，评审了《岢岚县志》《祁县志》《大同县志》《忻州市忻府区志》《长治市郊区志》《永和县志》《右玉县志》7部县（市、区）志，审定出版了《隰县志》《平遥县志》《绛县志》《左权县志》《和顺县志》5部县志。

四是综合年鉴编纂进一步提质扩面发展。按照中国精品年鉴工程的要求，高质量完成《山西年鉴（2016）》编纂任务。市县综合年鉴编纂工作覆盖面进一步扩大，市级综合年鉴编纂工作提质发展，县级综合年鉴编纂工作覆盖面扩大到40%以上。

五是其他各项工作继续拓展发展。继续实施按年度序列研究省情的重大“创新工程”，成功研创出版了《山西省情报告（2016）》蓝皮书。《史志学刊》编辑质量进一步提升，打造学术交流平台工作取得明显成效，再次被国家新闻出版广电局认定为学术期刊。省市合作，编纂出版了《晋东南地区志（上、下）》。22卷《山西通史》成功出版。启动了宣纸影印明代嘉靖《山西通志》工程，取得重要进展。省情（方志）馆筹建进一步推进。各市县（市、区）地方志部门在重点推进第二轮市县（市、区）志编修和综合年鉴编纂工作的同时，结合实际，因地制宜拓展方志工作。太原市地方志网站升级改版，运城市地方志网站建成运行。晋城市方志馆建成开放，运城市方志馆开工建设。市县两级专志、乡镇村志编纂继续呈增长态势。

截至2016年9月，全省省、市、县三级地方志工作机构共计有131个，其中省级1个、市级11个、县级119个，共有人员编制1024个，在编866人。省、市、县三级第二轮修志，规划任务完成40%，其中省级完成39%、市级完成27.3%、县级完成42.9 %。省、市、县三级综合年鉴编纂覆盖面达到44%，其中省市两级综合年鉴编纂覆盖面达到100%，县级综合年鉴编纂覆盖面达到40%。建成运行省、市、县三级地方志（省、市、县情）网站19个，其中省级1个、市级5个、县级13个。建成运行市级市情（方志）馆2个、县级县情（方志）馆3个。改革开放以来，全省地方志系统累计编纂出版省、市、县三级地方志书264部，累计编纂出版省、市、县三级综合年鉴56种（其中省级1种、市级11种、县级44种）420多部，累计编纂出版各类专业志、乡镇村志、地情资料等2000多种，累计整理历代古志200余种，形成了规模较大、独具特色的省情地情文献资料库。

二、存在的主要问题及对策

（一）主要问题

1. 落实“两全”目标任务十分艰巨。《全国地方志事业发展规划纲要（2015—2020年）》和《山西省地方志事业发展规划纲要（2015—2020年）》，提出到2020年全面完成省、市、县三级第二轮修志任务和实现省、市、县三级综合年鉴全覆盖的“两全”目标任务，是地方志工作必须落实的重大任务。到2016年年末，全省全面完成省、市、县三级二轮修志任务还有较大差距。其中，省级修志仅完成任务的39%，还有61%的任务需落实；市级修志仅完成任务的36.4%，还有63.6%的任务需落实；县级修志仅完成任务的42.9%，还有57.1%的任务需落实。同时，与全省实现省、市、县三级综合年鉴全覆盖任务的差距也不小。其中，市级综合年鉴编纂在实现一年一鉴、当年出版方面还需努力；县级综合年鉴编纂工作实现全覆盖还有60%的任务，要全面实现一年一鉴、当年出版还需更大的努力。

2. 全面依法治志还有很大差距。国务院《地方志工作条例》颁布实施10年来，山西省人大常委会《山西地方志工作条例》颁布实施5年来，山西各级各有关部门在学习宣传两个条例方面做了大量工作，但对两个条例的学习还不够深入、宣传不够普遍，地方志工作还未形成浓厚的法治氛围。具体表现在：许多市县（市、区）党委、人大、政府和大部分省直部门对两个条例的认知还不够深刻，自觉贯彻的意识不强；一些市县（市、区）对两个条例的学习宣传不够重视，有“一阵风”现象，有的县（市、区）党委、人大、政府和省直有关部门对两个条例还不是十分熟悉；许多市县（市、区）地方志部门对两个条例精神和各项规定把握得还不够精准，运用两个条例履行职责的意识还不够强，工作职能发挥不够充分；两个条例在社会上影响力还较小，影响的覆盖面不够广泛。这使得两个条例的相关具体规定在工作实践中难以有效落实，全面依法治志不够到位，有很大差距。

3. “一纳入、八到位”要求落实不够到位。“一纳入、八到位”（将地方志工作纳入各地国民经济和社会发展规划、地方各级政府工作任务，做到“认识、领导、机构、编制、经费、设施、规划、工作”到位），是地方志工作发展的根本要求，也是保障地方志工作有效开展的运行机制。但是，在市县（市、区）基层，地方志工作的这一运行机制落实得还不够全面到位。主要表现是：个别县级政府还未设置专门的地方志工作机构，少数市和大多数县（市、区）的地方志工作机构没有单独设立，而是与党史机构合设，有的还是与档案、党史机构合设。市县（市、区）政府虽然都将地方志工作经费列入了财政预算，但是绝大多数市县（市、区）政府仅是将地方志部门的人员经费、基本办公经费列入了财政预算，而对于地方志部门开展编史修志、资政育人等工作经费还处于临时应急的支付状态。市县（市、区）地方志部门人员编制普遍紧缺，一些县级地方志工作机构还存在编制人员不到位的现象。这些情况在很大程度上制约和影响着工作开展和事业的发展。

4. 地方志工作基础设施建设严重滞后。受近年来全省经济发展困难等因素制约，省、市、县地方志信息化、省、市、县情（方志）馆建设都严重滞后。大多数市县还未建设地方志网站，距离实现省、市、县三级地方志网站互联、资源共享有很大差距。省情（方志）馆还处于筹建阶段，距离建成还有很大差距。市县情（方志）馆建设有突破，但仅有少数几家。省、市、县地方志信息化、省、市、县情（方志）馆建设，是全省地方志工作和事业发展的最大短板。

5. 地方志资源开发利用工作较为薄弱。志鉴史编纂，根本的任务是资政育人。多年来，全省地方志系统编纂出版了大量志鉴、地情资料成果，也培养聚集了一批重要专家和学者。但是，在发掘蕴藏在志鉴等成果中的丰富地情和历史信息资源、推进大部头志鉴向普及型转化、提高志鉴成果的社会效用、深化课题研究直接资政服务等方面，省、市、县三级地方志部门的工作较为薄弱，制约了地方志工作影响力和作用的发挥，也很不适应党委、政府和社会对历史文化、省情地情认知的需求。

（二）对策措施

1. 加强学习和增强方志文化自信。继续深入学习习近平总书记系列重要讲话精神，深入学习习近平总书记、李克强总理、刘延东副总理关于地方志工作的重要讲话、重要批示精神，深入学习第五次全国地方志工作会议精神和国务院办公厅印发的《全国地方志事业发展规划纲要（2015—2020年）》。要通过不断深入深化学习，进一步增强做好地方志工作的责任感、使命感和自觉性，进一步提高用辩证唯物主义和历史唯物主义的立场、观点、方法分析问题、解决问题的能力，进一步坚定中国特色社会主义的道路自信、理论自信、制度自信和文化自信，始终坚持为人民服务的修志立场，在思想上、政治上、行动上同以习近平同志为核心的党中央保持高度一致，筑牢思想根基，站稳政治立场，增强方志文化自信。

2. 全力确保“两全”目标提前或如期实现。到2020年全面完成省、市、县三级第二轮修志任务和实现省、市、县三级综合年鉴全覆盖的“两全”目标任务，是国务院和省政府部署的硬性任务，也是刚性要求。要以问题为导向，突出修志编鉴主业，聚焦修志编鉴主业，加强组织领导，整合资源力量，完善激励机制，强化督促检查，全力推进全省“两全”目标任务提前或如期完成。

3. 坚持和大力推进依法治志。要适应依法治国、依法治省的新要求新实践，积极创新学习宣传形式，进一步加强和加大对国务院《地方志工作条例》和《山西省地方志工作条例》的学习宣传，在学习领会国务院和山西两个条例的基本精神和内容上下功夫，在准确理解国务院和山西两个条例条文的含义上下功夫，在宣传广度和深度上下功夫，努力使各级领导掌握国务院和山西两个条例的宗旨和精神，各级干部了解国务院和山西两个条例的主要内容，各级方志工作者熟悉国务院和山西两个条例的各项规定，广大人民群众知晓国务院和山西两个条例的基本内容，真正形成各级各方面知法懂法守法的良好局面，全面推进依法治志。

4. 积极落实“一纳入、八到位”要求。落实地方志工作的“一纳入、八到位”要求，重点在市县基层。要积极推动市县两级政府落实责任，全面落实地方志工作的“一纳入、八到位”要求。要以健全市县地方志工作机构为重点，推动市县两级地方志工作机构单独设置，并坚持胜任的原则配置人员而不能凑数。要以解决地方志工作机构人员老化与培训提高现有人员的素质和能力为重点，推动市县两级政府建立健全地方志工作队伍建设机制，保障地方志事业薪火相传、后继有人。要以落实志鉴史编纂等工作经费为重点，推动市县两级政府将地方志工作所需经费全部列入财政预算，并适应经济社会的发展不断改善地方志工作机构的工作环境。

5. 加强推进地方志工作基础设施建设。要强化问题意识，加快补足全省地方志信息化、省、市、县情（方志）馆建设基础设施建设的短板。按照“统一规划、统一标准、分级建设、资源共享、安全保密”的原则，积极争取省委、省政府及有关部门支持，启动并大力实施“互联网+地方志”工程，设立“方志网络信息中心”，提质扩容建设“山西省地方志网站”，同网构建“山西省情信息网”，启动“山西数字方志馆”项目，开设“方志山西”微信公众号，开通《方志山西手机报》，充分发挥信息化在地方志资源开发利用中的作用，提升地方志工作的资政育人服务能力，扩大地方志的影响力。积极支持市县地方志部门推进“市县级地方志网站”和“市县情信息网”建设，尽快实现省、市、县三级地方志网站互联、资源共享。山西省情（方志）馆的筹建，要争取尽快立项，努力将其打造成全方位展示省域自然与社会、历史与现状（包括经济、政治、文化、社会，以及山川河流、物产、气候等）的重要公共文化平台，打造成对内开展省情地情和历史文化教育的重要基地、对外开展宣传的重要窗口、发展文化旅游的标志性新景观。各市县地方志部门筹建市县情（方志）馆的工作，要坚持争取和推进力度不放松、不懈怠，以多种形式力争取得新突破。

6. 坚持修志为用和提升资政育人水平。要进一步增强服务意识，要主动融入国家“四个全面”的战略部署和全省经济社会发展战略，着眼资源优势，围绕党委、政府工作大局，加强对地方志资源的开发利用，深化对省情、市情、县情和地情的研究，强化对历史与现实相结合的重大课题的专项研究，充分发挥地方志传承文明、发掘历史智慧重要载体的独特功能，为传承和弘扬三晋优秀传统文化、提升山西文化软实力、提供资政教化的历史经验智慧发挥重要作用。

三、发展趋势及展望

2015年8月25日，国务院办公厅印发的《全国地方志事业发展规划纲要（2015—2020年）》，是从国家层面对推进地方志事业发展所作的顶层设计，也是当前和今后一个时期全国地方志工作的行动纲领。2016年1月7日，山西省人民政府办公厅印发的《山西省地方志事业发展规划纲要（2015—2020年）》，是结合山西工作实际，贯彻实施全国《规划纲要》的重要举措，也是当前和今后一个时期山西省地方志工作的具体行动纲领。

在全国史志事业蓬勃发展的大好形势下，山西地方志工作要坚持志鉴史编编纂的基础性工作与资政育人的根本性工作相统一，坚持突出重点与全面推进相结合，继续保持高位运行态势，全面协调推进事业可持续发展。到2020年，全面完成第二轮修志任务，实现省、市、县三级综合年鉴全覆盖，基本形成地方志编修体系、理论研究和学科建设体系、质量保障体系、资源开发利用体系、工作保障体系“五位一体”的地方志事业发展综合体系，打造出山西地方志工作的升级版，开创出山西地方志事业发展的新局面。

内蒙古自治区地方志事业发展报告

内蒙古自治区地方志办公室

2015—2016年是内蒙古自治区地方志事业发展进程中的重要的两年，外部发展环境趋好，内部各项工作都有新的进展，全区地方志事业站在了一个新的发展起点上，为今后的加快发展打下了扎实的基础。自治区地方志办公室新一届领导班子成立以后，根据地方志工作特点和人员思想实际，提出了许多新思路，采取了许多新举措，各项工作取得了新的进步。新一届领导班子主动适应新常态，紧紧围绕中心开展工作，按照中国地方志指导小组办公室的要求与部署，全面贯彻落实第五次全国地方志工作会议和《全国地方志事业发展规划纲要（2015—2020年）》精神。在自治区政府办公厅领导下，认真谋划全区地方志工作，面对新形势、新任务，通过抓班子带队伍、抓机关强作风、抓制度提效率，机关建设发生了巨大变化。通过加强领导，强化管理，务实创新，全区地方志事业呈现出蓬勃发展的新气象。

一、全区地方志事业发展的新局面和面临的新形势

（一）全区地方志事业发展的新局面

将顶层设计作为全区地方志工作的重要引擎和战略谋篇，贯穿机关建设、队伍建设、业务建设、干部工作乃至全系统建设始终，推陈出新，狠抓到底。

从制度层面和操作层面处处体现顶层设计，并不断更新换代，确保了各项工作沿着正确方向前进，保证了全系统在制度框架内迈进。由于顶层设计与工作实际高度契合，一年来全区地方志工作目标明确，措施有力，落实到位，保证了各项工作和整个事业的蓬勃发展。

1. 第二轮修志工作取得新的阶段性成果。全区地方志系统全力抓紧抓好第二轮自治区、盟市、旗县三级志书编修，实现了进度和质量的同步推进，工作力度明显加大。2015 年，地方志办公室与自治区政府办公厅督查室联合对厅局、盟市和部分旗县进行工作督查，并形成制度。使工作进度相对滞后的修志单位明确任务和时间，做到心中有数，增强压力感和紧迫感，不定时地在全区通报修志进展情况。对自治区委办厅局、企事业单位中未完成首轮修志任务和已启动二轮修志的 25 个部门、单位进行了实地督查，对 30 个部门、单位进行了书面督查，并以自治区政府办公厅名义下发了督查通报，大大加快了第二轮修志进度。与此同时，全区地方志系统狠抓志书质量的提高，制定了志书质量管理制度，内容涵盖志稿评审验收出版等志书编纂的主要环节。从已出版的第二轮志书看，质量较首轮有明显提高。

目前，已编纂出版第二轮《内蒙古自治区志》各厅局专业分志 17 部，完成计划的 22%；盟市级志书 4 部 7 册，完成 33%；旗县区级志书 46 部，完成 44.7%。全年审读字数共 1600 万字。

全面启动蒙古文志书翻译出版工作。自治区地方志办公室成立《内蒙古自治区志 · 大事记》蒙古文翻译领导小组，并开始了翻译工作。各盟市、旗县陆续启动蒙古文志书翻译出版工作。

2. 年鉴编纂工作成效显著。一是大力改革创新。《内蒙古年鉴（2015 卷）》进行了全面改革创新，通过改进工作方式，提高工作效率。使用年鉴在线编纂系统，提高了编纂效率。通过以自治区政府办公厅名义对未供稿单位下发督查通知，提高了供稿速度。二是数量不断增加。全区各级各类年鉴发展到 70 多种 394 部，其中地方综合年鉴 52 种。三是机制不断健全。坚持地方综合年鉴全部由地方志工作机构编纂、管理，专业年鉴全部由地方志部门组织、指导的工作体制。8 月，针对部分单位未及时提供《内蒙古年鉴（2015 卷）》稿件情况，以自治区政府办公厅名义下发了《关于组织编纂〈内蒙古年鉴（2015 卷）〉有关事宜的补充通知》，通报了未供稿单位名单，加大了工作力度。四是形式丰富多样。通过对年鉴资料进行提炼、补充，编纂出版了一批短平快成果。如通辽市编纂的《市情手册》受到好评，提高了年鉴资料利用水平，丰富了为现实服务的内容。

3．信息化建设水平不断提高。内蒙古自治区地方志办公室是全国地方志工作信息化建设试点单位。全区地方志系统不断对各级地情网站进行升级改版，实现了互联互通、资源共享。内蒙古区情网先后几次升级改版，全面推进信息化建设。全年累计上传稿件342篇，图片102幅，电子版志书57部，共151万字。下发《内蒙古自治区地方志系统地情网站管理规定》。内蒙古区情网与各盟市实现了联网，总访问量达227.79万人次，日访问量约1000人次。

4．方志馆建设再上新台阶。内蒙古方志馆建设项目已经获批，具体工作正在积极推进中。建成后将不断扩充馆藏，拓展新的服务项目，提高为读者服务的水平。不断改善硬件设施和服务环境，每年都拿出一定资金购买图书资料。各盟市、旗县地方志机构积极争取把方志馆建设纳入各地公共文化设施建设规划，加快建设步伐。目前，全区建成盟市级方志馆（室）4家，旗县级方志馆（室）3家，收藏各级各类地方文献20多万册。

5．相关业务工作继续推进。重新调整《内蒙古自治区志》第二轮规划，根据承编单位机构实际以及部分志书下限及出版时间等情况，将原来规划的80部志书调整为76部。《内蒙古史志》刊物从第4期更名为《内蒙古方志》，目前已编辑出版5期、62万字。启动《内蒙古自治区简志》编纂工作。持续跟进《方志内蒙古》拍摄工作。现已完成了9个盟市的拍摄和2个盟市的补充拍摄任务，其他盟市拍摄研讨工作正在积极推进中。拓宽地方志工作领域，编纂了一些重要专门志，整理旧志，开展乡镇村志编纂。

6．地方志成果开发、利用取得新成绩。一是为各级领导提供决策服务。二是积极举办文化活动，为繁荣文化事业做出了积极贡献。三是创新地方志成果利用方式，不断开拓思路，采用新方式、新手段普及利用地方志成果，使地方志成果的社会效益得到充分发挥。

7．法治化建设取得丰硕成果。地方志法治化建设取得新进展，为全区地方志工作顺利开展提供了法制保障。自治区政府常务会议将“高度重视编史修志”正式列入自治区“十三五”规划。自治区政府办公厅制订出台《内蒙古自治区地方志事业发展实施方案（2016—2020年）》，依法治志观念不断增强。

向自治区主席巴特尔、分管副主席白向群呈报李克强总理对全国地方志工作重要批示、刘延东副总理接见全国地方志系统先进模范代表时重要讲话精神的文稿，并得到及时批示。全区地方志工作在开展过程中，紧密结合内蒙古区情，使地方志工作同经济社会发展相适应，在全国地方志系统中形成了自身特点和亮点。

8．全行业行政管理体系进一步确立。为了加强全区地方志系统行政体系建设，自治区地方志办公室下发了《关于进一步加强全区地方志系统有关工作的通知》（内志办发〔2015〕17号），避免了各级地方志工作机构地位、职能和功能出现弱化，改变了过去松散的管理模式和工作关系，强化了政府职能、行政职能、领导职能、管理职能、法治职能及制度职能，重申地方志工作机构的法规定位和行政管理职能，明确与各级地方志工作机构建立请示报告和约谈制度。各盟市积极响应，认真贯彻落实文件精神，推进了地方志工作的开展，为全区地方志事业健康有序发展打下良好基础。

9．组织召开各种重要会议。6月，组织召开全区地方志工作电视电话会议，传达了巴特尔主席对地方志工作的重要批示，自治区副主席白向群部署全区地方志工作并提出要求，全区3400余人参加会议；组织召开中国地方志指导小组组长王伟光在内蒙古自治区阿拉善盟的调研座谈会；组织召开全区地方志工作机构负责人会议暨修志人员业务培训会议，聘请区外知名专家授课，自治区地方志办公室常务副主任作主旨讲话，胡满达主任以《加强领导与管理》为题作重要讲话，全区近200人参加会议和培训；组织召开各盟市地方志工作机构负责人座谈会。同时，积极参加区内外调研、考察与培训活动。

机关内部实行例会制度，定期召开主任办公会和处室负责人会议，及时形成会议纪要，适时发布情况通报。自2015年2月份以来，共召开主任办公会议39次，印发《会议纪要》25期，研究决策各类事务70余项。印发各类文件27个，印发《地方志工作情况通报》16期。

10．切实加强机关党建工作。深入开展“三严三实”“两学一做”专题教育活动。根据自治区政府办公厅统一部署，组织“三严三实”集体学习11次、专题研讨会3次，积极参加自治区党委组织部“双休日讲座”。积极推进党风廉政建设。组织学习中央和自治区有关党风廉政建设文件精神，严格执行政治纪律和组织要求，积极推进党风廉政建设和党支部建设。组织学习《中国共产党纪律处分条例》《中国共产党廉洁自律准则》，组织学习“卢玉宝先进事迹”。推进支部建设。由机关牵头，联合离退休人员工作处党支部和人事处、机关党委、纪检组党支部，看望慰问定点帮扶对象。积极支持厅机关党委慰问贫困老党员活动。4 名同志被列为党员重点培养对象。

自治区政府办公厅党组多次对地方志办公室取得的成绩给予高度评价。办公厅党组听取办公厅系统 2015 年党建工作述职时，邓月楼秘书长对地方志工作给予了高度评价。他说，地方志办公室结合“三严三实”“两学一做”抓建章立制，用“先抓人后抓事、先行政后业务、先难后易、先破后立”、“大方志”等新理念，抓机关建设，收到好的成效，业务工作也有好的成绩。2015 年，地方志办公室党支部由二类支部荣升为一类支部，并荣获自治区政府办公厅先进基层党组织称号。地方志办公室两名同志分别荣获自治区政府办公厅优秀共产党员、优秀党务工作者荣誉称号，一名同志荣获自治区政府办公厅“践行‘三严三实’争做新时期焦裕禄式好干部”主题演讲比赛一等奖，单位荣获优秀组织奖。

（二）全区地方志工作面临的新形势

当前，内蒙古自治区地方志事业发展面临着大好形势与千载难逢的机遇，亟须乘势而上、顺势而为。

1. 服从、服务于党和国家工作大局。近年来，党和国家高度重视优秀传统文化的挖掘和阐发。习近平总书记历来高度重视地方志工作。李克强总理在全国地方志工作会议的批示中强调，地方志的作用和社会价值在于“修志问道，以启未来”。作为优秀传统文化产物和载体的地方志，承载着接续文化传统、延续民族记忆的重任，地位日渐持重，正如刘延东副总理所指出的，地方志正成为“国家战略的一个方面”。这是党和国家的发展大局对地方志工作的新要求。作为地方志工作者应认清这个大局，积极服务于这个大局。地方志工作面临着前所未有的发展机遇，这是历史赋予地方志的社会责任和历史使命。

2. 服从、服务于全区改革发展大局。第一，全区改革发展大局对地方志工作提出了新的要求。正在编修的第二轮自治区、盟市、旗县三级志书，全面客观地记载了改革开放以来，全区各地区、各行业在各级党委、政府领导下推进现代化建设的历史进程和取得的伟大成就，展现了地方特色和优势，揭示了地方经济社会发展规律和趋势，总结了改革发展中的经验教训，探索出地方治理的科学方略，为当前全面深化改革提供了历史经验借鉴和参考。第二，经济发展离不开地方志的积极参与。地方志与区域经济融合会形成历史文化资源，产生直接的经济效益和社会效益，推动特色文化产业的发展，推动地区经济增长。

3. 服从、服务于文化大区建设。地方志编修是一项政府行政职能，也是一项地方文化建设活动。第一，地方志编修是地方文化建设的重要组成部分，是基础性工作。地方志作为综合记载一定行政区域内自然及人文社会情况的一种地方性著述，不仅保存了地域内社会和自然的大量历史资料，而且还扩大了地方性知识的认知领域和记忆空间。全区第二轮修志工作本身就是地方志系统为社会提供更多的优秀精神文化产品、服务文化大区建设的重要举措。第二，地方志是地方文化建设的重要根基和宝贵资源。地方志编修代代相续，绵延不断。从古至今，修志就肩负着维护传统文化传承的重要历史使命。当前全区三级志书编修对于传承弘扬优秀传统文化和草原文化，促进文化大区建设具有重要意义和作用。地方志编修实质上是一种文化的积累和创造，在传承地方文化上有着不可替代的特殊作用。在当前的文化构建体系中，内蒙古地方志编纂促进了跨学科、跨文化以及对草原文化的反省与再认识，是蒙元文化继承和创新的重要纽带，也是进行文化创新的源泉。第三，地方志编纂推动了社会主义核心价值观建设。地方志通过对区域经济社会发展历史的客观记述，揭示“中国人民走上社会主义道路的历史必然性和通过改革开放和社会主义现代化建设，实现中华民族伟大复兴的历史必然性”的发展规律，这就为构建社会主义核心价值体系，筑牢全区人民团结奋斗的共同思想基础提供了历史的诠释和佐证。同时，新旧地方志中都收录全区各地著名的先贤和英模人物，都翔实地记载全区各地的民情风俗，特别是当前正在进行的全区第二轮地方志编修更是突出记述了全区各地精神文明建设的历程、取得的成就和经验。这些内容对于陶冶人们的情操，劝善惩恶，构建社会主义核心价值观与伦理道德体系、培育文明道德风尚具有重要的借鉴作用。

4. 认真贯彻落实各级领导对地方志工作的批示要求。全区各级党委、政府领导对地方志工作提出了殷切希望和要求。自治区主席巴特尔批示：“地方志工作十分重要，发挥着传承、存史、资政、育人的重要作用。各级政府要高度重视、大力支持地方志工作，全面落实中央‘一纳入、八到位’的要求，坚持依法治志、依法修志、依法用志，推动全区地方志事业再上新台阶。”自治区副主席白向群就地方志工作做了重要讲话，布小林主席亲自担任自治区地方志编纂委员会主任。编史修志工作写入了自治区“十三五”规划与政府工作报告。自治区政府领导的批示和全区地方志工作电视会议引起了各级政府和区直各部门的重视，形成了关心支持地方志工作的良好氛围，各地迅速掀起贯彻落实第五次全国地方志会议精神的热潮。

2015 年 12 月 29 日，全国地方志系统先进模范座谈会在北京人民大会堂举行，国务院总理李克强专门作出批示；中共中央政治局委员、国务院副总理刘延东接见与会代表，发表重要讲话，并与代表合影留念。自治区巴彦淖尔市乌拉特后旗党史地方志办公室荣获先进集体称号，鄂伦春自治旗档案史志局局长受到中国地方志指导小组的通报表扬。

王伟光组长 2015 年在内蒙古自治区调研座谈会上听取地方志工作情况汇报，充分肯定了自治区地方志工作取得的成绩，并要求全区地方志工作者要围绕中心，服务大局，深入开展地方志资源开发利用，推动地方志工作向基层延伸，更好地服务地方经济社会发展。中国地方志指导小组办公室高度关注内蒙古自治区地方志办公室 2015 年工作，对于内蒙古在蒙古文志书翻译出版工作和信息化建设方面取得的成绩给予高度评价。中国地方志指导小组办公室领导指出，内蒙古自治区地方志办公室充分发挥了少数民族地区的特色，为推动中国特色社会主义文化建设、助力中国梦作出了重要贡献。同时指出了自治区地方志办公室新领导班子的 5 个特点，即：认识到位，定位准确；敢于担当，不畏困难；真抓实干，抓铁有痕；发挥优势，扬长避短；敢想敢干，开拓创新。

5. 推进依法治志的进一步贯彻落实。为贯彻国务院办公厅颁布的《全国地方志事业发展规划纲要（2015—2020 年）》，制定印发了《内蒙古自治区地方志事业发展实施方案（2016—2020 年）》，推进依法治志进程。经广泛征求意见，反复修改，协调自治区政府领导及办公厅领导签批，2015 年 12 月 23 日以自治区政府办公厅名义印发全区贯彻执行。当时，全国出台实施方案或规划的省（区、市）只有四个，自治区名列第四。

二、全区地方志事业发展中存在的主要问题及对策

地方志编修是一项政府性公共文化事业，由于处在新的社会变革背景下，再加之本身体制性制约等因素的长期影响，地方志事业发展面临着新的问题和新的困难，需要用改革、发展、创新的办法不断加以解决。

（一）全区地方志事业发展中存在的问题

全区地方志事业发展中遇到的新问题和挑战，既有源自事业内部自身的原因，也有社会大环境的因素。随着改革开放的深入发展，经济社会等都发生了一系列深刻变化，传统社会向现代社会转型步伐加快。这既给内蒙古地方志事业的发展带来了发展机遇，也带来了不少问题和挑战。这些问题和挑战有些是随着新的经济社会变化而出现的，有些则是地方志事业自身长期存在的先天不足等老问题在新形势下的新变化，地方志事业固有的发展所需社会资源（政策、经济、舆论）相对稀缺的问题比较突出。

1. 地方志系统自身存在的问题。从全区地方志系统内部看，与先进省（区、市）相比较，“一纳入、八到位”问题突出，人力、物力、财力相对薄弱，最大的困难是硬件建设落后。相对于经济社会的发展和文化环境的变化，地方志事业发展的指导思想、工作体制机制和志书编纂内容等的调整、创新力度不大，用业务的办法解决业务问题有待进一步加强。志书编纂上不逾矩、求平稳思想较重；提高志书编纂质量的业务基础有待夯实和加强，提高志书质量总体上还处于攻坚探索阶段；业务人员的专业结构、知识结构不合理情况突出，业务水平和编纂能力提高不尽如人意。

第一，在地方志事业发展的指导思想上，改革创新的意识还不够强，长期形成的思维方式、工作模式与全面深化改革的要求还有差距。比如，思想解放不够，观念比较陈旧，视野狭窄，知识储备不足，对新事物、新变化不够敏感等。思想观念还不够超前进步，完成急难重大任务的特质和悟性还不够高。

第二，第二轮修志工作进展不平衡，志书质量还需进一步提高。从全区第二轮修志工作进度看，各地区、各单位差距较大。自治区级志书、盟市级

志书的编修进度总体上落后于旗县级志书的编修。这是因为行政层级越高，行政区域内事项越繁杂，志书记述内容越繁复；参与修志的部门、单位越庞杂，组织协调的难度也越大。从全区已出版的第二轮志书质量总体情况看，良莠不齐，差距较大。修志编鉴工作整体滞后且区域间发展不平衡，尤其是厅局专业志编纂工作进展缓慢。

第三，地方志机构参与文化大区建设的意识有待加强，领域有待拓展，地方志工作对经济社会发展的影响力和贡献力有待增强。

第四，专业人才较为缺乏，方志理论研究滞后。地方志事业是一项理论性、实践性很强的文化事业，方志编纂又是社会科学中的一门专门学问，有自己独立的理论和话语体系，需要从业人员有较强的专业理论基础。目前，全区各级修志人员专业结构、知识结构不尽合理，业务人员方志编纂理论水平和实际编纂能力不是很高。修志业务工作存在诸多问题，志书的质量难免会受到影响。修志理论滞后于修志实践的问题较为突出，方志理论研究缺乏有效的激励机制。队伍建设仍需加强，在主动开展工作、讲求奉献付出方面存在一定不足；理论学习不够系统，业务能力有所欠缺，学习能力和创新能力还需提高；完成工作效率不高，工作标准、质量与领导要求还存在一定差距；工作作风还不够严谨细致。

第五，全区地方志工作机构对于地方志行政职能的认识不够深刻，贯彻落实“一纳入、八到位”要求不能全部到位。全区统一管理和协调运作机制体制尚未形成，“重业务，轻行政”现象不同程度存在。方志信息化建设仍需加强，尤其是在栏目设置的科学性、资料上传的系统性方面需改进和提升。方志馆建设相对滞后，地方志资源开发利用不足，相比全国先进省区市差距较大。

2．地方志事业面临的外部环境问题。地方志事业属于上层建筑范畴，有很多社会因素制约地方志事业的发展。

第一，地方志属于历史学的分支学科，不可能不受到大的社会环境、理论氛围的影响。

第二，经济社会结构的变化使原有的修志组织形式不适应新的发展需求。随着由计划经济体制向社会主义市场经济体制过渡，社会经济成分、组织形式、利益关系等日益多元化，各级政府主要职能也有很大变化。原来仅仅依靠政策性文件和行政手段来组织地方志工作的模式已难以适应需要，原有靠政府职能部门提供资料的渠道已经不能完全解决问题，甚至在一些行业和领域不起作用。另外，随着改革开放的深入，新出现的“三农”问题、人口老龄化问题等没有一个行政部门能够掌握详尽资料，这恰恰是当前我们社会面临的突出问题，是第二轮志书应该反映的重要内容和时代特点。

第三，群众对方志文化的参与度不高。全区地方志事业尚未完全真正纳入地方公共文化服务体系，有些地方和单位还未能从公共文化服务的高度认识这一问题。方志文化自身也尚未走出“象牙塔”，以至于社会对修志行业了解不多，尤其是普通群众对地方志了解甚少，修志事业的公共文化服务作用发挥不够充分。

（二）解决问题的对策

从根本上看，地方志事业发展面临的内外问题是前进中遇到的问题和挑战，需要在改革发展创新中不断加以克服和解决。

1. 以改革、发展、创新为主线，从思想观念、组织管理、业务编纂等方面进行大胆探索和锐意创新，推进全区地方志事业科学发展。面对经济社会的变化和方志编纂本身的不断进步，全区地方志系统应适时适地地求新求变。地方志事业应放在当前重视传统文化的大背景下考虑谋划，深入研究当前内蒙古文化事业发展规律和特点，创新思维，拓展思路，开阔视野，从创新中找办法，从前进中找出路，充分发挥地方志在文化大区建设中的独特作用。

2. 加强统筹规划，增强工作的时效性。全区地方志系统应回顾事业发展的历程，认真总结经验教训，探索对地方志事业发展规律的认识，深入研究地方志事业各项具体工作的特殊规律，按照客观规律推动地方志事业各项工作的开展。自治区地方志办公室作为全区业务领导机关，应加强顶层设计，提高统筹协调能力和水平，处理好地方志事业内部各项具体工作之间的辩证关系，增强工作的时效性。

3. 进一步加强质量管理，提升志书质量。志书出版后要走向社会，才会得到有效利用，实现其价值。志书只有品质高，才会有更广泛的受众人群。要提高志书的客观性、著述性、科学性，更加关注社会效果。要坚持实事求是、客观公正，保证志书的社会公信力和“官书”的权威性。要继续建立健全志书质量保障体系，严格规范志稿评审验收程序和要求；探索开展篇目评审制度，真正把质量关口前移落到实处；广泛吸收社会各界人士参与志稿评审；强化政府对志书质量的管理，采取政府修志质量督查、评奖、问责等方式，切实提高志书质量。

4. 积极探索修志组织形式创新，创新运行机制。面对新的形势和要求，地方志机构应积极探索建立面向社会的开放性的管理机制，形成党委领导、政府主持、社会广泛参与的修志工作新格局。地方志部门自身人力有限，须开门修志，与社会各界建立广泛的联系，打破专业和区域界限，吸纳社会各界有专长的人员以各种方式和渠道参与地方志工作，逐步实现地方志成果提供主体的多元化和提供方式的社会化。对于一些专业性较强的志书，可尝试采用“项目招标”、政府购买社会服务等形式委托高校和学术机构编写，既保证学术质量，又加快工作进度。

5. 充分利用法规和行政两种手段和资源，为地方志工作开展提供法律和组织保障。地方志工作需要运用法规规章和行政手段进行管理。这就要求必须转变事业发展观念，从主要依靠组织行政手段转向行政、法治两种手段并用。要进一步贯彻落实国务院《地方志工作条例》和自治区政府《地方志工作规定》，坚持依法行政、依法治志。全区尚未颁布实施地方志工作法规、规章或规范性文件的地区应积极推进，早日颁布实施，为全区地方志工作顺利开展提供制度保障。鼓励开展地方志工作执法检查，推动地方志工作法规规章的贯彻落实。

6. 进一步提高地方志资源的开发利用水平。地方志事业作为一项不可或缺的文化事业，必须适应和促进社会的发展。内蒙古文化建设与发展的历史经验和现实实践表明，地方志事业是文化建设的基础性工程，也是社会公共文化的重要组成部分，应自觉地把地方志工作纳入全区公共文化服务体系建设的大局中来谋划和发展，积极推动全区盟市、旗县两级地方志部门结合当地文化发展建设规划，加快全区地方志工作基础设施建设，提高其为经济社会发展服务的能力和水平。地方志中蕴含着丰富的历史文化财富，要组织专门力量对地方志这一资源宝库开展深加工，积极拓宽地方志资源的服务渠道和服务手段。加强与传统媒体和新兴媒体的合作，加大对地方志工作、地情信息和方志文化、地域文化的宣传力度，满足社会各界对方志文化资源的需求，使全区广大基层群众都能享有知晓当地历史与文化的权利，都能享受到地方志系统提供的方志文化服务。

7. 加强方志理论研究和人才队伍培训，构建修志实践与理论研究的互动局面。方志理论研究是志书编纂工作的基础，是实践工作经验的总结，担负着为提高第二轮志书编纂质量提供理论支撑的任务。根据内蒙古地方志工作的实际情况，方志理论研究应主要围绕提高第二轮志书质量加强理论创新，解决修志实践中遇到的新情况、新问题。当前第二轮修志工作正进入一个关键时期，应更加重视方志理论的运用、引导和指导，做到“两手抓”。一手抓工作推进，一手抓理论研究，即认真吸纳、消化全国方志界的理论研究成果，以此指导修志实践，并根据修志实践得出的新鲜经验不断推进业务理论创新，从而实现第二轮修志业务理论和编纂实践的不断突破和创新，提高第二轮志书质量，推进地方志事业的科学发展。强化方志理论研究的学术激励机制建设，面向全社会发布理论研究课题指南，拿出专项经费资助课题研究，提高研究的水平和档次。要建设高素质的专业人才队伍，加强对修志人员的业务培训。全区地方志工作者必须与时俱进，加强业务学习与研究。业务知识靠学习，提高工作水平靠创新。探索适合地方志工作的人才政策和措施，建立健全人才评价和激励机制，重视专业人才的选拔、引进和任用，采取各种措施吸引优秀人才参加地方志工作。不断优化人才成长环境，尝试以课题研究带动人才培养新模式，建立全区人才梯队，做到既出成果，又出人才。

三、全区地方志事业的发展趋势及展望

在较长时期内，为进一步巩固党长期执政的理论体系，把现行的政治体制与中国的历史文化背景联系起来，更好地维护政权稳定，对外用一整套中国式的“文明话语”来争取在世界文明中的话语权，党和国家会更加重视传统文化建设，地方志事业发展将迎来一个有利的社会环境和政策环境。从方志学和地方志事业自身演进规律及发展趋势看，方志学科体系构建正加快进行，地方志事业日益成熟，内蒙古地方志事业会保持不断向前发展的趋势，并在以下几个领域会有新的突破和进展。

（一）全区地方志事业要以深入贯彻落实国务院《全国地方志事业发展规划纲要（2015—2020年）》为契机再上新的台阶

任何一项事业的发展都是综合因素作用的结果。第五次全国地方志工作会议最主要的精神就是落实“一纳入、八到位”。具体到地方上，“一纳入、八到位”的关键就是为地方志事业发展争取更多、更可靠的行政资源支持。随着文化大区建设的深入推进，各地各级党委、政府会更加重视历史文化资源的发掘和整理。作为历史文化资源载体和宝库的地方志，将会具有更大的现实价值，发挥更大的作用。2015年8月，国务院办公厅颁布了《全国地方志事业发展规划纲要（2015—2020年）》。各级地方志工作机构要把握形势，使地方志工作主动与当地经济社会发展战略和全局工作的整体规划相对接，把对接的过程变成落实“一纳入、八到位”的过程，“一纳入、八到位”的落实会有一个更加良好的政策环境和社会舆论环境。12月，自治区政府配套出台了《内蒙古自治区地方志事业发展实施方案（2016—2020年）》，有地方党委、政府的重视支持和全社会的关注，全区地方志工作势必会再上一个新的台阶。

（二）全区第二轮修志主业将会得到进一步加强

方志编修是地方志工作的基本任务，是检验评估地方志工作的首要标准，高质量地推进第二轮修志是2017年全区地方志工作的重中之重。自治区地方志办公室会以实施方案为总抓手，统筹谋划，及时督查通报各地区、各单位修志进度。同时，围绕提高第二轮志书质量，加强理论创新，解决修志实践中遇到的新情况新问题。这样，会大大提高二轮志书编纂质量。

随着第二轮修志不断向前推进，完成第二轮修志规划任务的地区和单位会越来越多。他们在加强地方志各项基础工作的同时，会有更多的时间和精力投入到乡镇村志编修的业务管理和指导上。同时，由于有中国地方志指导小组办公室中国名镇志丛书编纂出版工程的规范导引，乡镇村志中不乏精品佳志。可以相信，全区乡镇村志的编修会迎来一个高潮，成为全区地方志工作的亮点之一，地方志事业将会得到进一步拓展。

（三）全区地方志系统信息化、方志馆建设水平会进一步提高

地方志工作是地方公共文化建设的重要组成部分，地情网、方志馆既是地方志工作向社会提供公共文化服务的基础设施和重要平台，也是地方构建公共文化服务体系的重要一环。全区地方志系统信息化建设将会有新的进展。一是盟市、旗县两级地方志工作机构中尚未改版升级的地情网站需完成相关工作。二是全区地方志成果数字化速度会加快，地情资源数据库建设会不断完善，社会各界查阅使用将更为方便快捷。做好信息化建设的后续工作，实现全区三级联网。2016年，各盟市地情网站要充实补充内容，消灭“僵尸栏目”。各旗县地方志工作机构要充分利用已有信息基础设施和数据资源，建立地方志数据库，力争全面实现自治区、盟市、旗县（市区）三级地方志网络资源共享，面向社会提供优质服务。全区地方志系统方志馆规范化建设也会得到加强。方志馆的定位会更加明确，志类成果交流平台的作用将会得到发挥，全区三级方志馆体系将会进一步得到完善。

（四）开发利用地情资源为现实服务将会有新的举措

地情资源宝库中蕴含着丰富的地方历史文化财富。加强对地方志资源的深加工、积极拓宽为现实服务的渠道和手段一直是内蒙古地方志工作的任务，以后也会有新的举措。

（五）创新具有民族特色、区域特色的地方志工作

要在全区全面推进蒙古文志书翻译出版工作，完成《内蒙古自治区志·大事记》（首轮）蒙古文翻译出版工作，开创全区蒙、汉两种文字编纂出版第二轮志书的新局面。要完成《内蒙古自治区简志》初稿编纂工作。

（郝文强　执笔）

辽宁省地方志事业发展报告

辽宁省地方志办公室

2015—2016年，在辽宁省委、省政府正确领导下，在中国地方志指导小组办公室精心指导下，辽宁省地方志系统认真贯彻落实党的十八大和十八届三中、四中、五中、六中全会精神，深入学习习近平总书记系列重要讲话精神以及中央领导关于地方志工作的重要指示精神，认真贯彻《地方志工作条例》《全国地方志事业发展规划纲要（2015—2020年）》，全面贯彻第五次全国地方志工作会议精神，坚持依法治志、科学修志、修用并举，推动全省地方志事业稳步发展，为辽宁老工业基地新一轮振兴发展做出积极贡献。

一、2015—2016年辽宁省地方志事业发展基本情况

（一）第二轮志书编纂扎实推进

2015年，按照《全国地方志事业发展规划纲要（2015—2020年）》的总体要求，结合全省地方志实际情况，辽宁省地方志办公室研究制定《关于促进全省地方志事业发展的意见（征求意见稿）》，全面推进地方志工作，确保高质量完成二轮修志任务。为加快《辽宁省志》编修进度，积极探索新途径。一是靠前指导。从源头抓起，加强调研，随时掌握各承编单位编修进度及修志人员配备情况，及时发现问题、解决问题。二是抓志稿编纂质量。严

格志稿审校规范流程，做好志稿审查环节的衔接。三是改革编修经费拨付办法，采取“一部门一函”的形式，将推动工作与拨付财政专项补助经费相挂钩，保证财政专项修志经费落到实处，调动修志部门的工作积极性，起到有效的推动作用。同时，加强对市（县）地方志工作的领导，进一步创新工作思路，改革市志评审方式，扩大市志评审专家库，并吸纳各市修志业务骨干列席评审会议；扎实做好市县（区）修志状况指导、督促和检查工作，时时跟进市县（区）志编修进度；积极组织开展市县（区）修志人员培训工作，举办全省地方志编纂业务培训班，培训各市、县（市、区）地方志（史志）办公室业务骨干100余人。2015年，省志出版《辽宁省志·气象志》《辽宁省志·畜牧业志》《辽宁省志·统计志》3部；市志出版《抚顺市志·卷二》《辽阳市志·卷一》《铁岭市志·卷二》3部；县（区）志出版8部。截至2015年底，二轮省志累计出版5部，市志累计出版14部，县（市）区志累计出版49部。

2016年，辽宁省地方志办公室进一步加大省志编纂工作力度。一是实行目标管理。为确保到2020年完成二轮修志任务，省地方志办自加压力，将省志完成时限确定在2019年。要求各省志承编单位完成终审时间原则上控制在2018年底（新启动的省直部门可后延至2019年上半年）为目标，倒排工期，加强领导、科学安排。二是创新工作方法。针对志书的特点和部门情况采取差异化审稿方式，加大提前介入力度，在预审稿阶段给予修志单位有效地指导。三是建立内部考核机制，建立三人小组，对志稿审读规定完成时限。四是严把质量关。要求对志稿反复阅读、边读边思边改，精雕细刻、精益求精，在把好政治关、保密关的同时把好志书体例关、质量关。五是争取并拨付第二批财政修志专项补助经费570万元。为推动省志编修的进度，年内对启动《辽宁省志》编修工作的60多个单位，拨付了第二批财政专项补助经费（第一批专项补助经费于2012年拨付），充分调动承编部门积极性，有力地推进了省志编纂工作。同时，加强对市县志编纂的督促指导。一是切实加强市县修志的指导，建立处长负责制，定期对市县志进展情况进行跟踪、调度。二是规范市志评审工作。坚持三审制度，完善市级志书评审专家库。年内，先后完成《朝阳市志（综合卷）》等4部市志的审查、验收工作。三是以评代训，开展业务培训。邀请相关业务人员列席市志评审会，以志稿为例，进行业务指导与培训，切实提高编纂水平。2016年，省志出版《辽宁省志·林业志》《辽宁省志·通信志》《辽宁省志·公安志》3部；市志出版《沈阳市志·卷四》《锦州市志·经济卷》《本溪市志·第二卷》3部；县（市）区志出版5部。截至2016年底，二轮省志累计出版8部，占规划数的10%；市志累计出版17部，占规划数的30%；县（市）区志累计出版54部，占规划数的54%。从省、市、县三级地方志书编纂进度上看，县（市）区志快于市志，市志快于省志。

（二）地方综合年鉴编纂取得新进展

2015—2016年，省地方志办公室大力推进市、县年鉴的编修工作，督促各市县年鉴当年编辑、当年出版。按照中国地方志指导小组组织开展全国地方志系统第三届年鉴质量评选工作的要求，组织开展了全省地方志优秀成果（年鉴类）评审工作，促进了市县年鉴编纂质量的提高。进一步推动年鉴全覆盖目标，鼓励有条件的县（市、区）力争做到一年一鉴，其中沈阳、大连、丹东、阜新、辽阳等市有望在一到两年内实现县区年鉴全覆盖。2015年，辽宁省地方志系统共出版省、市、县三级地方综合年鉴及专业年鉴46部。其中，省级综合年鉴1部，地市级综合年鉴14部，县（市）区级综合年鉴25部，专业年鉴6部。2016年，出版省、市、县三级地方综合年鉴及专业年鉴63部。其中，省级综合年鉴1部，地市级综合年鉴14部，县（市）区级综合年鉴29部，专业年鉴19部。

（三）依法治志进一步加强

至2015年底，全省有沈阳、鞍山、抚顺、本溪、营口5个市制定了地方志管理办法，大连和葫芦岛市的地方志工作管理办法尚在推进中。为将地方志工作纳入依法治志轨道，2015年省地方志办公室启动《辽宁省地方志工作规定》的起草工作，同时参考借鉴了兄弟省份已制定的地方志管理规定或办法，至年末形成初稿。在翌年召开的全省各市地方志（史志）主任会议上，作为会议材料发给各市，作为各市制定地方志法规的参考，并征求各市意见。同时，省及各市地方志办公室始终高度重视依法督查修志工作，不断强化督查力度，创新督查手段，推动全省修志工作持续、稳定发展。2015年，省地方志办公室围绕宣传贯彻《全国地方志事业发展规划纲要（2015—2020年）》，加强对省志承编单位的督查和指导，准确掌握各部门修志进展情况，及时解决编纂过程中遇到的具体问题。经过推动和督办，一些长年未启动的部门已着手启动。

2016年，省地方志办积极贯彻落实国务院办公厅印发的规划纲要，在认真组织宣传学习的基础上，经过充分调研论证，组织起草了辽宁省贯彻落实意见，于2016年1月以省政府名义正式印发《关于促进全省地方志事业发展的意见》。意见提出，到2020年，全面完成第二轮地方志书规划任务，省、市、县三级地方志书全部出版。同时，确保实现省、市、县三级综合年鉴全覆盖，做到地方综合年鉴一年一鉴，公开出版。该意见印发后，沈阳市政府、抚顺市政府、绥中县政府相继出台了实施意见，依法依规保障修志工作；沈阳、营口、辽阳市志办将修志工作列入政府绩效考核体系，加快修志进度。省地方志办抓住时机，通过对意见的政策解读、分解落实、督促检查等措施，及时宣传贯彻文件精神，推进全省方志事业发展。3月，经过省地方志办公室积极争取，将“加强编史修志”写入辽宁省国民经济和社会发展“十三五”规划纲要，这在辽宁省地方志事业发展史上尚属首次，将“一纳入、八到位”的总要求落到实处。

（四）地方志资源开发利用不断取得新成果

地情书编纂。2015—2016年，辽宁省地方志系统共出版各类地情书58部，其中包括省地方志办公室编辑出版的《辽宁大事记（2014）》《辽宁大事记（2015）》，沈阳地方志办公室编辑出版的《腾飞的十年——沈阳振兴大事记》，大连市地方志办公室编辑出版的《数字看大连（2014）》《数字看大连（2015）》，鞍山市史志办公室编辑出版的《鞍山抗日斗争简史》《鞍山市情（2000—2014）》《鞍山通史（上卷）》《数字看鞍山（2015）》《鞍山红色旅游指南》，本溪市史志办公室编辑出版的《本溪人民抗日斗争纪实》《铁血诗魂》，丹东市地方志办公室编辑出版的“丹东抗日历史文化丛书”中的《丹东抗日游击区》《丹东抗日文献会要》《丹东抗日诗文歌谣选》《个人口述中的丹东抗日史》，营口市史志办公室编辑出版的《营口通史（第二卷）》《2015年营口市情》《中国共产党营口历史（第二卷）》《营口记忆》，阜新市史志办公室编辑出版的《阜新人民的抗日斗争》，辽阳市地方志办公室编辑出版的《辽宁地域文化通览·辽阳卷》《辽阳大事图志（2014）》《辽阳旧影》《辽阳民俗》，朝阳市史志办公室编辑出版的《数字朝阳（2015）》等。

信息咨询与服务。2015—2016年，辽宁省地方志系统积极开展信息咨询与服务工作，不断创新工作方法，力争为全社会提供服务。省地方志办公室、沈阳、营口、阜新等继续编辑大事记，为领导决策和各部门工作提供参考。除发送各有关单位外，还在网站上发布，扩大资料服务渠道和力度。2016年，辽宁省地方志办公室在季刊、年度《辽宁大事记》的基础上，正式编印月刊《辽宁大事记》，使大事记的时效性和实用性进一步提高。沈阳市地方志办公室积极开展地方志现场咨询活动和送书下乡活动。大连市地方志办公室通过编辑出版为现实服务的资政产品《数字看大连（2014）》，既提升了大连市地方志办公室在全国、全省的知名度，也扩大了在全市机关单位的影响力。鞍山市史志办公室始终坚持地方志工作即时跟进经济发展，即时跟进社会各项事业，直接为鞍山经济和社会各项事业做好服务。通过进社区、进企业，宣讲史志知识，研究新市情。抚顺市地方志办公室利用“抚顺社科”政务微博，全年发布微博2700余条，普及社科和地方志知识，扩大了抚顺市社科和地方志工作的影响。本溪市党史地方志办公室以“纪念抗战胜利”为契机，不断提高服务现实工作水平。先后举办了“纪念抗战胜利系列活动”，挖掘利用史志资源，编辑出版史志书刊。丹东市地方志办公室通过编纂《丹东手册（2014）》和《丹东大事记》（月刊），服务丹东经济社会发展，将地方志教化和资政的功能前移。在《丹东日报》、《丹东广播电视报》、丹东电视台开设专题专栏，用地方志的丰富资料，扩大本土文史的普及教育，不断积累当地经济社会发展和进步的成长力量。营口市史志办公室通过《营口春秋》期刊、“营口春秋”网站、“营口春秋”微信、“营口春秋”头条号的载体和平台作用，全面介绍营口地区的历史文化，展示营口地区的市情和面貌，为营口的经济和社会发展服务。为纪念抗日战争胜利70周年，开展系列宣传、教育及抗日历史展播等活动，包括召开专题座谈会，出版纪念专刊，播放、录制电视专题片，接受媒体专访，利用新媒体宣传抗战历史，开设专题讲座等。积极响应、配合营口市开展“雷锋文化”宣传系列活动。阜新市史志办公室完成《阜新人民的抗日斗争》等编纂出版和《辽宁土改几乎与解放东北同步进行》等专题调研，为现实、为市委中心工作服务。积极与各相关单位配合，利用多种形式宣传阜新地方史志工作，利用史料为阜新经济转型服务。辽阳市地方志办公室继续利用地方史志资源积极开展历史文化研究，为“襄平书院市民大讲堂”和市直单位讲授辽阳历史文化，举办纪念抗日战争胜利70周年学术研讨会，协助开展辽阳与铁岭两市之间“南辽北铁”大型文化交流活动。铁岭市地方志办公室继续为各级领导和部门提供市志、年鉴和地情书，并为铁岭市“十三五”规划编制提供了相关资料。盘锦市地方志办公室研究盘锦历史，开展读志用志为现实服务。主要开展了研究抗战时期历史、日俄战争时期盘锦有关资料整理、研究辽河口文化等，并利用各种媒体对盘锦历史文化进行宣传。葫芦岛市地方志办公室为组织编纂《葫芦岛地方史文集》，向抗日战争70周年献礼。

（五）信息化建设稳步推动

网站建设。截至2016年，辽宁省有省、市、县地方志网站14个，其中省级1个、市级9个、县级4个。2015—2016年，辽宁省地方志办公室对辽宁省地方志网的版面进行了部分调整，对所有栏目定期进行更新。为保证网站安全、稳定运行，完成了网站监控、网站普查整改工作。

数字化建设。2015年，辽宁省地方志办公室为充分发挥地方志在发掘历史智慧、公共文化服务体系建设中的重要作用，在基本完成数据库的筹备工作基础上，正式启动数据库建设，通过公开招标，选定了数据库承建公司，并就费用和维护方式等进行了协商确定。2016年，就数据库建设召开4次项目论证会，针对项目开发过程中的重点、难点问题进行专题研究分析，为项目的顺利实施奠定了扎实基础。同时，按照中指组“统一规划、统一标准、分级建设、资源共享、安全保密”的原则，充分利用信息基础设施和数据资源，逐步建立地方志全文数据库，加快地方志信息化建设步伐。同时，依托覆盖全省的三级地方志网站系统，开展数字方志馆建设工作，基本建成全省地情网站群和地情资料数据库，为数字方志馆建设奠定基础。

（六）地方志理论研究取得新突破

2015—2016年，辽宁省地方志工作者在《社会科学》《广西地方志》《兰台世界》等学术刊物发表多篇有影响力的方志理论文章。2016年，辽宁省政府地方志办公室积极参与国家、省直部门地方志理论课题的研究。完成中国地方志指导小组“方志理论研究项目选题”报送，全省共报送选题14个；完成中国地方志学术年会暨“一带一路”与地方志创新学术研讨会论文报送，共上报论文14篇；完成省政府法制办公室“加快建设法治政府，全面推进依法治省”课题——《加快地方志立法推进依法治志》选题研究与报送；完成《地方志视野下的南海主权历史》的论文报送工作。2016年末，辽宁省地方志办公室编纂的地方志理论研究论文集《辽宁方志研究》（第一辑）公开出版，共收录全省地方志工作者方志理论文章35篇，丰富了辽宁方志理论研究成果。各市（县）地方志工作机构通过《丹东史志》《营口春秋》《朝阳史志》《昌图史话》等史志期刊，为地方志工作者进行方志理论研究提供了学习园地和学术平台。

二、辽宁省地方志事业发展中存在问题及对策

在辽宁省地方志事业发展中，仍然面临着很多困难和问题，其中包括2020年全面完成“两全”目标任务问题、机构设置和职能属性划分不统一、人才队伍青黄不接、信息化和方志馆建设相对滞后等，需要认真思考和应对。

（一）2020年全面完成“两全”目标任务问题

二轮修志工作启动以来，虽然经过全省地方志工作者不断艰苦努力，但受承编部门领导重视不到位、机构不健全、队伍缺乏稳定性、编纂者业务能力参差不齐等影响，编纂进度整体偏慢，在全国处于中下游位置，到2020年完成二轮修志工作目标面临着巨大的挑战。在未来三年半的时间里，辽宁省要完成约76部省志、40部市志、46部县志的编纂任务，工作压力极大。同时，由于近几年全省财政下行压力增大，编纂出版经费严重缺乏，完成三级地方综合年鉴全覆盖的目标也是困难重重。全省地方志工作者面对巨大困难，必须发挥“天辽地宁、爱国奉献、诚信务实、创新争先”的辽宁精神，敢于拼搏、敢于担当，勇敢承担起历史赋予方志人的使命，不负祖国和家乡人民的期待。辽宁省地方志办公室将统筹谋划，科学安排，进一步强化责任，明确时限，加强督促检查，确保按时保质完成“两全”目标，为全省人民交上一份满意的答卷。

（二）机构设置和职能属性划分不统一问题

2016年，辽宁省省、市、县三级地方志工作机构有109个。其中，省地方志办公室为独立机构，副厅级单位，由省政府办公厅领导。14个地级市地方志工作机构中，机构独立的5个，属政府办公厅（室）的2个，与党史办公室合并的6个，与社科院、党史办、社科联合并的1个。100个县（市）区中有地方志工作机构94个，其中机构独立的7个，属政府办公厅（室）的34个，与党史办公室合并的31个，与档案局（馆）合并的18个，与党史办公室、档案局（馆）合并的4个。机构设置多样、不统一，严重制约了全省地方志事业的发展。特别是在一些合并设置的县级地方志机构中，由于缺少编制，往往指派一两人负责或分管修志工作，有的还是兼职或聘用，工作难以开展。随着国家和省、市地方志法律法规的不断完善，依法治志走向正轨，“一纳入、八到位”全面落实，辽宁省各级地方志机构设置和职能属性划分问题必能得到彻底解决，通过理顺机构和职能划分，保障地方志机构依法履行职责。

（三）人才队伍青黄不接

地方志事业发展离不开高素质的专业人才队伍。目前，辽宁省地方志系统人才队伍正面临着青黄不接的局面，主要表现在两方面：一是老专家少，新晋年轻人多。参加辽宁首轮和第二轮初期修志工作的老专家、老同志相继退休，在岗的修志骨干多是60年代生人，他们中的大多数也面临或即将面临退休离岗。全省地方志工作机构中的业务人员以80后的年轻人占多数，他们大多刚刚走上修志岗位，虽然学历普遍较高，工作有热情，但由于工作时间较短，缺乏工作经验的积累，专业能力还有待提高。以辽宁省地方志办公室为例，在全部10名业务人员中，60后2人，70后3人，80后5人，80后占全部业务人员的半数。二是“老人儿”少，“新手”多。由于志书编纂时间跨度大，修志队伍又缺乏稳定性，很多承编单位接继人员多为新手，以前没有搞过地方志工作，虽然他们从事本专业工作多年，但地方志对他们来说属于全新领域，必须进行重新学习和相关的业务培训。既要完成编纂任务，又要提高队伍素质，在二轮修志工作的收尾阶段，队伍青黄不接的问题更加突出。

对此，全省各级地方志机构普遍加强了对修志人员的培训，注重日常业务指导，因时因地采取多种形式，提升整体素质和业务能力。

（四）信息化和方志馆建设相对滞后

受重视程度、经费和人才队伍等因素的影响，辽宁省地方志系统的信息化和方志馆建设总体上较全国其他省份滞后，影响了地方志事业的全面发展。目前，全省仅有省、市、县地方志网站 14 个，其中，市级地方志网站占市总数的 64%，县区级地方志网站仅占县（市）区总数的 4%，其中部分网站还属于档案、党史合一。省级数据库尚未建成，还处于构建阶段，各市县基本上没有实质开展。辽宁省方志馆建设刚刚启动；市级方志馆仅抚顺市方志馆建成开馆，营口市方志馆获得批准、正在建设中；县级方志馆仅有康平县、绥中县、凌源县 3 个。2016 年省地方志办公室起草、省政府印发的《关于促进全省地方志事业发展的意见》中，明确提出了“加快地方志信息化建设，推进基础设施建设，提高地方志资源开发利用水平”的要求，对促进全省信息化和方志馆等建设必将起到积极作用。

三、辽宁省地方志事业发展趋势及展望

未来几年，辽宁省地方志工作机构将继续深入贯彻落实国务院《地方志工作条例》、《全国地方志事业发展规划纲要（2015—2020 年）》、《辽宁省国民经济和社会发展第十三个五年 (2016—2020 年)》和省政府《关于促进全省地方志事业发展的意见》，围绕中心，服务大局，全面推进辽宁省第二轮地方志书编纂规划任务的完成，全面加强志、鉴、史、网、馆、库等地方志事业发展综合体系建设，发挥地方志“存史、育人、资政”重要作用，努力开创辽宁省地方志事业的新局面。

（一）法治化进程不断加快

辽宁省地方志办公室起草的《辽宁省地方志工作规定》，经过充分调研论证和修改完善，准备在国务院新修订《地方志工作条例》出台后，以省政府规章形式出台，填补辽宁省省级地方志工作立法的空白，使辽宁省地方志事

业真正走上法治化的轨道。同时，带动未制定地方志法规规章的各市尽快加强立法进程，完善国家、省、市三级地方志法规体系，实现依法治志的目标。

（二）信息化建设取得突破性进展

辽宁省地方志工作机构将全面落实全国第一次信息化工作会议精神和《全国地方志信息化发展规划》要求，突出抓好地方志数据建设，做好网站栏目更新及维护工作，加快数据库建设。加快推进省及市、县（区）网站建设全覆盖，逐步实现地方志数据资源共享。

（三）为现实服务领域不断拓展

随着辽宁省二轮修志工作圆满完成和年鉴编纂全覆盖，全省地方志成果将更加丰富，各级地方志工作机构将充分利用地方志资源，不断拓展为现实服务的领域，为政府、为社会、为人民群众提供优质的地情资源服务，发挥存史、资政的重要作用。

（四）理论研究与方志学科建设达到新高度

辽宁省地方志办公室努力在全省地方志系统内打造理论研究氛围，将地方志理论研究与具体地方志工作实践相结合，全面加强方志学科建设。继续编辑出版《辽宁方志研究》理论论文集，带动和鼓励广大地方志工作者投入到理论研究工作中。各市、县地方志工作机构在配合中指组办公室、省地方志办公室开展理论研究工作的同时，根据自身条件，结合实际情况，积极开展好本地区的地方志理论研究工作。

吉林省地方志事业发展报告

吉林省地方志编纂委员会

2015年、2016年是吉林省地方志工作继承创新、快速发展的两年。在吉林省委、省政府的正确领导下，在中国地方志指导小组的直接指导下，吉林省地方志编纂委员会认真贯彻落实国务院《地方志工作条例》和《全国地方志事业发展规划纲要（2015—2020年）》，主动担当，努力探索，积极作为，全力开拓，全省地方志事业获得了长足发展，进入持续健康、蓬勃发展的佳境。

一、开拓创新、成果丰硕

这两年，吉林省方志委坚持把创新贯穿于事业发展的全过程，在创新中求发展，在发展中求创新，全省地方志工作亮点频出、佳绩频现。

（一）推动工作体制创新，形成了党委领导、政府主持、人大监督、地方志工作机构组织实施、社会各界依法参与的工作体制

1983年，吉林省委决定成立省地方志编纂委员会，由省人大常委会主任于克担任主任。1985年，省委决定将省方志委改为常设机构，列为省政府直接领导的正厅级建制事业单位，历任省长、分管副省长都兼任省方志委主任、副主任。从“十二五”时期起，地方志工作开始纳入到全省“十二五”和“十三五”规划之中。省人大积极履行监督职责，在颁布《吉林省地方志工作条例》后，

先后两次组成执法调研组，对国务院《地方志工作条例》和吉林省《地方志工作条例》贯彻执行情况进行执法调研，为地方志事业发展保驾护航。省方志委科学谋划工作，先后制定了《吉林省地方志事业发展规划（2008—2010年）》《吉林省地方志事业发展规划（2011—2015年）》《吉林省地方志事业发展规划（2016—2020年）》，并有效地组织实施。社会各界依法广泛参与志书和年鉴的编纂、审查和验收，地方志资源开发项目申报，旧志整理影印，方志期刊投稿，"感动吉林"人物评选等工作。在多年探索和实践基础上，一个由"党委领导、政府主持、人大监督、地方志工作机构组织实施、社会各界依法参与"的工作体制，在工作实践中锻造得更加成型。

（二）推动发展机制创新，构建"志、鉴、用、馆、网、研"六位一体的发展格局

2009年第七次全省地方志工作会议，确定了"志（志书）、鉴（年鉴）、馆（方志馆）、库（地情数据库）、网（地情网站）、用（地方志资源开发利用）"六位一体的工作格局。2014年第八次全省地方志工作会议结合事业发展实际，将地情数据库纳入到地情网站建设中，又新增了方志理论研究，至此，开始着力构建"志、鉴、用、馆、网、研"六位一体的工作格局，并取得了显著成效。一是二轮修志稳步推进。第二轮修志市（州）、县（市、区）志规划编纂68部，目前已出版了57部，有8部已经通过了终审待出版，仅剩3部尚在编纂中；《吉林省志》规划编纂60部分志，现已出版21部，终审完待出版的10部，通过复审待终审的7部，尚在编纂的22部。二是地方综合年鉴全覆盖工作成效明显。截至2016年底，全省9个市州地方综合年鉴全部实现了连续公开出版，一年一鉴；60个县（市、区）已有55个出版了首卷年鉴。三是地方志资源开发成果丰硕。2008年，我省在全国首创了地方志资源立项开发制度。至今，累计投入项目资金400多万元，受理社会各界申报项目153个，立项78个，完成60个，出版图书66册，形成了品牌效应，《中国长白山植物资源志》《中国长白山文化》《打牲乌拉志典全书注释及其研究》等成果填补了相关领域的空白。四是资料基础建设初见成效。省方志馆馆舍面积2500平方米，馆藏图书4.5万种，12.6万册。2016年省政府批准同意新建省方志馆，省发改委已批准立项，新馆占地面积9000平方米，建筑面积

12000平方米，预计投资1.29亿元，现已完成概念设计招标工作。省方志委制定了《全省方志馆（资料室）建设评估标准》，组织开展了对市（州）、县（市、区）资料基础建设评估工作，现已有31个市（州）、县（市、区）方志馆（资料室）通过了评估验收。依托省方志馆，开展了全省新出版志书、年鉴和地情开发成果报送备案工作，完成了全省旧志普查工作。启动了面向三轮修志的续志资料长编工作，现64个市（州）、县（市、区）已启动。五是信息化建设初具规模。我省于2001年6月正式开通了吉林省情网，现在全省9个市（州）已全部开通拥有独立域名的地情网站，一个以吉林省情网为中心，统分有序、互联互通、资源共享、覆盖全省的地情网络平台已经形成。省方志委先后投入120万元，对地情数据库进行升级改造。目前，累计完成志鉴数字化成果421部、3.76亿字。六是方志学术研究不断加强。以培养合格的志书总纂和年鉴主编为目标，启动实施了5年10期（一年两期）的培训计划，现已培训4期，300多人次参加了培训；成立了志鉴编纂、地方历史、地域文化三个学习研究课题组，邀请专家做学术报告，开展学术研讨；还组织实施了“方志理论研究三百工程”，力争到2020年完成100个研究课题，推出100项研究成果，培养100名专业人才。

（三）推动地方志保障制度创新，打造依法治志的工作体系

2006年5月18日，国务院《地方志工作条例》（以下简称《条例》）颁布实施，地方志工作开始步入法治化轨道。吉林省方志委充分发挥《条例》的威力，以《条例》颁布实施为引领，积极推动地方志法治工作体系建设。一是《条例》颁布实施后，省方志委在认真组织学习和贯彻落实的同时，积极推进本省地方志立法工作。2006年12月1日，《吉林省地方志工作条例》经第十届省人民代表大会常务委员会第三十次会议讨论通过并予以公布，2007年1月1日起施行，成为继四川、山东两省之后，全国第三个通过省人大立法的省份。二是从全省地方志发展需要出发，积极研究、制定与国务院《地方志工作条例》和《吉林省地方志工作条例》相配套相衔接的规章制度。先后制定了《吉林省志书年鉴编纂审查验收办法》（由省政府办公厅转发）、《〈吉林省志（1986～2000）〉行文规范》《〈吉林省志（1986～2000）〉质量标准》《吉林省地方志资源开发立项工作管理办法》等24个部门规范制度。三是指导和

带动九个市州制定配套的政府规章。目前，长春市、白城市、延边朝鲜族自治州已分别出台了《长春市地方志工作条例》《白城市地方志工作条例》《延边朝鲜族自治州地方志工作条例》。从全省范围看，截止到2016年底，已基本构建起了以《条例》为统领，以地方政府规章为支撑，以部门规范制度为基础的地方志法治工作体系。

（四）推动质量管理手段创新，建立规范化的质量控制系统

在总结多年经验的基础上，探索建立日臻完善的志书质量管理和保障体系。一是构建质量标准规范体系。先后制定了《吉林省志书、年鉴编纂审查验收办法》《〈吉林省志〉（1986～2000）审查验收工作细则》《吉林省志行文规范》《吉林省志质量标准》《吉林省志出版印刷规范》《吉林省年鉴编纂出版审查验收办法》和《吉林省市（州）、县（市）志稿终审送审要求》《吉林省续修、新编市（州）、县（市、区）志行文规范》《吉林省续修、新编市（州）、县（市、区）志出版印刷规范》等规范制度文件，对志书年鉴的编写、行文、用图、出版印刷等各个环节，都明确了标准，将质量要求细化固化硬性化。二是建立质量标准控制体系。严格执行志书、年鉴三级审查验收制度，对送交复审、终审的志稿质量和相关程序作出规定，细化落实志书责任编纂、总纂，年鉴责任编辑、主编以及审查验收人员的责任。成立了省志总编室，负责对省志志稿的质量审核和跟踪指导；制定了《吉林省志编纂跟踪指导工作规则》，有效解决指导差异化、不统一的问题，提升了指导效率。三是建立质量指导体系。对省志各分志，区分情况，“一志一策”、多措指导。对市（州）、县（市、区）志稿，制定指导方案，实行全程跟踪指导。四是建立责任体系。实行《吉林省志》责任总纂负责制，每部分志确定一位责任总纂，实现专人、专志、专责，直到交付印刷。五是建立质量评审体系。从2011年开始，每年都对上一个年度全省方志系统编纂出版物进行质量评估，将出版物按照志书、年鉴和方志资源开发成果分成三类，分别从编纂和印刷质量方面进行评估打分，分类评出优秀、良好、合格三个等级。仅2015、2016年共评估成果111部，有4部志书、15卷年鉴和7项方志资源立项开发成果被评定为优秀等次。

（五）推动人才培养方式创新，拓展多层次吸引和培训人才的路径

一是吸收参与首轮修志的离退休人员，保密、档案、历史、民俗等方面的专家，政府、科研院所、高等院校、外省专家、全省各级地方志工作机构业务骨干，组建志鉴专家库，参与志鉴的终审验收。二是积极吸引优秀的后备人才。仅省方志委，2015—2016年就通过面向基层选聘、招考公务员的方式，招选5名具有全日制大学本科学历的人员来地方志工作，改善了修志队伍结构。三是开展多层次的业务培训。省方志委积极组织全省地方志工作者参加中指办举办的各类培训，30余人次参训；还通过开展续修省志培训班、县级综合年鉴主编培训班，聘请专家授课、业务学习汇报、理论研讨等多种方式培训、培养志鉴专业人才。四是建立激励机制。省方志委积极与省公务员局沟通协调，每五年联合开展一次全省地方志系统先进集体和先进工作者评选表彰工作，当选为全省地方志系统先进工作者的享受市（州）级劳动模范和先进工作者待遇，鼓励大家安心、热爱、奉献方志事业。

（六）推动服务载体创新，搭建多元化公益服务平台

按照围绕中心、融入大局、服务社会的原则，采取多种形式，打造全方位的公益服务平台。一是打造方志馆公益服务实体平台。现有的省方志馆馆藏图书丰富，且已实现了图书信息数字化，馆内还设有地情展室，馆藏文物不断丰富，每年接待来馆查阅资料、参观考察的单位、团体和个人超过3000人（次）。二是打造地情网络服务平台。吉林省情网自开通以来先后6次改版，现在设有省情资源库、方志动态等25个栏目，为推进读志、用志，宣传吉林、服务吉林经济社会发展发挥了积极的作用。三是打造新媒体服务平台。紧跟信息技术发展步伐，2015年1月，开通了“方志吉林”微信公共账号，将手机拓展为地方志公共文化服务客户终端，现已向公众推送信息1800条，受众200余万人次。四是打造弘扬主旋律平台。《吉林年鉴》与《新文化报》合作开展的年度“感动吉林”人物评选活动，已进行了13年，充分发挥了方志“教化”功能，弘扬了社会主义核心价值观，传递了正能量。省方志委还组织开展了方志进机关、进军营、进社区活动；开发了可读性、趣味性强

的青少年知家乡爱家乡方志系列读物，第一部《知家乡爱延边三字经》已经完稿，即将印刷出版。五是打造根亲文化服务平台。成立了家谱研究会，积极开展谱牒文化研究与开发；省方志馆同时增加了家谱、族谱的收藏，为公众提供查阅服务。

二、存在问题，面临挑战

虽然，这两年吉林省地方志事业突飞猛进地发展，但辩证地看，在取得成绩的同时，隐忧同时存在。长期困扰地方志发展的一些问题虽得到部分解决，但是，深层次的难题依然存在，尚未得到根本解决。推动我省地方志工作转型升级、向纵深发展，向更高层次更广阔的领域迈进，压力还很大，挑战也相当严峻。

（一）资料征集工作尚未制度化、规范化

一直以来，方志资料征集都比较困难。一是存档资料有限，远不能满足修志的需要；二是单位留存的资料，由于机构、人员变动等原因，散失严重；三是资料征集滞后，有的地方不重视积累，缺乏资料；还有单位和个人有资料，不愿提供；四是没有稳定的征集渠道、无指定部门负责。产生这些问题的根本原因是：没有建立起有效的、规范的资料征集制度，资料征集缺乏制度保障。随着改革开放的不断深入，社会分工越来越细化，非政府组织也越来越多，新鲜事物更是层出不穷，资料征集难的问题将更加凸显。如不尽快破解，志书编纂将会变成“少米之炊”，编纂的数量和质量将都会受到严重影响。

（二）专业人才青黄不接的局面尚未改变

当前，我省地方志专业人才匮乏，很多地方都是靠聘用参加过首轮修志的老同志来进行二轮修志，这些老同志都已届古稀，甚至耄耋之年，很难再参与第三轮修志。由于新老修志人没有传接的机会，没能实现“以老带新”，再加上现在的一些中青年同志，对方志业务钻研不够深入，还不能胜任志书总纂任务，造成地方志专业人才“断层”。尤其是县级地方志工作机构中，从事志鉴编纂的仅 1 或 2 个人，有的还是兼职或临时聘用的，经常出现“人动

事休”“人走事断”的现象。人才短缺，不仅事业向纵深拓展受限，而且连维持现状都很艰难。

（三）学术理论研究尚未实现质的飞跃

参与首轮修志的人员专家多、学者多，不仅对方志编纂业务精通，而且对方志理论研究也很有热情，有见地，有学术成果。但是，随着首轮修志工作的完成，各级地方志工作机构的性质也开始发生变化，修志人员身份由事业编转变为参公管理的事业编，不再评聘职称，致使一些志鉴工作者对方志理论研究的热情逐渐减退、淡化，把绝大部分精力放在实际编纂业务工作上，对应用性问题研究得多，对学术问题研究得少。我省现在缺少方志学术研究方面的专家、大家，方志学科的专著和成果少、水平也不高，“方志理论研究三百工程”实施后，每年都有相当数量的理论研究文章，但泛泛之作多，缺少高质量的研究成果。

（四）“一纳入、八到位”尚未完全落实到位

从总体上看，“一纳入、八到位”在我省得到了有效地落实，但个别地方还没有完全落实。省级层面落实得比较好，市（州）、县（市、区）两级，有的地方还有差距。一些地方和部门对地方志工作重要性的认识还停留在口头上，领导支持不到位、未把地方志工作纳入本地经济社会发展规划，有的“五到位”，有的“六到位”“七到位”。不能完全到位的问题集中在机构、编制和经费上。截至2016年底，全省60个县（市、区）地方志工作机构，独立建制的只有5个，与政府办和档案局合署办公的46个，党史、地方志合二为一的6个，是组织部内设机构的3个。在人员编制方面，有的县（市、区）虽然名义上有几个编制，但实际却被其他部门占用，还有28个县（市、区）人员编制只有2个，7个县（市、区）人员编制只有1个，难以承担繁重的编纂任务；部分省直部门（单位）承担修志任务的团队还处于“临时建、凑合干、完事散”的状态，没有稳定的责任处室和人员。一些县（市、区）资金紧张，财政拨付的资金不能满足志鉴编纂的需要。这些问题正在严重制约着地方志事业的发展。

三、谋事作为，再创佳绩

目前，地方志事业正处于历史上最好的发展时期。党中央、国务院、各级政府对地方志工作高度重视，全国地方志工作顶层设计明晰缜密，规划科学可行，地方志工作已纳入我国和各地国民经济和社会发展规划之中。社会各界对地方志的认知度和参与热情与日俱增，各级地方志机构开拓创新可持续发展动力十足。吉林省方志委将牢牢把握这一难得的历史机遇，乘势而上，顺势而谋、应势作为，以创新的思维、开创的举措、创造性的成果，推动全省地方志工作再上新台阶。

（一）着眼完成“两个全面”任务，加快推进志书年鉴编纂进度

现在，距2020年仅剩三年时间，完成“两个全面”的任务迫在眉睫。必须采取强有力的措施，加大推进编纂力度。要分类制定志、鉴全覆盖时间表，采取“倒逼”的方式向前推进。特别是要下大力气大功夫，推进省志编纂进度，对尚未完成省志分志承编任务的单位，进行一次认真的摸底调研，弄清情况，分析原因，找出症结，研究制定解决措施，在此基础上，采取“一单位一办法”“一志一策”的形式分类推进，努力实现重大突破，确保按时完成任务。市（州）、县（市、区）志，要加快推进《四平市铁东区志》《四平市铁西区志》《图们市志》3部志稿的编纂进度，争取在2018年前完成终审，提前实现市（州）、县（市、区）志的全覆盖。在年鉴方面，加强对长春市南关区、二道区，辽源市龙山区、西安区，白城市洮北区5个地方综合年鉴编纂出版的督促和指导，尽快促成出版首卷，提前完成全省县级以上地方综合年鉴全覆盖的目标。

（二）着眼打造存世垂史精品佳作，全力提升志书质量

要以审慎敬畏的态度将质量意识贯穿于志书编纂工作的全过程，要从更严密的质量制度、更严格的执行机制、更有力的评估手段、更有效的业务指导四方面入手，进一步强化志书质量管理，切实提高志书编纂出版质量。一要进一步加强质量制度体系建设。坚持质量制度体系覆盖志书编纂全过程全范围的原则，对现有的质量制度进行一次系统梳理，查缺补漏，健全完善。重点完善志书三审制度，对送交复审、终审稿件质量和程序做进一步明确的

规定；细化落实志书责任编纂、总纂以及审查验收人员的责任，逐步构建起切实保证志书质量的综合保障体系。二要严格执行质量制度。强化省、市、县三级地方志工作机构质量责任主体意识；认真研究解决制约志书质量提高的问题，严格执行中指组和省方志委制定的质量标准、编纂规范；从严肃三审制入手，探索建立质量问题倒查机制和责任追究机制。三要充分发挥质量评估的作用。坚持持续地开展全省地方志图书质量年度评估工作，进一步改进评估的方式方法，科学合理地运用好评估结果，强化质量评估对提高编纂质量的促进、引领和示范效能。四要提高业务指导水平。制定科学的业务指导方案，创新指导方法，在总体全面指导的同时，实施深度介入、分类指导，增强针对性和时效性。对疑难、重大问题经集体研讨后，提出指导意见，减少指导偏差，避免走弯路。

（三）着眼不断提高社会影响力，做大做强地方志资源立项开发工作

继续围绕全省中心工作和社会大众的文化需求，深入挖掘吉林省历史和地域文化资源，加强重大选题的策划和研究，推出一批具有现实价值和历史价值、可读性趣味性强，人民群众喜闻乐见的、有重大社会影响力的地方志资源开发优秀成果。按照《吉林省地方志事业发展规划（2016—2020年）》提出的“到2020年推出3—5个具有重大存史价值、较高学术水平和较大社会影响的项目”的要求，加强重大选题的策划征集；继续开展吉林省青少年“知家乡爱家乡”系列方志读物开发活动，组织全省9个市（州）各开发一部以青少年为对象，以上口的童谣为体裁，以宣传当地历史文化为主旨的方志通俗读物，在全省形成系列，启迪和教育广大青少年，爱党爱国爱家，努力学习、积极向上；放眼长远，有计划地逐步地将地方史工作，纳入地方志资源开发立项范畴，为今后开展地方史编纂工作进行先期探索。

（四）着眼启动第三轮续志，扎实做好资料和人才储备

一方面认真组织开展好为第三轮续志作准备的续志资料长编工作。在全省所有完成二轮修志任务的市（州）、县（市、区）中，全部启动此项工作。指导已启动此项工作的64个市（州）、县（市、区）地方志工作机构，科学

认识和正确把握域内经济社会发展情况，明确征集资料种类、载体形式、征集模式、工作节奏，实现多方储备，应收尽收。对未启动此项工作的5个县（市、区），加紧督促，完成二轮续志后，立即投入此项工作。积极推动2016年底已完成二轮志终审的龙井市和东辽县在2017年启动资料长编工作；进一步对已实施资料年报制度试点的吉林市、延吉市和公主岭市的年报资料清单、报送渠道、报送时限等进行规范。加强指导调度和督促检查，避免出现“无效劳动”和“翻烧饼”现象，确保工作实效。同时，及时总结经验，适时表彰推广。另一方面，认真组织开展好长期的系统性的志书总纂培训班，切实执行5年10期的培训计划，在精选专家和督促参训人员完成好课后自学研究任务上下功夫，努力实现最佳培训效果。要强化和提升各市（州）对业务培训工作的认识，督促9个市（州）从实际出发，建立相应的培训制度，促进形成全省分级分类相互衔接的培训体系，确保2020年实现各市（州）至少有1—2人、各县（市、区）至少有1人胜任志书总纂和年鉴主编工作的专业志鉴队伍，实现专家修志编鉴。

（五）着眼出成果出人才，不断提升方志理论研究水平

强化方志理论研究对“六位一体”发展格局的支撑和推进作用，提升认识、跟进措施。继续依托省地方志学会，大力推进和实施“方志理论研究三百工程”；遴选理论研究骨干，确定研究课题和成果运用形式，强化培养学术骨干；继续组织实施志书总纂集中培训计划，邀请国内方志界著名专家做学术报告，提升志鉴编纂人员理论水平；继续按照地方历史、地域文化、志鉴编纂三个方向，开展业务理论学习和研究活动，采取更加灵活的方式，组织开展学习研究成果汇报会；加大对学有所得、学有所成同志的奖励，支持学会开好每年一次的学术年会，对年度内全省方志系统优秀理论成果进行评比、表彰；要积极探索建立更广阔更完善的理论研究活动平台体系和工作机制，支持地方志工作者开展多种形式的理论研究活动，提升学术研究能力，营造浓厚的理论和学术研究氛围。

（六）着眼提升公共服务能力，进一步加强公共服务载体建设

大力推动省方志馆新建工作，配合有关部门搞好相关项目的设计、招标

和一系列配套工作；省方志馆要做好现有馆的展室建设和维护，加大资料文献的收集和购置，高质量完成报送备案和志书交换工作；各市（州）既要注意丰富馆藏，也要争取新（改）建独立的方志馆，挖掘、提升公共服务功能。各县（市、区）也要进一步加强资料基础建设工作，已经评估合格的地方，要多方征集文献资料；尚未建立资料室的地方，要积极争取建立独立的资料室。省方志委积极支持各地资料基础建设，有计划地分期、分批地向各市（州）、县（市、区）赠送文献和资料。与此同时，充分发挥地情网站在“互联网+”时代的特殊功能和作用，进一步加快建设具有海量信息的省情数据库；加速志鉴数字化进程，努力实现新出版志鉴同步进入数据库；进一步加强省情网及各市（州）地情网站的日常更新管理，适应社会需要及时调整，以建立统一的信息发布平台、统一格式的数据库、统一的全文检索方式为目标，加紧进行全省地方志系统统一信息平台的研究和建设。省方志馆要认真总结“方志吉林”微信公众号运行经验，进一步加强信息推送，扩大社会影响，提升社会公众的关注度。

黑龙江省地方志事业发展报告

黑龙江省地方志办公室

2015—2016 年省地方志办公室在中国地方志指导小组及其办公室的悉心指导下，在省委、省政府的正确领导下，全面贯彻党的十八大和十八届三中、四中、五中、六中全会精神，深入贯彻落实习近平总书记系列重要讲话精神，李克强总理、刘延东副总理重要批示、重要讲话精神、第五次全国地方志工作会议精神、全国地方志机构主任工作会议精神和全省第九次地方志工作会议精神，按照《全国地方志事业发展规划纲要(2015—2020 年)》和《黑龙江省地方志事业发展规划纲要（2016—2020 年）》要求，以依法治志为统领，以修志编鉴为主业，以文化建设为重点，志、鉴、馆、网、刊、协、研、用各项工作协调发展，全省地方志事业发展取得了显著成绩。

一、黑龙江省地方志事业 2015—2016 年发展基本情况

（一）依法治志得到有效加强

2015 年 8 月，国务院办公厅印发了《全国地方志事业发展规划纲要（2015—2020 年）》(以下简称《规划纲要》)，充分体现党中央、国务院对地方志工作的亲切关怀和高度重视，为当前全国地方志事业创造了难得的发展机遇。

我省根据《规划纲要》任务要求，研究制定了《黑龙江省地方志事业发展规划纲要（2016—2020年）》，经省政府批准，于2016年4月29日由省政府办公厅印发，为“十三五”时期全省地方志事业科学健康发展打下坚实基础。

根据《黑龙江省地方性法规专项清理及省政府规章全面清理工作方案》要求，及时对《黑龙江省地方志工作规定》进行了修订。邀请中国地方志指导小组秘书长，中国地方志指导小组办公室党组书记、主任，方志出版社社长，中国社会科学院研究员、博士生导师，著名法学教育家冀祥德教授为全省各级地方志工作者做了“依法治志”专题讲座，进一步增强了全省地方志工作者依法治志意识。

各市（地）志办根据自身实际通过网站、微博、微信等多种方式进行宣传，佳木斯、伊春、黑河、绥化等市分别制定了本地区的规划纲要。形成了全省上下联动的宣传贯彻氛围，切实提高了广大地方志工作者依法行政、依法治志的自觉性。

（二）志鉴编纂取得显著成绩

第二轮省志编修工作进入攻坚阶段，针对志书编纂工作进度加快，省志各分志陆续进入评议、终审、出版阶段的情况，采取各项有效举措，强力推进第二轮修志工作进度。根据省志编纂工作实际，及时召开黑龙江省志总编例会，确定省志为100部，市（地）、县（市、区）志为156部。为进一步提高志书编纂质量，对省志书终审专家库进行了更新调整，制定下发了《黑龙江省地方志编纂行文通则》。

截至2016年底，第二轮省志中44部完成评审并部分出版，46部完成初稿，省农垦总局志办作为省志承编单位的杰出代表，被评为全国地方志系统先进集体。市（地）、县（市、区）志已有《哈尔滨市志》（部分卷）《大庆市志》《佳木斯市志》等71部印刷出版、36部进行了评议、23部完成初稿。

年鉴编纂进展顺利。根据国务院《地方志工作条例》和《黑龙江省地方志工作规定》要求，省政府依法将省级年鉴主办权由省社科院正式移交到省志办，从2015年起黑龙江省级年鉴由省志办依法编纂出版。

各市（地）志办不断研究新办法、探索新方式推进年鉴编纂工作。鸡西市志办为提高基层供稿单位年鉴资料编写质量，主动为12个单位的编辑人员进行上门培训；黑河市志办与黑河电视台合作编辑《黑河年鉴》音像版；大兴安岭地区志办为加强对县级年鉴的指导，制发《大兴安岭地区年鉴编纂审查与备案工作实施意见》。同时，黑河与大兴安岭两市（地）均实现了年鉴全覆盖；绥芬河市志办将文明城创建工作评选的先进人物纳入年鉴，在全市产生了积极影响。

（三）地方志文化建设持续繁荣

省志办持续坚持将地方志文化建设作为工作前进方向，以特色志书等地情资料书籍为载体，围绕全省中心工作，服务事业发展大局，主动进行地方志文化建设的新尝试和新探索，努力创造地方志文化成果，塑造地方志文化品牌，持续推进地方志文化的发展繁荣。

特色志书编纂成果显著。2015年是省志办实施系列特色志书文化工程的文化成果展示年。出版发行了《黑龙江省志简编》《黑龙江图志·综合卷》《黑龙江省保障性安居工程建设志》《黑龙江省公路建设三年决战志》《黑龙江省参与2010年上海世博会图志》《黑龙江省志大全（电子版）》等一系列突出地情特色、服务中心工作、记载重大事件的特色志书，受到社会各界广泛好评，2016年继续将特色志书作为打造地方志文化的主攻方向。根据省领导指示，启动编纂《东北抗日联军图志》等特色志书，完成了哈尔滨历史上各国使领馆现状调研工作。旧志整理进展顺利，与国家图书馆出版社签订战略合作协议，为黑龙江省地方志文化资源开发和研究开展合作交流，完成66部旧志底本收集。编辑出版《黑龙江志稿》仿真本。

积极参与中国地方志指导小组组织的中国名镇志丛书编纂工程和中国名村志文化工程，委派省志书终审专家参与名镇志、名村志编纂工作，我省《瑷珲镇志》已纳入第二批中国名镇志文化工程，《八岔赫哲村志》《新生鄂伦春族村志》已申报第一批中国名村志文化工程。

各地也不断推出地方志文化建设新成果。哈尔滨市志办策划编辑出品的《留住城市的记忆——哈尔滨历史建筑寻踪》一书已被省、市作为公务交往的礼品书。齐齐哈尔市志办编辑出版的《齐齐哈尔历史上的今天》已被确定为市级乡土教材，为进一步保存珍贵史料，出版发行了《齐齐哈尔市志

（1986 ~ 2005）资料长编稿》。牡丹江市志办编辑出版《牡丹江档案记忆》一书，为牡丹江市经济社会发展提供历史借鉴。佳木斯市志办编纂出版《佳木斯百年图志》《佳木斯——东北小延安》成为革命传统教育的珍贵教材。大庆市志办在编纂《大庆通史》的同时，积极推进各县区简史编修工作，《林甸百年》《龙凤记忆》均已出版发行。抚远县结合县域实际，以政府文件形式印发了《抚远县乡镇、村志编纂方案》，并制定了乡镇、村志编纂规划，为乡村志的编纂奠定了基础。

（四）方志平台建设协调发展

省志办始终将地方志资源基础平台建设，作为地方志事业持续健康发展的有力保障，通过方志馆、地情网站、杂志、简报等形式，提高地方志资源利用效率，扩大地方志工作的社会影响。

黑龙江省方志馆正式开馆以来，坚持将方志馆办成地情、省情和国情教育基地作为目标，以展示我省历史和现状为己任，已接待参观单位百余家，参观者千余人。为使省方志馆更加适应新时期地方志工作需要，2016 年对方志馆进行了重新设计布展，已正式开馆。为贯彻落实《“全国信息方志与数字方志建设工程”实施方案（2015—2020 年）》要求，满足社会发展需要，实施了黑龙江省数字方志馆建设工程，前期调研工作已启动。《黑龙江史志》杂志充分发挥宣传阵地、学术中心、交流平台的作用，宣传省情特色，杂志在 2016 年以专刊的形式集中刊发了一批重量级的文章，根植于历史记述了龙江历史上的几个文明高峰、农垦历史、哈尔滨犹太人、哈尔滨城史等，着眼未来聘请重量级学者阐述了“一带一路”、东北老工业基地振兴等问题，社会影响力和发行范围不断扩大。《黑龙江方志信息》利用简报专业性强、时效快等特点，为全省地方志工作者搭建信息交流平台，受到各级地方志工作者一致好评。

（五）人才队伍建设扎实推进

省志办党组书记亲自分管党委工作，将机关党建工作摆在重要位置。在党建工作中始终把深入学习贯彻习近平总书记系列重要讲话精神作为重中之重的政治任务，特别是认真学习习近平总书记参加十二届全国人大四次会议黑龙江代表团审议时的重要讲话和习近平总书记在视察黑龙江时发表的重要讲话精神，紧紧抓住信仰信念这一核心，牢牢把握入脑入心这一关键，始终扣紧知行合一这一目的，引导党员干部进一步坚定道路自信、理论自信、制度自信和文化自信，切实把思想和行动统一到习近平总书记提出的一系列重大理论观点、重大战略思想、重大工作部署上来。扎实推进“两学一做”学习教育，研究制定了“两学一做”学习教育方案，在完成规定动作的同时，将《中国共产党廉洁自律准则》和《中国共产党纪律处分条例》纳入到“两学一做”学习教育内容中，深入推进党风廉政建设，进一步落实主体责任和监督责任，充分发挥党员领导干部的带头作用。党组书记带头为党员干部就学习习近平总书记重要讲话精神作了多次专题辅导，推动了学习贯彻习近平总书记重要讲话精神在党员领导干部层面不断深入。

为更好地发挥协会平台作用，顺利完成黑龙江省地方志协会换届工作，成功召开黑龙江省地方志协会第七届理事会第一次会议。为提升全省地方志理论研究水平，组织开展了第二届黑龙江省地方志系统论文征集评比活动，已征集论文百余篇。积极组织召开学术研讨会、座谈会，利用《黑龙江史志》《黑龙江方志信息》平台，充分发挥方志理论研究阵地作用，鼓励引导方志理论研究工作，宣传推介地方志理论研究成果，努力提高方志理论研究水平。坚持“开门修志”方针，采取“请进来”的方式，通过召开全省地方志机构主任工作会议、全省地方志编纂业务培训班及以会代训、以评代训、以审代训等方式累计培训500余人次。利用全省志书终审专家库广泛吸收社会各界专家型人才的优势，参与志稿评议，收到良好效果；适时采用“走出去”战略，参加了全国地方志基层基础工作会议、第一次全国方志馆工作会议暨中国地方志学会方志馆研究会第一次会员代表大会、全国地方志系统信息化工作会议、全国年鉴主编培训班等，进一步提升了干部队伍的能力水平。

二、全省地方志事业发展中存在的主要问题分析及对策

（一）长期积累的体制性矛盾还没有得到根本解决

全省各级地方志机构中与党史（档案）等机构合署办公情况还有存在，一些基层地方志工作机构编修力量比较薄弱。对此，我们将立足现有实际情况，

努力与相关部门协调，探索解决体制性矛盾的方法和途径，积极开展培训工作，努力提高基层地方志机构编修能力。

（二）第二轮修志工作进展不平衡，各市（地）工作编纂、出版质量差异较大

对此，我们将严格落实《地方志工作条例》《黑龙江省地方志工作规定》，进一步加大对落后地区的督查力度，不断增强各级修志机构工作人员的责任意识和质量意识，充分利用省志书终审专家库，依托方志出版社哈尔滨工作站，提高志书编纂出版质量。

三、全省地方志事业发展趋势及展望

党的十八大提出了建设文化强国的战略部署，作为文化建设的重要内容，地方志事业也迎来了难得的发展机遇。在今后工作中，我们将以党的十八大、十八届三中、四中、五中、六中全会精神和省委、省政府决策部署为指引，按照全国第五次地方志工作会议要求，坚定信心，坚守信念，锐意进取，扎实工作，努力推动地方志事业繁荣发展。

（一）将全面完成规划纲要各项任务

《全国地方志事业发展规划纲要（2015—2020年）》《黑龙江省地方志事业发展规划纲要（2016—2020年）》中，对2020年全面完成第二轮修志任务作出明确要求，我们将进一步提升依法治志水平，加大对地方志工作的依法督查力度，按照两级规划纲要的任务要求，全面完成各项任务目标。

（二）将不断提高和加快修志编鉴工作的质量进度

在全面完成第二轮志书编纂工作的关键时期，省志办将充分利用志书终审专家库优势，集中精力对进度较慢的承编单位进行有针对性的业务指导和督促检查，确保全省第二轮修志工作整体进度能够按照《规划纲要》要求完成。积极推进依法编纂年鉴，重点推进县级地方综合年鉴编纂工作，力争实现全覆盖，实现地方综合年鉴编纂和管理的法治化、规范化。

（三）将不断加大方志文化资源开发力度

紧紧围绕省委、省政府中心工作，充分利用地方志文化资源，特别是地方志已有成果和中间成果，创造性地开发转化为现实服务的新成果，加快推进旧志整理工作，指导全省各级地方志工作机构做好开发立项特色志书等相关用志工作，努力打造地方志文化品牌，逐步完善网馆基础设施，鼓励有条件的地区和单位编修乡镇志、村志、校志、厂志等，扩大地方志事业的社会影响力。

（四）将逐步提高方志理论研究水平

方志理论是地方志编纂工作的灵魂，是影响志书质量的关键。完善全省地方志系统理论成果评比和地方志书、地方志综合年鉴、专业年鉴等地方志工作成果评比长效机制，激发促进修志人员的理论研究热情，充分发挥中国龙志网、《黑龙江史志》和《黑龙江方志信息》等宣传阵地和地方志协会业务研讨、经验交流作用，切实提升我省方志理论研究水平。

（五）将不断强化机关党建工作

建设一支高素质的修志队伍，是地方志事业繁荣发展的重要基础和根本保证。全面落实十八届六中全会精神，认真对照“两学一做”要求，坚定推进全面从严治党，深入实施“人才强志”战略，努力推动开门修志、专家修志，继续把培养造就专业化修志人才队伍摆在突出位置，不断提升队伍整体素质，实现地方志事业持续健康发展。

全省地方志工作者将在中国地方志指导小组及其办公室的正确指导下，继续发扬埋头苦干，淡泊名利、甘于奉献、恪尽职守、锲而不舍、开拓进取的修志精神，推动地方志工作再上新台阶，不断为加快黑龙江经济社会发展做出新的更大的贡献。

上海市地方志事业发展报告

上海市地方志办公室

2015—2016年，在中共上海市委、市政府领导下，在中国地方志指导小组指导下，在上海市地方志编纂委员会统筹协调下，经过全市各级地方志工作机构和地方志工作者的不懈努力，上海市地方志沿袭近年来的工作思路和主要做法，在以往事业基础上，继续以修志编鉴写史为主业，各项工作平稳、有序、健康发展，呈现出积极向上、努力推进依法治志的良好态势和全社会热情参与的浓厚氛围。同时，在上海市地方志事业发展中，不仅遇到“2020年全面完成二轮修志规划任务”的最主要挑战，而且从长远看，要实现可持续地稳定、健康发展，并按照“存史、育人、资政”的要求，取得较大影响和发挥积极作用，上海市地方志事业还必须正确面对和解决工作创新、学科和理论建设、队伍建设、作用发挥等方面的挑战和问题。

一、上海市地方志事业发展基本情况

（一）机构体系和工作格局日渐完善

2015—2016年，上海已经形成了编修与研究、收藏与展示、开发与利用等较为完整的地方志工作机构体系和具有特色的地方志编纂、收藏、研究和宣传工作格局，并日渐完善。

2015 年 11 月 2 日，经上海市机构编制委员会批复，上海滩杂志社整建制编入上海通志馆（上海市地方志办公室下属事业单位）。上海滩杂志社，是自收自支事业单位，编制 6 人，1986 年 12 月由上海市地方志编纂委员会创办。《上海滩》公开出版，月刊，是普及型的上海地情读物，坚持“集沪滨风貌之总汇，熔上海古今于一炉”的办刊宗旨，开发利用地方志资源，推广地方志文化。

2015 年 12 月 31 日，经国家新闻传播广电总局批准同意，《上海地方志》由内刊转为公开发行，期刊号为 CN31-2122/K，上海市地方志办公室主管、主办，唐长国任主编，新刊由双月刊改为季刊，刊物容量由 48 页扩充为 96 页，栏目主要包括志书研究、年鉴研究、地方史研究、方志文献研究等，内容上更加注重学术性。

2016 年 2 月 24 日，经上海市发展和改革委员会批复，上海通志馆新馆建设正式立项。新馆定位是“上海唯一和综合性的当代地情资料中心”，具有藏书借阅、当代地情展示、研究开发和数字网络等功能。项目建议书批复的实际面积为 2564 平方米，拟设藏书借阅区、地情展示区和咨询服务区。现有的上海通志馆于 1997 年建成开馆，建筑面积 5860 平方米，馆藏 19787 种 31416 册，是全国新编地方志成果收集最齐全的地方志馆。

至今，在市级层面，上海市地方志办公室参照公务员法管理编制 35 人，内设秘书处（组织人事处）、市志工作处、专志工作处、区县工作处、年鉴工作处（《上海年鉴》编辑部）、研究室（信息处，含《上海地方志》编辑部）6 个处室；下设上海通志馆（含《上海滩》杂志编辑部）、当代上海研究所。办、馆、所、社“四位一体”，基本确立了在全国比较独特的地方志编纂、收藏、研究和宣传的完整机构体系。在区级层面，上海市 16 个区均设有地方志工作机构，其中，独立办公 1 个，与党史办和档案局（馆）合署办公 3 个，与档案局（馆）合署办公 6 个，与党史办合署办公 6 个，均为正处级参公事业单位，在职在编人员约 120 人。此外，承担上海市志和市级专志编纂任务的上海市各部门和各单位均成立编纂委员会，设立专门的编纂机构，建立专兼职修志队伍。

（二）第二轮新编地方志书编纂工作进展良好

根据上海市第二轮新编地方志书编纂规划，2010—2020 年上海将完成《上海市志（1978—2010）》（148部分志、分卷），上海市级专志（70部，其中企业集团类26部、金融类11部、院校类23部）和区（县）续志（25部）共243部志书的编纂任务。目前，二轮修志工作进展良好。截至2016年11月，上海市志已经启动142部，占比近96%；专志启动49部，占比70%；区（县）续志启动24部，占比96%。

2015年，上海市地方志办公室召开《广播电视卷》《音乐·舞蹈卷》《城乡建设分志》（《综述卷》和《城乡道路卷》）《出入境检验检疫卷》《上海市社会主义学院志》编纂工作启动会；《人民政府分志》《人文社会科学卷》《电影卷》《图书馆事业卷》《区县简况》编纂工作推进会；《商贸分志》《服务业分志》卷目调整研讨会；市级专志金融、医院、院校、企业部类协作研讨会；《钢铁业卷》《纺织业卷》《港口卷》《工业综述卷》评议会和《纺织业卷》审定会。

2016年，上海市地方志办公室召开《航空业卷》《文化产业分志》《中山医院志》《华东政法大学志》《锦江国际（集团）有限公司志》《上海申通地铁集团有限公司志》《申能（集团）有限公司志》编纂工作启动会；《民主党派分志》《交通运输分志》《证券期货业卷》《化工业卷》《曲艺杂技卷》《书法美术摄影卷》编纂工作推进会；《城市公共交通卷》《海洋运输卷》《船舶业卷》《国资分志》《江河运输卷》《中共上海市委党校志》《东浩集团志》《上海地产（集团）有限公司志》《上海建工集团志》《中国石化上海石油化工股份有限公司志》评议会和《工业综述卷》《港口卷》《钢铁业卷》《中共上海市委党校志》《东浩集团志》《上海建工集团志》审定会；市级专志金融、医院、院校、企业部类编纂研讨会。《上海世博会志》《纺织业卷》《上海外事志（续志）》《上海新闻志（1993—2002）》《中共上海市委党校志》《东浩集团志》通过上海市地方志办公室验收，交付出版。《上海海洋大学志》《上海市闸北区志（1994—2005）》《上海市静安区志（1993—2010）》出版。

（三）年鉴工作实现较高质量全面覆盖

《上海年鉴》已连续出版20年，目前有英文版、电子版和网络版三种形式。2016年6月28日，《上海年鉴（1854）》（英文版）整理出版暨《上海年鉴》创刊20周年学术研讨会召开。研讨会的几篇论文，经《文汇学人》、《东方早报》、“澎湃新闻”、《中国社会科学报》及中新社等媒体的刊发或信息报道，在地方志系统乃至社会中引起广泛的反响。上海16个区已经全部按年公开出版综合年鉴，提前实现《全国地方志事业发展规划纲要（2015—2020年）》提出的2020年综合年鉴全覆盖目标。上海全市拥有《上海统计年鉴》《宝钢年鉴》《复旦大学年鉴》《上海科技年鉴》等行业、企业、事业、部门年鉴近百种。

在全国年鉴评比中，上海市获奖等级和数量均居前列。2015年4月22—23日，中国出版协会年鉴工作委员会主办的第五届年鉴编纂出版质量评比颁奖大会在浙江省杭州市萧山区召开，《上海年鉴》《浦东年鉴》《奉贤年鉴》和《上海文化年鉴》《上海经济年鉴》获特等奖。2016年全国地方志优秀成果（年鉴类）评审中，《浦东年鉴（2014）》《奉贤年鉴（2014）》获特等奖；《静安年鉴（2014）》《黄浦年鉴（2013）》《嘉定年鉴（2013）》《上海科技年鉴（2014）》《上海经济年鉴（2014）》《上海文化年鉴（2013）》获一等奖。

（四）地情开发利用成果不断涌现

2015—2016年，上海市地方志在地情开发利用方面，如围绕重大事件编纂志书、整理出版旧志旧鉴、编纂地情资料的成果不断涌现。

1. 围绕重大事件编纂志书。出版《汶川特大地震上海市对口支援都江堰市灾后重建志》。编纂《汶川特大地震上海市救灾援助实录》，中共中央政治局委员、上海市委书记韩正为之作序，其首发座谈会于2015年5月6日隆重举行。《上海世博会志》历经5年编纂，2015年9月完成评议，2016年2月完成审定，2016年4月完成验收，交付出版。

2. 整理出版旧志旧鉴。2007年至2015年11月，历时九年的“上海府县旧志丛书”整理出版工作全部完成，共11卷36册，上海也成为全国省级行政区划内第一家完成府县旧志点校出版工作的地区。2016年4月22日，“上海府县旧志丛书”首发式暨出版座谈会由上海市地方志办公室、上海古籍出版社主办，邹逸麟、王家范、熊月之、苏智良、杨志刚等专家学者在会上讨论发言。“上海府县旧志丛书”的整理出版，尤其出席座谈会的专家学者研究文章在媒体发表，掀起上海地方志系统对旧志、旧文献的研究、整理、保护、开发利用等相关问题的关注热潮。由上海市地方志办公室的三位同志围绕这一热点而撰写的文章《上海地区旧志编纂及保存情况》，见刊于《上海地方志》

2016 年第 2 期。2016 年 6 月，影印再版中国内地现存最早的年鉴——《上海年鉴（1854）》（英文版）。《上海年鉴（1854）》整理成果由一函二书组成，一册《上海年鉴（1854）》系原文重印，印旧如旧；一册《〈上海年鉴（1854）〉研究》汇集相关研究文章 8 篇。由柳亚子主持编写的《民国上海市通志稿（第一册）》已于 2013 年出版，后续的第二、三、四册目前已在整理编辑中，每册约 180—190 万字，预计 2017 年底出版。

3. 编纂地情资料。2015—2016 年，上海各区、各部门、各单位根据自身特色，编纂出版 100 余本部门志、专业志、专题志和特色地情图书。《国之歌——〈义勇军进行曲〉诞生八十周年》画册是第一部有关国歌历史的大型画册，通过 300 多幅珍贵图片和文字，全面系统、形象生动地介绍了《义勇军进行曲》诞生的历史背景和过程，其中的不少图片和史料均属首次披露，弥足珍贵，取得了良好的社会反响。《普陀指南》发放至普陀区内每户居民手中，印数 46 万册，设 17 个栏目，77 个信息板块，22.1 万字，200 余张图片，是普陀区第一本综合性便民手册。此外，还主要编纂了《南汇青年志》《浦东新区环保市容局志》《南汇工会志》《南汇房地产志》《松江对外经济贸易志》《松江环保志》《松江工业区志》《松江审计志》《松江红十字志》《松江劳动志》《建国以来长宁区经济社会发展史料选辑》《中国新方志 10000 种书目提要（上海通志馆藏）》《21 世纪上海纪事（2010—2012）》《21 世纪上海纪事（2013—2014）》等地情资料。

（五）地方史和乡镇街道村志工作有序推进

2013 年 9 月，由上海社会科学院历史所承担的《上海通史（新修）》项目正式启动，并被立项为上海市重大哲学社会科学研究项目和重点文化工程。《上海通史（新修）》汇集全市学术界骨干力量，共 30 卷，每卷约 40 万字和 100 幅插图，预计 2016 年基本完稿，2017 年部分出版，2018 年付梓问世。上海市地方志办公室积极协同、配合上海社会科学院历史所做好《上海通史（新修）》编纂出版工作。

上海各区（县）在完成区志、县志编纂的同时，积极推动乡镇志、街道志、村志等各类志书编纂。有的还列入本地区修志规划中加以组织、指导和推进。如松江区完成所有 15 个街道、镇志的编纂出版。金山区全面启动村志编纂工作，全区9个镇及金山工业区124个行政村全面参与，2015年底村志初稿普遍完成，进入评审验收阶段，2016年5月首批20部村志付印；第二批计划编印村志50部，至2016年9月已完成评审的30部，完成付印审校20余部，预计2016年底全部完成付印审校并落实编印工作。2015—2016年，全市已经出版《田林街道简志（1985—2014）》《南翔镇志》《张庙街道志》《徐家汇街道志》《上海市长宁区北新泾镇志（1949—1996）》《枫泾镇志》（中国名镇志文化工程）《祝桥村志》《南汇新城镇芦潮港村志》和《七宝镇志》《九星村志》《界龙村志》《浦东新区村史》等。

（六）信息化建设成果显著

上海市地方志积极探索“互联网＋地方志”理念，努力运用信息技术实现地方志工作现代化，取得明显成效。

1. 地方志网站建设。由上海市地方志办公室主办的“上海通”网站自2004年开通以来，功能不断完善、内容不断充实。目前，上海市首轮修志成果，包括一部10册、46卷，近1100万字的《上海通志》和由10部县志组成的《上海市县志系列丛刊》、12部区志组成的《上海市区志系列丛刊》、110部专志组成的《上海市专志系列丛刊》，总字数1亿6千余万字，全部发布在互联网上。每年出版的《上海年鉴》和各区（县）综合年鉴也及时发布上网。“上海通”网站还开辟英文栏目。上海市地方志办公室办公自动化系统，在2015年8月第二次改版运行。

上海通志馆网站也于2015年12月改版上线，逐步将馆藏的26000多部地方志目录、概要等内容上网，方便读者查阅使用。上海各区（县）也大力推进地情网站建设。“奉贤史志”“浦东史志”“闵行区情”，以及多家与党史或档案部门一起合办的地情网站相继开通，目前共开通15家，占比94%。上海各部门、各单位修志机构的网站，也都积极做好各自承担的地方志编修内容和工作的发布、宣传等。

2. 地方志微信公众号建设。2015年8月5日，由上海市地方志办公室主办的“方志上海”微信公众号正式上线。“方志上海”微信公众号已经和《解放日报》《联合时报》建立了业务联系，两家媒体从公众号中摘选适宜的内容刊发，进一步增强了上海市地方志的影响力。2016年3月，“上海通志馆”

微信公众号上线。各区（县）也积极开展微信公众号建设，“奉贤文史”“i 金山”“嘉定档案志鉴”“静安方志”“松江微历史”“杨浦史志”“浦东文史”“上海普陀档案”等 8 个区的微信公众号主要宣传本区域地方志工作成果、地方历史等内容，扩大地方志的影响。上海各部门、各单位修志机构的微信公众号也积极宣传、推送地方志知识。

3．“数字化上海市地情资料库”系统建设。为满足二轮修志工作需要，上海市地方志办公室开发建设“数字化上海市地情资料库”系统。为全市 60 家市志、专志承编单位安装资料长编单机版，并对尚未上网的全市各区（县）综合年鉴、乡镇志等地方志书籍进行数字化加工，并在“上海通”网站上全文发布。闵行、金山、奉贤等多个区（县）开发了方志特色鲜明、界面友好、功能齐全的业务应用系统。如闵行、金山等区开发了具有网站发布、数据存储、在线编纂等功能的区情资料库系统，奉贤区开发建设了图片数据库系统。这些业务应用系统的建立，加上功能网站，基本实现了从修志编鉴源头的数据收集保存，到志书出版后内容全文发布的全流程地方志资料管理，形成了资料卡片、资料长编、志书内容、年鉴内容、地情内容等资料链的集成。

（七）地方志科研工作持续开展

上海市地方志主要以学术期刊、研讨会、项目课题、研究报告等平台促进科研和理论研究工作。

1．以学术期刊打造地方志研究理论平台。2015 年 12 月 31 日，经国家新闻出版广电总局批准同意，具有 30 多年办刊历史的《上海地方志》由内刊转为公开发行，期刊号为 CN31–2122/K，由上海市地方志办公室主管、主办，季刊，大 16 开，96 页，每期印数 2000 份。改版后的《上海地方志》主要包括志书研究、年鉴研究、地方史研究、方志文献研究等栏目，内容上更加注重学术性。2016 年已出版三期。

2．以研讨会打造地方志研究交流平台。一是着力打造一年一度的“上海地方志论坛”。2015 年邀请十一届全国政协副主席、著名经济学家厉无畏作“从地方志看中国现代化的断层与进程”主旨报告；2016 年邀请国际知名中国问题专家古斯塔夫·格拉茨教授作“中欧的互联互通和经济安全：一带一路”主旨报告。二是对外合作，积极举办专题研讨会。2015 年 10 月 20—21 日，上海市地方志办公室承办由中国地方志指导小组办公室主办的“2015年新方志论坛”;2016年4月22日,“上海府县旧志丛书”首发式暨出版座谈会举行;2016年6月28日,《上海年鉴(1854)》(英文版)整理出版暨《上海年鉴》创刊20周年学术研讨会召开;2016年12月8—10日,上海市地方志办公室主办、上海师范大学承办的“2016年地方志理论研讨会”召开,来自境内外80多篇论文应征,20多篇论文入选,邀请中指办副主任邱新立作“地方志理论的传承与创新”主题报告,来自全国各地的特邀专家、论文代表、上海市区地方志办公室代表、上海师范大学代表共120多人参加研讨会。三是开展方志理论青年培训和研讨专题会。2014年始,上海市地方志办公室一年一度定期组织全市系统方志理论青年培训和专题研讨活动。

3. 以项目课题打造地方志研究实践平台。积极谋划重大应用课题和承担社会课题。2016年10月13日,上海市地方志办公室和上海发展战略研究所联合开展的“改革开放排头兵创新发展先行者——上海改革开放40年大事研究”项目开题会召开。该项目被列入2016年度上海市哲学和社会科学重大课题。2016年10月,由当代上海研究所(上海市地方志办公室下属事业单位)承担的“上海与跨世纪发展研究(1990—2006年)”课题已完成初稿。研究课题完成后,分别编辑成册,在全市地方志系统发放,发挥研究课题的参考和指导作用。

4. 以系列研究报告打造地方志研究成果平台。一是研制推出《上海地方志报告(2016)》。2016年4月1—30日,上海市地方志办公室开展网络和微信“地方志社会认知度调查”活动,共获得全国范围有效调查问卷25367份,这也是全国地方志系统首次对地方志认知情况开展的一次大调查。根据调查活动掌握的第一手资料和数据,研制推出《上海地方志报告(2016)》。该报告主要包括“2015—2016上海市地方志工作概述”“2015—2016上海市地方志工作大事记”“上海地方志社会认知度调查报告”三部分内容。二是重视打造开发利用系列成果。自2005年开始,当代上海研究所编纂出版《长江三角洲发展报告》,一年一版,一年一个主题,至今已连续出版10年。

(八)地方志宣传工作成效明显

上海市地方志面向不同群体,发动各方力量,采取多种形式,不断谋求创新，在宣传工作中取得明显成效。

1. 地方志法规宣传活动。自2011年《上海市实施〈地方志工作条例〉办法》颁布实施以来，上海市地方志系统在每年5月举办地方志法规宣传日（周、月）活动，以此为平台扩大地方志宣传成效。2015年，紧密围绕爱国主题，精心策划和组织地方志宣传活动：一是举办《汶川特大地震上海市救灾援助实录》《国之歌——〈义勇军进行曲〉诞生八十周年》首发座谈会、组织"国歌从这里唱响"图片展、开展《义勇军进行曲》诞生80周年知识竞答活动。二是举办以"修志问道，以启未来——地方志与城市文化"为主题的系列讲座，为上海市民提供了精彩的文化盛宴，如市委统战部举办"修志问道、以启未来——地方志价值与我们的责任"讲座、上海通志馆举办"读史的智慧——家谱、方志与地方史"讲座，浦东新区等区（县）以各自独特的视角举办近20场论坛活动。三是联系社区群众，丰富基层文化，如普陀区举办抗战电影海报新作暨主题美术作品巡展，松江区举办松江邦彦画像展和讲座，杨浦区向社区群众和中小学生普及国歌知识，浦东新区、闸北区、闵行区等向机关、企事业单位、图书馆、文化活动中心赠送地情资料等。上海市地方志办公室2016年以"贯彻地方志规划纲要，推进依法治志"为主题举办法规宣传月活动。全市各区（县）、委办局及企事业单位利用报刊、电视电台、网络、讲座研讨、展示展览、现场咨询等多种形式举办活动50多项，如市妇联举办地方志专家辅导报告、徐汇区举办中小学生"读志著说"地方志征文演讲比赛等，成功扩大地方志的社会影响。

2. 新媒体形式宣传。积极适应信息化发展趋势，利用新媒体形式加强地方志宣传工作。一是由上海市地方志办公室主办的"上海通"网站、"方志上海"微信公众号和16个区地方志网站及各部委办局、企事业修志单位的网站、微信公众号做好地方志法规及各自承担的地方志编修内容和工作的宣传。二是2016年4月1—30日，上海市地方志办公室举办"地方志知多少"网络和微信知识竞赛活动，其中网络活动参加人数近万人（次），微信活动参加人数近8万人（次）。

3. 传统媒体形式宣传。借助传统媒体形式，尤其有较大影响的权威媒体积极宣传地方志工作。2016年1月20日《解放日报》刊文《直笔著信史彰善引风气——上海积极推进地方志工作发展》，《文汇报》刊文《修志问道以启未来——上海大力推进地方志事业科学发展》;2016年3月23日《光明日报》刊文《在历史的细节中探问城市未来——上海修志人的故事》。上海市地方志办公室与多家纸媒建立了长期合作关系,通过《解放日报》的“上海观察”栏目、《联合时报》的“文史”专栏、《社会科学报》的“方志丛坛”栏目以及《上海支部生活》杂志,定期或不定期刊发地方志文章和其他成果,扩大社会影响。《上海滩》杂志加强方志资料收集、地情普及和方志知识推广,开设“志林撷英”和“方志信息”等栏目,在全国各地包括港澳台地区以及美国、澳大利亚、日本等国家发行,年发行量1万册。2015年1月至2016年11月,《上海滩》出版23期,其中的60余篇文章被《新民晚报》等转载。

二、上海市地方志事业发展中的问题及对策

在上海市地方志事业发展中,仍然面临着不少困难和问题,如“2020年全面完成二轮修志规划任务”、工作创新、学科建设、队伍建设、作用发挥等,都需要认真思考和应对。

(一)上海市地方志事业发展中的问题和挑战

1. 2020年全面完成二轮修志规划任务问题。《上海市第二轮新编地方志书编纂规划》包括243部志书,其中《上海市志(1978—2010)》148部分志、分卷,上海市级专志70部,区(县)续志25部。到2020年全面完成编纂工作,“时间紧、任务重”。力争在最后几年里有效推进第二轮修志,全面和高质量地完成规划任务,是上海市地方志事业发展中的最主要挑战。

2. 工作创新问题。创新不仅是经济社会发展之必须,也是地方志工作的重要抓手。地方志编纂已逐渐形成了一套稳定的体例特性和文风规范,但同时新方志也存在新的不足,如社会民生记载内容有待充实、可读性有待提高等。特别是在信息化和“互联网+”的时代,必然对志书资料收集方式、编纂方式、编纂手段、使用方式、传播方式和保存方式,以及地方志机构之间的相互合作、信息共享等等提出新的要求,地方志编纂理应主动适应和应对这些变化,进一步提高地方志工作的水平、效率和质量。

3. 学科和理论建设问题。创新的背后实质是学科建设问题,即地方志编

纂有没有地方志学科作为理论支撑和智力支持。至今，地方志仍然不是一种公认、成熟的学科。地方志作为学科，在定位、学科属性、基本概念、研究方法、结构体系、学术规范、成果积淀、研究机构、研究人才和学科平台等方面仍然比较缺乏。地方志的学术地位、学术影响和学术价值仍然不高。这种状况既不利于地方志工作水平的提高，更不利于地方志事业的地位提升和发展，急需通过地方志学科建设夯实地方志工作的理论基础。

4. 队伍建设问题。创新和学科建设都需要地方志人才，当前地方志队伍逐步呈现年轻化和高学历的特征，为地方志工作注入了重要的有生力量。但年轻化带来了经验不足的问题，高学历也不等于专业化，普遍存在修志经验不足、高层次人才比较缺乏、承编单位队伍不稳定、年鉴编纂队伍更迭现象严重等问题。特别是地方志机构“参公”后，虽然总体上起到了稳定地方志队伍的作用，但另一方面，由于职称不能评定，也不直接与工资待遇挂钩，导致很多地方志工作者缺乏提升专业能力的积极性，不愿意花时间钻研地方志文献和理论书籍，论文少，专著更少，与“参公”前相比，整个系统的学术研究氛围有所下降。经初步统计，上海各区地方志工作专职人员中，具有职称的人员（基本是“参公”管理之前评定的）只有23人，比例不到20%，且职称类别五花八门，有研究员、馆员、经济师、编辑、会计师、工程师等不同种类。未评定职称的占大部分，尤以新进人员最为突出。

5. 作用发挥问题。地方志工作的重点主要在存史方面，这是必须和基本的。但地方志同样不能游离于我国改革开放的伟大事业和经济社会发展的实践，可以通过系统、全面、庞大和准确的地情资料发挥独特的资政作用，更大地产生地方志工作的影响力。比如上海第二轮修志就面临着一系列重大的时间节点，2018年改革开放40周年，2019年新中国成立70周年和2020年全面建成小康社会。这涉及地方志编纂工作如何紧贴现实，体现在编什么、如何编和怎样转化、应用，涉及地方志机构的工作体制、机制、内部设置、队伍结构和开发利用的手段、方法等。

（二）解决上海市地方志事业发展中的问题的对策思考

1. 聚焦主线，确保完成二轮修志规划任务。一是落实工作责任，全面推行分年度目标制。按照一般志书3年完成、重大志书5年出版的周期规律，在2015年重点抓好启动率，2016年重点抓资料收集阶段的志书比率的基础上，2017—2018年重点抓进入初稿纂写阶段的志书比率，2019年重点抓进入评审验收阶段的志书比率，2020年重点抓进入出版阶段的志书比率，相应设置各年度的具体目标和考核要求，并分解到责任部门和责任人。二是进一步制定工作规范。根据志书编纂中资料卡片、资料长编和纂写要求，普遍推广志书编纂软件，确保志书编纂规范；继续健全、落实分阶段志书培训制度和分部类志书工作会议制度，确保志书编纂进度。

2. 坚持继承创新和全面发展，完善修志编鉴写史工作布局。在修志方面，努力拓展修志领域，倡导编修乡志、村志。上海素有修志传统，村志编修古已有之。近几年来，上海郊区的一些村已组织人力物力开展村志编纂，并出版了一批村志，但由于村志的编修不在上海市区两级政府新方志的编纂规划之中，其编修还大多处于自发和无序状态。与上海众多的行政村数量相比，其规模和数量还很小，质量也参差不齐，与乡土文化的保护传承还有很大距离。为此，上海市地方志办公室将鼓励各区积极推进和推动街道志、乡镇志、村志、专业志等志书的编纂，更加系统地承载好区域历史文脉。同时，总结经验，及时做好对重大事件资料的收集整理，加强对重大事件志的编纂工作。在编鉴方面，探索创新，优化体例结构，突出内容特色，拓展形式载体，扩大应用范围，服务社会发展；着重提升年鉴编纂的时效性、权威性、影响力和国际化水平，打造品牌年鉴。在地方史工作方面，努力将地方史编写纳入地方志工作范畴，统一规范管理。同时，重视口述史工作，重视和发挥口述史在地方志编纂中越来越重要的地位和作用。

3. 加强理论研究和学科建设工作。一是以《上海地方志》专业期刊打造地方志研究学术平台。二是以“上海地方志论坛”、系列专题研讨会、青年培训和研讨专题会等打造地方志研究交流平台。三是以项目课题打造地方志研究探索平台。除了上海地方志系统内部自行规划的课题项目之外，积极谋划重大应用课题和承担社会课题。四是以系列研究报告打造地方志研究实践平台。如，从2016年开始研制推出一年一版的《上海地方志报告》，自2005年开始编辑出版的一年一主题的《长江三角洲发展报告》等。五是以机构建设打造地方志研究工作平台。推进地方志理论研究工作，必须要有明确的职能、专业的机构和稳定的队伍。为此，上海市地方志办公室将打造和完善四个层面组成的科研机构体系。即内设研究室明确作为地方志研究的职能处室，负责科研规划、协调、组织和宣传，包括编辑出版《上海地方志》杂志；依托上海通志馆、当代上海研究所以及《上海滩》杂志，上海通志馆主要承担地方志资源的保护性开发利用及其相关研究，《上海滩》主要承担普及性开发利用，当代上海研究所主要承担1949年之后的研究性开发利用；发挥上海史志学会、上海年鉴学会的作用；与高校和科研院所建立合作关系。

4．多种举措，加强人才队伍建设。通过一系列制度建设和措施，加强人才培养，构建人才梯队和吸纳高层次人才。一是完善培训制度。经常性开展岗前培训、普及培训、专题培训、青年培训等多层次、多形式、有针对性的培训，特别要加强对志书主编、各承编单位修志机构负责人的专项培训。二是建立地方志人才梯队和学术带头人制度，探索专业修志人员专业技术岗位设置，探索领军人才工作室制度，积极鼓励修志人员开展地方志学术研究。三是继续加强与高等院校合作，鼓励和支持修志人员接受专业深造，积极争取在职称评定上有所突破。四是加强对外学术文化交流，建立联系平台和网络，以会议、互访、课题研究等形式开展活动。五是试点市区两级工作机构人员相互挂职、实习、蹲点等人员交流机制的探索。六是健全考核评奖机制，在新形势下不断探索调动各方面积极性的举措和方法。

5．搭建平台，积极开展地方志宣传、服务和开发利用工作，更大发挥地方志作用。利用已有的上海通志馆、当代上海研究所、上海地方志论坛、《上海地方志》、《上海滩》、“上海通”网站、地情数据库和《地情专报》等资源平台，积极开展地方志宣传、服务和开发利用工作。其中，上海通志馆充分利用新馆筹建的重大契机，通过转型创新，打造具有百年历史积淀的新型通志馆，定位上海唯一承担全市地情资料性文献和数据收集、管理和开发利用工作的机构；当代上海研究所着重1949年以后上海史料的研究和开发利用工作；《上海滩》《上海地方志》和上海地方志论坛，继续发挥地方志的普及和高端宣传平台作用；进一步完善“上海通”网站功能建设，不断充实网站内容；地情数据库将依托上海二轮修志中明确要求的巨量资料长编，形成具有巨大使用价值的内部数据网络，打造“上海通”内网版；《地情专报》通过地情资料分析，努力成为决策咨询的智库工具。加强对地情文献资料的开发利用，编纂出版具有上海文化特色的地情书籍和反映上海乡土历史的普及性成果。整理具有重要价值的地方志文献，抢救和保护近现代上海历史文化遗产。

三、上海市地方志事业发展趋势及展望

近年来，上海市地方志在理念、体制和实践上积极探索，工作思路日趋清晰，逐渐形成自身特点，并产生一定程度的社会影响。主要表现为：突出“大”格局，协调社会各方开展地方志工作；打造“全”方位，按照“存史、育人、资政”要求，完善工作体系、机构设置和平台建设；探索“新”实践，创立“一纲三目”志书新体系、年鉴齐全新系列、旧志点校新成果，开发利用互联网新手段，打造上海特色。

未来几年，上海市地方志事业将沿承并进一步完善这一工作思路和主要做法，进一步贯彻国务院《地方志工作条例》，落实《全国地方志事业发展规划纲要（2015—2020年）》，围绕中心、服务大局，全面推进上海市第二轮新编地方志书编纂规划任务的完成，加强地方志事业发展综合体系建设，发挥地方志“存史、育人、资政”重要作用，为上海经济社会发展提供历史借鉴和智力支持，努力开创具有时代特征、上海特点和全国影响的地方志事业新局面。

（一）理念上，推动合作发展，打造大地方志工作格局

地方志工作覆盖面广、工作要求高，仅仅依靠地方志办公室本身力量是远远不够的，必须树立“大地方志”的理念，充分发挥地方志编纂委员会及其办公室职能。同时，组织协调全社会力量开展工作。各单位、各部门的相关力量都是地方志工作力量，各单位、各部门的相关成果都是地方志工作的成果。上海市地方志办公室在地方志编纂、整理、开发利用和宣传上充分动员和用好社会力量。一是在旧志旧鉴整理方面，加强与出版社和科研单位合作，如上海市地方志办公室即将启动外文地方志文献整理开发。二是在开发利用方面，如与上海市教委、上海市教育基金会、上海市民俗学会等合作，共同编纂和推广《上海地方志普及读本（中学生版）》。三是宣传工作方面，与互联网公司合作，利用“互联网＋地方志”，扩大宣传的影响面。四是在地方史方面，协同、配合上海社科院做好《上海通史（新修）》项目，2017年部分出版，

2018年付梓问世。

（二）体制上，在机构健全的基础上继续完善功能，打造地方志全方位格局

按照“一纳入、八到位”要求，上海已经形成了较为完整的地方志工作机构体系。上海市地方志编纂委员会、市区地方志办公室、各部委办局、企事业单位修志机构健全，各司其职。上海市地方志办公室拥有上海通志馆、当代上海研究所两个下属事业单位，以及公开发行的《上海地方志》《上海滩》杂志期刊。此外，复旦大学、上海社科院等单位具有地方志研究力量，上海图书馆等单位藏有大量地方志书籍文献。无论是地方志的编修、收藏、研究，还是开发利用和宣传，都有了机构的支撑，确保了地方志工作的全方位落实。未来几年，上海市地方志将在机构健全的基础上，继续完善其功能，努力打造地方志全方位格局。

（三）实践上，寻求发展优势，打造地方志上海特色

1．力求突出全，尽可能覆盖全面。志书的“全”体现在二轮修志的规划上；年鉴的“全”体现在全覆盖；古籍整理的“全”体现在系统性（不仅做好旧志旧鉴等的点校和出版，而且在此基础上继续完成电子版和索引版，同时根据上海的特点，启动外文地方志文献的整理与开发）；信息化的“全”体现在全公开（“上海通”网站，将1亿6千余万字的首轮修志成果全部发布在互联网上，并对尚未上网的全市各区的综合年鉴、乡镇志等地方志书籍进行数字化加工，拟将全文发布）。

2．力求突出专，即专业性，以制度规范保障志书质量。上海市地方志工作始终坚持专业性，不仅以科研工作加强地方志学科建设，而且以制度建设规范志书编纂的全过程。

3．力求突出新，即积极探索新形式、新手段。一是利用网络微信新手段开展地方志工作。2016年上海市地方志办公室就组织开展了“地方志知多少”网络和微信知识竞赛及“地方志社会认知度调查”活动，取得很好的工作效果，这也是全国地方志系统首次使用新媒体方式对地方志认知度情况的一次大调查。二是利用牵头整合新方式开展重大课题研究。目前已经启动，

并被列为上海市哲学社会科学重大委托项目的“改革开放排头兵创新发展先行者——上海改革开放40年大事研究”课题，就是由上海市地方志办公室策划、论证、组织、协调，并投入前期经费，将地方志研究力量与上海理论研究力量相结合而开展进行的。上海市地方志办公室与上海战略研究所牵头合作，共同组成课题组，下设10个子课题，负责人分别由各领域、各方面的权威专家学者担任，汇集了上海社科理论研究的重要力量。

江苏省地方志事业发展报告

江苏省地方志办公室

2015年和2016年，在江苏省委、省政府的领导下，在中指组及其办公室的指导下，全省各级地方志工作机构和地方志工作者认真学习贯彻党的十八大和十八届三中、四中、五中、六中全会精神，学习，以及习近平总书记系列重要讲话特别是视察江苏重要讲话精神，深入贯彻落实第五次全国地方志工作会议、《全国地方志事业发展规划纲要（2015—2020年）》（以下简称《规划纲要》）精神，围绕一大“硬任务”（第二轮修志全面完成）、两项“全覆盖”［省、市、县（市、区）三级地方志工作机构全覆盖和综合年鉴编纂全覆盖］、三个“着力点”（着力推进依法治志、方志信息化建设和志鉴资源开发利用），进一步明确职责定位，创新工作思路，服务当代社会，地方志事业取得新的进展。

一、江苏省地方志事业2015年、2016年发展基本情况

（一）推进依法治志，坚持规划先行，纳入目标任务

1. 推动法制化建设，为事业发展提供法律保障。江苏省志办始终以实际行动贯彻《地方志工作条例》，坚持依法开展地方志工作，推动建立各级政府依法履行领导责任、各级地方志工作机构依法履行组织实施和管理职责、社

会各界依法参与和提供支持的工作格局。2016 年 5 月 18 日，省志办与《扬子晚报》合作，刊登《隆重纪念国务院〈地方志工作条例〉颁布实施十周年》，各市、县（市、区）通过多种形式积极宣传《地方志工作条例》及江苏省实施办法，在全社会普及依法修志观念，营造有利于地方志工作的良好氛围。同时，积极推进《江苏省地方志条例》立法工作，启动立法前期准备工作，被省人大常委会列入 2017 年立法调研项目。

2. 贯彻落实《规划纲要》，为事业发展明确近期目标。《规划纲要》印发后，江苏省志办按照省委、省政府的指示要求，及时下发通知，组织全省地方志系统深入学习、宣传、贯彻《规划纲要》精神和，落实省委、省政府决策部署。根据《规划纲要》关于将地方志工作纳入各地国民经济和社会发展规划、地方各级政府工作任务的要求，在充分调研的基础上，2015 年 12 月 17 日，省政府办公厅及时印发了《江苏省贯彻〈全国地方志事业发展规划纲要（2015—2020 年）〉实施方案》（以下简称《实施方案》），就未来五年地方志工作的目标任务、保障措施等予以明确。明确到 2020 年，全面完成第二轮修志规划任务，实现省、市、县三级综合年鉴全覆盖。加强对社会修志编鉴工作的指导管理，加快信息化和方志馆建设，充分做好第三轮修志工作的各项准备，基本形成地方志编修、理论研究、质量保障、开发利用、工作保障“五位一体”的地方志事业综合发展体系，确保江苏省地方志工作继续走在全国前列，扩大方志文化影响力，增强江苏文化软实力。

3. 实施目标化管理，为事业发展提供有力抓手。江苏省委、省政府高度关心重视地方志工作。2015 年 10 月 23 日的省政府第 70 次常务会议上，专题听取全省地方志工作情况汇报。省委第十二届十一次全会审议通过的《中共江苏省委关于制定江苏省国民经济和社会发展第十三个五年规划的建议》，省第十二届人大四次会议通过的《江苏省国民经济和社会发展第十三个五年规划纲要》均要求“加强地方史志研究”。2016 年 2 月 19 日，省政府印发《2016 年度十大主要任务百项重点工作责任分工方案》，“编纂 40 部市、县（市、区）志和《江苏省志》48 本分（专）志”被列入百项重点工作的第 70 项，这是第二轮修志工作第一次列入省政府主要任务考核指标。全省大多数市、县（市、区）也都将第二轮修志任务列入当地督查考核项目。2016 年，《江苏省志（1978 ~ 2008）》及江苏省志办组织编纂的《江苏历代方志全书》《江苏好家训》《江苏艺文志》《（乾隆）江南通志》入选“江苏‘十三五’重点出版物出版规划项目”。

（二）健全修志机构，理顺工作机制，夯实事业基础

1．全省地方志工作机构基本实现全覆盖。为落实《规划纲要》，健全方志机构，2016年1月13日，省机构编制委员会办公室和省志办联合下发《关于规范和加强市辖区地方志工作机构的通知》，要求2016年6月底前实现市辖区地方志工作机构全覆盖。6月份，省志办成立督查组，就南通、无锡、连云港、徐州等市健全市辖区地方志工作机构，加强修志编鉴人员力量配备情况进行全面督查。截至6月30日，19个市辖区中有16个落实了地方志工作机构。截至2016年底，全省基本实现地方志工作机构全覆盖。

2．全省各级地方综合年鉴均由地方志系统编纂。2016年，根据《地方志工作条例》规定，经多方协调努力，原由苏州市档案局编纂的《苏州年鉴》改由苏州市志办和苏州市档案局联合编纂；宝应县档案局与宝应县史志办机构合并，《宝应年鉴》的编纂工作也理顺了关系。至此，全省地方综合年鉴全部由地方志系统编纂，年鉴工作机制得以理顺。

区地方志工作机构问题的解决为年鉴编纂全覆盖创造了有利条件。2016年，苏州《相城年鉴》创刊号出版；徐州泉山区等在机构问题解决之后，即启动年鉴编纂工作。截至2016年底，目前，全省在编三级综合年鉴100101部，覆盖率为超过90%。

（三）稳步推进第二轮志书编修和出版工作

2016年，省政府分别召开全省地方志工作会议和二轮省志编纂工作推进会，省领导到会讲话，对修志工作进行全面部署和推动。

省志办根据省政府“十大主要任务百项重点工作责任分工方案”，科学谋划，多向发力，全面推进省志编纂工作。召开责任副总纂会议、省志出版工作座谈会，明确责任，分类推进；举办省志编纂主编培训班、召开《人物志》《著述志》等分（专）志编纂人员座谈会、走访《税务志》《口岸志》等承编单位，析疑解难，重点推进；召开《环境志》《人事管理志》《水利志》《民主党派·工商联志》《教育志》等分（专）志终审会，把控质量，示范推进；起草并上报《第

二轮江苏省志编纂工作调整方案》，完善篇目，科学推进；起草并下发《关于报送二轮省志有关分（专）志编纂工作情况的函》，督促检查，问责推进。截至2016年底，第二轮省志60本分（专）志中，有20本已出版或进入出版程序，占总数的1/3，其余40本也均已进入初稿撰写及以后阶段。与此同时，还鼓励各厅局进行省志丛书的编写，《盐业志》《检察志》《质量技术监督志》等相继出版，丰富了第二轮省志的内涵体系，保存了珍贵系统的历史资料。

2015年，省志办与无锡、徐州等12个市志办签订《2015年度市、县（市、区）二轮修志目标责任书》，明确各地需要完成的市、县（市、区）志总纂、终审、验收、出版等各项年度目标任务，督促各地加大组织力度，按期完成第二轮修志工作任务。省志办组织省辖市级志书的终审验收工作，对县、区（市、区）志书进行出版前的审核批复，各级地方志工作机构认真落实分级负责制，切实履行统筹规划、组织协调、督促指导等职能。分级、分类开展修志人员培训，两年内分别在淮安、连云港、徐州、盐城举办四期共300余人参加的培训班，加强业务交流，组织专题研讨，不断提高修志人员理论素养和业务水平。截至2016年底，109部第二轮市、县（市、区）志书中97%以上完成总纂及以后阶段任务，已出版71部，其中市志6部（《南京通志》《苏州市志》《镇江市志》《扬州市志》《南通市志》《泰州市志》）、县（市、区）志65部，交付出版25部。

（四）切实提高年鉴管理水平和编纂质量

加强培训研讨。根据各地年鉴编纂工作的实际，每年在苏南、苏中、苏北分片分批举办年鉴编纂人员培训班，提高编纂人员业务素质。2015年，召开全省综合年鉴理论研讨会和省级专业年鉴编纂座谈会，总结探讨年鉴编纂理论，加强对省级专业年鉴编纂的研究与交流合作。

加强工作指导。在全省市、县（市、区）综合年鉴中，选取创新试点，从大纲设计、具体编纂等方面给予全过程的具体指导，提高年鉴文献价值。2016年4月21日，省志办在泰州市高港区召开全省乡镇年鉴编纂工作座谈会，推进乡镇年鉴试点工作，积极探索乡镇年鉴编纂的新路子。

加强质量建设。每两年举行一次江苏省年鉴奖评选，由省政府办公厅通报表彰，2015年初第三届江苏省年鉴奖评选结束后，及时召开总结点评会，总结经验，分析问题，共同提高；第四次江苏省年鉴奖评选工作正在组织之中；每两年举行一次全省综合年鉴框架设计和条目质量评比，由省地方志办公室通报表彰。2016年7月15日，第一次全国年鉴工作会议通报了全国地方志优秀成果（年鉴类）评审结果，全省推荐28部年鉴参评，其中22部（综合年鉴19部）获通报表扬，全省参评年鉴获评比例78.6%，超出全国比例20个百分点。获评特等年鉴6部，数量全国第一。其中《江苏年鉴（2014）》、《南通年鉴（2014）》、《张家港年鉴（2014）》分别位列省级、地市级、县区级特等年鉴第一名；获评特等、一等年鉴共14部，总数位列全国第一。全省参评年鉴获评比例78.6%，超出全国比例20个百分点。

《江苏年鉴》编纂质量不断提高。江苏年鉴社充分听取各承编单位、专家学者的意见，每年根据经济社会发展的新变化，对年鉴框架进行优化调整。重视专题图片和随文插图的选用，精心选择特载类目的内容，突出年度特点和地域特色。加大表格、名录的使用，在文中设立“延伸阅读”，采用大量公报、白皮书、调查报告等内容，并在类目结尾设“参考文献”，提升年鉴资料文献价值。《江苏年鉴》英文版自2012年创办以来，即被列入江苏省社会科学基金重点项目，在对外交流等方面形成良好的社会反响。2016年，《江苏年鉴（2014）》英文版获第29届华东地区科技出版社优秀科技图书一等奖，英文版年鉴在对外交流等方面形成良好的社会反响。

（五）大力推动乡镇、村志及部门志编修工作

江苏历史悠久，经济繁荣，历史文化名镇名村众多，编修乡镇志、乡土志的传统源远流长。2014年，省志办即组织开展了“首届江苏省优秀乡镇（街道）、村志评选”活动。2015年3月，省地方志学会和省方志馆联合发文对获奖志书进行表彰，127部乡镇（街道）志、村志分获综合奖和单项奖。活动调动了基层志书编纂工作的积极性，强化了乡镇（街道）志、村志编纂质量意识。

中指组办公室《中国名镇志文化工程实施方案》印发后，江苏积极响应，严格评审验收制度，组织上报志书。在2016年5月12日首届全国名镇论坛暨中国名镇志丛书出版座谈会上，中国名镇志丛书首批出版的11本镇志，江苏的《周庄镇志》《甪直镇志》《同里镇志》位列其中。第二批中国名镇志计

划出版32部，其中江苏有11部。同时，江苏全面启动江苏名镇名村志编纂工作，省政府办公厅转发编纂方案，并于2016年12月29日召开全面启动江苏名镇名村志编纂工作会议。

2015年和2016年，苏州市吴江《开弦弓村志》、无锡市《江阴市消失自然村图志》、镇江市丹阳《丹阳村村记忆》等一批乡镇村志出版发行。无锡市《无锡市工会志》、苏州市《常熟政协志》、常州市《共青团武进志》等一批部门志出版发行。

（六）着力做好旧志整理工作

江苏是著名的“方志之乡”，新中国成立前编修并流传至今的志书有七八百种，占全国现存旧志的1/10左右，为全国之最。2015年和2016年，省志办继续推进《江苏历代方志全书》的影印出版工作，这是江苏有史以来古代地方文献规模最大的文化工程。《江苏历代方志全书》是从现存各级各类旧志中选择价值较高的志书600种，影印出版实体书，分为通志、府志、州县志和小志4组丛刊。2016年，省委、省政府启动“江苏文脉整理与研究工程”，这是江苏有史以来最为浩大的文化工程，也是历史上第一部江苏文化历史百科全书，分为书目、文献、精华、方志、史料、研究六大部分，被列入该工程的方志部分。截至2016年12月，《江苏历代方志全书》已完成出版省部辑、江宁府部辑、苏州府部辑共122种175册，12月14日上午举行了首批出版发行暨赠书仪式。

省志办还组织编辑出版了《江苏历代方志舆地图选》和《江苏历代方志名胜图选》，展示了江苏各个地区历代境域的变化及风景名胜，对开展历史地理研究、开发当地旅游资源、古代建筑修缮等具有积极意义。跟踪推进《江苏艺文志》编纂工作、《（乾隆）江南通志》点校工作，这两项工作均被列入“2011—2020年国家古籍整理出版规划项目”。《江苏艺文志》共1000万字20册，已落实13卷的负责人，完成80%的初稿。《（乾隆）江南通志》已完成全部点校工作，正在进行校对。全省、市、县档案系统旧志扫描工作，已完成扫描任务，正在审核验收中。

各区县县（市、区）旧志整理工作成果频出，常熟市志办影印出版《（弘治）常熟县志》《（嘉靖）重修常熟县志》《（万历）常熟县私志》，太仓市史志办影印出版《(乾隆)镇洋县志》《(嘉庆)直隶太仓州志》,昆山市志办影印出版《昆新两县续修合志》《昆新两县续修合志》,苏州市吴江区志办点校出版《(顺治)续吴江县志》,镇江市史志办点校出版《(嘉定)镇江志》。

(七)不断拓展方志馆服务功能

丰富方志馆馆藏资料。2015年至2016年,方志馆共入馆图书和资料25397册,其中志书14987册、年鉴973册、旧志7213册、地情书1925册、各类修志资料集244册、工具书55册。截止至2016年底,共藏图书11.4万册,包括《近代中国地理志》《中国大运河历史文献集成》《哈佛燕京图书馆藏稀见方志丛刊》《金陵全书》《民国时期地方概况资料汇编》,以及部分《中华再造善本》等大型丛书,保证了馆藏的连续性和前瞻性。

重视数字资源的收藏和整理。2016年5月17日开通的江苏"数字方志馆"网站,共建成馆藏书目数据库、新方志数据库、年鉴数据库、旧志数据库、工具书数据库、学术期刊数据库、博硕论文数据库、江苏方言库、中华再造善本数据库等9个专题数据库,数据总规模近1.5TB。可实现书目在线查询、方志期刊博硕论文全文检索下载、省内三个方言区70个方言点的7400个方言词汇的在线试听。

强化公共文化服务功能。作为南京大学历史系、南京师范大学社会发展学院等院系的教育科研实习基地,江苏省方志馆继续接收相关高校学生来馆实习。2015年,在馆内举办为期一个月的"记忆江苏·古塔名桥摄影展",展出摄影作品400幅;在开展"首届江苏省优秀乡镇(街道)、村志评选"工作的同时,举办"江苏省乡镇村志·民间文化展",展出江苏省内大量的乡镇(街道)志、村志和民间工艺品。这些活动拓展了方志馆服务社会的手段和渠道,起到了较好的社会影响。

市、县(市、区)方志馆建设呈现良好态势。南京、常州、苏州等市级方志馆在藏、研、用等方面不断深化拓展,泰州、连云港等市级方志馆积极立项建设,南京市鼓楼区、栖霞区、张家港市、丹阳市、扬州市邗江区等县级地方志机构利用现有场地资源,丰富史志资料,开发地情文化,在宣传方志文化、服务社会大众、资源成果共享等方面起到了积极作用。

（八）积极做好信息化建设工作

2015年，省志办根据省政府第70次常务会议精神，及时启动“智慧方志”信息化工程。全面整合方志资源，加快建设“一库”（江苏地情文献资源智能检索数据库）“一网”（江苏地情网）“一平台”（包括方志江苏手机报、“风雅江苏”微信公众服务号等在内的新媒体平台）。

制定《江苏省地方志数字资源标准规范》并报省质监局申请立项。根据数字资源标准，大力推进数字化工作，已完成一期地方志资源即1709本年鉴的数字化及校对入库工作，计划建成与全省各市、县（市、区）互通共享标准统一的数字资源库，并实现志书、年鉴、地情书、文献资料等入库资源的精准查询。

基本完成江苏地情网网站的搭建及主体功能的完善工作。截至2016年底，全省已建成各级方志地情网站58个，其中省级网站2个（江苏省地方志网站、江苏省方志馆网站），市级网站13个，县（市、区）级网站43个，南京、南通、盐城、泰州等市基本实现了市、县两级互通。

省志办将《江苏地方志》期刊制作成数字化版本供“新华手机报”发布。江苏省方志馆、省志办“风雅江苏”微信公众号均已开通，南京、苏州、连云港、宿迁、扬州和南京市栖霞区、江阴市、射阳县等地方志部门开通官方微博、微信公众号，搭建了方志传播的新平台。

（九）多渠道开展方志资源开发利用

编写特色志书，服务社会大众。2016年，省志办相继启动《江苏名酒志》《中国东海水晶志》的编写。《江苏名酒志》是省志办联合省酒类行业协会牵头组织，各名酒企业具体承担编写任务的一部特色志书，计划出四本，总体量约300万字，分别展现江苏“三沟一河”四种名酒的起源、沿革和现状。《中国东海水晶志》是省志办与连云港市志办、东海县人民政府联合编纂的中国第一部水晶专业特色志，体量约150万字。吴江市于2015年出版《吴江丝绸志》。这些都是地方志机构主动作为、贴近现实、开发方志资源、打造地方名片、服务文化强省建设的良好体现。

响应中央号召，紧跟社会热点。2016年3月，为响应中共中央关于好家风好家训的宣传，省志办在全省开展《江苏好家训》征集工作，共收入江苏100多位历史名人及名门望族的家规家训，篇幅约30万字，即将出版。2015年抗战胜利70周年之际，全省地方志系统开发方志资源，弘扬抗战精神。省志办、扬子晚报社推出系列报道“不屈的江苏”，分30期在《扬子晚报》“焦点新闻”版和江苏地方志网站同步登载，被凤凰、网易等主要门户新闻网站转载。无锡市史志办、连云港市志办、镇江市志办分别推出抗战纪录片或专题文献片，连云港市志办还出版了《连云港抗战志》。

挖掘地情资源，传播方志文化。省志办与江苏历史学会口述史分会联合开展《江苏婚俗演变》口述史专题研究，对各地婚俗演变进行采访、实地拍摄和社会调查，真实地记录地域风情。《宿迁掌故》《常熟史话》《万里长江第一矶——燕子矶》《探寻高淳村庄》等一系列地情书出版发行。盐城市开展“6·23”龙卷风冰雹特别重大灾害资料征集和抗灾精神研究工作，滨海县开展古黄河研究工作，出版反映古黄河流经滨海县域的原因、走向、遗迹、文物及相关重大事件以及和著名人物的专著，填补了国内外对古黄河文化滨海段研究的空白。

二、江苏省地方志事业发展中的问题及对策

全省地方志事业在全面发展、取得成绩的同时，对照《规划纲要》及《实施办法》，对照“一纳入、八到位”的工作体制，还存在着一些问题和不足。

1. 二轮省志编修进度还需要进一步加快。因厅局撤并、机构调整、管辖业务变动等原因，部分分（专）志遇到资料散失、搜集困难等问题，影响了志稿完成进度和质量。根据《实施方案》“到2018年底基本完成《江苏省志》编纂任务”的要求，省志办将进一步加强与各承编单位的沟通联系，通过加强行政推动和督查、督促健全班子、充实人员等措施加快推进省志编修进度。

2. 少数区修志机构还存在人员不到位现象，苏南苏北修志进度不均衡。到2016年底，全省地方志工作机构已实现全覆盖，但有的区是采取在档案部门加挂地方志工作机构牌子的方式实现，在增加领导职数、内设地方志科、调拨专门人员编制上还没有进一步的措施，地方志工作开展缺少专门的分管领导、专门的科室以及专门的人员。从市、县（市、区）志书出版的整体进

度来看，苏北地区落后于苏南地区。针对这种情况，省志办将落实好省编办相关通知的要求，进一步督促修志机构人员未完全到位的地区增加编制、充实人员。加大对苏北地区帮扶力度，对进度相对落后的单位进行扶持，主要是由省志办组织专家帮助其统稿，加快修志进度，提高志稿质量。

3．地方志理论研究氛围还不够浓郁。系统内存在重修志实绩、轻理论研究，重实践、轻思考的倾向，地方志理论研究水平不高，没有形成全员参与、活跃积极的学术理论研究氛围。

针对这种情况，地方志系统要充分发挥学会和期刊的平台作用，根据工作的不同阶段不同领域，挖掘理论研究课题，组织期刊征稿、学术会议、论文评选等，并辅以合适的鼓励激励措施，激发地方志从业人员学术研究的积极性。

4．地方志工作者开拓创新、积极进取的意识还不够强。有些地方志工作者还习惯于沿袭封闭自锁的老传统，因循守旧，墨守成规，工作标准满足于交差即可，缺少“全国创优，永争第一”的劲头和信心。

针对这种情况，地方志系统要积极转变观念，增强活力，不满足于方志大省的历史成绩，不满足于首轮修志的历史经验，不满足于现有的知识储备，围绕中指组和省政府关于地方志工作的顶层设计，不断进取，再创佳绩。

5．地方志工作围绕中心、服务大局还不够，影响力有待提升。地方志因其特殊的编纂方式、严肃的记述方法、较大的体量特征等，主要服务于党政部门、科研院所、地方志研究人员等。方志馆也因其藏书的专业性，无法像综合图书馆吸纳足够的人气。微信公众号等新平台，建立初始，影响有限。地方志服务经济社会发展的聚焦还有限，事业格局还跟不上社会发展的步伐。

针对这种情况，地方志系统要充分利用自身优势，挖掘地方志资源的现实价值、历史价值，多出扬正气、接地气、聚人气的乡土教材和优秀方志成果；利用方志馆的场馆优势，进行地情展示、文化交流、爱国主义教育等，积极拓宽地方志服务社会大众的渠道；及时充实更新网站、微信公众号等，发布群众喜闻乐见、关心关注的信息内容，传播方志文化，提升社会影响力。要敏锐捕捉地方志事业发展的新形势新趋势，准确把握地方志转型的新任务、新要求，不断提升事业发展水平和质量。

三、江苏省地方志事业发展趋势及展望

近两年，江苏地方志事业的顶层设计不断强化，外围环境不断优化，发展动力不断增强。省长石泰峰专门就地方志工作作出批示，“从战略全局高度重视和加强地方志工作，将其作为文化建设的一项重要基础性工作来抓……为‘迈上新台阶、建设新江苏’提供历史借鉴和智力支持”，省政府办公厅印发《规划纲要》的《实施方案》。今后一个时期，江苏省志办将“立足一大主业，突出四个转变”，即立足修志编鉴这一主业，由被动承接向主动对接转变，由“边际”工作向贴近中心大局转变，由传统修志编鉴向现代多元开发转变，由相对单一的文化服务向经济社会综合服务转变，扎实推进地方志工作迈上新台阶。

1．推进立法工作，加强依法治志。江苏省2008年底颁布《江苏省实施〈地方志工作条例〉实施办法》，2015年底启动《江苏省地方志条例》立法工作，目前已列入省人大常委会2017年立法调研项目，后续还有一系列工作要做。作为部门法规的《江苏省地方志条例》出台后，将给地方志事业更加强有力的法律支撑，对修志工作和修志工作者给予更多的支持和保障，对不依法修志的行为给予处分和责任追究。

2．推进第二轮修志全面完成。按照《实施方案》规定的时间进度，加强对2016年底尚未完成二轮修志编纂任务的市、县（市、区），以及进度相对缓慢的省志承编单位的督促检查，确保2017年底基本完成市、县两级志书的编纂出版任务。已完成规划任务的地区及单位，要认真总结首轮、第二轮修志经验，做好档案的整理保存，资料的搜集整理，和资料长编的编纂，继续开展专业志、特色志、名镇名村志的编修工作。

3．推进综合年鉴编纂全覆盖。截至2016年底，全省尚有119个区没有编纂综合年鉴，在全省地方志工作机构全面覆盖、区级地方志工作机构全面健全的基础上，省志办计划于近期召开全省区级年鉴启动会议并举办年鉴编纂业务培训，鼓励和推动区级综合年鉴的编修工作，计划2017年实现省、市、县三级综合年鉴全覆盖，并全部一年一鉴，公开出版。

4．推进方志信息化建设，加快志鉴资源开发利用。进行以“一库一网一

平台”为核心的工程建设，利用2016年到2017年两年时间，建立全省统一的地方志资源智能检索数据库；2017年至2020年，逐步实现全省三级地方志系统网站全覆盖，逐步实现全省地方志系统办公自动化。运用方志信息化和方志馆建设这两大阵地，加强地方志工作的宣传，推进志鉴资源的开发利用。

5. 主动对接决策战略，服务经济社会文化建设。主动融入“一带一路”倡议、长江经济带、长三角区域发展一体化等国家级区域发展战略的实施，提高志鉴编纂质量，为各级党政领导制订发展战略和宏观决策，提供历史和现实的依据。积极服务省委、省政府关于特色小镇和美丽乡村建设的决策部署，挖掘乡镇地情资源，组织推进江苏名镇名村志编纂工作，编修一批能够寄托悠远乡愁、承载传统文化、反映时代变迁的优秀乡镇村志。探索地方志助力经济社会发展的新途径，大力推进《江苏名酒志》《中国东海水晶志》的编纂，深入挖掘其发展脉络、历史渊源、文化内涵，推动江苏知名品牌和特色产业的高品位发展。

浙江省地方志事业发展报告

■ 浙江省地方志办公室

2015—2016 年，浙江省地方志系统坚持以党的十八届历次全会精神为指导，认真贯彻落实国务院《全国地方志事业发展规划纲要（2015—2020 年）》（以下简称《规划纲要》）和第五次全国地方志工作会议精神，积极围绕修志主业，统筹建设“五位一体”的地方志事业发展综合体系，依法全面推动全省地方志事业发展繁荣。

一、《浙江通志》编纂工作扎实推进

省委、省政府主要领导和中指组有关领导对《浙江通志》编纂工作的高度重视，对全面推进这项工作起到重要作用。2015 年，省委常委、宣传部长葛慧君，副省长郑继伟和中国地方志指导小组常务副组长李培林等领导同志，分别通过现场调研、召开会议等方式，对全省地方志工作给予亲切关心和高度重视。2016 年年初，李强省长，郑继伟副省长先后听取专题工作汇报并分别作出重要指示。李强省长还于 5 月主持召开省地方志编委会暨《浙江通志》编委会会议，进一步部署这项工作。7 月，郑继伟副省长主持召开《浙江通志》第一次终审会，这些对进一步做好编纂工作都起到了积极的推动作用。

近年来，省方志办坚持和强化总编领导下的副总编分工负责制和内部管理制度，每年召开 12 次总编办公会议；总编、各位副总编和省方志办人员每年召开数十次协调会，并到各责任单位指导督促，对推动各项工作起到重要作用。2015 年，经省政府同意，《浙江通志》总纂工作班子正式成立。此外，省方志办根据编纂进度分期分批举办各类培训，对不同参培对象设计不同专题，以提升各卷主编和编纂人员的业务水平；起草并印发了如《关于切实加强地方志编纂工作保密管理的通知》《关于编纂业务工作有关问题的说明》等一系列规范性文件，对《浙江通志》编纂质量加以严格把控。

目前《浙江通志》编纂工作正按“三个一批”计划，力求确保到 2018 年基本完成，到 2020 年全面完成。第一批《公安志》等 5 卷通过终审，并将于 2017 年正式出版。其余各卷、各批次正在按计划有序推进。截至 2016 年 11 月中旬，共有 13 卷通过初审，4 卷通过复审。

二、市县志鉴工作有序推动

2015 年，国务院《规划纲要》颁布后，省方志办通过召开全省各市方志机构负责人座谈会、全省年鉴编纂业务培训班等各种方式，迅速进行传达贯彻。各地各有关部门也都开展了各种形式的学习宣传和贯彻活动。当前，全省方志系统正按“两全”目标，进一步加强第二轮市县志和市县综合年鉴等工作的推进力度。按《规划纲要》所提目标，力争到 2018 年基本完成，到 2020 年全面完成第二轮市县志编纂任务，并力求实现各市县综合年鉴编纂出版全覆盖。

一是各地第二轮修志工作稳步推进。为加强督促工作，省方志办印发了《关于进一步做好全省二轮志书编纂工作的通知》，在全省开展实施第二轮志书编纂“三年攻坚、两年扫尾”计划。并通过到各地调研督导第二轮修志工作、开展市县第二轮修志指导服务和志稿评审、召开全省、市、县第二轮志书主编研讨会等方式，进一步落实责任，扎实推进，确保按期高质量完成目标和任务。截至 2016 年底，全省已有一半的市县完成第二轮修志工作。如衢州、舟山全市第二轮修志工作接近尾声；绍兴、嘉兴、丽水市志已分别进入试写、初稿和分纂等工作。此外，全省已出版行业志、部门志、专业志 387 部，乡镇村志、街道社区志 141 部，山水名胜古迹志 27 部。

二是各地年鉴编纂工作有序开展。在做好《中国地方志年鉴》浙江部分编纂工作的同时，省方志办着重围绕攻坚、提质、扩面、增效四个方面，通过走访调研、举办培训等方式，借鉴志书编纂经验，统筹规划，督导各地年鉴编纂出版工作。目前，全省 11 个地市已全部启动综合年鉴编纂工作，并按照一年一鉴的要求公开出版；93 个县（市、区）已经开展了年鉴编纂工作，其中 83 家单位已经达到“一年一鉴”和“公开出版”的要求；各地各部门积极拓展年鉴编纂的门类，有 12 家省直机关和 53 家市、县级单位已开展专业年鉴编纂工作，一些地区还编纂出版乡镇（街道）、村年鉴以及区域性年鉴。此外，温州市方志办还被列为全国首批年鉴工作试点单位。有的地区已建立起完整的质量保障机制，其年鉴成果在全国各项评选中频频获奖；有的地区已着手利用信息化手段开展年鉴编纂工作，走在全省甚至全国的前列；有的地区年鉴理论研究氛围浓厚，学术力量较强，并产生了一批理论成果。

三、“五位一体”全面协调发展

2016 年，中国地方志学会信息化研究会、中国地方志学会方志馆研究会、中国地方志学会史志期刊研究会、中国地方志学会方志学研究会相继成立，为全系统全面协调开展相关工作创造良好条件。同时，全省各级地方志机构将依托学会和研究会的有力平台，立足于我省科研工作的传统优势，统筹兼顾推进全省地方志各项事业发展，努力打造“五位一体”的地方志事业发展综合体系。

（一）全系统方志科研工作和学科建设能力不断加强

近年来，省方志办在保持方志科研工作和学科建设这一传统优势的基础上，继续做好全省方志系统第二轮人才梯队建设工作及其他有关项目研究管理工作；完成《中国方志发展报告》及《浙江发展报告·文化卷》“方志篇”撰稿任务；配合中指组完成年度全国地方志年会组织工作和方志理论研究项目选题工作；派员参加了多项全国性学术活动；《中国方志馆研究》在全国方志系统争取国家社科基金项目中取得了重要突破，并填补了该领域的研究空白。

（二）各地方志馆建设有序推进

截至2016年底，全省已有市级方志办3家，县（市、区）级方志馆7家。其中，杭州方志馆建设项目一期、二期工程均已竣工并正式开馆建设期间，市政府领导通过主持召开建设专题会议、现场办公等方式协调解决问题；宁波方志馆建设项目主体工程已全面完工，现已进入布展阶段；湖州市方志馆布展基本完成，已进入运营前准备阶段；象山等地方志馆正在积极筹备中。另外，舟山网上方志馆内容日渐丰富，影响不断扩大。

（三）信息化建设不断深入

近两年来，在继续做好《浙江通志》志鉴编纂信息系统后续服务开发工作的基础上，省方志办完成了“全国地方志历史文献数据库”“省志丛书数据库”“首轮市志数据库”，以及集成（清）雍正《浙江通志》、(民国)《浙江通志稿》于一体的信息检索数据库。同时，各地日益注重开拓创新，充分利用网站、微信、微博等新媒体，积极向党委政府中心工作靠拢，开展了一系列富有成效的工作，切实提高了地方志工作对地方全局工作的服务力度和社会影响力。目前，全省共有11个市，37个县完成地方志网站、网页建设。

（四）资源开发利用取得成效

一是按中指办工作部署，在严格标准质量基础上，继续做好以《乌镇志》为标志的中国名镇志丛书和以江山《白沙村志》为标志的中国名村志丛书的编纂指导工作。

二是按省委省政府统一部署，高度重视并继续协助做好农村文化礼堂建设的指导工作。2016年初，省委常委、宣传部部长葛慧君，常务副部长胡坚先后分别在省地方志办公室报送的专题汇报材料上作出批示，充分肯定了全省地方志系统在参与服务农村文化礼堂建设中所做的工作和取得的成绩，并提出了新要求。

三是积极开展旧志整理等工作，宁波编印了地方历史文献目录和历史文献丛书，湖州开展了《建国以来湖州市旧志整理情况的调研报告》专项课题，金华传统文献丛刊编印有序推进，台州出版了《台州地方志提要》，各地都开展了大量影印、点校工作。

四是《浙江方志》杂志坚持学术和地方特色，每年出刊6期，办刊质量和学术影响稳步提升；继续做好全省方志期刊通联、指导工作，推动方志理论研究服务修志实践，全省目前已有60余家市县方志机构开展了期刊编印发行工作。

五是注重方志文化宣传工作，2016年全省方志系统抓住《地方志工作条例》颁布10周年的有利契机，加大依法修志、依法治志的落实宣传力度。截至2016年9月，全省累计出版地情书519部，教材和理论著述工具书63部，历代方志整理155部。

（五）队伍建设和内部管理持续完善

近年来，全省方志系统以“最美方志人”等宣传活动为契机载体，弘扬“修志问道、直笔著史”的方志人精神和“爱岗敬业、淡泊名利、甘于奉献”的价值追求。在2015年底召开的全国地方志机构主任工作会议及全国地方志系统先进模范座谈会上，绍兴市柯桥区方志办被评为全国先进集体，松阳县方志办主任洪关旺同志受到了中国地方志指导小组的通报表扬并作为敬业爱岗奉献的先进典型，其先进事迹后来还入选年度“浙江好人榜”。

省方志办内部管理工作进一步加强。按上级部署，深入学习贯彻“三严三实”和“两学一做”精神，以党支部、分工会等为主体，学习型机关建设活动持续深入。两年共起草上报或下发各类文件和材料80余份，举办各类会议培训10多批。向中指办及院网、院报报送并被采用信息20多篇，并获2016年度“全国方志系统通讯工作先进单位”称号。同时本着积极主动、节俭高效等原则，会务接待、日常经费、图书资料、机要档案、文印收发、车辆管理等各项后勤事务正常运行，有效保障了全年工作的圆满完成。

四、存在问题及对策

近年来，浙江的地方志工作在取得一定成绩的同时，也存在不少困难和问题，现综合如下。

一是建议要坚持地方志工作的行政属性，按国务院《地方志工作条例》

要求，进一步强化依法修志工作。目前我省与全国各地一样，相当一部分市县实行的是“史志合一”的管理体制，党委政府普遍高度重视这项工作，事实上已形成“党委管党史，政府管地方志”的工作格局。因此应珍惜这个来之不易的形势，坚持巩固这个工作格局，如要求各级政府将地方志工作列入当地经济社会发展规划，成立领导小组或地方志编委会，并以召开编委会（或政府常务会议）等形式定期研究工作，特别通过签订责任状、行政督查、进行年度目标责任考核等形式，加大行政工作力度，确保依法修志落到实处。

二是要高度重视地方志的双重属性，大力推进学术研究和学科建设。特别是在目前全国方志系统纷纷“参公”、学术研究日渐淡化、弱化的形势下，这一问题尤为重要，更应关注。同时它与方志的行政职能并不矛盾，可以相辅相成，共同促进。而且中国地方志指导小组办公室是国务院委托中国社科院代管的参照公务员法管理事业单位，这恰恰是全国方志系统的一个体制优势。建议在做好方志行政工作的同时，通过建立全国方志系统学术人才梯队，评选设立学科带头人，设立全国性的方志学术成果评奖奖项，成立全国方志系统讲师团，指导各地视情开展专业职称评聘工作等途径和举措，进一步加大学术研究和学科建设力度，使其更好地为全国的地方志工作和事业服务。

三是进一步鼓励探索创新，不断开创事业新局面。首轮修志工作在积累了大量成功经验的同时，也存在改革不够、创新不力的问题。建议按党的十八届三中全会精神，在做好第二轮志书和年鉴编纂工作、筹备三轮修志工作、方志馆规划建设等各方面，鼓励各地以改革的思维、精神和举措推动方志工作，为事业创造源源不断的发展活力。

四是建议采取多种方式，充分调动队伍的积极性。在定期开展志书年鉴和先进集体个人评选的同时，还可借鉴地方党委政府年度工作创新奖、党史系统单位考核计分制等各种方式，适时开展“方志工作强省”创建活动，并通过向全国方志系统从事一定年限以上的资深方志工作者颁发荣誉证书、开展年度专项工作评比等创优创先活动，同时大力倡导敬业奉献精神，以此凝聚人心，鼓舞士气，积极致力于提升队伍的正能量，不断开创全国地方志工作和事业的新局面。

五、发展趋势和展望

当前和今后一段时期，全省地方志系统和省方志办的工作，要认真学习、深刻领会习近平总书记系列重要讲话精神，以《规划纲要》和省政府办公厅“实施意见”为总要求，按“五位一体”的发展目标，努力推进全省地方志工作和事业持续发展。

1. 扎实推进《浙江通志》编纂工作。按既定“三个一批”计划有序推进编纂工作，确保2018年基本完成编修任务（大部分志稿完成“三审”，约半数志书正式出版），确保2020年全面完成编修任务（所有志稿完成“三审”，大部分志书正式出版）。在志书正式出版之前，各单位已建立的编纂班子不能撤销，做到善始善终。《浙江通志》编纂机构内部要进一步完善总编负责制，各位副总编和省地方志办公室要各司其职，按进度高质量完成任务，并于每年向省政府报告工作进展情况。

2. 高质量完成二轮市县志编修任务。到2018年，各市、县（市、区）要基本完成第二轮志书编修任务（大部分志稿完成编纂任务并正式出版），到2020年全部完成编修任务（已列入二轮修志计划的志书全部出版）。部分进展迟缓的市、县（市、区）要高度重视，加大力度，加快进度，确保如期高质量完成任务。已完成二轮志书编修任务的市、县（市、区），要认真总结两轮修志经验，从资料收集、人员准备、方法创新等方面，特别要善于运用社会调查、口述史等方法，采取征集、项目委托、公共文化服务购买等方式，广泛征集史料，为第三轮修志工作打好基础。同时，各地要积极利用中国名镇志、中国名村志编纂工程已陆续启动的有利时机，积极指导开展专业（部门、行业、企业）志鉴编修工作，使地方志工作不断向基层延伸，使方志文化不断得以传承弘扬。

3. 加强综合年鉴编纂出版工作。要借鉴志书编纂经验，统筹规划，分步有序实施，确保到2020年全面完成省、市、县（市、区）三级地方综合年鉴编纂任务，并达到“一地一年一鉴”和公开出版要求；要注重形式体例和学术理论创新，逐步提升编修质量；要鼓励有条件的地方和单位编纂专业年鉴，逐步形成综合年鉴与专业年鉴全面覆盖、协调发展的格局；要按《地方志工作条例》要求，逐步理顺管理体制，实现地方综合年鉴由各地方志工作机构统一组织编纂，以适应志鉴一体化的发展趋势。

4. **积极致力于提高志鉴质量水平。**要按中国地方志指导小组《地方志书质量规定》要求，积极致力于打造精品佳志。要通过做好资料卡片制作和资料长编编纂等基础性工作，切实体现志书资料性文献的价值；要规范志鉴编纂流程，创新编纂方式，通过试点引领、示范带动、运用在线编纂管理平台等方式，引导编纂工作不断向科学化、规范化发展；要强化志鉴编纂业务指导，充分依托省地方志专家委员会开展指导培训、研讨交流和志鉴评审等活动，并从工作要求、报酬待遇等方面规范专家指导评审工作；要强化志书审查验收制度，切实落实初审、复审和终审的“三审”制度，并以制订实施志稿量化评分表等方式，逐步探索科学规范的评审方法，以严把志稿质量关；要逐步探索并定期开展优秀方志成果的评奖工作，以不断提升全省方志工作的科学水平。

5. **不断拓展全省地方志事业发展领域。**要坚持修志为主、各业全面发展的总体格局。各地在做好志鉴编纂工作的同时，特别已完成第二轮修志主业的地区，要因地制宜，积极推进各项事业持续发展，全面繁荣。要按《全国地方志信息化发展规划（2016—2020 年）》要求，主动适应“互联网 +”的新趋势，依托云计算、大数据等新技术手段，以“浙江方志网”、数字方志馆等现有载体为基础，持续丰富充实地方志资料数据库。各地要按中国地方志指导小组的统一部署，并充分借助本地现有资源平台优势，有序推动方志信息化建设；要以杭州、宁波、湖州等市和有关县（市、区）为重点，建好用好一批既能体现方志文化特点又能充分展示各地地情的方志馆；要结合全省农村文化礼堂建设、好家风建设等工作，以指导农村史志家谱编修等方式传播方志文化，拓展事业领域，服务工作大局。

6. **深化方志理论研究和学科建设。**要充分发挥我省方志学术研究的优良传统和管理体制优势，进一步推动理论研究和学科建设。要通过组织课题项目研究、继续实施“全省方志系统人才梯队”建设计划等举措，加大人才培养力度；要积极依托各级地方志学会（研究会）、研究中心等团体阵地，积极与高校、科研院所合作，通过定期举办研讨论坛、编辑史志书刊、申报课题项目等方式，持续推进学科建设；要继续编好《浙江方志》和各市、县（市、区）的史志刊物，并力求做到“一地一刊”，以充分发挥它们在传播史志文化过程中的重要作用；要积极开展对外学术文化交流合作，服务文化强省建设和国家文化“走出去”战略；要以创新思路不断拓展方志学术研究领域，有条件的地方要尽快将地方史编写纳入地方志工作范畴并统筹管理。

7. **注重方志成果的开发利用**。随着各地第二轮修志工作陆续进入成果收获期，要高度重视方志成果的宣传和开发利用。要通过举行首发式、发行座谈会、社科科普宣传日等活动，向社会广泛宣传推广第二轮修志工作成果成就；在规范化志鉴成果出版后，可以编纂简志、图志等方式，以电子版、数字化和公众微信等新手段，多层面多角度开发宣传志鉴成果；要通过设立旧志和文献整理出版工程等方式，以点校、提要、考录、辑佚等形式，加大旧志整理和开发利用力度；要大力推动方志文化进机关、进农村、进社区、进校园、进企业、进军营，以更有效发挥地方志存史、资政和育人作用，更好地为全省经济和社会发展大局服务。

安徽省地方志事业发展报告

安徽省地方志办公室

安徽省地方志办公室（以下简称安徽省方志办），为省政府直属正厅级参照公务员管理的事业单位，设6个处，在编40人。全省105个县（市、区）均有地方志编纂机构，其中有一半以上分别或与政府办，或与党史、档案合署。2016年，安徽省地方志事业在省委、省政府的坚持领导下，在中国地方志指导小组的指导关心下，取得了令人瞩目的成绩。

一、安徽省地方志事业取得新的发展

（一）市、县两级二轮志书编纂工作在全国率先完成

截至2016年9月，安徽省17部市志、115部县志已全部出版，同时纳入规划的山湖志、开发区志等也已出版发行。并在当年组织第三次全省第二轮市、县（市、区）志书质量评比，总结编纂经验与不足，撰写志书书评，为第二轮志书分出质量等次，为第三轮志书编纂积累经验、奠定基础。

（二）《安徽省志》编纂工作进程加快

截至2016年12月底，规划的《安徽省志》90部(71卷)分志已正式出版37部，《政府志》《邮政志》《公安志》等22部志稿进入出版印刷阶段;《人

口志》《档案志》等11部志稿已送审；《民族宗教志》《广播影视志》等12部志稿已评议或正在修改中。《社科志》《市县概览》《地方志志》《人物志》等加紧编纂。

（三）推动镇村志编纂工作，为留住乡愁与美丽乡村建设作出贡献

2015年中指组《关于印发〈中国名镇志文化工程实施方案〉的通知》下发后，安徽省方志办积极申报48个名镇参与国家级修志文化工程项目，同时推动了46个国家级、省级名村开始修志。先后调研推动黄山、宣城等11个市的镇、村志编纂工作，制定实施方案，从镇、村志的篇目框架、资料搜集、体例规范、文体文风等方面予以把关，抓好分纂、总纂、评议、送审、出版等重要环节，确保每一部乡镇、村志稿都能成为体例规范、特色鲜明的志稿。截至2016年底,《许村志》《璜田村志》《庐江县庐城镇志》《合肥市五里社区志》《韦小庄村志》等正式出版；《汤池镇志》送审稿已报至中指组审查验收；《宁国市云梯乡志》《望江县鸦滩镇志》等志稿编纂完成，其他各乡镇志编纂工作进展顺利。《韦小庄村志》《仁里村志》《上庄村志》《堆谷山村志》《黄里村志》等村志志稿已召开过评议会、审稿会，并被中指组列入首批中国名村志文化工程；完成《上庄村志》《仁里村志》出版经费向财政部门申报工作；由省志办承担的《三阳村志》已做好出版印刷的协调准备工作。

（四）地方综合年鉴编纂在全国率先完成全覆盖

按照国务院《地方志工作条例》《安徽省地方志工作条例》的要求，截至2015年底，安徽省16个省辖市、105个县（市、区）综合年鉴编纂工作已做到全覆盖。为加强对全省年鉴编纂工作的业务指导，安徽省方志办全年在近20个省辖市和县区调研辅导年鉴编纂工作。《安徽年鉴（2015年卷）》出版后，坚持上门服务，向省六大班子、省直各单位和各市县区政府赠阅《安徽年鉴》1000多套，充分发挥了《安徽年鉴》的社会效益。截至2016年底，《安徽年鉴（2016年卷）》已进入印刷出版阶段。

（五）地方志信息化建设日益完善，网、库建设齐头并进

一是资料收集。2016年，新进各类图书65种，453册，及时馆藏安徽

省方志办编辑出版的各类图书各50套；继续加强与外省方志办建立志书交换工作，同时加大对省内外知名图书馆的第二轮志书赠送工作；2016年集中购置16个市级志书用于对外省进行省辖市志书交换工作。及时收集22部《安徽省志》，22部市、县志和6部年鉴的电子数据，为地方志省情数据库建设做好前期工作。二是地方志网站栏目、地情数据库维护调整。开通“安徽地方志”公众号和“皖志工作群”，做好信息互动，宣传地方志工作。积极与相关网络公司联系，研究规划办网站信息平台和数据库建设规划及方案。认真做好软件正版化初步摸底统计工作。做好信息公开，截至12月初，上传机关网站各类信息216条，图片127幅；上传省地方志办公室文明网站信息70条，图片53幅。三是积极配合省地方志馆开工建设工作。安徽省地方志馆已经开工建设，将于2018年4月竣工。对省方志馆内部软硬件设施及展馆建设等费用摸底调研，着手拟定省地方志馆展陈大纲。省辖市已建方志馆2个，正在设计内部设置方案的6个，已申报规划方案的2个。

（六）地情研究成果显著

做好2016年《安徽大事记》月刊的编辑审稿上网工作。积极开展地情史料文化调研，挖掘历史治乱得失，发挥资政参考作用。安徽省志办原主任朱文根同志先后在《安徽日报》发表关于徽州文化、皖江文化、淮河文化、明文化、大别山精神的理论和调研文章，引起社会广泛关注。全办全年完成调研报告10多篇。编辑出版6期《志苑》杂志，宣传安徽优秀文化传统；编印4期《安徽地方志》内部学术刊物，交流省内外地方志理论研究成果，宣传全省地方志工作成果。完成《古代方志名家学术研讨会论文集》和《明文化学术研讨会论文集》出版工作。参与省民政厅“安徽千年古镇（村）”（第二批）评审工作。

二、安徽省地方志事业发展经验

（一）狠抓试点工作和修志进度

安徽省第二轮市、县（市、区）志编修工作于2000年全面启动。列入省政府第二轮修志规划的全省市、县（市、区）志和山湖志、开发区志共计132部，其中，市（地）志17部，县（市、区）志62部，区志45部，山湖志5部，开发区志3部已经全部完成。在具体工作中通过实践摸索出了一些经验和做法。

1. **狠抓全省修志试点工作**。试点单位的选择采取自下而上和自上而下的上下结合方式选定，既考虑到试点单位的积极性，又要考虑试点单位必须具备的续修条件，最后确定芜湖市为市志续修试点单位，望江县为县志续试点修单位，徽州区为区志编修试点单位，黄山风景区为山志编修试点单位。试点工作自2000年开始至2005年结束，历时5个年头，2006年召开修志试点工作总结会，对全省第二轮修志试点工作的经验进行总结。

2. **狠抓全省修志工作进度**。安徽二轮市县区修志过程中，不断加大工作推进力度，省长也对二轮志书编纂作出批示："全面启动，不留死角"，下决心在全省开展消灭志书修编尚未启动的死角。上下联动，打起精神，统筹规划，全面完成任务。同时，在全省开展学习亳州一年成志的典型经验：他们的精神是"苦干"；他们的作风是"扎实"；他们的方法是"创新"；他们的速度是"一年成志"，向建市十周年献礼。我们还提炼出地方志安徽精神："站在山上，看在海上，放在心上，刻在石上"，鼓舞全省又好又快地完成第二轮修志任务。

（二）始终确保二轮志书编纂质量，"质量兴志"意识大大增强

1. **总结经验，夯实基础**。为使二轮志书编纂真正做到有新的思路、新的起点，达到新的高度，切实提高续修志书质量，我们积极组织理论骨干进行深入研讨。首先，在回顾首轮修志工作的基础上，就第二轮志书的编纂问题进行探讨，在第二轮志书编纂组织形式、体例结构、篇目内容、队伍培训、第二轮志书的断限、继承与创新以及实行主编负责制等十个方面取得共识。其次，对安徽省改革开放30年来的发展历程进行分类研究，为第二轮修志的记述内容厘清思路。第三，我们按市志、县志、区志类型分别召开志书编纂研讨会，有针对性地指导各类型志书编纂。省地方志学会还分别召开概述、大事记等专题研讨会，有针对性地开展专题部类的研讨活动，指导志书专题部类的编写。

在第二轮志书编纂过程中，省志办编印了《地方志续修指南》《续志编纂100问》《志书编纂实用手册》等业务指导书籍，这些业务书籍具有较强的针对性和实用性，比较全面地介绍了地方志的基础知识和续修的基本方法，以及续志各专题部类的编写，夯实了修志理论，为提高志书质量打下了坚实的基础。

2. **培训主编，提高素质**。为了保证续修的志书质量和编纂进度，省地方志编纂委员会出台《关于做好志书主编选聘工作的意见》。对第二轮志书主编的任职条件和选聘办法作出了具体的硬性规定。强调实施主编负责制，规定主编的职、责、权，充分调动主编的积极性和创造性，充分发挥主编在第二轮志书编修中的关键性作用。通过以上措施和活动，加强了修志队伍建设，在全省初步造就出了一支热心修志、有专业水平、有奉献精神的高素质的修志队伍。

3. **制定规范化文件，完善志书评审制度**。第二轮志书编纂工作启动之初，以省地方志编纂委员会文件印发《安徽省第二届三级志书编纂工作实施通则》，就第二轮志书的编纂指导思想、编纂任务、内容要求、编写规范、评议审定、印刷出版、组织领导等作出详细而严格的规定。同时配套下发了《安徽省第二届市县（市、区）志书编纂工作计划》《安徽省第二届志书编纂行文规范》《安徽省第二届三级志书印刷设计方案》等一系列工作指导性和规范性文件。

4. **牢固树立质量意识，推出精品佳志**。加快志书编纂进度，决不能放松志书质量。在每年的全省市志办主任会议上都一再强调：要进一步增强质量意识，狠抓志书质量建设。要求二轮志书编纂要坚持“四个必须”：必须观点正确，必须资料翔实，必须精雕细刻，必须特色突出。志书主编要明确志书“写什么”：志书编纂要按照国务院《地方志工作条例》要求抓总、抓大、抓根本；写好“三个史”：党委政府执政史、经济社会发展史、人民群众创业史；写好“四大家”：党委、政府、人大、政协的历史和现状；写好“五个方面”：自然、政治、经济、文化、社会五个方面内容。志书主编要明确志书“怎么写”：志书编纂要真正做到“一横二竖三高四大五清”。“横”就是要求志书五个方面内容记述全面，归类清楚；“竖”就是要求把历史主线记述清楚，这一主线就是“三个史”；“高”就是要求站在历史的高度，具有历史的眼光，高瞻远瞩，全局在胸;“大”就是要求篇目设置和内容记述要立足大框架、大概念、大方面、大机关、大事件、大成就、大特色;“清”就是要求框架要清、概念要清、规范要清、记述要清、文字要清。志稿的审查验收要严把政治关、体例关、史实关、文字关、保密关、印制关，确保志书的编纂质量。

5. 积极开展精品志书工程建设活动。为了进一步提高安徽第二轮市、县（市、区）志书编纂质量，力促多出精品佳志，提升安徽在全国地方志系统的整体水平，自2009年4月开始，在全省市、县（市、区）范围内实施精品志书工程建设，重点选定全省县域经济综合实力十强县、国家级历史文化名城县（市）、尚未出版志书的省辖市和志稿编纂基础较好的县（市、区）共计35家，作为志书精品工程实施单位。精品工程任务完成后，经省地方志办公室组织的专家委员会认定为精品的，由省地方志办公室颁发证书，并在全省地方志系统进行表彰。

（三）通过不懈努力，率先在全国实现省、市、县（市、区）三级综合年鉴编纂全覆盖

安徽省在推动地方综合年鉴编撰全覆盖过程中，根据各市县区实际情况，采取先易后难的办法，鼓励有条件的市县区先行启动创编工作。同时又按照市县区行政关系，鼓励所有省辖市积极发挥带头作用，先于县区启动年鉴创编出版工作。在具体工作过程中，省志办采取多种办法，积极推动和帮助各市县区编撰出版年鉴。

1. 将年鉴推动与规范指导相结合，帮助提高全省年鉴编撰质量。省志办在全省、市、县区年鉴编撰工作推动过程中，积极做好年鉴专业指导与服务，针对刚刚启动年鉴编撰工作的县区，协助他们做好年鉴大纲制订与年鉴审稿工作，并上门举办讲座，向当地年鉴编辑和作者传授年鉴专业知识和年鉴编撰方法。与此同时，省志办还于每年分别举办全省年鉴作者培训班和全省年鉴总编培训班，邀请全国年鉴专家到安徽省开展年鉴培训讲座。

2. 通过开展年鉴评奖活动，促进全省年鉴质量提高。为提高全省、市、县区地方综合年鉴编撰水平，规范全省地方综合年鉴编撰质量，省志办每三年举办一次全省年鉴质量评比活动。评比设置年鉴框架、条目撰写、文字校对、装帧设计等多个评选环节，对参评年鉴逐一进行打分，最终根据分数高低决

定参评年鉴奖次，并以此为依据，为全省年鉴设定质量标准，促进和引导各市县区年鉴编撰质量达到一个更高水平。

三、安徽省地方志工作发展中存在的问题

安徽省地方志事业虽然取得些成绩，但也存在不少问题有待解决。

（一）机构体制机制需要进一步完善

由于各种原因，全省各市、县、区地方志办公室部分机构是史志合一或与档案合一。按照《地方志工作条例》规定，在地方志部门开展依法行政工作建设不断健全的趋势下，独立的地方志工作部门更有利于工作的开展。但行政编制的严格控制，将长期制约地方志工作机构人员的科学合理配置。

（二）地方志资源开发利用水平不高，成效不明显

开发利用工作是安徽省地方志事业发展中的短板，与中心工作、人民群众需求结合不紧密，作用不明显。总体水平停留在编写地情书、参考资料水平，达不到“修志问道，以启未来”的目标。

（三）全省各区、县方志馆建设较为滞后

各区、县独立建馆的较少，有些地方同档案馆共用，有的也仅限于面积较小的资料室，与现代方志馆的功能定位及要求相差较大。一是体现在馆藏的内容上不够丰富，多为本地的志书、年鉴，对区域内地情资料的收集、整理不到位；二是对外调阅的基础设施有待提高，阅览室、在线查询等基础性服务项目不到位。

（四）年鉴全覆盖后的巩固工作和质量提升难度加大

全省地方综合年鉴虽然已做到全覆盖，但由于各地人员编制缺乏，工作任务多头繁杂，要做到一年一鉴和公开出版并且长期持续下去难度较大。另外，综合年鉴质量参差不齐，有待于进一步加强和提高。

四、安徽省地方志工作的发展趋势和展望

（一）深入贯彻落实国务院《全国地方志事业发展规划纲要（2015—2020年）》和《安徽省地方志事业发展规划（2016—2020年）》

贯彻落实第五次全国地方志工作会议精神，推动全省地方志事业朝着国务院和省政府规划的具体目标向前发展。

（二）推进乡镇志、名村志编纂工作，开展动员和培训

全面加强对乡镇志、名村志的编纂业务指导，推出一批高质量的名镇志、名村志，真正做到由省志办指导出版的乡镇志、名村志能够客观真实地反映乡（镇）、名村的经济社会现状和历史变化。

（三）进一步扩充信息化及方志馆等基础建设。

"安徽地方志"网站将进一步融合发展，建成集省情展示、地方志资源数据库、办公自动化于一体，在社会上有较大影响的安徽地方志网站群，形成"全省一网"的工作格局。加快制定相关标准，逐步建成统一、规范的全省地方志全文检索数据库（即"安徽省情数据库"）；基本实现主要新媒体技术在全省方志系统的覆盖，逐步扩大方志文化影响力，使"互联网＋安徽地方志事业"成为开发利用全省方志资源的重要手段和途径。积极推进有条件的区、县加快方志馆建设工作，按照中指组相关要求，因地制宜规划、设计好方志馆建设内容和标准。

（四）认真做好读志用志工作，担当地方志书和地方志事业"修志问道，以启未来"的社会责任。

每年精选一批志书和年鉴、地情资料文献等，推荐给全社会不同阶层进行阅读、使用；编出一批高质量历史文化丛书供各级领导干部使用；撰写各类历史与现实结合的研究报告呈现给党委、政府决策参考。

福建省地方志事业发展报告

■ 福建省地方志办公室

福建省地方志工作在省委省政府的领导和中国地方志指导小组及其办公室的精心指导下，经过全省广大方志工作者的不懈努力，逐步形成了志鉴主业全面推进、“馆（库）、网、刊、会、用”等协调发展的现代方志事业发展格局，取得了丰硕成果，在推动福建经济社会发展和文化强省建设中发挥了独特作用。

一、福建省地方志事业发展基本情况

（一）依法治志有新成效

福建省重视抓好“一纳入、八到位”的贯彻落实。2015、2016年省政府工作报告连续强调要做好第二轮志书和年鉴编纂工作，并列为政府工作主要任务之一，纳入省政府督查范围。抓好顶层设计。2015年12月，省政府在全国率先出台《福建省地方志事业发展规划纲要（2016—2020年）》《福建省地方志编纂委员会责任清单》，将地方志工作纳入全省经济社会发展“十三五”规划。理顺工作体制。2015年省方志委成立年鉴工作处，福建年鉴社完成整体划转，实现全省年鉴工作依法统一管理；成立《福建年鉴》《福建省志》编委会，省长于伟国任主任，分管副省长李红任常务副主任。加强法规宣传。

2015 年 5 月、2016 年 5 月，在全省分别开展地方志法规宣传月活动，许多市、县（区）以此为契机，组织开展地方志法规执行情况的监督检查，营造依法治志的社会氛围。宁德市政府委托市方志委开展全市志鉴编纂进展情况督查并进行情况通报，泉州市、蕉城区政府等将第二轮修志工作纳入年度绩效考评。

（二）二轮修志有新进展

全省方志系统提出并实施“抓重点、攻难点，促进度、保质量”的工作思路，根据“两全”目标要求，对省志分志和设区市志实施“一志一策，因志施策”的工作方法。加强业务规范。制订《第二轮〈福建省志〉分志编纂、评议与审定验收工作规定（试行）》，规范工作流程；创新工作方法。转变一人一志的“单兵作战”方式，采取多人集中打“歼灭战”，加快审稿进度；明确工作责任。依法依规分清省市两级地方志工作机构权限和职责，加大专家修志和业务培训力度。2015 年底，全省计划编纂第二轮省志分志 82 部，已出版 30 部，交付出版 4 部，占总数的 41%；计划编纂第二轮市、县（区）志 93 部，已出版 27 部，交付出版 8 部、占总数的 38%。2016 年 12 月，省志分志规划数增至 83 部，已出版 32 部，交付出版 3 部，市、县（区）志已出版 29 部，交付出版 11 部，完成进度分别达 42% 和 43%，全省第二轮修志呈现总体加快推进的态势。

（三）年鉴工作有新成果

创新工作方式。2016 年 3 月首次组织召开评稿会，探索服务外包模式，解决部分篇章组稿难问题。首次使用二维码技术，首次采用全彩印刷，篇目衬图采用手绘图稿，为全国年鉴首创。《福建年鉴》2016 卷即将交付出版。建立对口联系制度，推动市、县（区）综合年鉴“全部开编、全部出版”，整体工作进度走在全国前列。加强专业年鉴编纂指导。通过福建年鉴研究会，指导推动省直部门抓好专业年鉴编纂，逐步扩大专业年鉴覆盖面。积极服务基层。协调福建省制图院做好全省各地编纂出版地方综合年鉴使用行政区图的审批和制作费减免工作。争创精品年鉴。在全省开展精品年鉴试点工作，确定五家试点单位，组织召开试点工作座谈会，明确工作要求。年鉴质量不断提升。多部年鉴在全国评奖中获奖，其中 12 部在 2016 年全国地方志优秀成果（年鉴类）评审中获奖，《泉州年鉴（2014）》《晋江年鉴（2013）》《武警福建总队年鉴（2014）》获特等奖，实现了新突破。《福建年鉴（2014）》获福建省第十一届社会科学优秀成果（工具书）一等奖。

（四）旧志整理有新作为

2015年初，福建省全面启动大型历史文献丛刊《闽台历代方志集成》整理出版工作，该项目规划汇辑福建和台湾两地新中国成立之前所编方志348种，分福建省志辑、台湾志书辑、福建府（州）志辑、福建县（厅）志辑四辑整理印制出版。至2016年10月，已完成“福建省志辑”“台湾志书辑”印刷招标工作，2017年将正式出版发行。2015—2016年，出版了明弘治《八闽通志》（宣纸线装本）、［民国］《福建通志》（点校本）、《瀛涯胜揽》（明淡生堂抄本），完成《僧宝传》编译工作。2015年4月印发《关于进一步加强我省历代方志整理工作的通知》，实行合作整理出版、合理分摊经费的模式，支持经济困难县（区）旧志整理出版。协调支持南平《考亭志》的整理出版。晋江市方志办启动《晋江文库》项目，整理出版百部唐代至民国的晋江文献典籍。［永乐］《政和县志》、［民国］《永定县志》、［崇祯］《长乐县志》、［康熙］《平和县志》等相继重印出版发行。

（五）方志馆（库）建设有新突破

方志馆是公共文化服务体系中的重要环节，福建省始终把方志馆建设作为一项重要工作来推动，经过不懈努力，省方志馆修缮改造布展项目于2015年9月正式立项并启动建设，总投资4530万元，至2016年12月，完成代建机构和设计施工总承包招投标工作，进入初步设计阶段，预计2018年底建成。福州、泉州、三明、龙岩、德化等市、县（区）也着手筹建方志馆。其中，福州市方志馆建设纳入当地“十三五”规划，选址于中国十大历史文化街区——三坊七巷，并按照“一馆两址”思路，在福州市图书馆设立方志专区，探索将方志馆建设与建立文献征集机制相结合；泉州市方志馆建设方案正进行可行性研究；三明市2016年明确方志馆入驻市图书馆后，筹建和布展工作稳步推进，部分藏书已进馆上架；省方志委支持龙岩市方志委将方志馆打造成原中央苏区和革命老区、闽粤赣互动发展区、客家文化三大主题文献中心；

长乐市方志馆已于2015年建成并投入使用；泉港区方志馆建筑面积2107平方米，已试开馆，并获批2个编制。

2015年至今，省方志委共开展3次全省志鉴及地情书集中调集配送，覆盖全省各级地方志工作机构，有力地推动全省各地方志书库建设工作。至2016年9月，全省70多个市、县（区）方志委（办）设有方志书库（资料室）。德化县方志办突出陶瓷特色，在方志资料室设立陶瓷资料专柜；石狮市方志办联合市博物馆设立首个乡贤文化教育基地——蔡镜湖纪念堂。省方志委支持指导宁德市方志委结合就地收集、保存、展示习近平总书记当年在宁德工作时深入乡村调研活动珍贵资料，在福安市范坑乡毛家坪村、寿宁县下党乡下党村率先建成村级“方志书屋”，推动我省逐步构建省、市、县（区）、村四级存志平台，此举为全国方志系统首创。

（六）信息化建设有新平台

2015年，省方志委完成福建省“数字方志”项目首期建设，二期建设有序推进，于2016年11月通过竣工验收，目数字化加工志鉴等地情资料约6.5亿字，在线修志编纂系统和年鉴在线编纂系统同步完成开发部署。省地方志网站完成升级改造，福州、宁德和部分县（区）网站的接入工作进入测试阶段。2015年，全省约一半的市、县（区）开通地方志网站，2016年底增至60%，南平市市本级及所辖县（市、区）全部开通地方志网站，福州、泉州、龙岩地方志网升级改造；泉州市方志委自主研发数字化软件，完成近亿字的志鉴和地情书数字化处理并入库。

（七）方志资源开发利用有新举措

促进闽台方志文化深度融合。由省方志委、台湾妈祖联谊会组织闽台专家学者首次合作编纂的《妈祖文化志》现已召开评审会，将于2017年出版。厦门市组织编纂的《近代厦门历史资料汇刊》，汇辑了厦门近百年城市发展和闽台往来等史实。泉州、晋江、石狮、泉港、安溪等配合开展与中国台湾、海外宗亲的联谊、寻根活动，积极开展海峡两岸文化节交流活动，打造对台方志文化交流平台，特别是泉港区开展的两岸“同名村”对接活动，得到中央领导的肯定。

挖掘文化资源编纂特色志书。由省方志委编纂的《福建家训》出版后引起强烈反响，被评为“全国优秀社会科学普及作品”。2015 年，《福建家训》姊妹篇《福建乡规民约》正式出版。2016 年，扎实推进《福建寿山石志》《福建茶志》《闽学志》编纂，启动编纂《福建姓氏志》。各市、县（区）特色书籍成果丰硕。《船政志》《厦门记忆》《漳州海上丝绸之路研究文集》《泉州海丝史话》《三明地情丛书》《三明民俗风情》《南平名产》《闽北诗谭》等一批特色志或地情书相继面世。德化、上杭、永泰、光泽等地在全省率先全面开编乡镇志，石狮《永宁镇志》被列入中指办第二批中国名镇志丛书之一。

围绕中心工作发挥资政作用。省方志委开展“海丝”方志文献收集、整理，着手整理“海疆方志史料”，取得积极成效。2016 年，泉州市第一时间在“泉州史志”公微号发布南海主权佐证材料，引发反响。三明市开展《三明文献汇编》（暂定名）专题调研，参与朱子（闽学）文化品牌建设；莆田市为南日岛万亩海洋牧场建设等项目规划提供地情资料。

（八）理论研究有新提升

全省以刊物学会、学术沙龙、培训研讨及调研调查等形式，不断促进方志理论研究，培育史志人才。《福建史志》是目前全国仅有的 9 家拥有杂志刊号的地方志刊物之一，与中国知网等合作，学术性和可读性不断提升。福建省地方志学会在组织会员开展方志理论研讨等方面发挥着积极作用。2015 年 6 月学会换届后，启动实施全省方志系统中青年学术人才梯队建设和课题研究，开展学术研究活动，进一步营造方志理论研究氛围。

二、福建省地方志事业发展中存在的问题和对策建议

（一）存在问题

一是依法治志还需进一步强化。地方志制度建设总体上有待加强，尤其是落实依法治志的配套文件不够完善；各地“一纳入、八到位”落实情况不够平衡，人员偏少、占编不在岗或在编不在岗等问题较突出。

二是第二轮志书编纂进度仍偏慢，志鉴质量有待进一步提升。一些省志

分志编纂进展较慢，部分县志评稿会召开后拖延多年仍未出版。志鉴质量也有较大提升空间。年鉴公开出版率有待解决最后“一公里”问题。

三是库网建设工作比较滞后。地方志信息化程度不高，发展不平衡，个别设区市尚未建立地情网站，有的网站内容更新不及时；方志馆（库）建设推进较缓慢，规模偏小，质量不高，离专业化、标准化建设还有较大差距；方志资源开发利用渠道较单一，公共服务职能未充分发挥。

四是队伍整体结构有待优化。修志人员综合素质参差不齐，创新精神不足，行政能力、效率意识不强，缺乏学术领军人物和优质课题研究成果。

（二）对策建议

1. 突出重点，深入贯彻落实依法治志。认真贯彻落实全国和我省地方志事业发展规划纲要，指导和督促各设区市2017年底前全部出台当地规划纲要。同时，持续抓好地方志法规宣传、督查工作，在前期各地自查的基础上，组织开展各地及省直有关单位落实《地方志工作条例》及其实施办法调研督查，督促推动各市县（区）进一步落实“一纳入、八到位”，为全省地方志工作顺利开展提供法制保障。

2. 聚焦主业，扎实推进修志编鉴工作。2017年是实现中国地方志指导小组提出的2020年全面完成二轮修志任务、年鉴全面开编出版“两全”目标的关键一年。我们将按照有关部署要求，倒排进度，提升质量，按时保质完成好既定工作任务。一是完善机制，因志施策。采取即时建档、持续跟进、及时响应的工作方式，确保每部志书可记录、可追溯、可问责。2017年，争取完成10部省志分志验收并交付出版，到年底省志总进度达到56.6%。同时，推进设区市志、县（市、区）志编纂工作，力争90%的市县（区）年内完成志稿总纂或召开评稿会，70%交付出版。二是建立健全志书质量保障体系，规范志稿评议评审程序，坚持“开门修志”“众手成志”的开放思路，引导社会力量广泛参与地方志工作，通过与高等院校、科研院所合作、政府购买服务等形式，促进修志编鉴主体多元化、社会化，进一步提高志书编纂速度和质量。三是做好《福建年鉴》2017卷编纂工作，同时加强对全省年鉴工作的指导、督查和检查，在实现“全部开编、全部出版”的基础上，全面推动省、市、县三级年鉴2017年全部公开出版。四是建立地方综合年鉴审稿制度，制订地方综合年鉴编纂出版标准和图照使用规范，进一步提高年鉴编纂质量，努力培育1—2个在全国有影响的品牌年鉴。

3. 夯实基础，着力完善库馆网等平台建设。进一步抓好方志馆建设。把握各级党委、政府重视社会文化事业发展的机遇，按照科学规划、勤俭实用、合法合规等原则，加大省方志馆建设力度，争取2017年完成省方志馆书库、办公区域规划建设，地情展示项目同步跟进，2018年底完成省方志馆建设任务，为全省各地方志馆建设发挥示范性作用。

进一步提升信息化发展水平。综合运用新兴的信息化技术，整合汇聚全省地方志资源，推行地方志数据文化，提供便捷高效优质的地情信息服务。争取2017年逐步推广使用志鉴在线编纂系统。同时，注重重心下移，推动市、县级信息化建设，对经济实力不足的地区进行适当扶持，提升省情网和各级地情网站的社会服务水平，推进信息化建设均衡化发展，全省地情网站建设覆盖率争取达到70%。

4. 拓宽领域，努力提升地方志资源开发利用水平。坚持修志为用的导向，大力推进方志资源开发利用工作，提升服务大局服务社会的能力水平。一是挖掘闽台方志文化丰富资源，促进闽台文化深度融合，持续推进《闽台历代方志集成》项目，完成“福建省志辑”“台湾志书辑”印刷出版工作，并基本完成“福建府（州）志辑”的志书底本征集，同时完成《妈祖文化志》编纂出版。二是抓好特色志编纂。完成《闽学志》的审查验收并交付出版；持续推进《福建茶志》《福建寿山石志》《福建姓氏志》编纂工作，启动编纂《闽宁扶贫协作志》等特色志，重点指导部分我省历史文化名镇名村编纂镇志、村志，争取列入中国名镇志、名村志文化工程。三是争取在中国地方志指导小组办公室的支持下，收集、整理、研究习总书记在闽工作时提出的有关地方志工作的重要论述，引领指导方志编纂实践。四是继续开展“海丝”方志文献收集、整理。分类汇编、整理、出版福建与海上丝绸之路相关的方志文献资料，促进“海丝”申遗。五是深入挖掘闽派戏曲等具有福建特色的文化资源，打造“闽派方志”文化品牌。

5. 用好平台，加强方志理论研究和人才队伍建设。发挥福建省地方志学会和《福建史志》两个平台作用，做到理论研究和工作能力两手抓。持续抓好人才梯队建设和课题研究，认真消化全国地方志领域先进理论成果，在此基础上，通过建立跨行业、多学科的方志专家库，依托省地方志学会，组织开展研究，并探索与高等院校、科研院所合作建立地方志学研基地，不断推动业务理论突破创新。同时，建立健全人才培养和激励机制，不断优化人才成长环境，通过选拔、引进和任用等方式，整合盘活方志队伍力量。

三、福建省地方志事业发展展望

目前，福建省地方志事业面临的发展机遇前所未有。《福建省地方志事业发展规划纲要（2016—2020年）》为今后几年我省地方志事业发展作出了顶层设计，也是推进依法治志的行动指南。省领导多次对地方志工作作出批示指示，充分体现了对地方志工作的重视和关心。全省地方志工作呈现加速推进态势。

2017年，福建省地方志事业发展将呈现以下发展趋势：一是地方志工作法治化水平将进一步提高。国务院《地方志工作条例》和《福建省实施〈地方志工作条例〉办法》将得到进一步贯彻，“一纳入、八到位”将更加深入地得到落实。二是志鉴主业将进一步深入推进。第二轮修志工作进度将进一步加快，年鉴全面开编出版的覆盖面进一步扩大，志鉴质量不断提升。三是地方志事业在“海丝”核心区文化建设中的重要作用将进一步发挥。省、市、县（区）方志馆和地方志信息化建设有序推进，一批有特色、有影响的专志陆续编纂出版，闽台方志文化交流持续深化，地方志公共服务职能进一步提升。四是方志理论研究将进一步深化。随着近年来开展的方志科研项目的结题，将形成一批地方志课题研究成果。五是地方志工作将向基层延伸，镇、村编纂志书工作将进一步出成果见成效。

面对地方志事业发展的新形势新任务，我们将不断增强做好地方志工作的使命感和责任感，创新工作思路，扎实做好2017年全省地方志各项工作，在新的更高起点上推进福建省地方志工作加快发展，为“再上新台阶，建设新福建”作出应有贡献。

江西省地方志事业发展报告

江西省地方志办公室

2016年，江西省地方志编纂委员会办公室（以下简称省地方志办）在省委、省政府的正确领导和中国地方志指导小组及其办公室的精心指导下，高举中国特色社会主义伟大旗帜，以马克思列宁主义、毛泽东思想、邓小平理论、“三个代表”重要思想和科学发展观为指导，深入学习贯彻党的十八大和十八届三中、四中、五中、六中全会精神、习近平总书记系列重要讲话精神和治国理政新理念新思想新战略，李克强总理关于地方志工作的两次重要批示、刘延东副总理重要讲话精神和省十四届党代会精神，扎实推进“两学一做”学习教育，继续全面贯彻落实《地方志工作条例》《江西省实施〈地方志工作条例〉办法》《全国地方志事业发展规划纲要(2015—2020年)》(以下简称《全国纲要》)、《江西省地方志事业发展规划纲要(2016—2020年)》(以下简称《江西纲要》)，围绕中心工作，主动服务大局，开展志鉴编纂、理论研究、信息化建设、方志馆建设、旧志整理及开发利用等各项工作，砥砺奋进、继往开来，带领全省地方志工作者积极进取、辛勤耕耘、攻坚克难，切实发挥地方志存史、资政、育人的重要作用，各项工作取得了较好成绩，江西地方志工作新蓝图正在绘就。

一、江西省地方志事业发展基本情况

（一）积极贯彻落实《全国地方志事业发展规划纲要（2015—2020年）》和《江西省地方志事业发展规划纲要（2016—2020年）》

全省各级地方志工作机构认真学习贯彻落实《全国纲要》有关精神，并结合自身工作实际，研究贯彻落实办法。

经征求全省11个设区市和省编办及省地方志编纂委员会28家委员单位意见建议后，省地方志办编制了《江西纲要》，并于2月22日由省政府办公厅印发。《江西纲要》明确，全面落实"一纳入、八到位"，把地方志工作纳入国民经济和社会发展规划、各级政府工作任务之中，做到认识到位、领导到位、机构到位、编制到位、经费到位、设施到位、规划到位、工作到位。至2020年，全面完成省、市、县第二轮修志规划任务，做好第三轮修志工作准备，实现省、市、县三级地方综合年鉴全覆盖；完善志鉴质量保障制度，提高志鉴编纂质量，开拓地方志资源开发利用途径，加强旧志收集、保存和整理工作，建设高素质的地方志人才队伍。《江西纲要》是江西省制定印发的第一个地方志事业发展的设计规划，对地方志事业的发展进行设计规划和科学规范，符合地方志工作实际，前瞻性、指导性、可操作性强，对于推动江西省的地方志事业的发展具有十分重要的作用及重大的现实意义和深远的历史意义。

《江西纲要》颁布后，全省各地认真贯彻落实纲要精神，南昌市人民政府办公厅印发了《南昌市地方志事业"十三五"（2016—2020年）发展规划》；赣州市政府办公厅印发《赣州贯彻落实〈全国地方志事业发展规划纲要（2015—2020年）〉实施方案》；吉安市人民政府办公室印发了《吉安市地方志事业发展实施方案（2016—2020年）》，九江、宜春等地正在抓紧制定贯彻实施办法。

（二）地方志事业发展写入省政府工作报告和"十三五"规划纲要

2015年省政府工作报告充分肯定了"地方志工作取得新成效"，在2016

年工作部署中强调“要开展第二批省志编纂工作。”在江西省第十二届人民代表大会第五次会议提请审查的《江西省国民经济和社会发展第十三个五年规划纲要(草案)》中,也对地方志工作提出了要求。“十三五”规划纲要第三章“增强赣鄱文化影响力”的第一节“传承和弘扬赣鄱文化”中强调:“要实施第二轮《江西省志》编纂工程”。省政府工作报告中两次强调地方志工作,并列入“省发展规划纲要”,尚属首次,并将地方志工作列入省政府重点工作,充分表明近几年江西省地方志工作取得长足的进步和发展,地方志事业的地位得到进一步提升。

(三)续志编纂工作深入推进

2016年,全省各级地方志工作机构稳步推进续志编纂工作,省志、市县两级志书编纂取得可喜成果。省地方志办根据省政府相关文件精神,坚持依法治志,于5月17日在南昌召开第二轮《江西省志》编纂工作第二次调度会,时任省人民政府副省长殷美根出席会议并作重要讲话。一年来,省地方志办累计修改《食品药品监督管理志》《文物和非物质文化遗产志志》《青年志》《妇女志》等10部志书篇目;审读承、参编单位递交的资料长编、试写稿、内审稿共30余部;参加《农业志》《交通运输志》《水利志》《烟草志》《残疾人事业志》《信访志》《广播电影电视志》《盐业志》《机关党建志》《公安志》《市县概况》11部省志分志初审会;《烟草志》《水利志》已通过复审;走访省纪委、省委统战部、省编办、省司法厅、省政府办公厅、省国资委等17家承、参编单位;应邀到省食品药品监督管理局、省国资委等6家单位讲授地方志编纂知识;接待省残联、省直机关工委、省检察院、省信访局、省公安厅等共100余批次70多个单位来访并举行座谈,接听有关编纂方面咨询电话360余次,并通过收发电子邮件、致电各志办等方式加强与志办交流,解答有关修志方面的各种问题;积极做好《铜业志》《交通志》(民航部分)等承、参编单位协调工作;讨论修改《江西省志(1991～2010年)·凡例》;拟定省志分志审查办法。

市县两级志书及专志、部门志编纂进展喜人。《九江市志(1991～2010)》完成终审验收并付梓印刷,即将出版;《赣州市志(1986—2000)》完成终审验收并申报“中国精品志书工程”,省委常委、赣州市委书记李炳军为该书作序；《赣南苏区振兴发展志略》（2010—2015）综合成稿；《南昌大事图记（2015）》、《九江职业大学志》《九江市工商行政管理局志》《富田镇志》《遂川县政协志》《水北镇志》等出版发行；《武宁县教育志》《武宁县甫田乡志》《九江市冶金煤炭志》等已经交付印刷；《德安县志（1985 ~ 2008）》等形成总纂稿。

目前，近一半省志分志完成了部分资料长编和初稿，11 部已初审，2 部已复审；已出版二轮市级志书 8 部，二轮县（市、区）级志书 92 部，共计 100 部，占 111 个市县区的 90%。

（四）年鉴编辑工作进展顺利

一年来，省地方志办理顺年鉴管理工作，改进编审办法，按照《地方志工作条例》《江西省实施〈地方志工作条例〉办法》较好地完成了各级综合年鉴的编辑任务，取得较大成效。一是编辑《江西年鉴（2016）》。《江西年鉴（2016）》在重视质量的前提下，缩短出版周期。于 2016 年 10 月出版发行，发行量 1500 册。省地方志办不断改进工作环节，催稿、编稿、统稿三项工作同时进行；不断改进工作方法，坚持每两周一次的年鉴通报会制度；加快三校进度，发行时间创历史纪录。9 月 22 日，定稿送厂印刷；10 月 28 日，《江西年鉴（2016 卷）》正式出版发行，这是自 2002 年创刊以来发行最早的一次。二是推进市县区年鉴编辑工作。全省各级地方志工作机构把编辑综合年鉴纳入到日常工作中，全省年鉴工作不断走向常态化。在市级年鉴编辑工作中，11 个设区市全部实现综合年鉴一年一鉴，50 个县（市、区）实现了一年一鉴。

（五）旧志整理与理论建设取得重要成果

一年来，全省旧志整理成果丰硕。《光绪吉安府志》由中华书局正式出版发行；《德化县志》（同治）整理重印 1500 册；重印民国《万载县志》；《永新县志》（同治）出版发行；《都昌县志》（道光）、《永丰县志》（同治十三年版）等点校工作正式启动。《义宁州志》（同治）整理工作持续推进。

理论建设方面，编辑出版发行《江西地方志》（双月刊）6 期；编辑《江西省地方志工作动态》55 期，其中《省志工作专刊》14 期。全省各级地方志工作者共发表志鉴编纂理论研究文章 60 余篇。开展省级课题《上海、南昌知青与塔桥园艺场研究》的研究，形成《上海、南昌知青与塔桥园艺农场资料汇编》编纂方案并组织开展编写工作。

（六）方志馆工作与信息化建设取得新成绩

方志馆开发利用持续深入。2016年，省方志馆超额完成了全年图书采购任务，共采购了图书3406册；接待了中国地方志指导小组办公室、北京市地方志办公室、山东省地方史志办公室、常州市志办等中央和部分省市的来访；接待省林业厅、省档案局等来查阅资料的工作人员，直机关工委党校等集体参观者和读者2000余人次。赣州市方志馆于7月挂牌，新余市方志馆于9月29日开馆，全省一半以上设区市开设方志馆，方志馆建设工作形势喜人。

信息化建设步伐加快。省地方志办共上传了数十部省级综合年鉴、设区市志和县志至中国赣网，丰富了中国赣网的地方志数据库；并在方志馆局域网中建立了丛书、报刊数据库，包含《四库全书》《清实录》《国家图书馆古籍题跋丛刊》等书籍，以及《人民日报》《申报》《江西省政府公报》《东方杂志》《解放周刊》《新青年》等报纸期刊；上传1000余部史料性电子书。

"景德镇市情网"已开通上线；吉安市志办网页建设进展顺利。"九江史志网"于7月完成升级改版。武宁县启动建立影像数据库工作，拍摄和收集新农村建设、教育文化、环保、林业等部门大量影像资料。

（七）"微信"新媒体建设取得丰硕成果

省地方志办官方微信公众号"方志江西"影响力不断彰显，为地方志工作者搭建共同交流的信息平台。2016年"方志江西"在内容和形式方面都积极完善。在内容方面，"方志江西"依托江西省地方志办丰富的地情资源，全面、系统整理和宣传了江西山水、江西风物、江西古村、江西古镇、江西地名由来等江西地方志文化。目前"方志江西"已经完成了对全省设区市、县（区）地名由来的内容制作和推送，完成了对全省11个设区市主要风物的介绍，对大部分江西入选的国家级历史文化名村和省级历史文化名村的梳理、内容制作以及推送。在编辑形式方面，"方志江西"图文、音频、视频相结合，精心选取每一张图片，保持着一贯的新颖、生动、简洁明快的风格。在重大事件和重要节点推出H5形式的微信文章，如春节、国庆节等节点制作推送的内容，深受读者喜爱，得到了广泛传播。

截至2016年11月20日，“方志江西”已经累计发出271篇文章，累计点击量已经超过30万人次，平均每篇文章的点击率超过1000人次，在全国方志系统中处于领先地位，并得到中指组领导的高度好评。其中《江西风景独好》点击率最高，超过2.5万人次，被省内外众多微信公众号转载。《沉海昏，出吴城：探秘千年古镇吴城》《江西唯一皇后——成恭夏皇后》等文章累计点击率也过万。《江西风景独好》一文还荣获“2015年度江西省十佳微信文章”荣誉。

同时，“方志江西”还与《江西手机报》、中国江西网、大江网、今日头条、新浪等媒体展开合作，将部分优秀原创文章和重要工作动态同时发布到其他媒体上。

目前，“方志江西”成为全省地方志系统工作交流的重要平台，极大地便捷了全省地方志系统的工作，也更广泛地传播了江西地方志文化。

（八）对外沟通交流持续深入

2016年，全省地方志沟通交流持续深入。承办第一次全国方志馆工作会议。时任省政府副省长殷美根，中国地方志指导小组办公室主任冀祥德出席会议并讲话，全国31个省（自治区、直辖市）、新疆生产建设兵团地方志工作机构、副省级城市地方志工作机构，国土资源部史志办公室，北京大学、清华大学等高校和国家博物馆、国家图书馆、故宫博物院等相关部门的专家学者约140人参加会议。会议总结了全国方志馆建设基本情况，第一次在全国范围对方志馆建设标准与国家方志馆分馆建设进行了研讨，成立了中国地方志学会方志馆研究会，选举产生了中国地方志学会方志馆研究会第一届理事会会长、副会长、秘书长、常务理事、理事。6月24—25日，北京市委原常委、市委原秘书长，北京市人大常委会原副主任，中国地方志指导小组成员、北京市地方志编纂委员会常务副主任、《北京志》主编段柄仁一行先后至省方志馆、婺源、赣州等地考察调研。6月26—27日，中国地方志指导小组办公室主任冀祥德，中国社会科学院人事教育局副局长高京斋，中国地方志指导小组办公室副主任刘玉宏率督查调研组一行6人到赣州市督查调研地方志工作并召开江西省地方志工作督查调研会。8月11日，山东省政府办公厅党组成员、省史志办主任刘爱军带领山东省史志系统领导干部培训班全体学员赴江西省地方志办考察交流并举行座谈会，双方就志鉴编纂、方志馆建设、馆际交流、旧志整理等相关事宜举行了座谈交流。

在省委、省政府的高度关怀下，省地方志办继续深入推进“江西省地方志系统考察团”第五次赴台湾学习考察活动，考察团深入了解了台湾地方文献的编修、收集、整理及收藏利用情况，并与台湾的修志专业人员和学者就两岸编修地方志的问题进行了学术交流。针对此次学术交流，考察团进行了认真总结，形成了考察报告。

（九）不断拓宽地方志服务新领域

2016年，全省各级地方志系统充分利用地情资源，为政府、为社会、为人民大众提供资源服务，发挥了存史、资政的重要作用。《江西方志文化丛书》已完成初稿编纂；《当代南昌日史（1986～1995）》，已完成文稿约65万字，并送出版社审读；《当代南昌日史（1996～2005）》编纂工作深入推进；《南昌大事图记（2015）》已出版发行；九江市史志办参加由国务院地名普查领导小组组织的“加强地名文化保护暨清理整治不规范地名工作”，为九江市城市规划市政设计院编制老城区保护开发规划，参与江西师范大学历史文化与旅游学院“庐山文化景观数字运用关键技术”项目，为南昌大学微电影大赛等提供地情资料；吉安市《吉安概况》编纂工作进展喜人，《吉安登科考》已完成终审，并交付印刷；《文游新余》初稿编写工作已完成；出版地情书籍《新四军与鹰潭》《抗战在鹰潭》等。

（十）深入开展“两学一做”学习教育

2016年，全省各级地方志工作机构严格按照省委、省政府的统一部署，积极推进“两学一做”学习教育，始终把政治学习放在首位，通过开展讲座、座谈会以及学习交流会等形式学习贯彻党的十八大和十八届三中、四中、五中、六中全会精神，深刻学习领会、全面准确把握精神实质，发扬理论联系实际的学风，把全体干部职工的思想统一到中央会议精神与习近平总书记一系列重要讲话精神上来，把力量凝聚到贯彻中央会议精神提出的各项任务上来。

一是不断突出理论学习重点，提升干部职工的政治理论水平和业务素质。建立健全各项学习制度；丰富学习内容；创新学习形式。二是深入推进“连心、强基、模范”三大工程，着力强化组织功能。全面推进“党建+”工作。继续开展机关党员干部春节回乡调研活动。结合精准扶贫，认真做好挂点扶贫村——万载县仙源乡乐坪村的扶贫工作。统筹推进基层基础建设。落实党员发展管理，严格执行党员发展年度计划，积极组织参加党员发展对象培训班，年鉴处党支部2016年发展了1名预备党员，秘书处党支部培养了1名发展对象。举办“两学一做”学习教育基层党组织书记专题培训班。认真做好基层党组织换届选举工作，选举产生了新一届机关党委。三是落实党风廉政责任体系，不断加强机关党风廉政建设。深入开展反腐倡廉教育，大力加强纪律作风建设，充分发挥监督制约机制作用。成立了机关纪委，由机关党委专职副书记担任机关纪委书记，选强配齐机关纪委委员，设置支部纪检委员或纪检员，进一步完善工作机制和监督机制，狠抓各项任务落实，形成履行“两个责任”、一把手负总责，领导班子成员分工负责，各部门负责人具体负责，一级抓一级、层层抓落实的廉政建设责任机制。

（十一）机关建设成果丰硕

2016年，省地方志办以强化机关建设为抓手，不断发挥群团组织的桥梁和纽带作用，整体推进文明创建活动。省方志办先后被评为全省文明单位、省直机关文明单位、机关党建优秀单位、综治先进单位、节能先进单位、综合绩效评比优良单位。

一是坚持以党建带动工青妇工作，切实加强对工会、青工委、妇委会工作的领导。成立青工委、妇委会，并完成工会换届工作。充分发挥工会在机关建设、服务和维护职工合法权益中的重要作用，努力为全办职工办实事、解难题、送温暖。大力支持关心妇委会工作，做到政治上关心、工作上支持、生活上照顾，每年“三八”妇女节都有计划地组织机关女同志参加特色活动，为妇女工作的发展提供良好的平台。关心关怀青年干部成长，召开“五四青年节”座谈会，互相交流工作经验、成长心得，引导青年干部为地方志事业发展献计献策，取得良好效果。二是开展丰富多彩、健康向上的文体活动。先后举办了“迎新春”健身比赛，“庆新春”联欢会、“三八”妇女节女职工春游等活动，积极参加省直机关工委组织的“强身健体展示风采”登山比赛，“庆祝中国共产党成立95周年”歌咏比赛，江西省第五届全民健身运动会暨省直机关瑜伽比赛等文体活动，并取得优异的成绩。通过各项活动的开展，不仅丰富了干部职工的业余文化生活，还促进了同事之间的沟通交流，增强了单位凝聚力、向心力，营造了健康文明、积极向上的工作氛围。

二、江西省地方志事业发展中的问题及对策

2016年，江西省各级地方志工作机构圆满地完成了各项任务，取得了显著成绩。在看到成绩的同时，还应当清醒地认识到，江西省地方志工作的基础总体上还比较薄弱，各方面工作都需要加强。

（一）工作体制不健全

一是机构设置和职能属性划分不统一。江西省11个设区市地方志工作机构中，目前独立设置的仅存上饶、景德镇、吉安和赣州，其余7个与党史办合署办公。在这4个独立设置的机构中，一半为副县级单位。而在县级地方志机构中，与党史合署的占40%，还有少数是与档案、地名办合署。这使得地方志地位难提高，工作难开展，经费难到位，干部难流动，条件难改善。二是行政级别存在“上下一般粗”的尴尬局面。省方志办作为省级地方志工作机构为副厅级建置，以副厅级单位向各省直单位、市、县（市、区）进行协调指导，难度较大，往往事倍功半。全省仍有部分县地方志办未完成参照公务员管理工作，在一定程度上囿限了干部职工的工作积极性。

（二）地方志工作发展不平衡

第二轮省志编纂工作于2012年3月开展，截至2016年10月，进度快的单位已经进入初审阶段，而进度慢的单位则仍停留在启动阶段。市县志工作也存在发展不平衡现象，工作开展好的地方，措施得力，经费充裕，志书高质量出版；工作开展差的地方，经费不足，资料散失。另外，因人员和经费原因，仍有部分县（市）未按照法定职责启动本级综合年鉴编辑工作，有的也还未按照要求实现一年一鉴。

（三）干部队伍出现断层

目前，江西省地方志干部队伍老龄化严重，出现人才断层。省、市、县三级地方志工作机构干部队伍青黄不接已是普遍现象，有相当数量的县级地方志工作机构成了安置干部的机构，负责人大多为轮岗调整而来或为解决职级挂名而已，有的甚至长期没有负责人，致使工作停顿。

（四）干部队伍素质与地方志事业发展要求还存在着差距

表现在政治理论、方志理论、编纂技能以及科学文化知识等方面缺乏深钻细研的精神，知识面不宽，业务不精，综合素质得不到提升，对新事物、新情况和新问题的认识水平和能力还跟不上形势发展的需要。

（五）信息网络化程度不高

网站建设起步较晚，网站信息内容较为单一，利用网络平台开展和宣传地方志工作力度还不够等。

（六）工作经费不足，基础设施较落后

江西是个经济欠发达省份，全省大部分地方志工作机构经费不足，正常业务受到影响；地方志机构的基础设施还不够完善，绝大多数市县区还没有建设方志馆，造成大量志书由于存放不当而损坏或散佚。

三、江西省地方志事业发展趋势及展望

2017 年，全省各级地方志工作机构和广大地方志工作者将围绕省委、省政府的中心工作，深入学习贯彻党的十八大和十八届三中、四中、五中、六中全会精神，全面贯彻落实《地方志工作条例》《江西省实施〈地方志工作条例〉办法》《全国地方志事业发展规划纲要（2015—2020 年）》和《江西省地方志事业发展规划纲要（2016—2020 年）》，立足本职，服务中心，坚持依法修志、依法治志，努力做好各项工作。江西省 2017 年地方志事业发展要点如下。

（一）大力推进《全国地方志事业发展规划纲要（2015—2020年）》和《江西省地方志事业发展规划纲要（2016—2020年）》的学习宣传贯彻

江西省将把学习贯彻《全国纲要》和《江西纲要》作为主要任务来抓，进一步加大对两个纲要的宣传贯彻力度，邀请专家学者研讨访谈，在中国赣网、《江西地方志》等相关媒体上开辟学习研讨交流园地，及时编发工作动态，交流全省学习贯彻情况。积极争取省内主要新闻媒体的支持，做好《全国纲要》和《江西纲要》的宣传工作，形成学习贯彻的良好环境和舆论氛围。加大对全省地方志专家库建设的支持力度，力争2017年建成全省地方志专家库。进一步加大对全省地方志工作督查力度，贯彻落实依法治志理念。

（二）继续深入开展修志工作

将在2016年工作基础上，完善措施，强化督查，加大力度，进一步推动第二轮省志编纂工作的深入开展。在市县志续志工作中，要积极履行指导督查职责，加大力度推进续志扫尾工作。

（三）稳步推进综合年鉴编辑工作

将按照组稿方案继续编辑好《江西年鉴（2017）》。与此同时，进一步做好《江西年鉴（2017）》的发行工作，扩大《江西年鉴》的影响。大力推进县级综合年鉴一年一鉴的普及工作，力争2017年全省县级综合年鉴一年一鉴覆盖率超过65%，2018年超过80%。

（四）不断加强方志馆建设

省方志馆将在以往工作的基础上强化内部管理，提升服务水平，进一步充实馆藏，丰富地情资料，扩充电子阅览室数据库，力争2017年完成对中国赣网的改版工作。进一步督促各设区市加快方志馆建设步伐。

（五）着力提升地方志工作宣传力和影响力

进一步加大地方志工作与文化宣传力度，着力提升地方志的社会影响力。

加大网络信息化建设，已经建立地方志网站的地区，将不断完善网站内容，完成第一、二轮志书年鉴等资料入库。缩短《江西地方志工作动态》出版周期，以及时反映地方志工作进展情况。进一步促进“方志江西”微信公众号与省内主流媒体的合作沟通，加强地方志工作和文化的宣传力。

（六）深入开展地方志理论研究与对外交流

将更加注重开展地方志的理论研究和学术交流工作，进一步加强对志书与年鉴编纂、地方志信息化建设的理论研究，提高研究水平进一步加强对外学术交流，加强与省外的地方志机构、地方志理论研究机构、相关学者的学术交流；进一步加强组团出境学习考察，学习先进修志经验，增加了解，增进友谊，增强互动，有效促进江西省地方志工作的持续健康开展。

（七）继续抓好机构和人才队伍建设

进一步理顺全省地方志工作机构的名称和职责，继续加大地方志干部培训力度，开展志书编纂、年鉴编辑等专项业务培训，努力建设学习型地方志队伍。坚持“德才兼备”的用人原则，加快人才引进和培养，不断优化干部队伍结构，为地方志工作的科学发展提供有力的人才支撑。

（八）继续抓好机关党建

全面认真贯彻落实十八届六中全会精神和省第十四届党代会精神，进一步夯实思想基础；深入开展“实干兴赣当先锋、为民服务作表率“主题实践活动和“连心强基模范”三大工程，进一步夯实组织基础；狠抓机关作风和党风廉政建设，进一步夯实作风基础；加强精神文明建设，抓好工会、妇女、关心老干部工作，进一步夯实群众基础；提高党务干部素质，加强党的自身建设，按照省委、省政府党组和省直机关工委的工作安排，奋力拼搏，积极进取，开创省方志办工作的新局面。

（九）继续抓紧《江西省方志文化丛书》的出版和发行工作

《江西省方志文化丛书》由省地方志办牵头组织，并成立丛书编纂委员会，联动各设区市和县（市、区）地方志办，协同其他有关部门共同完成，是江西省读志、传志、用志和开发利用地方志资源的新举措，也是一项地方志创新工作、文化创新工作。2017年，省地方志办将抓紧做好《江西省方志文化丛书》的复审工作，力争年内正式出版发行。

好风凭借力，扬帆正当时。全省地方志工作者将在省委、省政府的正确领导下与中国方志指导小组及其办公室的有力指导下，坚持以习近平总书记系列重要讲话精神为统领，紧密团结在以习近平同志为核心的党中央周围，不断发扬方志人精神，志存高远、力学笃行，抓住机遇、乘势而上，勠力同心、砥砺前行，展擘画、绘蓝图，为全面推进江西省地方志事业科学发展和建设富裕美丽幸福江西作出新的更大贡献！

山东省地方志事业发展报告

山东省地方史志办公室

2015—2016年，在中国地方志指导小组的精心指导和山东省委、省政府的正确领导下，山东省史志系统深入贯彻落实《全国地方志事业发展规划纲要（2015—2020年）》和《山东省地方史志事业发展规划纲要（2016—2020年）》，不断提升史志工作地位，开拓史志工作格局，筑牢事业发展基础，取得了丰硕成果，实现了新的突破。

一、山东省地方志事业发展基本情况

2015—2016年，山东地方史志工作得到省委、省政府的高度重视，省领导作出59次批示，省委副书记、省长郭树清作出13次批示，连续三年在政府工作报告中强调做好史志工作，在全省旅游产业发展大会上专门表扬史志工作，在曲阜优秀传统文化传承发展示范区建设规划专题会议和省政府常务会议上听取史志部门意见建议。全国第二轮省级志书编纂工作座谈会暨精品志书编纂研讨会在山东召开。中国社科院、中国地方志指导小组办公室将全国第一个地方志方面的国情调研基地设在临朐。中共中央委员、中国社会科学院院长、中国地方志指导小组组长王伟光在2016年1月10日作出批示："近两年来，山东地方志工作在刘爱军团队的努力下，勇于担当，主动作为，取得了显著成果，创造出'山东经验'，走在全国前列。"

（一）修志编鉴主业取得新成效

修志编鉴是史志核心主业，也是“存史、资政、教化”主要载体。山东始终将修志编鉴作为史志事业发展基础和关键牢牢抓在手上，在提高工作成效上狠下功夫。第二轮修志采取倒排工期的办法，制定“计划表”，明确每部志书完成时限，发放“明白纸”，细化各阶段工作要求，每半年调度情况、通报进展、落实任务。截至2016年底，规划的74部省志分志完成45部，占计划的60%；17部市志完成9部，占计划的53%，137部县级志书完成108部，占计划的79%，编纂进度大大加快。同时，严格执行13项志书质量管理制度，加强志书评议、审查验收等各环节工作，实现了质量和进度同步推进。《山东年鉴》改革创新、提速增效，2014卷7月出版，2015卷和2016卷稳定在6月出版，连续三年保持全国第一。从2015年开始同步推出袖珍版《山东省情概览》，应用二维码等新技术，制作年鉴光盘，服务功能大为增强。山东省史志办被中国地方志指导小组办公室确定为首批全国年鉴工作试点单位。《山东年鉴》被纳入中国年鉴精品工程，《山东年鉴（2014卷）》被中国地方志指导小组表彰为全国地方志优秀成果（年鉴类）特等年鉴。2015年《山东地方史志年鉴》创刊，并于2016年出版第二卷，成为全省史志系统记录成绩、展示成果、检阅工作的重要工具书。

（二）基础设施建设再上新水平

山东积极响应国家构建公共文化服务体系有关要求，大力加强方志馆和信息化等基础设施建设，努力提升公共文化服务能力和水平。2015—2016年，山东省方志馆投入近200万元经费，购买稀见方志丛刊等8种重要文献资料，设立书画陈列室，完成中央空调改造，馆藏书籍达12万册，改善了软硬条件。在聘请著名学者欧阳中石担任名誉馆长，在请他题写馆名的基础上，面向社会公开征集馆标，在主流媒体发布消息，不但征集到水平较高的设计方案，而且起到很好的宣传效果。在省情网构建“全省志类成果交换平台”，发布馆藏信息，方便互通有无，全国史志系统中尚属首创。积极协调省档案局，争取省委、省政府重视支持，省委办公厅、省政府办公厅印发工作方案，确定利用全省档案馆达标升级的机会，同时建设方志馆，为实现方志馆建设

"全覆盖"打下坚实基础。建立工作联系机制，加强对全省方志馆建设指导，东营市方志馆获批加挂国家方志馆黄河分馆牌子，落实了2万平方米的馆舍，2017年建成使用，青岛市方志馆规划面积1万平方米，8个县级方志馆在建和拟建馆舍面积都在2千平方米以上，发展势头良好。信息化建设与时俱进，山东省情网实施了第七次升级改版，开发"俯瞰齐鲁"历史地理信息系统、原版显示等新功能，对53部没有纳入省情资料库的首轮县志进行数字化处理。市、县两级地情网站在2007年全面建成的基础上，2015年全面完成了第二轮改版升级。2015年开通"山东史志"微信平台，2016年在微信平台举办"山东史志"年度人物投票活动，短短十天时间，8.5万人关注并参与投票，很好地展示宣传了史志工作。

（三）服务现实工作推出新成果

山东省史志办始终坚持修志为用的工作理念，紧紧围绕省委、省政府中心工作和经济文化强省建设大局，找好工作的切入点和着力点，充分发挥自身优势，两年内推出了很多有重要影响的史志成果。一是主动承担政治任务。2015年为配合搞好抗战胜利70周年纪念活动，主动提出并编纂了纪念抗战胜利70周年丛书，包括《山东抗战将士记忆》《山东抗战将士传略》《山东抗日根据地图志》《山东抗战战事史料汇编》《山东抗战纪念设施和遗址名录》5本书、200万字、3000余幅图片，仅用7个月时间完成，省长郭树清5次批示，中国地方志指导小组组长王伟光、常务副组长李培林也作出批示给予肯定。2016年继续编辑出版了山东抗战研究丛书，包括《亲历沂蒙抗战》《沂蒙抗战大事记》《沂蒙抗战歌曲选》《沂蒙抗战将士记忆》4本书、110万字、600多幅图片，中国地方志指导小组组长王伟光作序。《山东抗日根据地志》《山东解放区志》编纂也提上日程。召开《山东抗日根据地志》编纂论证会，邀请了第二炮兵原副政委、罗荣桓之子罗东进中将等领导和专家出席，副省长王随莲会见与会人员。二是为重大项目建言献策。建设曲阜优秀传统文化传承发展示范区是山东深入学习贯彻习近平总书记关于文化建设的系列重要讲话和对山东工作重要指示、批示精神的重要举措，已经纳入国家"十三五"规划纲要。2016年，省长郭树清主持召开曲阜优秀传统文化传承发展示范区建设规划专题会议和省政府常务会议，山东省史志办主任刘爱军参加了这两次会议，提出制作历史名人动漫、发挥方志馆作用、传播优秀文化等建议，纳入《曲阜优秀传统文化传承发展示范区建设规划》。三是推进专题志鉴编纂。2015年《第十届中国艺术节志》出版发行，是1987年中国艺术节举办以来首次修志，仅用1年时间完成。2016年启动编纂《山东省对口支援新疆志》《山东省对口支援西藏志》，省委常委、常务副省长孙伟和省委常委、组织部长杨东奇担任编委会主任。四是推进乡镇村志编修。2016年8月，推动省政府办公厅转发了省史志编纂委员会《关于做好乡镇村志编修工作的意见》，是山东省第一次由省政府办公厅转发关于做好乡镇村志编修工作的指导意见，协调有关部门将乡镇村志编修纳入"乡村记忆"工程，更好地传承乡村历史文化。五是大力弘扬传统文化。在2014年完成宣统版《山东通志》整理影印的基础上，制定了全省旧志整理"十三五"规划，计划用5年时间完成449种现存旧志整理出版工作。2016年是开局之年，完成31种府州志整理影印，以及《山东省历代方志集成》省卷和济南卷42种旧志整理出版。组织编纂《山东简史》。编纂完成8个分册的《山东省历史地图集》和10个分卷的《齐鲁历史名人传略》丛书。制作完成18集山东纪念抗战胜利电视专题片。开展了28集的齐鲁历史名人动漫项目，将《齐鲁诸子名家志》收录的历史人物改编成动漫，已进行孔子、孟子、曾子、姜太公、辛弃疾、李清照等6集制作，为弘扬传统文化、促进经济社会发展作出应有贡献。

二、山东地方志事业发展中的问题及对策

山东史志事业发展也存在部分部门、单位对史志工作重视程度不够，推动工作难度较大，社会关注度不高，公众读志用志意识不强，人才结构不尽合理，不能很好适应新的形势任务等问题，近年来采取有力措施积极应对。

（一）争取领导重视

坚持每年向省委、省人大、省政府、省政协等领导报告史志工作，用卓有成效的工作实绩争取领导重视支持。2015年，省领导对史志工作作出28次批示，2016年31次批示。特别是省长郭树清，到山东任职三年来，对史志工作作出21次批示，连续三年在政府工作报告中强调做好修志工作，这在

山东新方志编修30多年来前所未有，有力促进了史志事业大发展、大繁荣。2014年，以省政府名义首次召开了全省史志工作电视会议，各市、县（市、区）政府分管负责人、史志办主任及有关部门、单位负责人在分会场参加会议，参会总人数近5000人。省政府连续三年对史志工作开展政务督查，分管副省长亲自到基层督导史志工作，有力扩大了史志工作在各级政府工作中的影响。各级政府普遍提高了认识，加强了领导，有关部门也在机构改革、人力、财力等方面加大支持力度。山东省史志办机关暂不参与事业单位分类改革，增设了信息工作处，增加了一个副巡视员、一个调研员、一个副处长职数，山东省方志馆定为公益一类。三年来山东省史志办专项经费以40%的速度增长，确保了各项工作顺利开展。

（二）加强顶层设计

一是坚持依法治志。山东在2014年实现省、市、县三级史志法规体系“全覆盖”的基础上，依托各级政府“权力清单”和“责任清单”，明确史志工作的“官职”“官责”，将依法治志纳入政府依法行政范畴，为工作开展提供了有力的法治保障。二是科学谋划发展。根据国家规划纲要，山东在全国第一个出台了以省政府办公厅名义印发的史志事业发展规划纲要，率先提出了“三全”目标，即到2018年全面完成第二轮修志任务、实现省、市、县三级综合年鉴“一年一鉴”全覆盖，2020年省、市、县三级方志馆全面建成，明确了具体的时间表、路线图，增强了工作的计划性，史志工作由过去可有可无的“软指标”变成必须完成好的“硬任务”。三是加强制度建设。全面梳理制定了32项内部管理制度和28项业务规范并汇编成册，做到了以制度管人，按规矩做事，增强了工作的规范性。同时还健全完善督查落实制度，形成常态化的督查落实机制；建立工作会议制度，每年召开两次史志办主任工作会议和修志、年鉴、方志馆、信息化等专题会议，调度工作情况，通报工作进展，部署有关工作，推动了各项工作有序开展。

（三）打造过硬队伍

一是抓好关键少数。山东省史志办始终将各级史志机构“一把手”作为事业成败关键来抓。按照省委、省政府“走在全国前列”的目标定位，要求市县做到的，省里首先做到，形成以上率下、层层看齐的良好风气。2016年首次在中组部中国井冈山干部学院举办高规格的全省史志系统领导干部培训班，提升“关键少数”的能力素养，43人参加培训，收到很好效果。二是树立先进典型。及时发现和总结宣传基层先进经验，近年来，推广了临朐、济南、河口、博山、天桥等先进经验，涵盖整体工作，以及第二轮修志、年鉴编纂、开发利用等专项工作，起到良好的示范带动作用。“临朐经验”得到中国地方志指导小组组长王伟光的重视，要求学习推广。临朐县史志办主任刘建国在2015年被评为全国地方志系统先进个人。三是搞好培训和激励。山东制定实施了全省性的史志人才培训五年规划，省财政每年拨付60万元经费予以支持，邀请中国地方志指导小组办公室领导以及全国知名专家授课，已培训上千名业务骨干。2016年启动了新一轮五年培训规划。同时从2015年开始连续两年免费为西部五省区培训修志人员110名，支援了兄弟省区修志工作。为了强化激励引导，山东每年组织“山东省优秀史志成果奖”评选，以省政府办公厅名义表彰，每两年组织优秀年鉴评审，每四年以省政府办公厅、人力资源社会保障厅、公务员局名义表彰先进集体和史志工作者，2015年和2016年共表彰144项优秀史志成果，2016年表彰优秀年鉴98部，充分调动起史志工作者积极性，凝聚起干事创业的强大力量。

（四）扩大对外影响

史志事业只有与社会各界有机互动，不断拓展发展空间，才能走出“闭门修志”的误区，更好地融入社会、扩大影响。山东一方面积极拓宽宣传渠道，大众日报、山东电视台、人民网、新华网等主流媒体对史志工作给予前所未有的高度关注，2015年省委机关报大众日报全年6次报道史志工作情况，开辟史志专版，2016年又刊载了副省长王随莲署名文章和对山东省史志办主任刘爱军的专访文章，扩大了社会影响。另一方面加强对外交流，2015年组织赴台湾考察交流，邀请德国下萨克森州政府对华合作顾问迪特·舒伯特先生来访，聘其担任顾问。2016年赴英国、德国考察交流，拓宽了对外交流渠道，宣传了山东及史志工作。归国后及时上报出访情况，按照省政府要求，充分利用出访成果，积极协调山东大学、山东师范大学等高校加强与德国有关方面合作，成立莱布尼茨研究中心，成为中德文化交流的新平台。此外，2016

年山东省史志办还与省委党校签订交流合作协议，省委党校图书馆专门开辟史志成果专区，与孔子文化基金会也开展了相关合作，共同传承弘扬优秀齐鲁文化，实现资源共享、优势互补、合作共赢。

三、山东地方志事业发展趋势及展望

在全国史志事业蓬勃发展的大好形势下，山东省史志事业将继续保持高位运行态势，按照中国地方志指导小组的部署和《山东省地方史志事业发展规划纲要（2016—2020年）》确定的目标任务，到2020年基本形成修志编鉴、理论研究、质量保障、开发利用、工作保障"五位一体"的史志事业发展综合体系，实现转型升级的新跨越。

（一）全面完成第二轮修志任务

2018年完成省、市、县三级第二轮修志任务，打造一批在全国有影响的精品志书。

（二）大力推进年鉴编纂出版

2018年实现省、市、县三级综合年鉴全覆盖，不断推动年鉴工作改革创新、提速增效，缩短出版周期，增强为现实服务能力。

（三）加强方志馆建设

把方志馆建设纳入各地公共文化服务设施建设规划，2020年市、县（市、区）方志馆全部建成，开展数字化方志馆建设，升级改造"全省志类成果交换平台"，并广泛发挥作用，提高资料管理利用水平。

（四）加快信息化建设

广泛应用"互联网+"等现代信息技术，逐步实现修志编鉴的数字化、网络化，不断升级完善地情网站和地情资料库软硬件设施，建设新的载体平台，构建多界面、多渠道、多元化、全方位的综合服务体系。

（五）深化方志理论研究

深入总结社会主义新方志和传统编史修志经验，推出一批有分量的方志理论研究成果，造就一批在全国有影响的方志理论专家。

（六）强化史志资料建设

运用社会调查、口述历史等方法，大力拓展资料收（征）集范围和渠道，建立能够全方位适应史志编纂、史志事业发展和方志文化建设需要的史志资料保障机制。

（七）提高史志资源开发利用水平

引导社会各界开展对史志资源的开发利用，进行重大课题研究。加快修志成果转化，扩大方志文化影响，全面完成《山东省历代方志集成》、《山东省对口支援西藏志》、《山东省对口支援新疆志》、《齐鲁历史名人传略》丛书、齐鲁历史名人动漫等项目，深入开展抗战研究，制作《家风家训》纪录片和《走近山东民俗之二十四节气》动漫，深入挖掘和阐发齐鲁历史文化，推出更多有分量的成果。

（八）扩大对外交流合作

坚持开门修志，采用多种形式，进一步加强与国外和港澳台地区的高等院校、科研机构、档案机构、图书馆等单位的交流合作，增强方志文化影响力。

河南省地方史志事业发展报告

河南省地方史志办公室

一、河南省地方史志事业发展基本情况

（一）依法治志得到有效贯彻落实

《全国地方志事业发展规划纲要（2015—2020年）》颁布以来，依法治志已经成为河南省史志系统的思想共识和行动自觉。2016年4月，河南省地方史志办公室（以下简称省史志办）在广泛调研和科学论证的基础上，制定《河南省地方史志事业发展规划（2016—2020年）》，并以省政府办公厅名义印发，为"十三五"期间全省史志事业可持续发展提供了政策依据。同时，省史志办也要求各地各部门，结合本地、本部门实际，科学分解任务，高起点谋划好"十三五"工作。截至2016年底，多数省辖市都较好完成了任务。安阳、平顶山、三门峡、济源、郑州、开封、濮阳、焦作、驻马店、新乡、信阳、商丘、洛阳等13个省辖市出台了各自的"十三五"发展规划。许昌市以政府明传电报的形式下发了"十三五"发展意见。尚未出台发展规划的鹤壁、漯河、南阳、周口4个省辖市也都在积极采取有效措施，推动此项工作。

（二）第二轮三级志书工作加快推进，全面推进乡镇志编纂工作

2015年，全省二轮三级修志工作进展态势良好。截至2015年底，第二轮《河南省志》共136个编写单元，已定稿127个单元，占单元总数的93%；全省、市、县二轮修志任务168部，已出版144部，占86%，鹤壁、三门峡、安阳、信阳、济源5省辖市二轮志书率先编竣出齐。

2016年，《河南省志》继续克难攻坚。截至年底，第二轮《河南省志》15卷50篇136个编写单元，已定稿129个单元1400余万字。10月，省史志办对个别无承编单位单元的编写任务采取了特约志稿承编制，并与有关部门签订了合作协议，确保任务如期完成。同时，通过政府采购，由中州古籍出版社承担第二轮《河南省志》的出版工作，第二轮《河南省志》进入出版印刷阶段。

2016年，省史志办进一步加强市县工作指导力度，全省市、县（市、区）均能按照要求，健全和落实质量责任体系，制定了承编责任制、主编责任制，志书质量岗位（编辑）责任制、志稿三级评审和审核验收制度，从资料核实、内容编辑、出版校对等各个环节做到责任明确。特别在强化指导、关键抓评、严格质量、督促后进方面，效果显著。截至年底，168部第二轮综合志书，已出版150部，占89%，全省第二轮市县志工作进入收官阶段。全省部分完成二轮修志任务的市县，正在积极探索修志工作转型。

2015年，全省乡镇志编纂工作全面启动以来，总体情况良好，进展顺利。全省18个省辖市和10个直管县全部启动乡镇志编纂工作。其中，郑州、三门峡、周口、安阳、洛阳、平顶山、商丘等总体推进较快。全省2420个乡镇街道中，出版或成稿已有120部，其中已经出版68部，完成初稿49部，评议2部，审核1部。省史志办出台了《关于乡镇志编纂工作的若干意见》，召开了全省乡镇志编纂工作推进会，举办了有230人参加的河南省乡镇志编纂业务培训班。郑州市在全面推进乡镇志编纂工作的同时，实施了“乡镇街道图志”工程。周口市实行市县乡三级财政配套政策，为乡镇志编纂提供了经费保障，206个乡镇街道中，有163个达到了“四有”（有领导机构、有编写人员、有办公条件、有经费）要求。三门峡市建立了乡镇志督查、评审机制，制定《乡镇志编纂规范细则》。安阳市下发了《关于加强城中村（棚户区）改

造中影像及文字资料档案管理的通知》。

2016年，全省乡镇志编纂工作继续采取以点带面、全面推进的方式有序开展。全省18个省辖市和10个直管县全部启动乡镇志编纂工作。郑州、三门峡、安阳、洛阳、平顶山、周口、焦作、商丘、济源等9个省辖市总体推进较快。全省2428个乡镇街道中，322家完成初稿，61家完成出版。是年，省史志办加大乡镇志编纂工作推动力度。8月，召开了河南省乡镇志编纂现场会，全省各省辖市、县（市、区）史志部门300余人参加会议，对周口市《商水县邓城镇志》进行了现场评点。10月，省史志办举办了河南省乡镇志编纂业务培训班，200余人参加了培训。为更好地指导全省乡镇志编纂工作，由省史志办主任管仁富主编的《乡镇志编纂手册》一书于9月由中州古籍出版社正式出版，并面向全国公开发行。信阳、焦作、商丘、济源4市分别举办了规模较大的乡镇志编纂培训班，洛阳、三门峡2市出台了乡镇（街道）志评审验收规定，南阳市出台奖励乡镇志编纂的方案，安阳市启动“消亡村”村志编修工作（已印刷出版24部）。

（三）年鉴工作成效显著

截至2015年底，全省各级综合年鉴发展到156种，占全省市、县总数的89%。157个县（市、区）出版综合年鉴138种，占全省县级总数的87%。此外，全省还出版各类专业年鉴近40种。综合统计，河南省现已出版各级各类年鉴达196种。《河南年鉴》作为全国最早的省级地方综合性年鉴，已经连续10年稳居河南省一级期刊行列。根据《中国地方志指导小组办公室关于开展年鉴工作试点的通知》，驻马店市史志办成为全国年鉴工作试点单位。郑州、洛阳、新乡、焦作、濮阳、信阳、三门峡、许昌等市已经实现了市、县两级年鉴全覆盖。

2016年，年鉴工作覆盖面进一步扩大。据统计，全省各级综合年鉴发展到169种、各类专业（企业）年鉴近40种。18个省辖（管）市均编纂了本级综合年鉴；158个县（市、区）出版综合年鉴150余种，占全省县级总数的95%。综合来看，全省已出版各级、各种、各类年鉴总数逾200种。省史志办继续做好《河南年鉴》编辑出版工作，并在突出质量意识、增强服务功能、强化年度特色上狠下功夫，编纂质量有了较大提升。2016卷《河南年鉴》改版，采用双色印刷，于10月出版，11月初见书。市县区的综合年鉴工作也各具特色。驻马店市作为全国年鉴精品工程试点单位，所编纂的《驻马店年鉴》（2014）被评为全国地方志优秀成果（年鉴类）一等奖，《郑州年鉴（2014）》《中原区年鉴（2014）》《汝州年鉴（2014）》也受到了中指组的表彰和奖励。另外，新乡市启动了《新乡影像年鉴（2015）》编纂工作，以影像方式记录新乡经济社会发展现状，为创新存史手段进行了有益探索。

（四）省地情信息库建设取得重大成就

2015年，河南省情信息库入库总量由2014年的4.5亿字猛增至10亿字，跻身全国省级地情数据库前列。

截至2016年底，河南省情网全年网站总访问量比上年上升了10个百分点，在全国史志系统已具有一定影响。同时，积极运用官方微博、微信等新媒体手段，拓展服务渠道、延伸服务手臂，更好地发挥“存史、育人、资政”功能。各省辖市、省直管县史志机构信息化建设长足发展。三门峡市地情数据库总字数达到10亿字，开封市地情数据库总字数超过9亿字，洛阳、郑州的地情信息库也都以亿字为单位递增。其他地市也都采取多种举措加强数据信息化工作。

（五）全省方志馆建设有新进展

2015年，河南省方志馆改造方案经过多次酝酿，处在可行性论证阶段，前期改造资金已经到位。2016年10月，省史志办在赴多地实地考察兄弟省市方志馆建设情况的基础上，省方志馆库房加固改造工程已经正式开始施工。

2016年，三门峡、新乡、洛阳、安阳、周口、鹤壁、南阳、信阳、焦作、漯河10个规模不等的市级方志馆（室）建成投用；郑州、濮阳、平顶山、商丘、开封等地正在规划筹建。开封市尉氏县还创造性地将方志馆构建在国家级文保单位——刘青霞故居内，文保与方志馆相得益彰，古色古香，极具特色。

（六）地情网站遍及全省

2015年，河南省情网站功能逐步完善，顺利通过国务院办公厅的普查验收。截至年底，全省共建成独立网站23家，数据库13个，进一步加大了地方志的宣传服务力度，网站访问量持续上升，访问地区遍及全国各省市和全国大部分县（市、区）。各市、县网站也在不断壮大，很好地发挥了服务经济社会建设的功能。

截至 2016 年底，各市、县（市、区）史志系统信息化建设也取得长足发展。全省 18 个省辖市全部开通了地情网站，县级地情网也在逐步推进当中。

（七）开启“互联网 + 史志”工作模式

2015 年，省史志工作走上了史志与互联网融合发展的道路。各地史志机构不断探索与新媒体的互动，逐渐向手机、平板等客户端延伸。省史志办官方微博、微信“河南记忆”上线开通，反响良好。“方志开封”“史志新乡”等一批微信公众号和官方微博也相继开通上线。“平顶山地情 APP”在不断完善当中，驻马店市史志办的“点击天中”和掌上信息库研制成功并投入使用。

2016 年，为方便社会各界快捷地了解河南省情，认识河南省的历史与现状，省史志办官方微博、微信“河南记忆”继 2015 年上线开通后，积极运用新媒体拓展服务渠道、延伸服务手臂，更好地发挥了史志“存史、育人、资政”功能。各级史志机构不断探索“互联网 + 史志”工作模式，加强新媒体手段应用，工作领域继续向各类移动终端拓展。洛阳、平顶山、新乡、驻马店、三门峡、开封等市开通了微信公众号。特别是开封市先后开通了“方志开封”“开封地情”“鉴说开封”三个微信公众号，有力地服务了当地经济社会发展。

（八）继续办好史志刊物

截至 2015 年，河南省地方史志系统办有连续性内部资料两种《河南史志》《三门峡史志》，另有《郑州史志通讯》《安阳史志》《开封地情》《新乡志鉴编纂手册》等业务指导性资料汇编，均为不定期出版。以上刊物紧紧围绕河南省地方史志工作大局，努力为全省史志系统服务，活跃了学术研讨的氛围，取得了明显的成效。《河南史志》不断调整栏目，在研究史志理论、探索史志规律、交流修志经验、服务中心大局等方面发挥了应有作用。

截至 2015 年底，全省共有 17 个省辖市、60 个县（市、区）开展了大事月报工作，编辑水平不断提高，时效性逐步增强，内容日益丰富，形式更加多样，服务功能迅速提升，受到各级领导的普遍欢迎和高度评价。

截至2016年底，《河南大事月报》已连续出版11年、累计出版132期。2016年，《河南大事月报》进行了改版，新增彩页“图说大事”栏目，收集记录各类大事1500余条，为各级领导提供了时效性更强的资讯服务，受到省委省政府领导的充分肯定，各级党政机关和用读单位也给予了高度评价。全省共有17个省辖（管）市、60个县（市、区）开展了大事月报工作，占全省市（县、区）的50%以上。其中，漯河市大事月报工作实现县区全覆盖。开封市《开封大事月报》全面升级，增加彩印图片，进一步扩大覆盖范围。

（九）学术理论研究势头向好

2015年，省史志办及各市史志机构、史志协会先后举办了各级、各类学术研讨会、研修班等20余次。分别举办了不同类型的研修班、培训班，参与学习培训人员达600余人，收到了良好效果。同时广泛发动史志工作者撰写各类理论文章和著作。全省地方史志系统共在各级各类史志刊物上发表学术理论文章100余篇，其中在《中国地方志》刊物上发表各类理论文章10篇。省史志办王卫明撰写《当代方志编纂述论》一书，被省社科联列入2015年河南社会科学文库，由河南人民出版社2015年12月出版。

2016年，省志办积极加强与周边相关省份的史志工作协作，成立鄂豫皖大别山地区地方史志工作交流协作会。各省辖市也都积极开展省内外的横向学习与交流，学习先进经验，补齐自身短板，对推动工作起到了很好的作用。

（十）推出系列成果，服务社会需要

2015年5月，省史志办新任领导班子上任以来，准确地将省史志部门定位为资政服务性质，致力于全省历史文献的编纂整理与出版工作，全省三级地方志工作机构一贯重视乡土历史的研究与开发，并一直将其作为为现实服务的重要手段和措施。

2015年是抗战胜利70周年，省史志办会同省政协文史委、省党史研究室联合编纂出版了《民族记忆——中原抗战实录》一书（共5卷）。《省志资料系列丛书》中的《河南省烟草志》系列4种12卷本、《河南水利志》6卷本、《河南省测绘志》上下卷、《河南九三学社志》等经过评审后正在修改，《郑州铁路局志》300万字也已总纂成稿；《河南省水利志丛书》中的《郑州市水务志》

《长垣县水利志》已经出版,《河南省水文志》《人民胜利渠志》《陆浑水库志》等10部志书已成稿,《河南省移民志》《许昌市水利志》《固始县水利志》《河南省水利第二工程局志》正在编写。郑州铁路局大胆创新,编印了《见证·家园》局情信息系列“口袋书”,已出版《车辆郑铁》《数字郑铁》《大事郑铁》共3种5册,在全局及全路系统引起很大反响。各地开发的骨干用志项目有:《河洛文化文献丛书》《开封地方文化全书》《安阳历史文化丛书》《漯河名片》《驻马店历史文献丛刊》《古今济源》等。特色项目有:《郑州微型地情书》《濮阳杂技志》《中国信阳茶志》《淇河志》《济水志》《图说商丘名胜》等。焦作等市继续编纂出版古今人物志,共7部;郑州市继续开发《郑州名典》系列丛书和微型地情书,连续出版《郑州地情活页》季刊;平顶山市向市政协提交《在加快发展智慧旅游进程中融入史志文化元素的建议》的提案,与市旅游局建立长期合作伙伴关系。

省史志办同时承担了省政府《河南省人民政府历届领导名录》《河南家训家规》的编纂出版工作。2015年完成初稿,2016年6月,《河南省人民政府历届领导名录》出版(内部资料)。《河南家训家规》于2016年6月由中州古籍出版社出版发行。

2015年,省史志办与新乡市史志局结合,正式启动了《平原省志》的论证设计和编纂筹备工作。该项工作是河南省一项重要的填空白史志课题。2016年,成立了以副省长张广智为主任委员,以省政府秘书长郭洪昌、新乡市市长王小平为副主任委员的编委会及其总编室,确立了省史志办为主编单位、新乡市史志局为承编单位的工作体制,全面正式启动了《平原省志》的编纂业务,并对编写人员进行了必要的辅导培训,截至年底,已完成了80%的初稿。

2016年,省史志办正式启动了《“传承——河南省非物质文化遗产项目代表性传承人实录”丛书》项目。项目由省史志办牵头,对接河南日报报业集团组织实施。省史志办还与安徽、湖北、广东联合编纂《中国禅宗感悟之花》。根据编写设计大纲要求,省史志办负责初祖达摩的组稿工作。截至年底,省史志办承担的初稿已经完成。启动《河南年鉴(简本)》(省情概览)的编辑出版工作。经多方调研,省史志办决定以口袋书的形式推出《河南年鉴(简本)》,力求提供更实用的资料信息、更便捷的阅读方式,充分发挥年鉴的存史资政功用。以《河南年鉴》2016上年卷为基本材料，编纂出版《河南年鉴》简本，以更好地服务社会。对框架进行重新编排，确定10个部分，全书20万字，开本采用32开印刷。10月，2016《河南年鉴》简本出版，受到社会各界欢迎。各市县也依托自身优势，以丰富的地情资料成果积极为现实服务。濮阳市编纂出版了《龙都历史文化》（干部教材）《濮阳家训与家风故事》；安阳市编纂了《安阳历史文化丛书》；商丘市编纂了《古都商丘》《商丘圣人文化圈》《图说商丘名胜》；信阳市编纂出版《鸡公山近代建筑》；焦作市抢救整理了《陈氏太极拳图说》影印版；漯河市出版了《中国（漯河）食品博览会》《宜居名城——漯河》；驻马店市编辑出版了《吴房石刻》；开封市印刷出版了《开封人物志》《开封老街志》；洛阳市《中国河洛文化文献丛书》完成出版11部；鹤壁市在《鹤壁日报》《淇河晨报》分别开辟了“志说鹤壁”“文化鹤壁”专栏，以讲故事、说历史、写观感的方式连续刊载人民群众喜闻乐见的地方史志知识；兰考县深入挖掘志鉴资料为城市规划建设和农业、林业、旅游等规划的编制提出高质量的意见建议。

（十一）旧志整理稳步推进

2015年至2016年，《河南历代方志集成》工程取得重大进展。《河南历代方志集成》共收录527种旧志，原计划印制19卷355册，2016年修正为19卷680余册。2015年，在省政府的大力支持下，特别是副省长张广智的直接关心下，《河南历代方志集成》积极推进，成立了专门工作机构，与出版社实现了无缝对接。自2015年5个业务小组成立后，迅速摸清情况，从加强总体设计、直接鉴定15部省志25个版本问题、核查旧藏17部河南方志版本、拷贝整理并妥善收藏历代省志40余种33万个电子页面以及理顺了出版印刷费支付程序及财务监督程序后，截至2015年底，“省志卷”40种已经处于印刷前的最后准备阶段，市县志当中的郑州卷开始进入编辑制作过程中。2016年国庆节，《河南历代方志集成》省志卷274册正式出版问世。

2015年，全省共整理出版旧志35部，其中省直管县7部。开封市杞县出版了明万历二十五年《杞乘》，同时整理清光绪二十四年《新修祥符县志》、明万历十四年《洧川县志》。安阳市和各县（市、区）根据实际情况，点校和影印了本地旧志，如《林州旧志集成》，汤阴重新校注乾隆旧志。商丘市旧志整理动手早、效果好，现存本级志书几乎整理一遍。全省各市县区也都积极收集旧志胶片、拓本，为旧志集成出版做准备。

2016年，各市县（区）的旧志整理工作扎扎实实、富有成效。开封市《开封历代方志集成》《开封历史文献丛书》重点项目整理编纂进展良好，明嘉靖二十五年版《杞县志》、《万历开封府志校注》、《东京梦华录补注》、清嘉庆《洧川县志》、清光绪《洧川乡土志》印刷出版。驻马店明万历《汝南志》出版发行。商丘市启动《商丘历史文献丛书》编辑工作，重印整理了《壮悔堂文集》。虞城县整理了清乾隆八年《虞城县志》标注本，宁陵县整理出版了清光绪十九年、清宣统三年以及民国时期的三部《宁陵县志》。南阳市方城县申请经费100万元用于四部旧志的整理出版工作。

二、河南省地方史志工作发展中存在的主要问题和对策

（一）省史志办是省政府办公厅领导的副厅级事业单位，参照公务员管理，规格低，协调指导全省史志工作受到很大制约，与河南作为方志大省不匹配，也是影响河南省地方史志事业发展的全局性问题。就省史志办自身机构而言，由于规格限制，加上干部没有流动，政治待遇上欠账较多，影响队伍建设，工作积极性受挫。

对策：省史志办已经将此问题向上级领导进行汇报，积极争取支持，对这些问题认真加以解决，理顺体制。然而，机构改革牵涉到方方面面，机构升格问题有较大难度。

（二）“一纳入、八到位”在一些地方落实不好，个别领导重视不够，经费不足，工作条件有待改善。

对策：省史志办要有所作为，按照建设“四个河南（富强、文明、平安、美丽）”文化强省的要求，进一步加强《地方志工作条例》《河南省地方志工作规定》宣传贯彻和执行力度。2015年，省史志办新任主任到任后，加大了史志工作督察力度，由省政府督察室与省地方史志办公室联合开展修志编鉴工作督察。2016年，河南省修志编鉴工作纳入省政府工作范畴，年终督察任务由省政府承担。此举创全国修志工作先河，也标示着河南省修志工作，在中共河南省委、河南省人民政府领导下，在省政府办公厅大力支持下，将会

再上一个新台阶。

（三）工作发展不平衡，个别市、县跟不上全省工作的统一步伐，也是当前全省史志工作亟待解决的重点和难点问题。

对策:按照省史志办基本完成第二轮三级志书编纂的总体部署,统筹安排。

（四）个别地方没有严格执行规定要求，责任心不强，质量不高，效率低下,对基层修志的规范指导有待进一步加强;有的史志工作者跟不上时代要求，懒、散、慢、拖现象时有发生，素质有待进一步提高。

对策:加强质量意识,严格按照《地方志工作条例》《河南省地方工作规定》规范修志行为，落实各项质量制度规范。加强政治思想教育，加强队伍建设，提倡爱岗、敬业精神。

三、河南省地方史志工作的发展趋势及展望

（一）河南省地方史志工作的发展趋势

1. 进一步落实《地方志工作条例》、《河南省地方志工作规定》和《全国地方志事业发展规划纲要（2015—2020年）》、《河南省地方史志事业发展规划（2016—2020年）》。“十三五”时期，是全省地方史志事业实现全面协调可持续发展的重要阶段。省史志办在开展广泛的调查研究和科学论证的基础上，科学制定了《河南省地方史志事业发展规划（2016—2020年）》并于2016年4月25日由省政府办公厅印发，从而为“十三五”期间全省史志事业实现可持续发展观奠定基础。省史志办也要求各地各部门，结合本地区、本部门工作实际，科学地分解任务，做到统筹安排、认真贯彻，力争以高起点、大步伐为顺利实施史志工作“十三五”规划开好局、起好步。

全省各地认真贯彻落实规划精神，同时结合自身实际，制定各地地方志事业发展的规划。截至2016年底，省辖市本级共有安阳、平顶山、三门峡、济源、郑州、开封、濮阳、焦作、驻马店、新乡、信阳、洛阳、商丘、许昌共14个市出台了规划。鹤壁、漯河、南阳、周口4个没有出台规划的省辖市，也正在采取有效措施，推动此项工作，确保各自规划早日出台。

2. 加强队伍建设，强化基础保障，创新史志成果发展战略。以改革创新

为主线，以地情服务为宗旨，推动工作任务衔接和转换，不断拓展修志用志新领域，夯实修志编鉴基础工作，占领地情优势制高点，推动全省地方史志事业持续健康发展，为河南振兴中原崛起富民强省做出新贡献。

（二）河南省地方史志事业发展的展望

1. 基本完成河南第二轮三级志书编纂出版工作。编纂省、市、县三级志书是河南省第二轮修志的主体任务，省史志办要坚决完成好中共河南省委、河南省人民政府交办的《河南省志》编纂工作。全面做好省志稿的扫尾攻坚和出版前的排校、合成、出版申报、印装等各项准备工作。对于未完成市、县（市、区）志的史志机构，加大督办力度，推动高质量地完成第二轮志书编修任务。

2. 完成省、市、县三级综合年鉴全覆盖。要不断提高对县级综合年鉴编纂工作重要性的认识，推动全省县级综合年鉴均衡发展、提升县级综合年鉴编纂工作质量和水平。县（市、区）级史志办已开展年鉴工作的，要继续巩固阵地、提高质量，尚未出版综合年鉴的 8 个县（市、区）要尽快在年内全部启动。

3. 顺利完成《河南历代方志集成》整理出版工程。《河南历代方志集成》整理出版工程自启动以来，在省政府的关怀及大力支持下，经过省史志办和大象出版社的共同努力，先后进行了资料收集、版本鉴定、编辑整理、扫描制版等大量工作，现已取得阶段性成果。省志卷 275 册已于 2016 年 11 月初正式出版，其余 18 个地市分卷版本搜集复制工作正在紧张进行，大部分进入编校、制版等后期加工并陆续交付印刷阶段，预计 2017 年底完成全部 19 卷的出版工作。

4. 全面开展全省乡镇志编纂工作。一是要求各地将乡镇志编纂作为今后一个时期的重点工作，全面启动、试点先行，做好规划、稳妥推进，分类指导、出好成果。尚未作出安排部署的地方，必须出台工作方案并提出明确要求。二是进一步加强培训。根据工作进展情况，适时举办年度全省性的乡镇志业务培训班或者研讨会，培训业务骨干。各省辖市和省管县也要分期分批集中培训修志人员，力争将参与乡镇志编纂的业务骨干培训一遍。三是继续开展分类指导。除全省性的集中培训研讨活动外，省史志办积极支持参与各地培训活动,并有选择地参加评稿活动。各地要坚持分类指导,注意树立典型,总结推广经验,充分利用集中评稿研讨等机会,解决业务技术难题和工作中遇到的其他问题。

5. 扩充库馆网站建设新内容。一是要做好省方志馆整体修缮的设计规划。在广泛调查研究和论证的基础上,结合全省历史和方志工作的实际搞好规划。同时,争取省财政的大力支持。二是要继续加强省情数据库的建设,利用现代信息技术,对全省史志系统收集的地情资料汇总、整理录入,年入库信息量力争再增1亿字。三是省方志馆要不断增加投入、增加馆藏、改进设备、完善功能,真正成为全省地情文献的收藏、编研、咨询、服务中心。四是进一步指导好市、县(市、区)方志馆(室)建设。

6. 围绕大局开展好地情开发利用工作。一要使互联网与地方志融合发展进一步深化。“互联网 + 地方志”已成为开发利用地方志资源的重要手段,要充分发挥地方志在公共文化服务体系建设中的重要作用。二要进一步加强地情研究开发工作。围绕中原经济区建设及党委、政府中心工作,各地须尽快论证实施具有带动全局作用的用志开发项目,充分发挥地方志的传统功用和现实效益。三要继续抓好项目建设。深入研究、科学论证、广泛征询,以期尽快形成全省统一、系统稳定、开放兼容和易于操作的用志项目库。

7. 努力开展地方志科研工作。地方志科研工作是一项系统工程,包括理论研究、学科建设、人才培养、学术交流、项目管理、成果管理、绩效考评等一系列具体工作。全省应以全国地方志科研工作会议为契机,高度重视科研工作的开展。以《全国地方志事业发展规划纲要(2015—2020年)》的贯彻落实为契机,加强河南省地方志理论研究和创新,活跃学术研讨的氛围,推动研究成果创新。同时以人为本,加强人才队伍建设,为科研工作提供高水平的人才储备,不断提升地方志科研工作服务大局的能力。

湖北省地方志事业发展报告

湖北省地方志办公室

一、湖北 2015—2016 年地方志事业发展基本情况

2015—2016 年，湖北省方志系统在省委、省政府的领导和中国地方志指导小组的指导下，深入学习贯彻党的十八大、十八届三中、四中、五中、六中全会和习近平总书记系列重要讲话精神，认真贯彻落实第五次全国地方志工作会议和《全国地方志事业发展规划纲要（2015—2020 年）》（以下简称《规划纲要》）和《湖北省贯彻落实〈全国地方志事业发展规划纲要（2015—2020 年）〉实施方案》（以下简称《实施方案》）精神，立足当前，谋划长远，求真务实，开拓创新，较好地完成了各项目标任务。

（一）全省第二轮修志工作即将全面完成

1. 省志编纂工作。2015 年 9 月，省政府组织召开《湖北省志》总纂终审会，湖北省省长王国生、副省长郭生练、秘书长王祥喜及《湖北省志》副总纂出席会议，对《湖北省志》整体质量进行把关。经总纂委员会评审，原则同意《湖北省志》通过终审，基本符合出版要求。目前正根据总纂终审会的意见组织最后的修改工作。截至 2016 年 11 月，《湖北省志》83 部专志中除附录和索引外，其余 81 部专志全部完成编纂任务，进入出版程序。

2. 市县志书编纂工作。17部市、州、直管市、神农架林区志全部完成终审任务，除《随州市志》外，其余16部已全部出版；97部县（市、区）志中已全部完成编纂任务，其中已出版89部。总体来看，湖北省第二轮地方志书编纂工作可以在“十三五”期间全面完成。部分市县已全面开展二轮修志工作总结。宜昌市、咸宁市、恩施州相继召开专题总结表彰会议，全面总结第二轮修志工作经验教训，为下一轮修志工作提供有益借鉴，其中恩施州将县市史志办主任会议纳入全州党建工作会议，并出版了《恩施州第二轮地方志书编修始末》。

3. 乡镇村志编纂工作。2014年11月，省方志办下发《关于全面开展全省乡镇（街道）、村志编纂工作的通知》，乡镇（街道）、村志编纂工作在全省全面启动。2015年5月4日，省方志办下发了《湖北省乡镇（街道）、村（社区）志编纂工作试点工作方案》，明确将荆门市京山县作为全省乡镇（街道）、村（社区）志编纂工作的试点。5月13日，组织召开全省乡镇村志编纂工作现场会。11月，分东、西两片召开乡镇村志编纂理论研讨暨培训会。各市县也积极动员，制定乡镇村志编纂工作规划和方案，采取试点推进的方法，掀起编纂乡镇村志的热潮。目前，武汉、襄阳、宜昌、十堰、孝感、荆门、黄冈、鄂州、恩施、仙桃、天门等市（州）以及38个县（市、区）已召开乡镇村志编纂工作启动会，就乡镇村志的编纂工作进行了部署，并有25个县（市、区）开展了不同层次的业务培训。宜昌市夷陵区党委、政府还专门拿出800万元专项经费投入乡镇村志编纂工作。赤壁市志办组织专班对所辖17个乡镇进行专项督办。截至目前，全省已出版乡镇村志277部。同时，对入选中指组“名镇志文化工程”的3部名镇志的编纂予以指导。2016年5月，《三阳镇志》已作为第一批名镇志出版。《保安镇志》《吴店镇志》已入选第二批名镇志。

（二）综合年鉴编纂工作取得较大进展

1. 基本实现全省三级地方综合年鉴全覆盖。湖北省方志办坚持以“一纳入、八到位”为抓手，积极争取各级领导对年鉴工作的重视，采用政府发文、省方志办主要负责人带队调研督办以及分类指导等方式，推动全省地方综合年鉴编纂出版工作的均衡发展。截至2016年底，全省17个市（州）均已编纂出版地方综合年鉴，99个县（市、区）中有97家已编纂出版地方综合年鉴，正在启动尚未完成编纂出版工作的有 2 家，全覆盖工作已经基本完成。其中，全省 17 个市（州）已全部做到一年一鉴，85% 的县（市、区）也已做到一年一鉴。同时，全省各级各类专业年鉴发展迅速，基本形成各级地方综合年鉴与各类专业年鉴协调发展、覆盖全省的年鉴工作格局。经过努力，圆满完成《湖北省地方志事业发展“十二五”规划》中所提出的“到‘十二五’时期末，实现全省地方综合年鉴编纂出版的规范化、制度化，构建全省完整的三级地方综合年鉴体系”的目标任务。

2. **努力打造精品年鉴**。制定印发《湖北省地方综合年鉴编纂出版工作规定（试行）》，规范全省、市、县地方综合年鉴和专业年鉴的编纂出版工作；坚持打造《湖北年鉴》这个龙头品牌，不断创新年鉴编纂的形式和内容，坚持做大做强、常编常新。2015、2016 年连续两年推出由全省方志系统评定的湖北省十件大事，扩大了《湖北年鉴》的影响力。同时，对卷首彩页的设计与排版也进行了改革与创新，增强了年鉴的可读性和视觉效果。2016 年 3 月，为激励先进，推动《湖北年鉴》组稿工作、撰稿工作再上新台阶，省方志办制定《〈湖北年鉴〉撰稿先进单位和优秀撰稿人评选表扬办法（试行）》，并联合湖北年鉴编辑委员会，对省人大常委会办公厅等 57 个撰稿先进单位和 115 名优秀撰稿人进行了通报表扬。《武汉年鉴》出版工作严格按照“三审一校一通读”的编纂程序，组织专业的校对队伍，聘请专业的板式设计人员和专业电子排版人员打磨，并于 2016 年起采用全彩版印刷，整体效果很好。《十堰年鉴》编纂为突出年鉴资政的功能，新增设了“经济发展战略”“领导论坛”“治域方略”“调查与思考”等特色栏目，为十堰地方经济社会发展提供资政服务。《宜昌年鉴》从 2015 年起采用彩色印刷，增强了视觉效果和影响力。专业年鉴如《长江年鉴》《湖北教育年鉴》《湖北发展改革年鉴》《湖北卫生年鉴》《东风公司年鉴》等坚持按年编纂出版，质量不断提升。

3. **加快年鉴成果转化**。自 2006 年第一本《湖北年鉴简明省情手册》（以下简称《省情手册》）出版面世起，至今已经连续编辑出版 9 本。《省情手册》全书为 32 开本，共 20 万字，资料均来源于当年出版的《湖北年鉴》，为《湖北年鉴》的副产品。《湖北年鉴》与《省情手册》“一大一小”并行出版，进一步丰富和完善了年鉴的服务功能，受到广泛欢迎。近年来，《省情手册》的社会影响越来越大，已经作为人大、政协“两会”会议的固定参阅材料，为每年出席省“两会”的代表和委员了解熟悉省情提供资料信息服务。此做法在全国年鉴会议上介绍经验，得到中指组和年鉴业界的好评。同时，自2015年起，《湖北年鉴》开始编辑出版《湖北省情概览》英文版，在“华创会”广泛发行，为对外宣传湖北、研究湖北，助力湖北实施“走出去”战略提供基本省情资料信息。各地利用年鉴资料，编辑出版了一系列具有“短平快”特点的实用读物，如《武汉年鉴实用手册》《黄石年鉴实用手册》《襄阳年鉴简本》《宜昌年鉴简明市情手册》《武昌区情手册》等出版物，在当地市“两会”上向人大代表、政协委员等赠阅，并成为市民用鉴、服务招商提供服务的工具书。

（三）地方志信息化和馆藏建设水平不断提高

1. 进一步强化“湖北方志网”的维护与管理。一是调整栏目设置，顺利通过全国网站普查。贯彻落实《关于开展第一次全国政府网站普查的通知》精神，对“湖北方志网”进行改版，并对部分栏目进行调整，完善了“领导信箱”“咨询投诉”两栏目的功能，新增了“在线调查”栏目，对网站所有链接进行实时跟踪，保证网站所有内容的可用性，顺利通过全国政府网站普查。二是严格执行发布程序，“湖北方志网”及时更新文章、图片等，并将数据信息的更新整体移交全省“楚天云”信息中心，确保网站内容常编常新。截至目前，网站总点击率逾140万人次。三是落实网站数据备份、保密审查、安全维护等相关规章制度，规范网站管理，确保网站的正常运转和信息安全。四是修复《省情资料库》栏目。修复后的省情资料库能保证2000人同时在线浏览，并兼容各主流浏览器。五是不断丰富省情资料库电子信息内容。2015—2016年度录入各类志书、年鉴122本，约1.3亿字。

2. 继续加强方志馆馆藏建设。一是加强省方志馆馆藏建设。主动与外省市联系，积极购买或交换全国三级志书，修志业务工具书、与鄂情相关的各种政治、经济、文化、社会性图书以及年度评选出的各类优秀图书。完善志书、年鉴、地情资料等图书的信息化管理。购入图书管理系统，初步实现了省方志馆馆藏信息化管理。二是进一步丰富市州馆藏资料。目前，17个市州共收藏各级各类地方志资料约26万册。

3. 做好全省方志馆建设。一是做好省方志馆升级改造立项的前期工作。目前，湖北方志馆改扩建项目已经征求规划、文物部门意见，报省发改委审批立项。二是鼓励支持市（县、区）方志馆建设。全省17个地市州，建有方志馆（室）的有3家（武汉、黄石和神农架），正在建设的有3家（宜昌、孝感和天门）。县区建有方志馆（室）的有7家。其中宜昌、孝感的主体工程已完成，宜昌市方志馆的布展设计任务书和展陈大纲已通过中国地方志指导小组办公室组织的专家组审查。

4. 加快全省方志系统信息化建设。全省17个地市州有15家完成了地情网站的建设，101个县（市、区）机构［包括99个县（市、区），及武当山和屈家岭两个管理区］中有48个建立了方志网站。组织全省方志系统整体向《今日头条》手机APP推介各地相关的地情文史信息，利用新媒体推广地方历史文化及介绍地情信息。

（四）围绕中心、服务大局的能力进一步增强

全省各级方志工作机构积极发挥地方志围绕中心、服务大局、助推全省经济社会发展的作用。一是主动参与，服务党委、政府中心工作。2015—2016年，湖北省方志办除全面完成与省政府签订的年度目标任务外，还承担了地名普查等工作。仙桃市地方志办公室积极参加“沔阳三蒸”文化节，协助举办历史文化图片展、“沔阳三蒸”文化节研讨会。武汉市为纪念中国人民抗日战争胜利七十周年，编辑出版《武汉春秋——武汉抗战专辑》；荆州市志办与市委宣传部、市政府研究室联合编制《荆州——一个有故事的城市》，以图册的形式做好荆州的对外宣传工作；咸宁市方志办在建市50周年之际，编辑了《咸宁50年大事精粹》；通城县志办在纪念抗战70周年之际，出版反映通城“八百壮士”的《家国忠魂》。二是充分发挥地方志资源优势，加快志书、年鉴的成果转化。湖北省方志办继续向省“两会”人大代表、政协委员赠送《湖北简明省情手册》，受到好评。同时，推出了《湖北省情概览》英文版。三是围绕全省经济社会发展战略开展资政专题研究，为党委、政府提供决策参考和智力支持，如武汉方志办为服务中部崛起战略，开展了“中国红谷圈”研究工作。青山区方志办运用《资政参考》为区委、区政府提供地情。孝感市编发《孝感大事》、恩施州编发《恩施大事》季刊，每年4期。襄阳市方志办创刊了《襄阳史志》，并研究出台了《关于进一步加强新形势下史志资政工作的意见》，动员组织全市史志系统更加紧密地围绕中心、服务大局，突出地方

志“资政”功能。

（五）地方志资源开发利用取得新成效

1. 统筹规划，地情资料开发利用取得新成果。全省各级地方志系统充分开发利用地方志资源，成果丰硕。2015年，省方志办组织编写《湖北名村》，该书已于2016年出版发行。《湖北名村》共收录了587个村，成书约170万字，随文图片1100幅。武汉市编辑出版了《武汉手艺人》、《张培刚传》（修订本）、《武汉备要》，《名人武汉足印·教育卷》已进入终审程序。鄂州市大力发动、支持、指导社会力量编辑地情资料，目前已出版了《葛店史话》《葛店村塆》《临江村塆》《鄂州古镇》《鄂州通览》《魅力梁子湖》等地情书籍。黄冈市完成了《星灿河汉——黄冈历史人物大观》编纂工作。黄梅县编纂出版了《黄梅县古迹名胜志》《黄梅县姓氏志》《黄梅县历代入志诗文辑录》等地情书籍。十堰市历时5年，完成《十堰民俗》编纂出版工作。宜昌市编纂出版系列地情丛书《美丽宜昌》之《宜昌风物》。

2. 开拓创新，地情资源开发开辟了新领域。黄石市方志办联合黄石电视台摄制《西迁壮歌》《远征军中的铿锵玫瑰》等专题片，开办了“黄石的抗战”专栏节目。通城县推出了《通城与八百壮士》电视专题片，在湖北电视台播出。孝感市通过各种方式收集1000多幅珍贵历史照片，初步建立起本地地情资料图片库。宜昌市统筹官方微博、微信等新媒体平台，发布“古迹探源”“古城史记”“历史印记”等系统专题，宣传地方历史人文。

3. 挖掘资源，旧志整理工作进程加快。配合《荆楚文库》，做好方志篇的校对核实工作，并根据《荆楚文库》对《湖北省历代旧方志目录》进行订正和修改；整理出版《湖北省旧志序跋选录》，继续搜集汇集各市县的资料。黄冈市完成了明弘治、清康熙西部《黄州府志》校核、编辑工作。十堰市整理校注的清康熙《郧阳府志》、孝感市整理的清光绪《德安府志》出版发行。孝南区、孝昌县、大悟县联合整理的康熙《孝感县志》即将出版。宜昌市完成民国九年《宜都乡土调查志》、明嘉靖二十八年《归州全志》的校注整理及印刷出版，完成清同治版《宜昌府志》校注工作，预计年底印刷出版。通山县组织专家对清康熙、同治、光绪年间《通山县志》和民国时期《通山县乡土志略》进行简化、断句、注释等整理工作，形成《通山县志点校本》并公开出版。注重交流，旧志整理学术氛围日趋浓厚。组织方志系统人员去台湾进行旧志整理工作交流。

（六）对外宣传及交流取得新突破

1．强化交流，拓宽地方志理论研究联系渠道。以湖北省地方志学会、年鉴研究会为平台，组织全省志书和年鉴编纂理论研讨及业务培训会，与新疆、宁夏、山东、安徽、上海、四川、重庆、福建、南京、北京、深圳等方志办交流修志业务工作。努力做好方志援疆工作，对口支援新疆博州地方志工作。连续六年组团赴台湾进行学习考察。

2．积极向省级媒体投稿，加大宣传力度。中国地方志指导小组常务副组长李培林到湖北视察方志工作、《湖北年鉴》出版发行、全国地方志表彰座谈会概况、《规划纲要》《实施方案》的发布等重要消息，均及时在《湖北日报》、荆楚网、新华网、《楚天金报》、湖北卫视等重要新闻媒体上刊登。

3．加强培训，强化地方志理论研究基础。积极组织全省修志业务骨干参加中指组组织的各类培训研讨班。省方志办以学会研讨为载体，集中举办各类学术研讨班 6 期，邀请专家教授实时授课，进行学术专题探讨。

4．服务修志，积极办好地方志刊物。继续办好《湖北方志》和《地方志工作》，为开展地方志理论探讨、交流工作经验、积累地情资料发挥了很好的作用。各市、州方志办主办的，以《武汉春秋》为代表的刊物获得社会广泛好评，扩大了地方志影响力。

二、湖北省地方志事业发展中的问题及对策

在总结成绩的同时，我们也清醒地认识到湖北省地方志事业发展还存在着不足，主要表现在以下方面。

（一）地方志工作机制还不够完善

与首轮修志相比，第二轮修志的时代背景已经发生了巨大变化。社会主义市场经济体制逐步建立，政府的职能也相应发生变化，因此我们在工作体制和工作机制上都做出了相应的调整，正式从以行政体制推动为主到依法修

志。2007 年 6 月 1 日，《湖北省地方志工作规定》正式施行，修志工作的推动从由指令性计划、行政命令为主转为以法律手段、经济手段、行政手段并用。但从目前的情况来看，全省地方志工作还未形成一个及时有效的运转机制，对某些承编单位缺乏约束力，以至于有些承编任务无法落实责任主体，协调难度较大。要加大国务院《地方志工作条例》和《湖北省地方志工作规定》的宣传和贯彻力度，严格落实"一纳入、八到位"，努力提高地方志工作的社会影响力，增强地方志工作者的自信心，用依法治志的理念进一步理顺工作体制和机制。

（二）事业发展不平衡现象突出

有些地方只是在人员、经费方面保障了志书编纂工作，年鉴、旧志整理、地情资源开发等工作没有得到平衡协调发展。要进一步统筹规划地方志事业发展，以"修志问道，以启未来"为目标，积极拓展服务范围，在保证完成地方志"两全目标"的前提下，启动资料年报工作，进一步做好旧志整理、地情丛书开发等工作。

（三）志书和年鉴的质量有待进一步提高

目前我省三级修志任务虽已全面完成，但部分地方和部门为了赶进度，对志稿质量把关不严，存在着一定的质量问题。《湖北年鉴》的质量尚存在上升空间。《湖北年鉴》对经济社会的新发展、新事物、新趋势反映的还不够全面、准确、丰富；总体框架设计仍需不断适应改进调整；《湖北年鉴》形式上多年没有进行大的改版，总体面貌显得有些陈旧。市、县两级地方综合年鉴及其他专业年鉴精品不多，部分年鉴甚至存在一些常识性差错。要按照中国地方志指导小组《地方志书质量规定》《地方综合年鉴编纂出版规定》有关要求，结合我省志书、年鉴质量管理相关规定，推动志书、年鉴质量标准建设，并进一步加强对全省各级、各类志书、年鉴工作的指导。

（四）人才队伍青黄不接

大部分从事地方志编修的人员是临时抽调或兼职，有的业务不熟，有的不能集中精力工作，业务素质亟待提高，地方志队伍青黄不接已成为制约地方志事业科学发展的瓶颈。要进一步加大干部培养培训力度，着力提升干部能力素质，不断优化干部队伍结构。省方志办为解决人才青黄不接的问题，采取内部挖潜培养业务骨干和对外招考引进人才相结合的办法，招录了多名博士、硕士生，并通过内部业务传帮带、对外学校交流、在岗技能培训等方式，逐步解决业务能力“两极分化”严重的问题，取得了较好的效果。连续4年举办全省地方志系统业务骨干培训班，对业务骨干进行政治理论、业务知识等全方位的轮训，有力地提升了全省地方志工作者的综合素质。

（五）信息化与方志馆建设比较滞后

现有的省方志馆容量有限，功能相对单一。全省17个地市州，建有方志馆（室）的仅有3家（武汉、黄石和神农架），县区建有方志馆（室）的仅有7家。省方志办正在着力推进省方志馆的升级改造，力求更好地发挥方志馆资料搜集和馆藏展示、宣传教育、研究咨询的功用，更好地为社会各界服务。充分发挥报纸杂志、广播电视、网络等多种传播媒体的作用，做好各类书籍的推广宣传，进一步深入开展读志用志工作。同时，利用新媒体（如微博、微信）发布省情信息，让更多的人了解湖北省情。

（六）地方志在“五个湖北”建设中潜在优势和重要作用发挥不够充分

湖北省方志办虽然做了大量的修志、编鉴和资料搜集整理工作，但大部分还停留在“存史”的层面，利用地情资料“资政”“教化”虽然做了不少工作，编辑出版了《湖北省湖泊志》《湖北省乡镇大全》《湖北县情》《湖北名村》等书，但还是不能完全满足服务长江经济带、长江中游城市群、大别山革命老区建设等发展战略的需要。

三、湖北省地方志事业发展趋势及展望

在下一阶段的工作中，湖北省方志系统将继续贯彻落实第五次全国地方志工作会议、《规划纲要》《省人民政府办公厅关于进一步加强地方志工作的意见》精神，全面落实《实施方案》，实现全省地方志事业发展“十三五”整

体目标，即完成全省第二轮修志任务、做好第三轮修志工作准备，实现省、市、县三级地方综合年鉴编纂工作全覆盖，加快地方志信息化和方志馆建设，推进地方志成果的开发利用，基本建成具有湖北特色的地方志编修体系、理论研究和学科建设体系、质量保障体系、资源开发利用体系、工作保障体系等“五位一体”的地方志事业发展体系，不断开创我省地方志事业发展新局面。

（一）全面完成《湖北省志》和市县志编纂出版任务，开展修志工作总结

预计到2017年，《湖北省志》将全面完成出版印刷工作；尚未出版的市县志将全部进入出版环节。同时启动全省第二轮修志工作总结。在做好第二轮修志收尾工作的同时，认真做好第三轮三级地方志书编纂工作的规划部署、方案论证、理论研讨、资料收集、队伍培训等准备工作。2020年，全面启动全省第三轮省、市、县三级地方志书编纂工作。

（二）全力推进全省乡镇村志编纂工作

按照《关于全面开展全省乡镇（街道）、村志编纂工作的通知》的要求，为保证2025年前基本完成乡镇（街道）志和大部分村志出版任务这个总体目标的完成，湖北省方志办将进一步深入开展乡镇村志编纂工作的指导和培训；搞好试点乡镇村志的评审，资助出版质量较好的乡镇村志，编辑出版湖北省名镇名村志系列丛书；结合中国名镇志文化工程、名村志文化工程，继续推动名镇名村志的申报和业务指导工作。

（三）全面开展年鉴编纂出版工作

大力推进全省三级地方年鉴编纂出版工作，2018年，实现省、市、县地方综合年鉴编纂出版工作全覆盖，做到一年一鉴，公开出版。积极支持行业、部门年鉴发展，支持有条件的机关、企事业单位编纂出版行业、部门年鉴。实现省、市、县三级地方综合年鉴编纂出版工作制度化、规范化，建立年鉴出版备案管理制度、年鉴资料和稿件征集报送制度。到2020年，形成省、市、县三级地方综合年鉴为主体，各级各类专业年鉴为补充的年鉴编纂出版体系。

（四）加强地方志资料、方志馆和信息化建设

探索建立地方志资料年报制度并形成常态机制，强化地方志资料建设，大力拓展资料收（征）集范围和渠道。积极开展与本地历史文化相关的谱牒、典籍、碑刻等历史文献资料或实物资料的搜集、整理和研究。

加强方志馆建设。完成省方志馆升级改造工作。督促未建方志馆的市（州）将方志馆建设纳入市（州）经济社会发展“十三五”规划，加快方志馆建设步伐。引导有条件的县（市、区）积极建设方志馆。完善方志馆的馆藏功能，加大地方志资源开发利用力度，使方志馆成为地方志和地情资料收藏展示中心、地情研究咨询中心、地方文化对外交流中心和爱国主义宣传教育基地，更好地为当地经济社会发展服务。

加快地方志信息化建设。充分应用现代信息技术，加强对地方文献的收（征）集、保护和管理，推动信息标准化工作。以省政府门户网站为窗口，以湖北方志网为基础平台，建设省、市、县三级地情网站群和全省地情信息全文检索数据库，推进地方志成果和地情书籍的数字化，实现省、市、县三级地方志资源共享和志、鉴、书、馆、网一体化。

（五）积极开发利用地情资源

目前，湖北省方志办正在组织编纂《湖北备览》（暂定名）系列丛书，将出版地情丛书变为持续性常规性工作，以更好地服务全省经济社会发展。

结合《荆楚文库》编纂工作，组织实施全省旧志的搜集、整理、摸底等工作，系统整理、开发利用旧志资源。加强地方志工作机构与高等院校、科研院所、公共图书馆的合作，开展旧志专题性开发等工作。

开展地情丛书编纂工作。充分挖掘地情资源，利用第一轮和第二轮湖北修志资源，结合各地实际，编辑出版简志、通鉴、人物传、大事记、专用辞典、专题资料、实用手册等各类地情书籍，为全省经济社会发展服务。

为经济社会发展决策提供咨询。推动全省各级领导干部带头读志、传志、用志，用历史的智慧推进治理体系和治理能力的现代化。引导各级地方志工作机构充分发挥地方志“资政”优势，围绕党委、政府中心工作，积极创造条件建言献策，为促进地方经济社会发展提供历史借鉴和智力支持。

积极服务公共文化建设。通过编修和开发利用地方志成果，为培育和践行社会主义核心价值观提供丰富、优秀的精神文化产品。加大对地方志工作、地情信息和方志文化、地域文化的宣传力度，加大对书籍的置换和交流力度，满足社会各界对方志文化资源的需求。创新服务手段和方式，拓宽服务渠道，用人们喜闻乐见的方式（如地情网站、微信平台、橱窗展览等），推动方志成果进机关、进农村、进社区、进校园、进企业、进军营。

大力开展方志文化交流。采取多种形式，加强与国内外高等院校、科研机构、档案机构和图书馆等机构的交流与合作。服务湖北文化“走出去”战略，推介一批高质量的地方志成果（包括翻译出版一批地情书籍），充分展示地方志的当代价值及独特的文化魅力，推动荆楚文化走向全国和世界。

（六）加强质量体系建设

加强地方志质量建设，将精品意识贯穿于地方志编纂出版工作全过程，编纂出版经得起历史检验、具有鲜明时代特征和地域特色的地方志成果。

探索建立地方志工作质量保障机制。健全和完善修志编鉴业务流程规范、质量标准，确保在篇目设计、资料收（征）集、初稿撰写、总纂统稿、志（鉴）稿评议、审查验收、报送备案、出版发行等各环节责任明确、有章可循、确保质量。坚持和完善省、市、县三级地方志书和年鉴备案管理、三审定稿和主编（总纂）负责制，强化责任意识，严把政治关、史实关、体例关、文字关、出版关。

建立健全地方志成果奖励机制。定期评选优秀地方志书和年鉴，探索建立理论研究课题制度，建立完善全省地方志系统学术研究工作的规划、评估、推荐、奖励体系，鼓励在全国核心期刊发表学术研究成果并给予奖励。按照国家和省有关规定，对地方志工作突出的单位和个人予以表彰奖励。将地方志的资料收集、整理、编纂、评审、编辑、校对等劳动性报酬纳入相关规定执行。

（七）大力加强人才队伍建设，加强地方志理论研究

重视地方志人才选拔、培养和使用，建设一支高素质的地方志编修、研究工作队伍。完善教育培训制度，实现地方志工作机构人员岗前培训全覆盖，

将培训工作常态化。支持地方志工作人员接受专业继续教育，探索与相关高校联合培养地方志方向的高学历人才，培养和造就一批在省内外有影响的学术带头人。

建立省级地方志专家库。大力引进社会各界力量参与地方志工作，打造多层次、多学科、多领域专家参与修志编鉴的编研工作平台。组织专家学者参与地方志书、地方综合年鉴、省情地情丛书等编纂出版工作，建立全省地方志编纂研究人才库，吸收各行业、各部门的专家学者充实地方志专家库。

深入开展地方志理论研究工作。科学制定方志理论研究和年鉴理论研究规划，充分发挥全省各级地方志、年鉴学会作用，组织社会各方面力量，重点研究解决关系地方志编纂、地方志事业发展的基础理论和重大业务问题，为地方志事业科学持续发展提供理论支撑。

湖南省地方志事业发展报告

湖南省地方志编纂委员会

一、湖南省地方志事业蓬勃发展

湖南省地方志工作机构在20世纪50年代就已成立，并在全国率先公开出版了《湖南近百年大事纪述》。现在省、市、县三级机构基本完备，湖南省地方志编纂委员会（以下简称省地方志编委）为正厅级事业单位，由分管副省长兼主任，设党组书记、副主任1名主持工作。核定编制53名，有正副厅级职数5个，内设有综合处、省志编纂处、市县志工作指导处、年鉴工作处，下设直属二级机构湖南省地方文献研究所（湖南方志馆）。全省14个市州中13个设有地方志工作机构。122个县（市、区）中117个设有机构。全省三级机构现有地方志工作者892人。第一轮修志工作评为全国先进单位，第二轮修志工作仍走在全国前列。在省委、省政府的高度重视下，在中国地方志指导小组及办公室的指导下，近年先后出台了《湖南省实施〈地方志工作条例〉办法》（以下简称《办法》）、《湖南省人民政府办公厅关于进一步加强地方志工作的意见》（以下简称《意见》），印发了《湖南省地方志事业发展规划纲要（2016—2020年）》，召开了全省依法治志工作会议，举办了《地方志工作条例》（以下简称《条例》）颁发纪念活动。在保证如质如期完成第二轮修志任务及三级年鉴编印全覆盖的前提下，进一步加强了方志馆及地方志数字化建设、旧志整理工作、方志资源开发利用和方志理论平台建设。并积极开拓创新，打造了有影响力的方志论坛，开编了彰显资政育人功能的《湖南省志（综合本）》、逐步推出了《湖南特色志丛书》，创办了公开发行的《湖南年鉴·文献与人物》（以下简称《文献与人物》）期刊，实施了方志理论研究专著资助与论文评奖制度，推进了全省乡镇简志编纂工作，完成了大型省级旧志点校的破冰之旅，开启了地方志编纂与旧志整理项目承包的探索之路。在深入开展群众路线教育实践活动、"三严三实"专题教育、"两学一做"学习教育活动中，全省地方志系统风气大转变，党员干部"四个意识"大增强，一个团结奋进的良好局面正在形成。

（一）省志编纂进展顺利

2015年，启动《湖南省志（1978—2002）》分志《人事志》《劳动保障志》《政协志》《民航志》《人物志》等志书的编纂工作，评议《地震志》和《有色金属工业志》，精心编辑加工《粮油流通志》和《统计志》，认真指导《妇女团体志》《海关志》《铁路志》，多次讨论篇目和试写稿。到2016年12月，《湖南省志（1978—2002）》计划编修的66部分志，已经出版47部，还有《邮政志》《工商行政管理志》《海关志》《人大志》《政协志》《航空志》《人事志》《劳动和社会保障志》《工业行业志》《文学艺术志》《文化事业志》《卫生志》《人口和计划生育志》《有色金属志》《人物志》和《卷首》等16部，正在编写之中；《妇女团体志》已完成评议稿，《铁路志》完成初稿；《粮油贸易志》验收完毕，正在印刷出版。

2015年启动《湖南省特色志丛书》编纂。首批湖南省特色志八部，启动了《武陵源风景志》《南岳衡山志》《炎帝陵志》《舜帝陵志》。《岳麓山志》和《沩山志》做了许多前期工作，正在启动之中。2016年10月方志出版社出版了《岳阳楼志》，湖南人民出版社出版的《洞庭湖志》正在印刷之中。《炎帝陵志》和《舜帝陵志》已经完成初稿。

《湖南省志（综合本）》是2013年11月湖南省人民政府下文编纂的一部集第一、二轮省志精华通志性质的湖南省志，2014年2月专门召开了《湖南省志（综合本）》编纂启动大会，《湖南省志（综合本）》90篇近1000万字的篇幅，计划用五年时间编纂出版。到2016年12月《湖南省志（综合本）》完成任务情况：省林业厅的“林业篇”、省人大的“人大篇”、省政协的“政协篇”、省农委的“乡镇企业篇”、省国土资源厅的“国土资源篇”、省安全生产监督管理局的“安全生产监督管理篇”、购买社会服务的“经济综述篇”等7篇提交终审稿。已经专家评议，正在修改的有：省出入境检验检疫局的“出入境检验检疫篇”、省党史委的“中国共产党湖南地方组织篇”、省司法厅的“司法行政篇”、省作协的“文学篇”、省档案局的“档案篇”、省环保厅的“环境保护篇”、省食品药品监督管理局的“省食品药品监督管理篇”、省经信委的“工业综述篇”、省民政厅的“民政篇”、省民宗委的“民族篇”、购买社会服务的“方言篇”和“人物综述篇”等12篇。已经交来评议稿的有：省妇联的“妇女团体篇”、省总工会的“工会篇”、长沙海关的“海关篇”、省法院的“法院篇”等4篇。

（二）市县两级修志有序推进

2015—2016年，全省各市州认真贯彻落实《意见》和《湖南省地方志事业发展规划纲要（2016—2020年）》精神，在全面推进依法治志工作的同时，突出重点，继续攻坚，全省、市、县两级二轮修志工作有序推进。2016年5月6日，全省推进依法治志工作会议在长沙召开。省政府副省长蔡振红出席会议并发表重要讲话。各市州人民政府、省直和中央在湘有关单位的分管领导和志鉴工作机构负责人，省地方志编委领导及相关处所负责人参加会议。会议主要任务是：学习贯彻《意见》和《湖南省地方志事业发展规划纲要（2016—2020年）》精神，全面推进依法治志工作。蔡振红要求，各级各部门要按照《纲要》明确的任务和要求，强化依法治志工作理念，进一步夯实地方志工作基础，完善地方志编修体系，加快推进地方志事业发展。

2015—2016年，全省二轮修志快速推进，先后出版《岳阳市屈原管理区志》《茶陵县志》等6部志书；完成《湘西州志》《湘阴县志》等12部志稿的评审，以及《湘潭市志》《永顺县志》等10部志稿的终审验收；并有多部市、县两级志书成稿初评，进入总纂。截至2016年底，市州一级第二轮志书，已经出版5部，终审验收1部，评审3部；全省规划编修121部县（市、区）志，已出版89部，验收8部，评审10部，完成出版、验收、评审任务的志书总计已达107部。

在确保修志进度的同时，全省地方志系统始终强化志书质量管理，严格执行志稿评审验收制度。省地方志编委要求市县两级，按照《条例》《地方志书质量规定》要求和规范召开志稿评审会，并将每次评审会都当作业务培训的平台，通过志稿评审提高各市州、县市区整体修志业务水平。

另外，《湖南乡镇简志》编纂进展顺利。为全面、系统、客观地记述和反映湖南乡镇（街道）的自然、历史与现实的发展变化，特别是改革开放30多年来全省各乡镇（街道）经济建设和社会发展各方面取得的辉煌成就，省地方志编委于2014年下半年全面启动《湖南乡镇简志》编修工作。该志共设14分卷，分别以14个市州为卷名，分卷出版。两年来，各市州分卷编纂进展顺利，总体形势很好。截至2016年底，湘西州、张家界市分卷已终审验收，郴州市分卷即将评审，其余各部大多数已进入总纂阶段，计划到2018年，《湖南乡镇简志》全部出版发行。与此同时，不少县市区都计划编纂出版县市区级乡镇简志单行本。乡镇简志编修工作在全省呈遍地开花之势。

名镇名村志编纂稳步推进。根据中国地方志指导小组办公室关于中国名镇志文化工程的部署，湖南省及时启动了名镇志编修工作。2015年，组织审查了第一批7个镇的申报工作，并对绥宁县《寨市苗族侗族乡志》、江华县《码市镇志》初稿进行修改评议。2016年，指导启动张家界市永定区《王家坪镇志》编修。《寨市苗族侗族乡志》《王家坪镇志》已列入中国名镇志丛书第二批出版计划。根据中国地方志指导小组办公室《关于印发〈中国名村志文化工程实施方案〉的通知》（中指办字〔2016〕209号）精神，省地方志编委已着手启动名村志编纂工作，张家界市永定区《石堰坪村志》已完成篇目拟定。名镇名村志编修工作均在稳步推进之中。

其他志书编修在市州、县市区铺开。在抓好市、县两级志书编修的同时，不少市州、县市区铺开了部门行业志、乡镇村志及经济开发区志、城区街巷志的编纂，进一步延伸了第二轮修志工作。常德市统筹安排、全面铺开编修部门行业志，已出版多部部门行业志。长沙市全面启动全市国家级、省级经济开发区志编修工作，计划到2020年全面完成12部经济开发区志编纂出版任务。

（三）年鉴工作形势喜人

湖南是全国较早编纂年鉴的省份。1985年，《湖南年鉴》创刊，至今已连续编纂出版32卷，5000多万字，发行20多万册。《湖南年鉴》的编纂，带动了全省年鉴事业蓬勃发展，形成省、市、县三级年鉴热。截至2016年，全省各级各类年鉴发展到百余种，其中市、县（区）地方综合年鉴达101种（市级14种、县市区级87种），各部门编纂的专业年鉴35种。14个市州级地方综合年鉴实现全覆盖，并且逐年连续出版；县市区级地方综合年鉴逐步向规范化发展。年鉴编纂质量逐年提高。省、市（州）两级综合年鉴均已形成比较成熟的工作模式，资料权威性和认知度越来越高，社会影响越来越大，有的已经显现文化品牌效应。在省委、省政府的高度重视和正确领导下，在全省年鉴工作者的共同努力下，湖南年鉴的编纂出版工作走上了持续、健康、稳定的发展轨道，为繁荣湖南文化市场和经济社会发展作出了贡献，得到了社会各界的好评。

2015年8月25日，国务院办公厅印发《全国地方志事业发展规划纲要（2015—2020年）》（以下简称《纲要》），提出到2020年，"实现省、市、县三级综合年鉴全覆盖。"湖南省结合实际，提出到2018年实现省、市、县三级综合年鉴全覆盖。全省年鉴事业迎来了重要发展机遇。

《湖南年鉴》创刊卷（1985年卷）设特载、大事记、概况、政治、经济、法制、科学、教育等15个部类、66个分目、1385个条目、字数161万字。随着时代的发展和改革开放的深入，各项新事物层出不穷，《湖南年鉴》在保持篇目结构基本稳定的前提下，每年都依据全省各项事业发展的实际情况，对其框架设计进行认真分析和研究，及时地进行局部的调整和充实。到2016年卷，全书部类增加到32个，分目增加到292个、条目2153个、字数195.2万字。《湖南年鉴》篇目设计更趋完善和合理，内容更加丰富，较好地反映了湖南"三乡一地"（鱼米之乡、有色金属之乡、非金属矿藏之乡，旅游胜地）的特点。

（四）方志馆建设跨越式发展

1. 实体方志馆建设。湖南方志馆位于长沙市开福区德雅村。为省地方志编委办公地，1997年动工建设，1998年竣工。为当时全省精神文明建设的十大标志性建筑之一。1999年10月开馆。总建筑面积4200平方米，总投资1000万元，集办公、藏书功能于一体。馆藏图书3万余册。其中方志类图书16339册，包括部分省（自治区、直辖市）、市（地区、自治州）、县（市、区）、乡（镇）、村的旧志、新志（第二轮市、县级志书已出版的90多部）、部门志、专业志、特色志及方志理论研究论著、方志工具书等；年鉴类图书4306册；其他旧志古籍和湖南地情资料书8978册。2015年购买了电子图书阅读机，现存电子图书3000余册。

2000年11月成立湖南地方文献研究所，2015年5月更名为湖南省地方文献所（湖南方志馆），编制5人，在职5人。方志馆的建设和运行以前一直处于传统模式，直到近年来，省地方志编委对方志馆建设和文献所工作不断重视，方志馆的面貌发生了深刻的变化。每年计划20万元购买新书（2014年购买了《四库全书》《红藏》《湖湘文库》等，2015年购买了电子图书阅读机）；更换了图书架（古籍图书购置了樟木书架、其他图书购置了无轨图书密集存放架）；建立了图书借阅、交流网络化检索系统（利用湖南地方志网将图书资料信息目录和电子版上传提供全社会查询借阅）；点校部分旧志（2014年投入近50万元点校清《光绪湖南通志》）。2009年建立湖南地方志网，2015年实现网站更新升级改造。2012年6月成立了湖南省地方志研究与传播中心，每年投入文化事业引导资金50万元在全省开展方志、地情课题研究，现已编辑出版方志研究成果集《志苑新论》3部。2013年9月创办了“湖南方志论坛”，现已开办19期。2014年8月创办了公开出版发行的地方志期刊《文献与人物》，成为湖南方志系统唯一公开出版的人文类综合期刊。湖南方志馆服务功能的不断延伸，不仅为地方志、年鉴编纂资料搜集查阅提供了服务平台。同时，在宣传、服务湖南经济社会发展，宣传方志成果中发挥了重要作用。

2. **数字方志馆建设。**湖南数字方志馆初步设计有15个馆：志书馆、年鉴馆、特色志书馆、历代方志（旧志）馆、谱牒馆、基础省情馆、湖湘文化馆、旅游资源馆、特色产品馆、湖南英烈馆、历史文物馆、口述历史馆、方志期刊馆、修志成果馆、方言馆。

数字方志馆2016年基本完成“湖南地情基础馆”“年鉴馆”“志书馆”的栏目建设，其中省级第一轮志书，省级年鉴自1985年创刊以来至2015年的年鉴已经全部数字化，基础已经完成。数字方志馆的数字化资料为5298万字，实际完成制作旧志古籍PDF版51种，完成质量符合PDF电子书规范，阅读正常。

志书馆、年鉴馆、古籍馆在线阅览系统上线运行，后台数据库使用稳定、可靠，满足工作需求。全部数字化文献（包含旧志电子书）导入数据库，服务器端（后台）正常使用。客户端（前台）在Internet Explore 7. 0及以上浏览器环境下运行正常。生僻字采用定位图像显示，可适应多种用户不同操作系统环境。数据库中的信息在数据导入和变更时，生成了静态的网页，提高了用户访问速度、增强稳定性、增强服务器同步处理能力等作用。微信公众平台页面设计适合智能手机端阅读，通过微信公众号菜单链接方式可进行移动端阅览。数据库中纯文本信息同步接入移动互联网，智能终端主要操作系统Android（安卓）、iPhone OS（苹果）均可正常运行。旧志古籍为PDF格式文件，可以做到在智能手机端阅读。

数字方志馆中地情展（岳麓书院）采用技术和视觉效果为国内地方志系统内首次应用，数字展馆表现技术达到预期效果。

3. 市县级方志馆建设。截至2016年底，全省14个市（州）有4个市（州）拟建方志馆（常德、长沙、湘西州、邵阳）。有13个市已建资料室。122个县市（区）已建方志馆1个（耒阳市于2013年建成12000平方米县级方志馆），史志档案馆2个（2010年，常德市武陵区、桃江县建成史志档案馆），资料室45个。方志网站建设情况：市级开通方志网（史志、市情信息网）的有10个（常德史志网、长沙市方志网、怀化市情网、邵阳市情网、株洲方志网、湘潭史志网、岳阳市情网、益阳地方志网、张家界史志网、永州市情网），县级开通网页共28个。

近年来，随着《条例》的颁布和《纲要》的出台，湖南省各级地方志机构建设方志馆、地情信息库、信息网站成为普遍趋势。湖南是文化强省，各级政府在经济社会不断发展的大环境下加大对公益文化事业的投入已然形成共识。

（五）地方志资源开发利用成效显著

湖南省地方志资源开发利用工作，以发行赠阅志书与年鉴为基础，积极编纂地情图书和刊物，挖掘地情资料，服务党政决策和经济文化建设，举办参与各类活动，彰显地方志服务功能，开发地方志影视产品，推进对外文化交流与合作，使地方志资源创新转化成服务湖南经济社会发展的不竭源泉。

1. 发行赠阅志书年鉴，夯实开发利用地方志资源的基础。近两年，全省积极主动抓好志书年鉴发行工作，着力培育志鉴广泛的读者群体。各地志书、年鉴发行量由过去的1500—3000册已提升到3000—5000册。长沙、株洲、湘潭等志办先后用志书、年鉴与外省市有关方志馆、方志办进行了地情资料书籍的交换，还免费为驻湘部队以及有关老领导提供志书、年鉴，不断增加方志资料的贮藏量，扩大方志资料在军地建设中的影响面。

2. 立足地方志资源编辑地情书刊，普及地情知识。全省各级地方志机构以志书为基础，积极挖掘转化志书内容，编写贴近现实、贴近生活的地情书刊，有效地推进读志用志。2015年，新创办的公开方志期刊《文献与人物》，立足地方志资源，同时向全省各市（州）县（市、区）志办征集新材料，隆重推出了200余页的《湖南抗战专辑》。它以习近平总书记在抗战胜利70周年大会上的讲话作为卷首，设置湖南抗战综述、正面战场、其他战事、民间抗战、抗战人物、抗战文艺、芷江受降、日寇暴行选录等八个专题，正面战场又分长沙会战、湘北会战、衡阳会战、常德会战和湘西会战等5个战役设分专题，既突出了中国共产党和人民抗战制胜的关键因素，又客观反映了在湖南抗战正面战场国民革命军将士不怕牺牲的爱国精神。专辑的出版，立刻得到了各级党政机关和社会各界的普遍赞赏，被称为全省报刊宣传湖南抗战最完美最用心的媒体，印刷1万册抢购一空。同年，长沙市志办在《长沙晚报》综合文艺版设置“长沙史话”专栏，不定期刊载地情文化作品，使全市700万人民知长沙，懂长沙，爱长沙。隆回县编辑出版《隆回风情》期刊。同年，邵阳县志办与县委宣传部、县电视台联合制作了《古县邵阳》栏目，编纂了《邵阳抗日英雄传略》，积极参与了“塘田战时讲学院”院史陈列室的建设。城步县编纂出版了30万字的《城步漫记》。新邵县完成了《库里周氏》和《宝庆田心坪牛角山石氏》两个姓氏族谱资料整理工作。常德市志办《武陵古今》改版出刊。紧扣“常德元素”，让读者更深入地感受到常德日新月异的变化与发展。2015年刊物在“武陵故事”栏目中，刊登了有关常德会战的系列文章，并出版了一期纪念抗日战争胜利70周年专刊。益阳市高质量完成纪念益阳建市二十周年大型画册《益阳二十年》的编辑出版。郴州市地方志办围绕市委、市政府中心工作，积极参与和承担重大历史文化项目的组织编纂工作，主编《活力郴州》，出版《跨越——郴州撤地建市二十周年大事纪要》，组织编写《郴州民俗》，参与编写《人文郴州》，为发展文化事业和资政育人作出了积极贡献。宜章县史志办整理新中国成立以来宜章县18次乡镇村调整情况和地名志资料，主动向县委、县政府汇报，为乡镇村区划调整作出了贡献。苏仙区史志办积极融入苏仙区经济建设和社会发展，发挥自身优势，为党委政府提供服务。桂东县史志办为宣传、文化、旅游、环保、规划、交通等部门提供大量地情资料，编纂了《桂东红色故事选》，丰富桂东红色旅游景点内涵。"三大纪律，六项注意"颁布旧址被国家国防教育办公室列为"全国国防教育示范基地"。汝城县史志办和中国社科院出版社联合出版《中国史话·汝城史话》一书，与旅游局制定汝城红色旅游发展规划。怀化市积极开展了三部市情文化丛书的编纂工作：一是《怀化艺文志》成稿60余万字，2016年出版；二是联合沅陵县政府和历史文化研究老专家，正在筹资和审定出版怀化第一部系统完整的《巫傩文化》图书；三是积极争取市委、市政府领导支持，组织编纂《发展中的怀化》图书，2016年出版。通道县史志办搜集、整理"通道转兵"会议一系列遗址资料，争取恭城书院成为"全国爱国主义教育基地"。通道60周年县庆后，史志办主动开展《60周年辉煌成就》编纂工作；沅陵县史志办围绕沅陵县的建设演变，编辑出版了《沅陵劳模风采》，正在编纂的有《沅陵政区》《沅陵县革命遗址普查》《沅陵在我心中》《巫傩文化奇观》《沅陵苏区县历史研究》等书籍。洪江市史志办于2015年6月完成《洪江市革命老区申报材料》文本上报，并已通过省委党史研究室和省民政厅的审核，待省人民政府的最后批准。溆浦县史志办着力开发溆浦籍名人传。湘西州志办主办的《湘西志事》期刊，开辟有读志用志、文史寻珍等栏目。

3. 挖掘地情资料，服务党政决策与经济文化建设。衡阳市志办为全市"十三五"新能源规划及衡阳市历史文化名城保护规划提供衡阳历史沿革、城市发展、地方文化特色研究的相关资料1000多万字。其市、县（市）区两级志办积极为各类招商引资和重大项目建设提供市情县情区情资料，为经济建设服务。岳阳市志办积极服务领导决策。2016年岳阳市委市政府的有关决策充分尊重地方志工作部门的意见，充分吸收合理化建议，着力提高决策的科学化水平。在形成建设江湖名城、全域旅游、洞庭新城、城陵矶临港新区等重大决策过程中，地方志部门主动作为，挖掘方志资源、理清历史脉络，提供了重要参考。同时，在全市重大项目规划建设中，史志办为相关部门提供了有价值的资料与科学论证。在岳阳楼新景区建设中，市委史志办提供后羿斩巴蛇雕塑、五朝楼微缩景观的史料和建议，对方案设计起了重要作用。在南湖风景区规划、湘江流域综合治理、历史文化名城保护管理、岳阳机场选址、名优产品商标注册等工作中，地方志部门都提出了大量科学化建议。

2016年，湘西州志办就《中国老司城志》编纂做了调研推进工作，为老司城申遗工作提供了信史支撑。

4. 举办参与各类活动，彰显地方志服务功能。2015年是抗战胜利70周年，怀化志办组织和引导全市地方志系统利用这一历史契机，做好地方志资源开发利用的文章，组织全体干部职工赴芷江受降纪念馆参观学习，并与该馆专家就长沙受降纪念馆与该馆的异同进行了比较研究。同年，长沙望城区志办开辟纪念抗战胜利70周年专栏，在《新望城》“峥嵘岁月”地方志专栏中先后刊发了6篇纪念文章，在《长沙晚报》刊发3篇专题报道，还与望城电视台联合制作纪念抗战胜利70周年系列报道《铭记》，该节目累计制作12期。浏阳市大力推进“浏阳记忆”浏阳历史发展档案陈列布展项目，展览面积1260平方米，展线总长500余米，于2016年1月正式对外开放。整个展览充分展示了浏阳自古至今的历史发展进程，以及浏阳人民英勇抗战的光辉历史，为爱国主义传统教育发挥了积极作用。新晃县史志办邀请文化、广电、档案、文联等单位代表以及县人大代表、政协委员、行风评议员等，与史志办全体修志骨干汇聚一堂，召开“地方志资源开发利用”为主题的民主议事会。

5. 开发地方志影视产品。全省市州多形式开发地情影视产品。2015年，株洲市志办着力挖掘炎帝文化资源，弘扬民族文化，做活、做大方志资源开发利用文章。在编纂《中国炎帝陵志》的同时，历时6年，组织完成大型电视剧《神农大帝》剧本创作及协调拍制工作。该剧后并入由中央电视台定制、中国电视剧制作中心投资的40集电视剧——《英雄时代·炎黄大帝》，将在中央电视台播出。2016年，永州市挖掘舜帝文化，筹拍《永州影像志》等。

6. 用活方志资料，推进对外经济文化交流合作。耒阳市志办积极为招商引资提供介绍耒阳的图片和文字资料。在广东东莞等地招商时，市志办在招商展台摆放的《耒阳市志》《耒阳年鉴》《耒阳市情》以及耒阳旧志等地情书籍引人关注。湘西州志办服务现实，拓展领域。2015 年，充分利用地方志资源为地方经济建设和社会发展服务，编纂地情资料书籍 8 种，10 余部；特别是利用方志信史资料为永顺县老司城遗址申报世界文化遗产，吉首市申报湘西黄金茶国家地理标志，凤凰县红心猕猴桃申报国家地理标志、制定物产保护规划、编制地图凤凰，泸溪县为实施撤乡并镇区划调整等提供历史佐证。为古镇民居保护、高速铁路选址、生态文化旅游、非遗文化挖掘、矿资源勘探等项目开发和建设，提供大量的珍贵史料和地情资料。充分利用《民族志》《民俗志》《人物志》《人文志》《非遗志》等文化典籍资源，为申报湘西地区非物质文化遗产生产性保护项目、湘西椪柑富硒品牌推介、《神秘湘西——名人湘西》组稿等项目论证提供考证、鉴别和史料依据的支持和保障，彰显方志文化的潜在价值和无穷魅力。

（六）旧志普查与旧志整理工作快速推进

近两年旧志普查显示，湖南现有旧志 533 种（含可辑佚者 15 种），是全国旧志存量大省之一。全省旧志普查工作在不断深入和不断拓展，《湖南省地方志目录·历代方志目录》已编竣初稿。

各市（州）县（市、区）旧志整理工作自第一轮修志即已开始，迄今已整理出版（含少数内部准印出版）市县旧志 62 部，其中点校本 27 部。近两年点校出版的有《清光绪耒阳县志校注》《添平所志》、清康熙十九年《祁阳县志》，以及清道光三年《永定县志》影印本等。经过五年的艰苦努力，省地方志编委于 2016 年完成了 1000 余万字的《光绪湖南通志点校》的校注工作，将于 2017 年上半年公开出版发行。这是湖南古代省志校注的破冰之旅。为了弘扬湖南优秀传统文化，全面系统地开发利用湖南历代旧志资源，省地方志编委联合省政协文史委等单位，已具《组织编纂出版〈湖南历代方志集成〉》的提案提交省政府。

（七）地方志理论研究与方志期刊工作创新发展

1．理论研究奖励、资助制度不断完善。近几年，湖南地方志理论研究的制度与机制从无到有，不断完善。省地方志编委会从 2016 年开始，立足湖南，面向全国，开展“湘志杯”地方志理论研究征文评奖活动。对本委干部职工当年公开出版的地方志理论著作（包括地方志、年鉴研究和旧志点校等）每部资助2万元。在湘西州等5个市州，建立了本市地方志工作者在省以上公开报刊发表论文的稿酬配奖（每千字100—300元）制度、地方志研究著作和论文在省以上获奖配奖制度（即按奖金额度配发奖金，如有奖无金则依律配发奖金）。

2. 理论研究发展方式转变。为了加强和促进地方志理论研究，2012年经省委宣传部批准，在省地方志编委成立了湖南省地方志研究与传播中心，办公室设省地方文献研究所。从2013年至2015年连续开展了3年课题工作，前两年主要在省地方志编委机关干部职工中进行。2015年则面向全省地方志系统的在职干部职工。分重点课题、一般课题和立项课题三种，结项后资助经费配额为1万元、6千元和3千元。3年立项以上结项课题103项，公开出版课题成果集3本。

根据地方志事业发展的需要和财务政策与制度的调整，省地方志编委党组决定，省地方志研究与传播中心工作从2016年起将课题研究转换成“湘志杯”地方志理论研究征文，由面向全省扩大为面向全国。从2016年2月颁发文件，并在《文献与人物》刊物上连续刊登征稿启事。主办单位为省地方志编委、省地方志研究与传播中心、省地方志学会，承办单位为《文献与人物》编辑部。截至6月底共收到来自全国6个省市的应征稿件80余篇，于12月组织专家评审组评审，共评出一等奖6篇、二等奖17篇、三等奖21篇。将于2017年上半年公开出版《“湘志杯”获奖论文集（2016）》（暂定名）。这一举措的成功实施，适应了全国地方志事业发展，保护并调动了全省地方志工作者地方志理论研究的积极性，并进一步提高了地方志理论研究的水平。

3. “湖南方志论坛”开全国先河。“湖南方志论坛”从2013年9月16日开办到2015年10月12日，已开办了19期。论坛内容包括地方志研究、地情与地方文化研究、时事政策研究和其他相关研究。“四个板块”内容的大致比例为：4∶3∶2∶1。属于地方志研究的10期，属于地情与地方文化研究的5期，属于时事政策研究的3期，属于地方志与地方文化关系研究的1期。论坛中地方志研究和地情与地方文化研究内容，保证一月一讲。时事政策研究和其他研究则根据需要临时增加，以“特某期”的形式顺延编序。

“湖南方志论坛”开办时间虽然不长，但由于领导重视、制度健全、针对性强、同步传播和准备充分，因而收到了良好的成效。许多人往往先做功课，带着问题来听讲，因此在论坛互动环节，提问活跃，每期几乎都要主持人拦截提问才能终场。省直单位修志办和市州史志办的负责人听讲后，纷纷要求主讲人下基层讲课。发布论坛内容以后，湖南地方志网点击率明显提高；《湖南地方志》杂志的印量增加了五分之一。由于论坛活动取得了正风气、促工作、利科研和聚人心的积极作用，因此获得了省委省政府领导的好评。

4. 地方志期刊创新发展。《文献与人物》迄今已出刊17期。发行量稳定在8000份以上。本着对历史负责、为湖南立传的宗旨，积极弘扬湖湘文化，推介湖南人物，解读古今文献，引导志鉴编修，刊物所到之处，无不好评如潮。

湖南现有省级地方志期刊双月刊2种，《文献与人物》为公开出版期刊，《湖南地方志》为内部期刊。市州地方志机构，有4家办有内部期刊，即《武陵古今》《长沙史志》《怀化地方志》《湘西志事》等。县市区有8家办有期刊，即《平江风情》《汨罗春秋》《隆回风情》《今古湘乡》《古今华容》《西水红枫》《耒阳地方志》《邵阳县史志通讯》等。

（八）积极开展业务培训

省地方志编委高度重视业务培训工作，在加强以会代训的同时，2015—2016年先后举办两期全省大型业务培训班。2015年10月13—16日，在长沙举办全省学习贯彻《纲要》志办主任培训班。中国地方志指导小组副秘书长兼办公室副主任冀祥德、中国地方志指导小组办公室副主任邱新立等领导、专家应邀前来授课。省地方志编委党组书记、副主任易介南等领导出席开班式并讲话。全省各市州、县市区志办主任、部分业务骨干及省地方志编委全体工作人员220余人参加了培训。2016年9月27—29日，全省地方志系统业务培训班在长沙举办。各市州志办（史志办）负责人，方志科、年鉴科业务骨干，各县市区志办（史志办）负责人或业务骨干共170余人参加。中国地方志指导小组办公室副主任邱新立等领导、专家应邀授课。省地方志编委党组书记、副主任易介南等出席开班仪式并讲话。培训班立足当前工作实际，精心设置培训课程，授课内容既有理论高度又注重与志鉴工作相结合，系统全面，针对性强。培训让学员们提升了业务素养，加强了全省地方志系统的横向交流。

（九）联合成立方志出版社长沙工作站

2016年5月6日，方志出版社长沙工作站在长沙揭牌成立。中国地方志指导小组副秘书长兼办公室副主任、方志出版社社长兼总编辑冀祥德和省地方志编委党组书记、副主任易介南为方志出版社长沙工作站揭牌，方志出版社长沙工作站正式投入运行。方志出版社长沙工作站由方志出版社与省地方志编委合作设立。工作站的设立，对提高湖南省志书年鉴的出版质量，为湖南省各级地方志工作机构提供更好的专业服务，提供了一个稳定、长期的对接平台。

二、湖南省地方志事业发展中的问题与对策

湖南地方志事业由于广大地方志工作者的奋发有为和辛勤耕耘，取得了显著的成绩，迎来了前所未有的大好局面。但随着时代的发展，新情况与新问题以及老问题的新表现，也困扰和影响着地方志事业的正常发展。我们应当以清醒的头脑去认识问题，以科学的方法去解决问题。

（一）主要问题

1. 编制少、人员不足。在一些地方，对地方志事业认识不到位。主要表现为，一是极少数地方没有地方志工作机构，如湖南省有1个市和5个县市区无地方志工作机构。二是有机构而缺编制与人员，如13个市州的地方志机构，人员编制不足10人者有5个。而总体上编制过紧，人员不足。三是经费不到位情况普遍。如经费预算偏紧，绝大部分市（州）县（市、区）没安排经费建立方志馆，县级编纂年鉴经费没保障等。四是服务设施不到位。如市、县两级大部分无方志期刊报纸，无方志馆和数字方志馆，无宣传墙窗等。五是规划不到位。许多市、县没有地方志事业发展规划，自己有规划的也未被纳入当地政府的规划框架内。

2. 体制机制相对落后。管理体制与制度机制，基本停留在半封闭的发展阶段。自我运行，自我发展。大锅饭、绝对平均主义的思想观念，单一修志的工作模式，形式主义的评优评先和奖罚制度等，使一部分编制少的地方志

弱势机构内更形成了人才外流、“人才变奴才、能人变庸人、闲人变小人”的恶性循环。往往工作面前“一推二拖三应付”，成绩面前“一争二抢三偷掠”。这种局面的扭转，成为当前地方志事业发展的重要课题。

3. **人才队伍素质偏低**。从事专业工作人员中具有大学本科以上学历者只占二分之一。就层次而言，省、市两级专业人员队伍相对稳定，而县（市、区）级的专业人员一是数量少，二是不稳定。已有的培训大多依修志阶段性需要进行，而又大多为半天至两天的短训，所学的全面系统性严重不足。

4. **修志工作发展不平衡**。根据湖南省第二轮修志计划，迄今《湖南省志（1978—2002）》已出版 47 部，还有 19 部没有出版，占 28.8%。市州志已出版 5 部，还有 8 部没有出版，占 38.5%。县（市、区）志已出版 89 部，还有 32 部没有出版，占 26.5%。总体上呈现出“两头快中间慢”的格局。还没有完成出版任务的地方，一是由于启动时间较迟。二是领导认识不到位、重视不到位。没有及时解决好人员、经费等相关问题。三是修志机构负责人与专业人员的能力素质问题。

5. **志书质量有待提高**。湖南已出版的志书，从总体上看良莠不齐。有些志书质量上乘，但也有一定数量的志书与精品良志尚有不小差距。诸如，著述性弱化而规律不彰，设计平庸而特色不显，因材设目而间有缺漏，交叉不当而内容重复，敏感性较弱而时代性不强，功夫未到而资料贫乏，功力不够而文字粗疏，还有记功不记过、记事不记人，重数据轻典型、重具体轻凡例等等现象。严重影响了志书存史、育人、资政的功能发挥。由此可见，各级主编与专业人员整体专业素质的提高，是亟待解决的问题。

6. **理论研究仍是短板**。地方志事业是一项学术性很强的文化事业，方志编纂又是社会科学中一种专门学问，有自己独特的理论和话语体系。它要求从业人员要有专业理论基础和学术素养。近年来，从省级机构开始，成立了专门研究方志理论的中心，组织开展了 3 年地方志课题研究，举办了一次面向全国的地方志理论、研究有奖征文，编辑出版了 4 本论文集，创办了一家公开的方志期刊，奖励资助了 3 本方志著作。各市州志办亦纷纷效仿，使方志及方志学研究水平大有提高。但由于这项工作起步较晚，参与面不广，激励机制还没有形成固定可持续的制度，对著作的奖励资助还不够支付出版社的费用，本土专家对修志实践的指导、对上规模的业务培训还没有撤除处所、科室和分工的樊篱而不能发挥应有的作用，省、市两级建立地方志研究专家库还没有提上议程，因此，方志理论研究与方志学科建设的落后面貌仍难以在短期内改变。

7. **基础设施建设滞后**。湖南有省级方志馆 1 个，市州 13 个地方志机构无方志馆，县（市、区）级 122 个地方志机构只有 2 个方志馆。在全省地方志工作机构门户网站建设方面，省级地方志网站 1 个，市州级网站有 3 个空白，县（市、区）级网站有 94 个空白。数字化建设只有省级机构正在进行中。湖南方志馆在全国建成开放最早，但因与省地方志编委合署，实际馆藏面积只有 400 多平方米，现藏书 3 万余册已基本饱和。其省情陈列、专题展览等服务功能受到制约，短期内它只能是一个方志图书馆。耒阳方志馆建馆数年，因缺乏图书资料储备和资金配套而至今不能开放。

（二）主要对策

面对上述问题与困难，我们应当借助历史智慧和现实基础，拿出对策。

1. **依法治志，全面落实“一纳入、八到位”**。首先，应加大对习近平总书记的重要讲话、李克强总理的重要批示和刘延东副总理讲话精神的宣传力度，这是提高各级党政领导对地方志事业认识水平的重要法宝。我们应采取适时科学地汇报、网媒宣传、开展宣传活动、组织报刊电视广播等媒体集约化宣传以及地方志“六进”措施，促推各级领导的重视。

其次，应牢牢抓住《条例》《纲要》和《办法》，每年组织开展一次到多次的地方志工作督查活动，每次活动应争取省市级党政发布督查通报。将“一纳入、八到位”结合本地实际设定具体化标准，通过督查排列名次，将奖励和惩处两手抓，让已有的法律法规文本，成为切实解决地方志工作中的各项基本问题和促进地方志事业平衡发展与可持续发展的保障。

2. **创新制度，调动一切积极因素**。为了解决人才奇缺的问题，我们应创新制定并切实实行公开招考、加强培训（系统培训与中短期培训相结合）、奖励在职业务人员对口深造、社会（各界专家）聘用、项目（对有较好人才群体的对口企业）承包等制度，以适应形势的发展。应创新地方志科研奖励的长效制度，充分发掘系统内外地方志专家学者的资源，加快改变理论滞后于实践、滞后于时代发展的局面。应创新地方志和地情图书的评奖制度，以重奖保质量。应创新工作目标责任制、工作岗位责任制和重点工作单项奖励制等制度，科学设置分值权重，评先评优等奖励须终结人治传统，让外请专业机构和专家评分，坚持以评分说话，这样才能评出活力，调动最广大群众的积极性。

3．依法统筹，提前完成志鉴任务。在地方志事业多元并兴的形势面前，我们各级地方志工作机构应在法律法规的规定范围内，善于适时地抓住主要矛盾和矛盾的主要方面。当前的重中之重是确保《纲要》所规定的在2020年全面完成三级地方志书的出版和三级综合年鉴的全覆盖。作为具有修志优良传统的湖南，我们的规划是提前两年完成任务。具体措施是：首先，加强“一纳入、八到位”督查；其次，加强业务人员具体培训；其三，从实际出发，对省、市两级原有志书规划进行少量调整，并辅之以极少数分志社会外包。为了保证志鉴质量，制定并实施了三级志书和年鉴年度评奖制度，并层层落实志鉴质量规范制度。

4．激励扶持，促推方志理论研究。方志理论研究是史志工作的基础。它是支撑第二轮志书编纂质量以及第三轮及以后修志的资料收集与编纂的柱石。首先，以省地方志研究与传播中心为依托，每年拿50万元，一手抓省级机构内的专家培养与扶持，既为服务本省修志，也为地方志学科建设贡献力量；一手抓全国地方志理论研究征文，2016年已成功举办了“湘志杯”全国地方志理论研究征文活动，有6个省市的专家和方志人参加，评出了一等奖6篇，二等奖17篇，三等奖21篇。这样有利于快速消化、吸纳全国地方志界的理论成果，提高志书编纂质量，推进地方志事业多元发展。其次，我们利用公开和内部两个刊物的平台，开辟专栏，推进理论研究。其三，利用湖南地方志网站及刊物公众号平台综合发力，加速传播和扩大覆盖面，使省内外业务人员能及时共享。其四，利用省地方志学会年会征集省内论文，并与省地方志研究与传播中心分别公开出版论文集，助推理论研究。其五，与省委宣传部课题规划办及省社科联课题处协商，及早将地方志理论研究纳入课题申报范围，以赢得更多的学科地位与理论价值。其六，以省级机构的激励扶持模式推进到有条件的市州，以迅速形成系统内的整体氛围。

5．抓住重点，不断提升服务水平。加强地方志资源开发利用工作。建立健全开发利用地方志资源的项目管理办法，立足于服务党政中心工作、经济社会发展和人民群众的需求，以项目为抓手，积极开发利用湖南的历史文化资源和湖湘文化资源。一是开展地情研究；二是开展地情教育；三是开展三级地情调查；四是开展家谱与家训的征集整理；五是开展旧志整理与旧志普查。

加强方志馆建设。在省级机构加快完善实体方志馆和数字方志馆。推动有条件的市州率先建立方志馆，有条件的县（市、区）建立方志馆。5年内争取在有机构的市州全面建立方志馆，在十分之一的县（市、区）级机构建立方志馆。以方志馆为依托，强化地方志的服务功能。

推动地方志工作向基层延伸。现在基层修志编鉴热情高涨。在有条件的部门与协会，助推部门志与行业志、行业年鉴的编纂。在有条件的乡镇村及城市社区街道，助推编纂乡镇村志与年鉴，社区街道志与年鉴。从而促进地方志事业的繁荣发展。

广东省地方志事业发展报告

■ 广东省人民政府地方志办公室

广东省地处祖国南大门，是全国经济第一大省、人口第一大省和华侨第一大省，是岭南文化中心地、海洋文明重要发祥地、民主革命策源地、改革开放先行地。广东地方志事业在修志编鉴记录社会进程，开发利用服务文明进步方面取得了一定成绩，逐步形成地方志事业发展的“广东模式”。广东省地方志工作被中国地方志指导小组组长王伟光称为“全国地方志工作的排头兵”，向全国地方志系统提供新鲜经验。

一、广东省地方志事业发展基本情况

党的十八大以来，广东省深入学习领会习近平总书记系列重要讲话精神，李克强总理、刘延东副总理重要讲话、批示精神，在中国地方志指导小组指导下，全面贯彻落实《地方志工作条例》《全国地方志事业发展规划纲要（2015—2020年）》以及《广东省地方志工作规定》，在地方志工作机制体制建设方面取得新突破。2015年4月，省委办公厅、省政府办公厅发出《关于加强地方志工作的通知》，提出要“加强组织领导”。2016年5月，“重视修史修志”写入《广东省国民经济和社会发展第十三个五年规划纲要》，地方志工作被纳入各级党委政府的工作任务。2016年7月，广东省政府办公厅印发的《广东省地方志事业发展规划（2016—2020年）》再次强调，“坚持和健全党委领导、政府主持、地方志工作机构组织实施、社会各界广泛参与的工作体制，坚持‘一纳入、八到位’工作机制。”广东省在“党委领导、政府主持、地方志工作机构组织实施、社会各界广泛参与”工作体制的有力保障下，将地方志工作纳入国民经济和社会发展规划、各级政府工作任务之中，初步形成“认识、领导、机构、编制、经费、设施、规划、工作”到位的工作机制。

（一）率先完成第二轮修志任务

1984 年 12 月启动的广东首轮修志工作至 2007 年全部完成。首轮修志共完成《广东省志》1 部（94 部分志）和市、县（市、区）志 100 部，总字数约 2.64 亿字，在全国各省、自治区、直辖市中第十个完成。2002 年启动的第二轮修志任务于 2014 年底全面完成，较《全国地方志事业发展规划纲要（2015—2020 年）》的要求提前了 6 年。第二轮修志共编纂出版省志 1 部（43 卷）和市县区志 118 部，总字数约 2.38 亿字。第二轮志书编修质量总体良好，2014 年《广东省志（1979—2000）》入选“十二五”国家重点图书出版规划项目，是迄今全国唯一入选该项目的地方志书。中国地方志指导小组常务副组长李培林对此给予高度评价，指出广东省在全国率先完成第二轮修志任务，《广东省志》列入“十二五”国家重点图书出版规划，取得编纂进度和质量双丰收，意义十分重大，在全国产生了广泛影响。

（二）率先实现省、市、县三级综合年鉴全覆盖

20 个世纪 80 年代以来，广东省综合年鉴编纂工作逐步开展起来。1983 年创刊的《广州经济年鉴》（1985 年更名为《广州年鉴》）为第一部新编地级以上市级综合年鉴；1986 年创刊的《台山年鉴》为第一部县级综合年鉴；1987 年《广东年鉴》创刊；2010 年创刊的《东莞市大朗镇年鉴》为第一部乡镇综合年鉴；2015 年，全国第一部村级综合年鉴——《巷头年鉴》、全省第一部街道办事处年鉴——《坪山办事处年鉴》公开出版。2013 年 8 月《香洲年鉴（2013）》启动编纂工作后，广东省在全国率先实现省及市县区全面编纂综合年鉴并全部由地方志部门组织编纂，较《全国地方志事业发展规划纲要（2015—2020 年）》的要求提前了 7 年。据国家图书馆对 1949—2013 年

全国出版年鉴的统计，广东省出版综合年鉴和专业年鉴236种，居各省、自治区、直辖市首位。2011年率先提出“一年一鉴、公开出版、当年出版”的规范化要求。同年，《广东年鉴》《广州年鉴》《深圳年鉴》《三水年鉴》获全国地方志系统年鉴质量评比特等奖；2014年中国版协组织第五届全国年鉴编纂出版质量评比，广东省申报51部、获奖50部，其中特等奖7部、一等奖14部，获奖数量与档次均创历届新高，其中《广东年鉴》连续五届获得特等奖。2014年创刊《广州年鉴》(英文版)，2016年创刊《广东年鉴》(英文版)，为对外宣传推介广东提供权威资料，为国外研究广东、研究汉学提供基本素材，成为海外人士了解广东的新窗口。

(三)率先全面开展地方志资料年报工作

为全面、客观地记载广州经济社会的发展情况，及时为修志工作积累、保存资料，2006年1月，广州市政府办公厅印发《广州市地方志资料年报制度》，在全省、全国首创地方志资料年报制度并开展年报工作。2007年省政府将地方志资料年报作为地方志工作的一项重要内容列入《广东省地方志工作规定》。2012年省政府批准《广东省地方志资料年报制度》。2013年广东省召开地方志资料年报工作会议进行动员部署，成为全国第一个在县级以上行政区域全面开展地方志资料年报工作的省份。2014年召开的第五次全国地方志工作会议，将建立和完善地方志资料年报制度作为地方志资料保障体系建设的重要内容。至2016年，省级和全省140个建制市、县、区全部开展地方志资料年报工作，初步估计共收集各类资料约18亿字、图片20万幅，为第三轮修志积累了一批有价值的资料。

(四)率先完成收集、整理全省历代方志，出版《广东历代方志集成》

2005年10月，广东省启动全面搜集整理历代方志、出版《广东历代方志集成》工作，投入1900多万元，历时近6年，2011年全面完成。从国内外将民国及以前历代编纂、现存且可查的433种省通志、府州志和县志全部搜集、影印整理，出版《广东历代方志集成》(277册)，成为全国第一个全面完成历代通志、府(州)志、县志搜集整理与出版的省份，并将《广东历代方志集成》赠送国家与全国各省级方志馆、国家与省内大型图书馆、港澳台地区和全省县级以上档案馆、方志室，抢救与保护了一笔珍贵的历史文化遗产，为了解与研究广东历史提供了丰富的文献资料，专家称之为“功德无量之举”。

（五）率先实现省、市、县三级地情网站全覆盖与资源共享

广东省地方志信息化工作起步于1987年。20世纪90年代中期，省地方志办建成单机版的广东省地方志全文检索软件。1997年在省政府网站建立全省第一个地方志网页。1998年中山市依托市政府信息服务平台开通全省第一个地级地情网站——中山地情信息网；2000年肇庆市端州区建成全省第一个县级地方志网站——端砚专业网站。2001年广东省情信息库网站正式开通。2006年后，广东省按照“统一规划，分级管理，资源共享”原则，推进地方志信息化建设。2008年建成广东省情数据库和广东省三级地情资源集群网络系统平台，实现全省地方志资源一体化整合、共享，信息互通互联。这是全国地方志系统以及广东省第一个统一省、市、县三级集约化建设的系统和分级管理站群平台。2012年全省、市、县区全部建立地情网站并联网。至2016年，全省建立地情网站142个；省情数据库数据量15多亿字，图片6万多幅，视频300多部；广东省情网访问量累计超过7000万次，居全国同类网站首位，开通手机版广东省情网和“方志广东”微信公众号，全省开通手机地情网2个、微博7个、微信9个、手机报1个，地方志公共服务能力不断提升。

（六）率先推进全省地方志资源开发利用工作

1984年新方志编修工作开展以来，各级地方志工作机构就积极探索地方志资源开发利用工作，先后编纂出版《岭南纪事》《广州史志丛书》《佛山史话》《始兴县情》《寻找乐昌》《漫话珠玑巷》等大批地情书，积极开展地情研究、地情展览、地情讲座，编写地情书、拍摄地情片、编辑资政参考资料，推动地方志进党校、进社区、进课堂，普及地情知识，培养爱国爱乡情怀。2000年12月，率先召开全省用志工作现场会，会议要求全省把用志工作作为地方志工作的重要内容扎实开展。2013年，省地方志办出台地方志资源开发利用项目管理办法，并召开全省性专题会议，对地方志资源开发利用项目的申报、立

项、结项工作进行部署和安排。2013—2014 年，省地方志办补贴经济欠发达地区地方志工作机构地方志资源开发利用项目经费约 160 万元。2015 年全省共申报开发利用项目 288 项，立项 145 项，结项 73 项，形成《广东资政志鉴》、《广东印记》、《广东省行政区划图志》、《中英街志》、《新丰乡情》（学生读本）、《南海香云纱起源、发展及现状调查的报告》、“广州地情公众开放日活动”等一批有影响力的精品项目。

（七）率先开展全省自然村落历史人文普查

村落是传承历史文化的、保存历史记忆的鲜活载体，随着村落的消失，传统民间文化面临消亡的危险。为了抢救和保护岭南文化遗产，为党委政府决策提供参考，2015 年 5 月，广东省委、省政府部署开展全省自然村落历史人文普查工作，在党委政府领导下，由地方志部门牵头，有关部门配合，发动省、市、县镇村和社会各界上百万人，全面调查全省 14 万个自然村的历史人文状况，摸清基本省情，建立数据库和网络信息服务平台，编辑出版巨型地情图书《全粤村情》。中国社会科学院将其列为国情调研基地项目之一。中国社会科学院和中国地方志指导小组多名专家一致认为其具有保存岭南文化“根”与“魂”重要意义。自然村落历史人文普查是贯彻落实习近平总书记系列讲话精神、抢救和保护岭南历史文化遗产的一项重要基础性文化工程，是服务省委、省政府新农村建设和历史文化保护的重要工作。中国地方志指导小组常务副组长李培林指出，广东的自然村普查，在全世界绝无仅有。

（八）率先将省方志馆定位为融综合省情展示、公共文化功能为一体的省级方志馆

1994 年梅州市建成新中国成立后全国第一座由华侨捐建的方志馆——梅州市曾晏泉方志馆。1995 年广州市建成新中国成立后全国第一座由政府立项与投资兴建的方志馆。至 2016 年 6 月，全省已建、在建和已立项各级方志馆 18 个，其中，面积 1.1 万平方米的广东省志馆、1 万平方米的深圳方志馆于 2014 年相继建成。广东省方志馆是全国最早定位为融综合省情展示、公共文化功能为一体的省级方志馆，现有以地情书为特色的藏书 7 万册，与国内外 40 余家单位建立图书文献交换机制。2015 年省地方志办在广东省方志馆成功

举办广东省家谱家训家风展览，观展人数超过 8 千人次，充分发挥了地方志资政辅治、教化育人的作用。

（九）率先实现地方志理论研究制度化

我省一直重视理论研究工作，创刊于 1984 年的《广东史志》30 余年间发表地方志论文 2700 多篇，创刊于 1995 年的《当代广东》20 余年间发表论文 600 余篇，成为地方史志理论研究与交流的重要阵地。1988 年广东省召开粤港澳台地方志学术交流会，这是大陆地方志工作机构首次与港澳台学者开展学术交流。至 2016 年，广东省共举办大型学术研讨活动 10 次，并加强与美国、加拿大、日本等国和中国香港、澳门、台湾地区的学术交流。2007 年以后，在全国率先形成并坚持每两年开展一次全省地方志理论研讨活动的制度，至 2016 年组织 5 次全省地方志理论研讨活动，每次评出优秀论文 35 篇左右，并结集出版论文集。2009—2014 年，广东省地方志系统有 70 多篇论文参加全国或国际地方志学术研讨会，在《中国地方志》发表论文 60 多篇。同时，出版《方志编纂学论纲》等较高质量的著作。

（十）依法治志有新举措

国务院《地方志工作条例》发布后，省地方志办积极向省委、省政府争取支持，大力宣讲依法修志。积极推动省内地方志立法。2007 年省政府发布《广东省地方志工作规定》，2009 年省政府召开依法修志工作会议，积极创建以行政手段推动地方志工作的机制，强化各级政府的地方志工作责任意识，把地方志工作纳入法治化轨道。2015 年，广东省地方志工作条例（草案）被列为广东省人大立法预备项目，地方志法治化建设取得重大突破。推动全面理顺年鉴管理体制。2007 年省地方志办成立年鉴工作处，2008 年广东年鉴社划转省地方志办。2013 年 10 月，《珠海年鉴》编纂工作划转珠海市地方志办，标志着我省全面理顺综合年鉴管理体制，实现县级以上综合年鉴全部由地方志工作机构组织编纂的目标。2016 年省政府明确了省地方志办行政许可、行政处罚、行政检查和行政指导等 12 项权责清单。目前，全省共有 90 个市县区政府制定地方志工作机构权责清单。

（十一）机构与队伍建设有新提高

1984年11月，全省有20多个市县成立修志机构，至2016年，全省各市县区全部成立地方志工作机构并参公管理，全省专职修志人员约800人，兼职修志人员近6000人。省地方志办于1998年实行依公管理和2007年实行参公管理，是全国地方志机构最早实现依公管理和参公管理的省份之一。2009年“广东省地方史志办公室”更名为“广东省人民政府地方志办公室”。2011年省地方志办升格为正厅级。从2009年起实施为期5年的地方志人才培训工程，每年举办为期1个月、培训约60人的培训班，对全省业务骨干进行系统的地方志业务培训，较大提高了地方志队伍的整体素质。从2016年起继续实施新一轮地方志人才培训工程。2016年后，率先成立地方志专家工作室和省级研究生工作站，增创了机构职能和人才培训新优势。至2016年，全省先后16个单位被评为全国方志系统先进集体、34名全国方志系统先进工作者。其中，广州市、深圳市、东莞市分别于2005年、2010年、2015年被人力资源和社会保障部和中国地方志指导小组联合授予全国地方志系统先进集体荣誉称号，深圳市史志办公室主任黄玲2015年获全国地方志系统先进工作者，并在人民大会堂作发言。

二、广东省地方志事业发展中的问题及对策

广东省地方志事业发展基础好，但仍存在一些不足：地方志资源开发利用不平衡，与党委政府的要求和人民群众的期待还存在差距，总体水平仍有待提高；少数地区和单位综合年鉴编纂、年报资料质量不高，地方志信息化建设与服务水平有待提升；个别地区和部门对地方志工作不够重视，县级地方志工作机构不健全，人员偏少且业务素质参差不齐，工作经费不足，与其有效履行职能、顺利开展工作的要求不相适应等。我们的对策如下。

（一）坚持与健全地方志工作体制机制

广东省地方志工作坚持和健全党委领导、政府主持、地方志工作机构组织实施、社会各界广泛参与的工作体制，坚持“一纳入、八到位”工作机制。

地方志工作一直得到省委、省政府高度重视与大力支持，一直在各级党委领导和各级政府主持下开展，逐步成为政府一项基础性工作并发展成为一项事业。1984年以来，省政府共召开7次全省地方志工作会议，部署各时期地方志事业发展任务。省委、省政府将地方志事业发展纳入文化大省、文化强省建设规划纲要、纳入全省“十三五”经济社会发展规划纲要，保障地方志事业健康开展。省政府高度重视地方志工作法制化建设，及时颁布地方志工作政府规章，地方志工作中的普遍性和重大问题都得到较好解决。省委、省政府高度重视地方志工作机构与队伍建设，省、市、县全部建立地方志工作机构并列入参公管理范围，省地方志办机构升格为正厅级，不但优化机构职能，机构与队伍状况基本适应全省地方志事业发展需求。各级政府不断加大对地方志事业的投入，保障地方志工作经费，加强地方志基础设施建设，建立起较完善的省情信息网络和一批方志馆。省、市、县三级地方志工作机构认真履行主管本行政区域地方志工作的职责，开展对地方志工作的组织、指导、督促和检查，拟定规划方案，组织地方志书与综合年鉴编纂、地方志资源开发利用和地方志理论研究，推进地方志工作健康开展。各级党政机关、企事业单位与社会组织，按照地方志工作规划，设立机构，落实人员，保障经费与条件，有效开展与较好完成地方志书、综合年鉴编纂和地方志资料年报任务，成为做好地方志工作的主要力量。

（二）坚持依法治志，科学谋划

一是打造完善制度体系，推动逐步实现依法治志。在全国尚无立法前，广东省地方志系统围绕着地方志书编纂、审查验收以及资料搜集、整理和信息化建设等方面出台了一些规范性文件，省级文件有的以省地方志办名义印发，有的以省政府或省政府办公厅名义印发，使地方志各项工作基本有章可循。《地方志工作条例》和《广东省地方志工作规定》的发布以及全省各地陆续出台贯彻地方志法规的配套文件，强化了各级政府的地方志工作责任意识，使广东省地方志工作实现有法可依。省地方志办及各级地方志工作机构权责清单得到明确。省委、省政府将依法治志纳入全省依法行政工作范畴，积极推动地方志工作省人大立法。二是抢抓机遇，科学谋划，实现跨越式发展。进入新世纪以后，广东省各级地方志工作机构不断增强大局意识、机遇意识，与时俱进，将地方志事业放在全省经济社会发展大局中谋划与推进，努力保持敏锐眼光和前瞻思维，注意观察社会发展趋势，特别注意抓住党委、政府制定发展规划，作出重大部署，出台扶持政策等机遇，将地方志工作融入其中，乘势而上，努力实现创新发展。广东省地方志办抓住省委提出建设文化大省的机遇，在省委、省政府的重视与支持下，将地方志事业纳入文化大省建设规划纲要，对推动地方志事业发展起了重要作用。“广东省方志馆作为文化大省重点建设的文化设施；全面完成二轮修志任务、全面搜集整理与出版历代方志、加强地方志信息化建设作为文化大省建设的主要任务”列进了规划纲要，使争取多年未果的广东省方志馆顺利通过立项，全面搜集整理与出版历代方志和地方志信息化建设经费获得批准，第二轮修志得以全面推进。根据全省经济社会发展形势和地方志工作实际，注重科学谋划。通过制定五年发展规划的方式探索地方志事业发展思路，推动地方志工作。2006 年广东省印发全国第一个经省级政府审定同意印发的地方志事业五年发展规划，此后，又相继制定印发了两个地方志事业五年发展规划。为了贯彻落实《全国地方志事业发展规划纲要（2015—2020 年）》，推动将“重视修史修志”写入《广东省国民经济和社会发展第十三个五年规划纲要》，推动广东省政府办公厅印发《广东省地方志事业发展规划（2016—2020 年）》，明确广东省地方志事业发展的指导思想与基本原则、总体目标与主要任务。

（三）坚持狠抓主业，保障到位

全省地方志工作机构以修志编鉴为主业，确保质量与进度，夯实地方志事业持续发展的坚实基础。一是将修志编鉴纳入政府工作范畴。全面开展修志编鉴工作是广东省委、省政府作出的重大决策。省委、省政府召开会议、印发文件规划、启动、部署修志编鉴工作；成立机构、落实人员和经费，保障必要的工作条件。省政府通过通知、通报乃至督办等形式，及时解决全省在修志中遇到重大问题。《广东年鉴》等各级年鉴坚持政府主导办年鉴的路子。《广东年鉴》由省长或副省长担任编委会主任（主编）。省直有关部门、各地级以上市主要领导担任编委，并在省直有关部门、各地级以上市设立编写组。《广东省地方志工作规定》明确地方志资料年报工作是地方志工作机构的一项法定职责、主体业务。省政府批准在全省范围内推行地方志资料年报制度。

二是以会促修。每年以省政府名义召开全省地方志工作会议对修志编鉴工作进行总结和布置，省政府分管领导出席会议并讲话，省有关单位与市县区政府分管领导参加。第二轮修志实施以来，以电视电话会议形式召开全省地方志工作会议，省设主会场、市县区设分会场，省有关单位和市县区政府分管领导、省志编辑室主任、年鉴编写组长以及各级地方志工作机构负责人参加会议，人数达6千多人。把省政府对地方志工作的要求直接贯彻落实到基层，自上而下推动各级领导重视。省地方志办每年召开若干次地级以上市主任会议，进行工作交流。三是深入调研，力促平衡。省地方志办深入到各级修志编鉴机构调研，靠前指导，提前介入，及时掌握各地各单位工作进展情况，发现问题及时指出，并提出要求。同时，注意发掘先进典型，及时召开现场会推广经验。在调研中，发现有较大较多问题的，由省地方志办致函向所在政府、单位反映，提出建议与要求；发现有影响全省修志编鉴工作全局重大问题的，则由省地方志办向省政府提出通报、督办建议。为解决修志进展不平衡的问题，省地方志办多管齐下，帮扶后进，补齐短板，或推荐专家直接参与志稿编纂，或由省地方志办派员驻点帮扶，帮助其提高志稿质量，以达到出版要求。同时，争取省财政支持，划拨资金补贴经济欠发达地区修志设备、出版印刷等。通过以上措施，修志工作进展缓慢的单位与地区立即研究落实改进措施，迎头赶上。四是建立严密的志鉴编纂质量保障体系。根据中国地方志指导小组《地方志书质量规定》，省地方志办制定地方志书行文规范、地方志书审查验收办法、地方志书审查委员会工作规则、省志各卷人物入志的规定以及地方综合年鉴编纂规范等，确保修志编鉴各个环节各个层次均有章可循。同时，建立好出版前评议、出版后审读的质量保障机制。要求志稿必须经过志稿评议与修改完善，方能送审。严格志书审查验收制度，强调各级审查必须以资料审核为核心，严把质量关。坚持每年组织年鉴主编专题培训班，逐步形成以培训促质量、以评代训的年度培训机制。省地方志办每年组织对综合年鉴评议（审读），同时对各地地方志工作机构提出明确的年鉴评议审读要求。这些制度与措施，加强了全省修志编鉴队伍的培养，提升质量意识，保障了修志编鉴的质量。

（四）坚持强化服务，资政为民

各级地方志机构逐步树立“有为才有位”的观念，结合经济社会发展，围绕中心，服务大局，利用地方志资料开展专题研究，主动作为，积极为党委与政府提供资政参考，打造高效的公共文化服务体系。广东省率先明确用志在地方志工作的地位，并制定地方志资料开发利用管理办法，全面启动地方志资源开发利用工作。全省各级地方志机构围绕“资政”“育人”两大方向，坚持修志为用，地方志文化资源开发利用不断强化。广泛开展以地情研究、地情展览、地情讲座和编写地情书、拍摄地情片及编辑资政参考、专题调研报告、专项建设规划建议为内容的开发利用工作，将地方志资源开发利用与实现文化自信，与爱国主义教育，与弘扬优秀传统文化、社会主义核心价值观相结合，积极把地方志工作纳入公共文化服务体系建设当中。全省以方志馆、地情网站、微信公众平台、手机报、数据库为公共文化服务平台，地情读物、教育读本、快报简讯等为载体的资源开发利用体系日益完善，地方志进机关、进学校、进社区、进军营活动持续开展。

（五）坚持多业并举，多级联动

早在1996年广东省就提出地方志工作是一项事业的设想。在夯实修志编鉴主业的基础上，广东较早打破“一本书”的传统观念，积极拓展工作领域，扩大地方志工作的覆盖面，最终形成“坚持以服务中心工作、服务经济社会发展、服务人民群众需求为出发点与落脚点，坚持创新、协调、绿色、开放、共享发展理念，解放思想、实事求是、大胆探索、先行先试，强队伍、抓主业、补短板、促开发，扩大地方志产品有效供给，满足存史、资政、育人需求，讲好广东故事，建设方志强省，推动地方志事业繁荣发展，为全省实现‘三个定位、两个率先’目标作出新贡献”发展思路。提出打造名志大省、建设年鉴强省、全面开展全省自然村落历史人文普查、推动地方史编研、构建新一代地方志信息化高地、提升资政育人的能力和水平、构建方志馆公共文化服务体系、继续实施广东旧志整理工程、建设方志理论高地、提升方志文化开放水平等目标。广东不断拓展志书编纂的广度和深度，推动志书编修向部门行业和镇村延伸，兴起编修行业志、镇村志的小高潮，地方志机构对各类专业志、乡镇村志编纂的管理、指导与服务加强。实施名志引领发展战略，积极参与中国名镇志、名村志文化工程，推动乡镇、城区年鉴以及专业年鉴编纂，推动综合年鉴编纂、地方志信息化、方志馆建设向基层推进。广东启动全省自然村落历史人文普查，省、市、县、镇、村均成立由党委或政府领导任组长的普查工作领导小组，以政府名义动员部署，成立普查工作机构，印发方案，落实经费，实现多级联动，有力推动了普查工作开展。至2016年5月底，全省各市县区全面开展普查工作，已完成上万个自然村的普查与填表工作。

（六）坚持修志问道，力学笃行

人才是地方志事业发展的第一资源。广东省坚持通过培训工程、选拔任用、建室设站、项目带动等措施、渠道，强化队伍建设，提高人员素质。实施地方志人才培训工程，通过与高等院校和科研机构联合，每年开展地方志机构新任主任培训班、地方志机构新进人员培训班、地方志信息化培训班等，提高全省地方志队伍业务水平。同时，积极支持鼓励地方志骨干人才参加全国地方志系统各类培训、全省各级各类公务员培训，提升队伍素质。近年来，广东省地方志系统还通过选拔、考任、选调、竞聘等方式，引入一大批年轻优秀人才，丰富了地方志系统各类专业，优化了省地方志系统队伍结构。在地方志工作中，涌现一批受到全国和各级表彰的先进集体和先进工作者。值得一提的是，全省数以万计的专兼职地方志工作者敬业爱岗、淡泊明志、锲而不舍、甘于奉献，长期默默无闻地坚守岗位，把地方志的“冷板凳”坐热，为广东省地方志事业发展作出了不可磨灭的贡献。省经委原副主任、省交通协会原会长、第二轮省志《交通卷》主编胡朝懿，龙川县地方志办主任邹道平，他们是广东省地方志工作者的杰出代表。

社会各界专家学者积极参与，在地方志书编纂、理论研究及开发利用中发挥了重要作用。许多专家学者受聘担任志书主编。如语言学家高华年、地理学家曾昭璇、历史学家张磊等专家学者分别参与《广东省志》《广州市志》以及有关县志的编纂。为了更好地发挥专家学者在地方志工作中的作用，相继建立广东省地方志专家库、省情专家库。专家库设在广东省情信息库，通过互联网可查阅专家的研究方向、研究专长等方面资料。入库专家在指导或参与地方志书的编纂和审查验收、旧志整理、区域史和地方志理论研究、地方志业务培训、地方志资源开发利用、地情调研以及地方志立项论证等方面发挥了重要作用。建立陈泽泓方志工作室，通过以老带新、以实施项目带动培训，培养了一批专家型地方志业务干部。与中山大学、暨南大学、华南师范大学等高校合作共建教学实践基地、研究生工作站，吸收在读研究生进站开展短期课程研修。广东省实行每两年开展一次全省地方志理论研讨活动的制度，广泛撰写论文、自下而上交流与推荐。各地积极开展理论研究与交流，总结修志编鉴、资料年报、信息化、开发利用等各项工作的经验做法，探索新点子、新方法、新举措，指导新时期各项地方志工作的开展。重视对基础省情研究，力求及时、准确对重大理论和重大实践问题作出方志阐释。

三、广东省地方志事业发展趋势及展望

今后，广东省将贯彻创新、协调、绿色、开放、共享五大发展理念，按照“十三五”期间地方志事业的发展蓝图，牢牢把握地方志事业发展的难得机遇，以只争朝夕、敢于担当、锐意创新、攻坚克难的精神和勇气，铆足干劲抓落实，齐心协力谋发展，着力打造名志大省，推动志、鉴、史编修全面协调发展，存史功能更加完备；更好服务党委政府工作大局，精准开发利用地方志资源，资政辅治的新型智库作用显著增强。地方志信息化、方志馆等公共文化设施建设迈上新台阶，服务功能、服务水平更能满足群众需要，育人教化作用日益突显；建立地方志编修体系、质量保障体系、开发利用体系、理论研究体系、工作保障体系“五位一体”的地方志事业发展综合体系，使地方志成为宣传广东省情的重要窗口、弘扬岭南优秀传统文化的重要阵地、联系港澳台同胞和海外华人华侨乡情的重要纽带，推动南粤文化走向世界，大力提升地方志文化软实力，继续当好实施《全国地方志事业发展规划纲要（2015—2020年）》的排头兵。

广西壮族自治区地方志事业发展报告

广西壮族自治区地方志编纂委员会办公室

2015—2016 年，广西地方志工作机构在自治区党委、自治区人民政府以及中国地方志指导小组的领导下，通过多种方式、采取多项举措、主动作为，全区依法治志得到着力推行。两年来，党委领导、政府主持、地方志部门组织实施、社会各界有序参与以修志编鉴为主业、各项工作协调开展的事业格局继续得到加强，围绕《全国地方志事业发展规划纲要（2015—2020 年）》（以下简称《规划纲要》）“两全”目标，地方志各项工作取得新成绩，地方志事业呈现出良好发展态势。同时地方志工作机构认真总结经验教训，继续深化改革，推进广西地方志事业持续科学发展。

一、广西地方志事业发展基本情况

广西贯彻执行国家和自治区有关地方志工作法规规章，紧紧围绕修志编鉴任务，“志、鉴、刊、库、网、馆、会、研、用”齐抓并进，地方志各项工作取得新成绩。

（一）深入贯彻落实《地方志工作条例》（以下简称《条例》）《全国地方志事业发展规划纲要（2015—2020 年）》，依法治志得到着力推行

1. 制定地方志法规，加强地方志法治建设。广西深入学习贯彻落实习

近平总书记、李克强总理、刘延东副总理关于地方志工作的重要讲话、重要批示精神，全面贯彻落实国务院《条例》《规划纲要》和第五次全国地方志工作会议精神，继2008年制定《广西壮族自治区实施〈地方志工作条例〉办法》以后，加大推进全区地方志事业由依法修志转入依法治志新阶段的力度。2015年12月，制定《广西贯彻落实全国地方志事业发展规划纲要（2015—2020年）实施方案》。2016年8月，制定《广西地方志事业发展规划（2016—2020年）》，来宾、柳州、北海等地级市也出台各市地方志发展规划或实施方案。2016年自治区人民政府对推进的权力清单和责任清单进行“两单融合”，确定地方志工作机构的行政权力清单7项（其中行政检查1项、行政奖励1项、其他行政权力5项），确定责任事项36项，责任事项依据32条，进一步明确地方志工作的法定职责。南宁、柳州等市地方志工作机构被纳入各市政府公布的具备行政执法主体资格的行政执法单位名单。

2. 加大督促和检查全区地方志工作，着力推行依法治志。为深入贯彻落实国家和自治区关于地方志工作的法规规章，两年间，自治区各级地方志工作机构及时召开主任工作会议、电视电话会议、座谈会等各类工作会议，深入市、县、城区以及《广西通志》专志承修单位开展督查调研，对《条例》《规划纲要》和依法治志落实及执行情况进行督促检查。2015年11月20日，全区地方志工作电视电话会议在南宁召开。自治区党委常委、自治区副主席李康出席会议并作重要讲话，要求各级政府、各部门加强领导、落实责任，把贯彻“一纳入、八到位”和第二轮修志编修进度情况纳入政府工作目标、政府督办和绩效考评体系；自治区地方志办公室主任李秋洪作工作报告并提出宣传学习、贯彻落实《规划纲要》具体意见。自治区地方志编纂委员会各成员单位负责人、承担《广西通志》专志编纂任务的自治区直属委、办、厅、局和中直驻桂单位负责人、《广西通志》专志编辑室负责人等103人在自治区主会场（设在自治区人民政府）参加会议。各市、县（市、区）人民政府分管领导，各市、县（市、区）地方志编纂委员会各成员单位负责人，各市、县（市、区）直属有关单位分管领导，各市、县（市、区）人民政府地方志工作机构全体工作人员共5877人在各市、县（市、区）分会场参加会议。2015年，自治区地方志办公室加大督查工作力度，年内派出地方志工作督查组到玉林、桂林、柳州、防城港、百色、博白、容县、桂林市七星区、资源、三江、融安、上思、防城港市防城区、德保、靖西、上林、马山、凭祥、宁明等75个市县（自治县）以及自治区科技厅、人社厅、环保厅、水产畜牧兽医局、地震局等《广西通志》的专志承修单位开展地方志工作督查。在此基础上，2016年1月至12月，督查组、调研组又分别到百色、河池、贵港、玉林、南宁、贺州、柳州、合浦等20多个市县地方志工作机构以及自治区人大常委会办公厅、交通运输厅、体育局、文化厅等《广西通志》专志承修单位进行重点督查调研，促使各级政府、各部门加强贯彻落实“一纳入、八到位”，为地方志工作营造良好的环境与条件，全区依法治志着力推进。

3. 举办系列活动，加强学习宣传，营造依法治志氛围。 2015年8月国务院印发《规划纲要》后，全区地方志系统立即组织干部职工进行学习领会。10月，自治区地方志办公室在《广西日报》刊登专版理论文章，阐述《规划纲要》重要意义，明确地方志工作目标任务，提出要创新机制加快推进广西第二轮地方志编修工作，强化地方志服务功能，为广西“两个建成”目标作贡献。文章在刊登后收到很好的效果，全区地方志系统形成学习贯彻《规划纲要》的浓厚氛围。11月20日，自治区人民政府召开全区地方志工作电视电话会议，对学习、宣传、贯彻《规划纲要》精神，落实“一纳入、八到位”及促进广西地方志事业科学发展进行总动员、再部署。2016年5月19日，举办广西地方志系统纪念国务院《地方志工作条例》颁布实施十周年座谈会。自治区地方志办公室主任李秋洪作题为《依法治志改革创新奋力开创广西地方志工作新局面》讲话。5月21日，自治区地方志办公室在南宁市南湖公园韦拔群纪念馆前广场举办纪念《地方志工作条例》颁布实施十周年成果展。活动现场通过展板宣传、有奖问答、发放地方志书籍等方式，向市民宣传地方志政策法规，普及广西史志知识，进一步提升社会各界对地方志的认识与关注。同时在《广西地方志》期刊开辟“纪念《地方志工作条例》颁布实施十周年征文”专栏，刊登全区地方志系统优秀工作者、专家撰写的文章。南宁、柳州、梧州等地方志办公室均开展纪念《地方志工作条例》颁布实施十周年宣传活动。全区营造宣传贯彻《地方志工作条例》氛围，有力地推动依法治志工作。

（二）紧紧围绕“两全”目标，第二轮修志工作取得阶段性成果

1. 省级综合志书《广西通志(1979—2005)》于2016年6月由方志出

版社正式出版发行。自治区地方志办公室在抓好组织指导推进全区修志的同时，主动作为，组织编纂《广西通志（1979—2005）》六卷本，在自治区地方志办公室及协作单位共280多名编纂者努力下，历时3年半取得重要成果。这部志书是自治区地方志办公室及其前身广西通志馆成立84年以来承修出版的第一部省级综合志书，也是第二轮修志以来全国正式出版的第二部省级综合志书、全国编修时间最短的省级综合志书。全书分为综合、政治、经济、文化、社会、人物大事记附录共6卷，约910万字，从整体上记述1979年至2005年广西改革开放以来的历史变迁。历经设置篇目、全员培训、编写样稿、签订合同、收集资料、撰写初稿、卷内分纂、专家评议、专家审验、总纂统稿、编辑校对、编制索引、指导印制等10多个编修环节，前后参与者包括自治区地方志办公室大部分在职人员及退休业务骨干、全区地方志系统修志骨干、社会各领域专家学者、高校教师和学生。全书采用分卷综合体结构，按事业性质或门类设置专篇，入志标准、断限、体例和行文统一，篇幅精炼，整体性强；体裁完备，运用述、志、记、传、图、表、录、简介、索引等多种体裁，内容记述涵括自然、政治、经济、文化、社会等各个方面，其中人物传299人，人物简介755人，照片约3520幅，图表约630个，全方位、多角度记录历史，可谓“广西之全史”，比较全面记述改革发展成果，保存多方面珍贵资料，具有较高的存史、资政、育人价值。

2. 第二轮《广西通志》专志、市县志编纂进度加快。2000年广西启动第二轮修志工作后，自治区、市、县各级党委、政府和《广西通志》专志承修单位对第二轮修志进行动员，制定工作规划，成立相应的组织机构，做了大量资料、编纂的工作，取得阶段性的成效。2015年《规划纲要》颁布以后，为如期完成“两全”目标，自治区地方志办公室加强组织、指导和督查职能，并在2015年初分别召开南北片区市县志工作推进会，5月召开广西通志修志推进会，促使全区修志进度加快，其中市县志评稿、审查验收数量较之前增加。2015年，《广西通志》专志评稿5部，审查验收5部，出版《广西高等院校志》地情书1部；市县志评稿17部，审查验收9部，出版3部。2016年，《广西通志》专志评稿6部，审查验收6部；市县志评稿12部，审查验收11部，其中审查验收比年初计划增加1部。截至2016年12月，《广西通志》第二轮修志计划应修省级综合志书《广西通志（1979—2005）》1部，已完成。应修

《广西通志》专志 67 部，已出版 19 部，占计划的 28.4%；已审查验收待出版 14 部，占计划的 20.9%；已评稿待审验 10 部，占计划的 14.9%；未评稿 24 部，占计划的 35.8%。市县志二轮修志计划应修 121 部（地市级 14 部、县级 107 部），已出版 31 部，占计划的 25.62%；已审查验收待出版 21 部，占计划的 17.36%；已评稿待审查验收 24.5 部，占计划的 20.25%；未评稿 45.5 部，占计划的 37.60%。对照《规划纲要》要求以及与全国各省修志进度相比，广西省级专志编纂进度处于中等水平，市县志编纂进度则比较靠后。从总体上看，广西完成“两全”目标时间紧迫，任务艰巨。鉴于全区地方志工作面临的严峻形势，为加快修志进度，自治区地方志办公室于 2016 年 10 月根据自治区人民政府颁布的权责清单，依照权力下放和分级负责的要求，对三级志书评审制度主体责任加以调整完善，修订了之前颁布的《广西壮族自治区地方志书评稿办法》《广西壮族自治区地方志书审查验收办法》《广西壮族自治区地方志书出版规定》《广西壮族自治区综合年鉴编纂规定》4 个业务制度文件，以进一步加快地方志编修工作进度。

（三）大力加强年鉴工作，推进地方综合年鉴编纂出版

《广西年鉴》自 1985 年创刊后，坚持“实事求是，严谨办鉴”的方针，在内容、框架、版面设计等方面逐年创新发展，始终保持较高质量，在全国年鉴界一直居于前列。市县综合年鉴编纂也不断加强，质量明显提高。2016 年 7 月 15 日，中指组在全国第一次年鉴工作会议上公布，在全国地方志优秀成果（年鉴类）评比中，广西共有 13 部年鉴获奖，其中《广西年鉴 · 2015》获省级综合年鉴特等奖，连续五届获全国省级综合年鉴特等奖；《广西社会科学年鉴》获专业年鉴一等奖。2016 年，加强创新年鉴工作，编纂《广西图鉴 · 2016》收集反映全区各行业新发展、新成就、新面貌的图片 1000 多张。继续理顺年鉴工作机制，至 2016 年 10 月，全自治区 14 个设区市已做到一年一鉴并公开出版；全自治区 110 个县（市、区）中已出版县级年鉴的有 94 个，仍有 16 个未编纂出版年鉴，占全自治区任务总数的 12.8%；在已出版的年鉴中，有部分未能做到一年一鉴、公开出版。同时，为推动全区地方综合年鉴、专业年鉴编纂质量提升，自治区地方志办公室于 2015 年开始组织实施年鉴精品工程，为每个入选精品项目的年鉴及有关市、县志办公室安排 4 万元补助

经费。2015 年经广西年鉴精品工程领导小组评审研究，确定《柳州年鉴》《阳朔年鉴》和《鱼峰年鉴》为第一期广西年鉴精品工程项目。2016 年评审《南宁年鉴》《玉林年鉴》《岑溪年鉴》《东兰年鉴》《青秀年鉴》《广西财政年鉴》等 6 种年鉴为年鉴精品工程项目，以点带面，推动广西年鉴编撰质量的提升。

（四）加强通志府州县志整理出版，古籍整理工作稳步推进

从 1984 年起，组织编辑《广西史志资料丛书》和《桂苑书林丛书》，出版了《二十四史广西资料辑录》《清实录广西资料辑录》等古籍、地方史料 30 余种。利用新旧方志资料编辑出版《广西各市县历代水旱灾害纪实》等地情书。2009 年以来，实施“古籍丛书府州县志系列整理出版项目”，为每个有关市、县志办公室安排 10 万元补助经费，全区先后整理出版明《(万历)广西通志》、清《(雍正)广西通志》、明《(崇祯)梧州府志》、《(民国)武缘县图经》、清《(光绪)临桂县志》、清《(嘉庆)平乐府志》50 余部古籍旧志。其中，2015 年整理影印出版《(民国)贺县志》、清《(道光)平南县志》等 2 部旧志；2016 年整理影印出版《(嘉庆)广西通志》、清《(康熙)上思州志》、《(民国)柳江县志》、清《(乾隆)平南县志》等 4 部旧志。指导崇左市地方志办公室整理明《(万历)太平府志》、清《(雍正)太平府志》，指导象州、岑溪、北流等地方志办公室鉴别古籍旧志版本，稳步推进全区古籍旧志整理工作。

（五）加强资料建设，加快地情网站等地方志信息化建设

1. 加强资料建设。广西方志馆目前馆藏书 10 万多册，包括全国《一统志》10 种；历代《广西通志》12 种；历代广西府志、州志、县志等 229 种；广西以外的部分省、市、县(含台湾)的旧志 91 种；其他古籍线装书、民国时期广西地方文献、全国新编各类地方志书等图书 2 万余册。

2015 年搜集采购全国三级地方志书、广西地情书 289 种；接受捐赠、交换及报送图书 1200 册；为社会各界研究人员提供有关资料和咨询服务，接待 150 多人次。2016 年，采集全国三级地方志书、年鉴、广西地情书及其他图书 1179 种 1847 册，搜集志稿 76 种 260 册；接待各类查阅图书资料人员 580 人次。

积极做好广西方志馆、广西史志博物馆参观接待工作。广西史志博物馆建成后综合运用文字、图片、雕塑、实物和现代媒体信息技术，多角度、直观生动地展示广西历史概貌、区情发展变化及广西地方志编修成果等，是广西区情教育和爱国爱家乡教育的重要基地。2016年5月自治区党委常委、自治区副主席蓝天立到广西方志馆调研，8月时任中国地方志指导小组副秘书长兼办公室副主任、方志出版社社长、总编辑冀祥德到广西方志馆调研并评价“广西方志馆大气、有特色，而且整洁有序，看了很令人振奋，在全国各省级方志馆中走在前列。”2016年10月南宁市方志馆建成获准增设馆藏资料管理科，是广西第一个地市级方志馆；柳州市方志馆正在争取立项，全区资料存藏基础设施建设取得新突破。同时，为促进地情资料搜集、整理、保存工作的制度化、规范化，自治区地方志办公室实施地情资料年报试点项目，为每个试点单位（市、县志办公室）安排3万元补助经费，至2016年累计投入110万元。

2. 加快地情网站、资料库等地方志信息化建设。广西地情网于2010年8月正式开通运行，拥有3亿多字的地情资料库，具备跨网站、跨服务器数据迅捷检索等功能，有效链接全国13个省市地情网站。2014年率先在全国建设地情移动服务平台，依托政府公众信息服务平台——魅力广西（App）建成广西地情移动传播平台，探索地方志资源移动化、智能化，打造“智慧方志”创新服务体系。广西地情移动传播平台是广西地情网的延伸和拓展，随时便捷地为各级党政领导提供地情信息服务，为社会公众读志用志提供服务平台。2014年5月，“广西地情”频道在“魅力广西”平台开通。频道设置志鉴动态、广西概况、市县概况、志书年鉴、广西历史、广西百科、广西方志、地情影像志等栏目，囊括广西各地的地情资料和各方面的基本情况，成为在移动终端设备传播广西、宣传广西、推介广西、服务广西的重要平台，也是广西对外交流合作的重要窗口。同时，自治区地方志办公室从2011年开始通过实施“方志文化惠民工程”分期分批资助各市、县地情网站建设，为每个地情网子站建设单位赠送价值两万元的电子办公设备。至2015年，全部建成覆盖全区各地级市、各县的三级地情网站群，共有子站89个，有效实现自治区、市、县三级地情资源整合和地情资源网络共享。2016年9月，方志广西微信公众平台开通，主要推介广西风土人情、地貌风俗、民族特色、社会发展等广西区情及广西区内包括地方志系统重大新闻动态。自治区地方志办公室加强数据库建设，继续充实广西地情资料库，数字化广西第一、二轮三级地方志书及年鉴、地情书，及时更新广西地情网数据，增设“政务咨询”“调查征集”栏目，保障广西政府网的广西之最、广西年鉴等栏目信息发布，方便社会各界读志用志。

（六）方志资源开发利用取得新成效，资政服务能力逐年提升

近年来，自治区地方志办公室摄制《广西古建筑志》《广西之最（精编版）》《广西北部湾经济区志》《广西节庆志》等影像志，其中《广西古建筑志》2013 年获第四届中华优秀出版物（音像出版物）奖。全区各级地方志机构编纂出版《广西简志》《广西北部湾经济区简志》《广西市县概况》《广西概况》《广西重点镇志》《广西开发区志》《南宁地情手册》《桂林简志》《北海地情手册》《百色简史》等一批地情图书，加大地方志工作宣传力度。2015 年，自治区地方志办公室编纂影像志《广西长寿志》《广西传统名吃志》以及《广西风物志》《广西招商引资指南》等地情书。同时，各级地方志部门积极为党委、政府的工作大局服务，主动作为，善于发声，为党委、政府决策提供参考及依据。2015 年，自治区地方志办公室组织查找广西抗战时期国民党军队编制序列等重要史料报自治区人民政府。2016 年 3 月，组织撰写《上海支边企业在广西简述》《广西大学院系调整和恢复重建史略》《北部湾沿海地区隶属关系变化简述》等材料报自治区党委、自治区人民政府，为自治区党委书记彭清华、自治区主席陈武率广西党政代表团赴沪考察作经济、社会、文化建设等方面交流提供参考。5 月组织专家查阅收集有关广西历代重大战事资料，撰写《广西历代重大战事》报自治区党委办公厅；查阅收集有关广西城市规划发展的历史资料，撰写《广西城市规划发展简述》及附录相关原始资料报自治区人民政府。7 月组织撰写《广西概览》报自治区党委办公厅转报中办。8 月，查阅收集广西壮瑶医药历史和现状的有关资料，并整理成文《广西壮医药史简述》《广西瑶医药史简述》及附录相关原始资料报自治区人民政府。参加南宁市人民公园革命烈士纪念碑碑文审校等工作。影印的清《（康熙）思明府志》为广西左江花山岩画文化景观列入世界遗产名录提供了资料佐证。

（七）地方志工作机构与队伍建设得到新加强

2015 年以来，广西基本建立各级地方志工作机构，能较好地将地方志工作纳入本地区经济社会发展规划和政府工作任务之中，在机构、领导、队伍、经费、条件、认识、规划、工作等 8 个方面基本落实到位。同时借助各级领导、各方专家的力量，邀请更多有兴趣于编史修志的人员参与地方志工作、促进各专志、市县（区）志编修工作的稳定、持续发展，形成较为完善的广西地方志编修队伍。自治区地方志办公室利用评稿会、审验会、学习培训、地方志刊物、地情网站、QQ 工作群、微信工作群等为专志、市县（区）志编修单位人员交流沟通，搭建多样化实践和理论交流平台，促进基层地方志人员联系，提高自身业务水平。2015—2016 年，自治区地方志办公室共举办全区性地方志业务培训 8 期，参加培训学员 900 多人次，实现全区地方志主要业务骨干培训全覆盖。2016 年 3 月，在南宁组织承办首届全国方志馆业务培训班。培训班由中国地方志指导小组办公室和国家方志馆主办，各省（自治区、直辖市）和新疆生产建设兵团地方志工作机构分管方志馆工作的领导和方志馆负责人、省会城市和副省级城市方志馆负责人、特色方志馆负责人代表共 145 人参加培训。时任中国地方志指导小组副秘书长兼办公室副主任、方志出版社社长兼总编辑的冀祥德作重要讲话。同时，为进一步加强广西地方志系统的学术研究和学科建设，2013 年起实施首轮广西地方志人才梯队建设项目，每年投入 20—30 万元项目经费，组织全区各级地方志办公室、《广西通志》各专志编辑室以及高校、科研部门进行项目申报。首批项目立项共计 48 个课题。2016 年第一批人才梯队建设项目已结束。2016 年继续实施第二轮广西地方志人才梯队建设项目，经过专家评审、党组研究、公示等工作环节，项目立项 17 个。通过项目实施、研究课题，加强理论素养与业务研究，培养了一批学科带头人、具有发展潜能的优秀青年人才，提高了地方志工作者的素质。2016 年 11 月开始，进一步加强人才队伍培养与地方志学术研究，已着手筹备实施广西地方史志研究文化丛书项目。继续调整、完善广西地方志学术委员会建设，各市着手开始成立地方志学术委员会。

二、广西地方志事业发展中的问题及对策

从2015—2016年广西地方志事业发展历程看，各级党委、政府以及各部门单位等社会各方面是重视和支持地方志工作开展的。地方志部门取得工作成效，主要经验以下。

（一）各级党委和人民政府加强领导是做好地方志工作的关键

地方志是“官书”，各级党政领导高度重视，切实加强领导，是做好地方志编纂工作的关键。30多年实践证明，地方志工作涉及面广、工程艰巨，只有政府主持，政府主要领导亲自抓，落实“一纳入、八到位”，才能调动人力、物力、财力，切实解决地方志工作中的实际困难和问题。据不完全统计，20世纪50年代末以来，自治区人民政府、自治区人民政府办公厅先后下发有关地方志工作文件28份。自治区党委、自治区人民政府历任主要领导乔晓光、覃应机、韦纯束、黄云、李兆焯、陈辉光、陆兵、马飚等45人先后出席了自治区地方志工作会、座谈会并作重要讲话。自治区历任分管副主席，各委办厅局的主要领导，各市、县的市长、县长和分管的副市长、副县长都亲自过问地方志工作，帮助解决实际问题。各市县的修志实践也证明，凡是领导重视的单位，地方志工作就开展得有起色；凡是领导不重视的单位，地方志工作就开展得缓慢。

（二）各部门各单位以及社会各方面的重视和支持，是做好地方志工作的基础

地方志是记载一个地方从天文到地理、自然到社会、政治到经济、历史到现实、人物到风貌的地情书、国情书。编纂地方志涉及各个系统、各部门、各单位和社会各方面的全局性的工作，工程十分浩大，仅靠某个部门和某个单位是完成不了修志任务的。广西30多年实践证明，只有各部门各单位、社会各方面的重视和支持，上下结合，条块结合，互相配合，互相支持，互相协调，做好地方志工作才有可靠的基础。《广西通志》、各市志、县志的编纂，都是依靠党政各部门、社会各方面的重视和支持，广泛参与地方志工作，形成众人修志、众手写志、众口评志、众目审志的局面。

（三）加强地方志机构、队伍建设，是做好地方志工作的重要保证

编纂地方志是一项长期的事业，一轮志书完成之日，就是新一轮志书开修之时。编纂地方志一定要加强地方志机构、队伍建设，做好地方志工作才有保证。在自治区党委和自治区人民政府的重视和支持下，广西的地方志机构从自治区地方志办公室到各市、县地方志办公室基本保持相对稳定，地方志队伍建设也逐步得到加强，专职队伍年均保持在800人以上，兼职队伍则数倍于此。开展地方志工作，离不开地方志机构全体同志的无私奉献。地方志部门是个“冷”门机构，是个辛苦、清苦、艰苦的地方，但一任接一任的广西方志人都能不忘初心，坚守事业，相互支持，团结协作，各司其职，各尽其责，爱岗敬业，默默奉献，以对历史负责、对人民负责，克服种种困难，潜心、静心、专心、安心修志编鉴。方志人所表现出来的“修志问道，直笔著史”精神，实之不易，难能可贵，这是做好地方志工作源泉动力。

（四）不断强化质量意识，是确保志书质量的前提

质量是志书的生命。志书质量的优劣，关系到修志的成败。为了确保志书的质量，广西各级地方志工作机构始终把质量放在首位，严肃认真做好地方志编修工作，坚持存真求实，修出高质量志书。自治区地方志办公室历任主要领导都高度重视志书质量，不断强化全区地方志队伍的质量意识。要求编纂出版的志书除在政治、保密方面不出问题外，还要做到观点正确，体例完备，资料翔实准确，时代特点和地方特色突出，文风严谨、朴实、简洁，有较高的科学性，做到思想性、科学性、资料性的统一。严格三级评审制度，要好字当头，质量优先，进度服从质量，又好又快推动广西地方志事业发展。

（五）加强对读志用志的引导和宣传，才能使地方志更好地为社会服务

修志目的是为了用志。必须大力加强对地方志工作、地方志成果和读志用志的宣传，才能使地方志更好地为社会服务，更好地发挥志书“资治、存史、教化”的功能。2000年，自治区党委宣传部、自治区通志馆、广西日报社、

自治区广播电影电视局联合发出了《关于加强地方志宣传工作的通知》，对加强地方志的宣传活动提出了具体的要求。近年来，自治区地方志办公室组织多次展览会、新闻发布会，有关委办厅局、各地市县也采取各种形式，加大对地方志的宣传，使人们日益加深对地方志的认识。地方志在广西文化建设中正日益发挥着不可替代的作用。

（六）加强方志理论学习、研究和学术交流，才能提高地方志工作者专业水平

编纂地方志是老传统、新工作。广西地方志工作者绝大多数是半路出家。地方志工作不是什么人都可以从事的工作，更不是什么人都可以做好的工作，只有高水平的地方志人员才能编纂出高质量的志书，所以广西各级地方志工作机构特别重视地方志业务人员的培训。通过组织地方志人员学习、研究方志理论，进行学术交流，参加培训班学习，使地方志人员在实践中不断提高专业水平，胜任工作。从自治区地方志办公室到自治区各部门，各市县地方志工作机构，都积极开展学术活动，对志书的指导思想、功能作用、体例结构、篇目设计、资料搜集、撰写方法、质量标准等都认真进行研讨。经过多年的修志实践，广西已经培养出一支较熟悉地方志业务的老中青相结合的地方志人才队伍，为开展地方志工作提供了人才支撑和保障。

虽然广西地方志事业取得新成绩，但仍有不少困难和问题，主要为：一是有的领导对地方志工作认识不足，重视不够。目前，广西地方志工作发展不平衡的状况没有得到根本扭转，一些地方和单位的领导对地方志工作没有充分重视，没有把地方志工作真正列上议事日程，有些地区地方志工作有布置但无检查、督促和指导，地方志工作处于无人抓的状态。有些领导把这项工作当作临时性工作，没有长期的规划和安排。由于领导思想上不够重视，地方志工作摆不到应有位置，地方志工作进展缓慢。二是编纂周期过长，志书成本过高。从启动修志工作到志书印刷出版，大约要 10 年时间，有些志书编纂甚至用了 20 年以上的时间。志书编纂周期过长，不仅消耗了大量的人力、物力，志书的信息也严重滞后于地方的经济社会发展，制约了地方志资政功能的发挥。三是一些地方志机构自身建设滞后，由于以前工作中的主动性、创造性不够，没有拿出切实可行的措施办法赢得领导的大力支持，因此工作

中的一些深层次问题没有得到很好解决，加上欠缺严谨的顶层设计，对业务指导监督不到位，导致部门地位越来越边缘化，工作难度越来越大，工作人员的工作热情越来越低，工作效率低下。部分单位联动机制不够健全，协同配合意识不强，修志人员变动频繁，志稿撰写进度缓慢，质量不高。四是依法治志仍需加强。虽然《条例》《实施办法》《规划》已陆续发布施行，地方志工作法规规章落实不到位的现象仍然存在，一些地方的地方志工作随意性大、主观性强、组织协调困难、发展不平衡等，因此用法律手段确保地方志工作规范、有序、稳定、持续地向前发展仍需加强。以上问题，须引起高度重视，并在今后的工作中根据各地和单位不同情况，有重点、有步骤地切实加以解决。

三、广西地方志事业发展趋势及展望

目前，广西地方志事业取得新成绩，发展态势良好。根据《规划纲要》总体目标，以及中国地方志指导小组和自治区人民政府要求，自治区地方志办公室将加强各方面建设，以促进广西地方志事业持续科学发展。一是全面提高思想认识，加强修志工作机制。认真按照“一纳入、八到位”要求，将地方志工作纳入各地国民经济和社会发展规划、各级政府工作任务，建立“认识、领导、机构、编制、经费、设施、规划、工作”到位的工作机制。二是落实依法治志。严格贯彻国务院《地方志工作条例》《全国地方志事业发展规划纲要（201—2020 年）》以及《广西壮族自治区实施〈地方志工作条例〉办法》《广西地方志事业发展规划（2016—2020 年）》，坚持依法修志、传志、藏志、用志、管志，将依法治志纳入依法行政工作范畴，建立督查、约谈制度等，营造依法治志的良好社会环境。三是制定切实可行计划，加速推进第二轮志书编纂工作。按照要求，力求于 2017 年底完成志书评稿和审查验收，2020 年底前全面完成第二轮修志任务。同时认真执行《地方志质量规定》，强化各环节管理，确保志书质量。四是加强年鉴编纂出版。督促各级人民政府和地方综合年鉴编纂部门依法组织地方综合年鉴编纂工作，努力提高编纂出版质量。未编纂出版地方综合年鉴的县（市、区），要立即启动编纂出版工作，在 2020 年前实现县级全覆盖。五是加强地情信息化建设、古籍旧志整理以及社会读志用志工作。在加强修志基础工作的同时，尽快成立自治区方志馆机构，做好地方志文献及其他地情资料的搜集和藏存，加大地方志资源开发利用工作的力度。六是加强队伍建设。从思想建设、作风建设、业务建设入手，培养和造就一支政治强、作风正、业务精的地方志工作队伍。加大人员培训和交流力度，同时尽快建立充实编纂力量，强化业务培训，为修志工作提供人力资源保障。七是主动做好第三轮地方志书编纂准备工作。总结第二轮修志经验教训，为开展第三轮地方志编纂做好理论准备；全面推进地情资料年报工作、地情资料开发利用、综合年鉴等地情书的编纂等地方志工作，为开展第三轮修志工作奠定资料基础；坚持“一纳入，八到位”要求，形成地方志工作可持续发展机制。

海南省地方志事业发展报告

海南省地方志办公室

一、全省地方志事业发展的新局面

2015年以来，在海南省委、省政府坚强领导下，在中国地方志指导小组关心指导下，海南省方志工作坚持和健全党委领导、政府主持、地方志工作机构组织实施、社会各界广泛参与的工作体制，努力推动践行“一纳入、八到位”地方志工作机制，全省方志人奋力作为，围绕经济社会发展大局，坚持存史第一要务，以资政、育人为根本目标，依法履行职责，在实践中探索，在探索中创新，在创新中发展。全省方志工作取得喜人成绩，方志事业保持健康发展。

（一）规划志书、地方综合年鉴编纂工作有新进展

第二轮省志编纂方面，截至2016年12月底，《海南省志》54部分志中，已完成初稿、评议稿、送审稿、终审稿50部（其中6部已出版），占分志总数的93%。

市县（区）二轮修志方面，截至2016年12月底，22部市县（区）志中有2部完成送审稿、10部完成修改稿、10部市县志完成初稿。按中指组领导的要求，加强与三沙市沟通，推动《三沙市志》编修工作，完成了篇目的拟订。

同时，推动市县开展乡镇志编撰工作，各市县共26个乡镇申报编修名镇志，《兴隆镇志》《老城镇志》等已完成初稿。

年鉴编纂方面，完成了《海南年鉴(2015)》编纂出版，组织编纂《海南年鉴》英文简本创刊号（2015卷），于2016年博鳌亚洲论坛举办前出版，这项工作走在全国前列；2016年继续组织编纂《海南年鉴》英文简本（2016卷），在2017年博鳌亚洲论坛举办前出版；《三沙年鉴（2013）》创刊并出版发行，实现市县年鉴全覆盖，海口、三亚8个市辖区已有4个区出版或正在编纂年鉴。

（二）夯实方志事业基础，资料征集工作有新思路

一是创新工作理念。贯彻落实《全国地方志事业发展规划纲要（2016—2020年）》（以下简称《规划纲要》），以两办名义出台《关于建立全省史志资料年报制度的实施方案》，制定印发《海南省史志资料年报制度实施细则》等配套文件；推动省直各部门开展资料年报工作，指导18个市县建立了史志资料年报制度。二是完善管理机制。出台了《图书资料管理规定（试行）》《图书资料交换暂行规定》《关于进一步加强史志影像资料征集管理工作的意见》等制度性文件。三是找准突破口。把开展口述史料征集作为打开资料工作局面的重要抓手，购置10余万元的专用摄像录音设备，拟定了20个采访专题，并完成了14个专题的登门采访、摄像录制、材料整理、剪辑保管等工作。四是加强规范管理。组织力量全面清理室（办）藏书，共清理图书近9000种31092册，各类杂志、报刊约7400册，分类上架；添置近40万元的方志新书入库，征集一批图片影像资料，建立健全管理规章制度。

（三）编研并重，方志理论研究有新气象

把方志理论研究放在与志书编修工作同样重要的位置来抓紧抓好。一是组织学术研讨。在全省史志系统组织征文活动，并于2015年10月召开海南省史志机构合并以来的首次方志理论研讨会，并将入选论文36篇结集出版。二是开展专题研究。先后进行《方志理论学习通典（海南篇）》和《改革开放实录（海南篇）》9个课题撰稿任务；与中国社科院边疆研究所合作开展的“海南与海上丝绸之路”课题研究，完成了近50万字的科研成果。三是推行科研立室。出台奖励科研成果规定，对科研成果突出者进行通报表彰，把科研成

果作为年度考核、干部晋升的重要指标，树立标杆和导向，推动方志理论研究。一年来，室（办）干部撰写了一批理论文章，入选了各级各类学术研讨会或在有关刊物公开发表。

（四）开展读志用志、宣传教育工作有新举措

一是用足用好已有宣教平台。海南史志网站全面改版升级，一级栏目增加到 19 个，内容翔实、分类明确，紧贴时代、风格简洁，及时上传新编志书和年鉴数据；2015 年 1 月至 2016 年 12 月期间，《海南史志》出版 13 期，《海南史志工作信息》编印 54 期，稿件数量和质量明显提升；2016 年 6 月开通“海南史志”微信公众号，面向社会，提供方志信息传播服务。二是开展史志宣讲活动。组建史志宣讲团，利用地方志书、年鉴等方志资料，联系实际撰写宣讲稿，编印《海南史志宣讲文集》、制作宣讲课件，组织人员到省委党校、高校及有关单位开展宣讲。三是开发利用方志资源。配合纪念抗日战争胜利 70 周年活动，编辑出版了《拯救盟军战俘图片资料选编》《侵琼日军暴行录》《琼崖抗战英杰》等书籍；为推动海南红色游、古色游、乡村游，整合海南红色资源和自然地理、历史文化元素，编纂出版《海南省红色旅游指南》；协助定安、临高、万宁等市县做好母瑞山革命根据地纪念园、临高县第一次党代会旧址、六连岭烈士陵园等的布展工作。四是建设海南史志馆。海南史志馆建设项目的基建工作基本完成，进入最后收尾阶段；布展陈列大纲已基本定稿，正在撰写具体文字说明；史志馆的运营管理、布展项目工作流程等前期调研工作已完成。

（五）坚持“依法治志”，履行行政管理职能有新提升

一是加强学习宣传。室（办）领导到各地各部门调研指导，积极宣传《地方志工作条例》《海南省地方志工作规定》和《规划纲要》精神，普及地方志法规知识，推动贯彻落实“一纳入、八到位”。二是制定方志业务规范。先后出台了志书审查验收办法、行文规范、年鉴编纂出版实施细则等，规范志书和年鉴的编撰、审查、出版工作。三是依法治室。将 2015 年定为“制度落实年”，编印《室（办）规章制度汇编》，组织法律知识和规章制度知识竞赛活动；室（办）领导带头严格遵守规章制度，提出建议、作出决策必须以规章制度

为依据，做到依规管理、照章办事。四是依法督查督办。室（办）领导带队，对修志被动的市县和承编单位调研督导、发函通报情况；协调省委督查室向3个市县和11个省直单位发督办函，限期报送修志工作计划及情况，有力地促进工作。五是编制工作规划。按照《海南省2011—2015年史志工作规划》，顺利落实各项工作；根据《规划纲要》和中指组、省委省政府有关文件精神，结合全省实际，编制印发《海南省2016—2020年史志工作规划》，促进全省方志工作的健康有序发展。

（六）提升干部素质，加强队伍建设有新成效。

一是加强政治理论学习。根据室（办）实际，中心组学习扩大到副处以上干部甚至全体人员参加，把学习贯彻落实习近平总书记系列重要讲话精神作为重要内容，主要领导带头学习宣讲，班子成员和各处处长结合实际作学习交流发言，既保持正确的政治方向，又有的放矢地解决实际问题。二是加强业务培训。先后举办全省史志系统干部培训班、方志业务研修班、《海南年鉴》新撰稿人培训班、名镇志编纂业务培训班、史志资料年报制度培训班等；选派干部参加中指组办公室及省委省政府各部门举办的各类培训班达100多人次。三是加强学术交流。在室（办）内部组织形式多样的报告会、座谈会、演讲比赛、知识竞赛等活动；对外方面加强人员的交流互访，先后赴江苏、宁夏、台湾等地学习取经，与广东、山西等省市来访的同行交流。通过学习交流，坚持以能力建设为根本，全面提升方志干部队伍开口能讲、提笔能写、遇事能办的综合素质。全省3篇论文入选2016年第六届中国地方志学术年会暨“一带一路”与地方志创新学术研讨会。

二、全省地方志事业发展中的主要问题及对策

海南省地方志事业取得较大成绩的同时，一些困难和问题仍然存在。海南省地方志事业发展过程中主要有两个问题：一是志鉴编修不及时不到位，编修水平参差不齐；二是方志系统人才紧缺，结构不合理。为此，我们有针对性地采取以下措施。

（一）聚焦志鉴编修主业，切实完成编修任务

修志编鉴工作是方志部门的主要工作，同时志鉴是存史的成熟载体，是实现资政、教化功能的根本依据。尤其是对于起步晚、底子薄，地区发展不均衡的海南方志工作，更需要突出主业，才有可能带动其他工作，实现全面发展。虽然国务院《地方志工作条例》和海南省《地方志工作规定》已颁布多年，但承编单位认识是否到位、履职是否到位仍是制约编修进度和导致稿件质量参差的主要因素。要做到聚焦志鉴编修主业，切实完成编修任务，就要做到以下三点。

一是强化督促检查，不断夯实承编单位责任。以文件督办形式向编修情况被动的承编单位发出告知函，通报具体情况，讲明轻重利害，引起领导重视，落实修志任务；室（办）领导亲自带队赴被动单位督促检查，相关处室不断加大上门指导的强度、力度和密度，有针对性的协调、解决实际问题；坚持依法治志，协调省人大常委会组织执法调研，积极借助省人大常委会教科文卫工委力量约谈后进单位；联合省委、省政府督查室开展联合督查，并对全省志书编修情况进行通报等，收到较为明显的效果。

二是着力加强培训工作，不断提升编修水平。充分考虑海南省方志理论及实践水平参差不齐的现实，创新培训形式，提高灵活度，增强针对性，对于理论水平不高的市县和单位，着重进行基础编纂理论实践操作（案例分析）培训，使其能够尽快掌握，上手应用；对于有一定基础的市县和单位，跳出案例应用，加入思辨色彩，使其能够不断开阔视野。在培训形式上采取集中与分散相结合，既有百余人的集中培训，更多的是个性化、具体化的针对性辅导，努力做到有的放矢。同时将“请进来”和“走出去”结合起来，在请进省外领导、专家、学者授课的同时，鼓励编修水平较高的市县和个人走出去，积极参加全国性的培训、研讨、交流，在更高层次、更广范围实现提升。

三是建立完善质量控制体系，不断提升志鉴质量。志书年鉴是政府主持编纂的“官书”，它从一个侧面体现着政府的权威和公信力。质量是志鉴的价值所在、生命所在，必须始终坚持质量第一的原则。严把资料关，资料是志书编修的基础，我们将资料工作贯穿于志书编修工作始终，确保入志资料的真实性和准确性，不断发现并吸收新的资料，纠正、淘汰一些资料，直至

终审定稿；严把编纂关，大纲是志书的总体框架、设计蓝图，在志书编纂中，大纲的作用不仅是提纲挈领，更是指南、提纲、目录，我们要求严格按照大纲组织编纂资料，确保主题鲜明突出、逻辑合理明畅、结构有序严谨；严把审核关，坚持稿件承编单位撰稿人、审稿人、单位负责人签名、单位盖章制度，确保入志资料的质量，并以此作为验收的依据之一，坚持做好志稿的自审、互审、专家评审等环节，做到稿件的规范统一、体例、风格一致，最终达到观点正确、内容全面、资料翔实准确、体例完备的标准，确保志书质量的提高。此外，我们还鼓励引入社会力量，以市场化的方式提升志书质量。许多市县及单位借助外力，聘请专家学者，有经验的离退休老同志参与编修工作，在一定程度上弥补编修力量、编修水平的不足，提高了编纂质量。

四是因类施法，集中出版，不断扩大方志影响。在工作中，我们充分尊重志书编修的客观规律，认真梳理各部分志，按进度分类，将其细化为资料收集阶段、初稿撰写阶段、初稿打磨阶段和志稿评议阶段，对症下药。重点抓好尚处资料收集、初稿撰写阶段的承编单位，以踏石留印的作风，全力推进；稳步推动初稿修改工作，精研细磨，确保志书质量；从严做好志稿评议工作，集思广益，争创精品佳志。同时采取集中出版的方式，省志各分志计划于2018年，市县（区）志计划于2019年集中出版，借此营造氛围，扩大方志工作的影响。

（二）加强方志队伍建设，不断提升整体素质

人才是发展最核心的要素，重要性不言而喻。但就目前情况看，人才匮乏问题在全省方志系统内普遍存在，年龄结构、知识结构不合理问题突出，甚至出现青黄不接。海南将着力立足自身，培养人才。以此为核心的方志队伍建设要做到以下三点。

一是牢牢树立实践造就人才的观念。尊重人才培养的“一二七”法则，即人才的成长10%靠在学校里学习所获，20%向周边同事、朋友学习所获，70%在实践中所获。高度重视实践锻炼，以志鉴编修为基础，眼睛向下，关注和重视本部门的人才队伍工作实践，立足在干中学、在学中干，注意总结和积累。

二是在服务外包中培养人才。针对许多市县采取服务外包方式，外聘专

家学者，助力志鉴编修的情况，我们要求服务外包不能当“甩手掌柜”，要充分利用服务外包方式，培养、造就本部门人才，要注重向专家学者请教、学习，不仅学，还要有自己的思考，形成自己的思想，指导今后的工作实践，努力形成双赢局面。

三是关注年轻干部的成长。年轻干部肩负着党和国家重任，是方志事业的未来，是干部队伍中的生力军。年轻干部如何，直接关系党和人民事业继往开来、薪火相传的根本大计，因此必须要关注他们的成长。培养选拔年轻干部，就是要使年轻干部真正成长起来。我们注重做好培训培育工作，制定年轻干部和人才递进培养计划，充分发挥各级党校和培训机构作用，按照缺什么补什么的要求，优先给予培训机会，重点抓好理论素养培训、专业能力培训等，并做好后续跟踪培养，注重把年轻干部放在重点部门、重要岗位上进行锻炼，让他们能够在实践中真正成长起来。同时，对于优秀的年轻干部大胆提拔，更好地发挥其引领、示范、带动作用。

三、全省地方志事业发展展望

海南省地方志工作继续深入贯彻落实党的十八大和十八届三中、四中、五中、六中全会精神，以马克思列宁主义、毛泽东思想、邓小平理论、“三个代表”重要思想、科学发展观为指导，深入贯彻习近平总书记系列重要讲话精神，按照“五位一体”总体布局和“四个全面”战略布局，牢固树立创新、协调、绿色、开放、共享五大发展理念，以“存史、资政、育人”为根本任务，围绕中心、服务大局，进一步贯彻落实“一纳入、八到位”要求，提高地方志工作科学化水平，全面准确记录海南历史，真实反映海南自然、政治、经济、文化和社会的历史与现状，为全面建成小康社会和全面建设海南国际旅游岛提供地情信息支持，为实现海南科学发展、绿色崛起提供精神动力和智力支持。

根据海南省委办公厅、省政府办公厅印发的《海南省2016～2020年史志工作规划》，今后几年，全省的地方志工作将着力抓好如下工作。

（一）深入开展地方志专题研究

将组织编写反映各条战线各个部门的建设、发展和改革历程、成就与经验的专题或部门史，组织编写海南简志丛书，组织编写《海南黎族苗族自治州历史》。以“海南改革开放实录”为总课题，从海南实际出发，每年组织开展若干个专题研究，于2018年底纪念中国改革开放40周年之际结集出版专题成果。积极参与中国地方志指导小组组织的课题研究。通过开展地方志专题研究，使全省地方志专题研究水平明显提升，推出一批高水平、有影响力的专题研究成果。

（二）全面推进全省第二轮三级志书编修工作

将全面完成第二轮《海南省志》和市、县（区）志书编纂出版任务。在省志方面，2016年完成《海南省志》全部分志初稿；2017年审定出版分志12部，完成《总述》《大事记》的编纂；2018年审定出版分志36部。在市县志方面，到2019年，全面完成第二轮22部市、县（区）志编纂、终审任务，送交出版。2016年启动《三沙市志》编纂工作，争取2017年完成。同时，推动中国名镇志文化工程、中国名村志文化工程在海南的实施，积极开展镇志、村志及具有海南地域特色的风景名胜、名优特产志编纂工作。

（三）抓好地方综合年鉴、专业年鉴的编辑出版工作

将每年编辑出版《海南年鉴》中文版及英文简本，不断创新编纂理念，彰显年度和地方特色，提高年鉴质量。已创刊的市、县地方综合年鉴，2016年实现当年年鉴当年编纂出版；未编纂完成2013—2015年年鉴的市县采取“补课”办法，在2018年前逐步完成出版。海口市辖区在全部出版地方综合年鉴的基础上，提高编纂质量；三亚市辖区2019年前出版地方综合年鉴的创刊号，以后逐年出版。加强对部门、行业和企业编纂出版专业年鉴的指导，支持有条件的单位做到每年编鉴，公开出版。

（四）全面加强史志资料征集管理工作

开展资料年报业务培训和年报资料验收工作，落实史志资料年报制度，确保年报资料全面、准确、客观，为编史修志打牢基础。抓紧抢救“活资料”，有计划、有步骤地征集海南社会主义时期重要当事人的口述史料及回忆录，每年至少完成10位当事人的专访工作。征集党中央、国务院及党和国家领导

人关于海南工作的指示、批示、讲话等文字材料；征集党和国家领导人在海南视察、考察的图片、音像、实物等资料。广征博集海南各个历史时期的志书、年鉴、谱牒、简报、报刊资料、古籍文献、乡土教材、地图、影音像作品、名人书信、手札、回忆录、字画、照片以及祖籍海南的华人华侨、港澳台同胞的著作和资料。逐年编撰《海南省大事记》，每五年出版一辑。

（五）深入开展史志资源开发利用工作

将通过开展学史用史、读志用志等活动，积极推介海南优秀历史文化和乡土文化，培育地方历史记忆，提升海南历史文化的知名度和影响力。广泛开展地情学习宣传教育活动，编撰出版一批简史、简志，普及学史用史、读志用志活动；推动全省党员干部学习了解海南省情、地情，努力使史志宣讲进企业、进农村、进军营、进学校、进机关、进社区。

加强与省内外报刊、电视、网络等媒体合作，策划重大纪念活动宣传报道，拍摄制作电视资料片、文献片、电视剧等历史题材影视、音像作品，积极推介海南红色文化、历史文化。

积极推动做好国家级、省级重点文物保护单位和非物质文化遗产的保护与开发利用工作。

（六）积极开展理论研讨和学术交流活动

将充分发挥省地方志学会人才智力优势，积极开展地方志编研工作，每年至少举办两次全省方志理论研讨会或征文活动。办好《海南史志》刊物，严格执行学术规范，扩大组稿范围，提高稿件质量，争取 2018 年办成月刊。组织地方志业务骨干赴省外及国（境）外文史研究机构、社科学术团体等开展学术交流。2018 年，由省地方志学会与中国台湾丘海学会共同在海口举办一次学术研讨活动。总之，通过组织理论研讨和学术交流，加强史志理论、学科建设，不断提升史志工作水平。

（七）加强史志工作的法治化、制度化建设

将贯彻落实“一突出、两跟进”“一纳入、八到位”要求，推动史志法律法规政策的贯彻执行，不断提升全省史志工作法治化、制度化、规范化水平。

规范全省各地各部门史志资料的编纂和报送。将制定出台一批地方志业务规范，初步建立起比较完善的地方志业务规范体系。

（八）加强海南史志工作信息化建设

将根据实际工作需求，对海南史志网逐年进行改版、扩容和升级，将其打造成海南史志工作信息化的中心网站及社会各界网上史志资料查阅和学习交流的公共服务平台。2017年，基本建成海南省史志资料数据库和海南省图片音像资料库，并逐步完善。以海南史志网为中心，加速推进史志书籍为重点的数字化处理，确保每年新出版的史志书籍翌年第二季度完成数字化处理。稳步推进市县史志资料数字化工作，并分类进行发布，逐步实现全省史志资料数据化和网络化。总之，将建成全面系统的海南省史志资料数据库和海南省图片音像资料库，为全省史志资料数据化和网络化打牢基础。

（九）全面推进全省史志场馆设施建设

将于2018年完成海南史志馆布展工作，向公众开放，使之成为海南省爱国主义教育和革命传统教育的重要基地、省情展示的重要窗口、红色旅游的重要景点。推动各市县史志部门资料库房建设，到2017年，各市、县史志部门全面建成独立的资料库房，面积不少于70平方米。推动有条件的市、县，结合区域文化建设的总体规划，统筹建设市、县级党史纪念场馆或方志馆（室）。

重庆市地方志事业发展报告

■ 重庆市地方志办公室

一、重庆市地方志事业发展的新局面

（一）第二轮修志工作稳步推进

第二轮重庆市志编修工作启动于2003年，规划出版市志86部。2016年，已启出版第二轮综合市志52部。2015年，编纂出版了《重庆市志·纪检监察志》（上下卷）、《重庆市志·风景园林志》（上下卷）、《重庆市志·审计志》、《重庆市志·统计志》、《重庆市志·台盟志》，共计7部，文字总量900余万字。2016年，编纂出版了《重庆市志·台盟志》《重庆市志·水利志》《重庆市志·司法行政志》《重庆市志·公安志》《重庆市志·报刊志》，共计5部。区县地方志工作总体进展顺利，但发展不够平衡。全市计划出版第二轮区县综合志书42部，目前已按计划出版28部，完成总计划进度的66%；乡镇（街道）志编纂工作稳步推进。市志办领导和有关处室深入到各区县召开座谈会，实地走访调研，了解乡镇（街道）志编纂进展情况、存在的问题和困难，提出解决措施，强化业务指导。全市绝大多数区县已启动开展乡镇（街道）志编纂工作，目前已出版乡镇（街道）志100余部。第二轮市志编修取得丰硕成果。

（二）年鉴工作取得新成果，基本实现年鉴全覆盖任务目标

《重庆年鉴》是重庆市政府主办、重庆市政府办公厅主管、重庆市地方志办公室具体承编的大型综合性地情资料工具书，每年出版一期，已经连续出版30期。2015年卷和2016年卷均按时保质完成。

加强全市年鉴编纂工作指导，加快推进区县综合年鉴全覆盖工作。全市共38个区县有37个区县和万盛经开区编纂出版了地方综合年鉴，不少区县已经将年鉴每年一卷、公开发行作为硬指标、硬任务完成，为到2020年全面实现地方综合年鉴全覆盖、一年一鉴、公开出版的目标奠定了良好的基础。引导和鼓励部门、行业、企业编辑出版年鉴，教育、交通、城建、社科、经济、国土房管、农业银行、重钢集团等10余个部门、行业、企业已开展了年鉴编辑工作，有的还在同行业中产生了较大影响，为地方志发展积累了资料。加强年鉴业务指导工作，注重引导区县综合年鉴突出地域特色和年度特点，全面真实反映年度工作，努力为地方经济社会发展服务；指导部门、行业、企业年鉴编辑突出重点，突出特色，突出亮点。强化年鉴管理工作，重点抽查评审验收一批区县综合年鉴及部门、行业、企业年鉴，年鉴质量逐年提高。加强年鉴业务培训，采取专题培训、以会代训等方式培训年鉴编纂人员。

（三）旧志整理不断推出新成果

重庆历史悠久，文化厚重。充分挖掘，及时抢救，开展旧志整理是地方志工作的一项重要任务。两年来，全市整理了民国版《南川县志》（一至四卷）、《北碚志稿》（一至四卷），乾隆版《开县志》、咸丰版《开县志》，以及璧山（清乾隆、嘉庆、同治）三部旧志，《北碚旧志》，合川明清时期旧志，《彭水旧志》等一批典藏旧志，旧志整理工作取得明显成效。

（四）方志馆建设取得新突破

方志馆是一个地区重要的地情资料馆，也是一项重要的文化基础设施，它具有收藏、展示、教化等多种功能。重庆是一座有着悠久历史文化和光荣革命传统的名城，具有极其丰富的地情资料。已形成的历代地方志书、地方年鉴、地情资料、民风民俗方面的资料集成约10余万册，大量资料需收藏入

馆，妥善保存，发挥其功能作用。市志办充分论证，积极争取立项建设。重庆市人民政府于2015年9月17日召开第105次市政府常务会，听取了重庆市档案局和重庆市地方志办公室的专题汇报，会上确定重庆方志馆与档案馆同步规划、同步建设，落实了选址、规模、建设资金、代建单位、开工时间，2015年底正式开工建设。区县方志馆建设方面，到2016年底，重庆有7区县建成了方志馆。

（五）信息化建设工作从无到有

按照《全国地方志事业发展规划纲要（2015—2020年）》（以下简称《规划纲要》）要求，各级地方志机构要充分利用已有信息基础设施和数据资源，加快地方志信息化建设步伐。重庆市地方志办公室一直高度重视信息化建设工作。为推动信息化工作开展，2016年5月，重庆市地方志办公室开通了“重庆地方志”微信公众号，半年来向公众推送地方志工作信息40余条，为宣传重庆地方志工作，提高地方志利用率，增强地方志影响力起到了积极作用。各区县目前有19个地方志工作机构建成了地情网站，为提高地方志资源开发利用水平发挥了积极影响。

二、重庆市地方志事业发展的经验和存在的问题

（一）第二轮修志工作的基本经验

1. 抓好依法修志，把修志工作纳入法制化轨道。第二轮重庆志书编修工作启动后，重庆市政府办公厅印发了《重庆市人民政府办公厅关于认真做好第二届重庆市志编修工作的通知》（渝府办发〔2003〕42号），确立了重庆市志编纂的指导思想，明确了编修任务、工作步骤和组织领导。2006年国务院《地方志工作条例》颁布实施后，重庆市政府印发了《关于贯彻落实〈地方志工作条例〉的通知》（渝府发〔2006〕91号），对如何贯彻实施《地方志工作条例》提出了具体要求和落实措施。重庆市地方志办公室根据第二轮修志要求，制定了《重庆第二轮市志、区县（自治县）志编纂出版规范》《重庆市志总纂工作规范》《重庆市志编校规范》《重庆市志出版规范》等一系列规章制度，

形成完整体系，使重庆市第二轮修志工作始终在规范化、法制化轨道上稳步推进。

2. 做好业务指导，制定第二轮志书编修规范。 2015年，按照第五次全国地方志工作会议提出的目标任务要求，为切实做好乡镇（街道）志编纂工作，市地方志办公室出台了《关于乡镇（街道）志编纂工作指导意见》，就乡镇（街道）志编纂的指导思想、基本原则、基本内容、志书特点、资料搜集、质量要求、出版印刷、组织领导等提出了明确要求。

加强区县修志业务指导，推进区县地方志事业协调、顺利开展。一是重点抓好薄弱环节。对区县修志工作进行分析排队，对工作相对滞后区县逐个落实帮扶措施，对编修困难较多的区县给予重点帮扶和指导，市志办领导和有关处室先后深入合川、武隆、铜梁、北碚、大足、璧山、江津、彭水、丰都、巫溪、云阳等区县开展重点帮扶指导，促进区县修志工作平稳协调发展。至2020年左右，全市区县综合志书基本能全面完成。二是进一步总结区县部门志、行业志编修工作经验。各区县相继制定了部门志、行业志编修规划，加大指导工作力度，推进区县部门志、行业志编修工作全面开展。

3. 高度重视对修志工作的督促检查。 重庆市委、市政府高度重视全市第二轮志书编修，多次对志书编修进度进行检查、督办和催办。2015年，对第二轮重庆市志编修进度进行检查，并根据检查情况，适当调整了第二轮市志的编修规划，由原123部调整为111部。2016年，再次根据修志任务总体安排，将规划调整为86部。

4. 狠抓重点推进。 紧紧围绕市委、市政府的工作重心，把涉及重大工程、重点领域、重要方面的市志分志作为重点工程推进。《重庆三峡移民志》的出版发行，在国内和国际上都产生了积极影响，带动了三峡库区区县的三峡移民志编修。与重庆警备区军事志办公室紧密合合作编纂出版的《重庆市志·军事志》《重庆市志·第三军医大学志》《重庆市志·后勤工程学院志》及40部重庆区县军事志，开创了全国军地合作编修军事志的先河。

5. 重视质量，树立标杆。 为认真贯彻落实科学发展观和国务院《地方志工作条例》，按照重庆市委、市政府的工作部署和要求，紧紧围绕全市经济社会发展和改革开放大局，重庆市地方志办公室在修志过程中，始终坚持把发展作为第一要务，把质量放在首要位置。

重庆市地方志办公室在全市及区县（自治县）开展了优秀志书评选活动，旨在充分利用志书体裁的独特优势，传承历史文化，服务当代社会经济，让志书在重庆经济、社会、文化发展进程中发挥应有的作用。

开展优秀志书评选活动，是贯彻落实《地方志工作条例》《规划纲要》精神的体现，是重庆市实施《规划纲要》的一项重要工作，也是重庆市地方志办公室和各区县（自治县）修志事业发展的需要。暨2010年，重庆市地方志办公室首次开展了全市和区县优秀志书评选活动。2015年，为确保《规划纲要》的顺利实施，进一步提高志书编修质量，充分展示近年来地方志工作取得的丰硕成果，推动各区县（自治县）地方志工作又好又快发展，重庆市地方志办公室又开展了全市区县优秀志书评选活动，在修志界营造了创先争优的良好氛围。

（二）重庆市地方志事业发展存在的问题

1. 工作体制和修志队伍建设问题。国务院《地方志工作条例》公布后，重庆市建立了党委领导、市政府主持、市地方志办公室组织实施的工作体制。这一工作体制有效地推进了全市地方志各项事业的开展。在市级层面，重庆市地方志办公室在1998年确定工作职责、编制和内设机构时，确定由办公厅代管，这种工作体制虽然在一定程度上提升了市志办在推动修志工作上的行政影响力，但因未设立独立的党组，只有一个隶属于市政府办公厅党委的党支部，一定程度影响了对全市地方志事业的领导和协调。同时，市地方志办公室的人员调整、人事任免均由市政府办公厅决定，没有独立的人事权，容易造成修志队伍的专业化素质弱化，不利于全市地方志事业持续稳定地发展。在区县层面，地方志工作机构设置不统一，有的单设地方志办公室，有的与党史办、档案局合并，还有的隶属政府办公室。根据2015年统计数据，重庆市39个区县地方志工作机构中，有10个与党史办合并，13个与档案局合并，与党史办、档案局“三合一”的7个，属政府办公室2个，仅有7个为单设地方志办公室。到2016年，单设地方志办公室的减少为6个，工作机构设置的不统一，影响了地方志机构履行法定职责，同时也影响了机构改革，对贯彻落实《地方志工作条例》和《规划纲要》造成影响。

2. 依法治志观念理解不够，法制建设亟待加强。2006年5月，国务院颁布《地方志工作条例》，2015年8月，国务院办公厅印发《规划纲要》，赋予地方志工作机构新的职能职责，要求将地方志工作纳入各地国民经济和社会发展规划、地方各级政府工作任务，“认识、领导、机构、编制、经费、设施、规划、工作”到位，地方志编纂由一项工作转变成了一项事业。从全市贯彻《条例》和《规划纲要》的情况来看，法治化建设依然任务艰巨，一是部分地区领导对地方志事业理解不深入，依法修志观念不强，把地方志机构简单看作是编修地方志的部门。二是地方志工作没有纳入国民经济和社会发展计划。三是对志书和年鉴的审查把关不够。四是忽视了地方志机构的资料收集、理论研究和资源开发利用。

3. 地方志理论研究不足。地方志是一项专业性、实践性较强的事业，需要有独立的学科理论系统化地指导地方志编纂。但部分地区和少数领导对地方志理论研究重视不够，也缺乏方志理论研究规划，理论研究力量不足，造成全市地方志理论研究水平不高。

4. 信息化建设投入不足，地方志资源开发利用水平亟待提升。加强地方志信息化建设是《条例》规定的重要职责和《规划纲要》提出的重要目标任务。但由于经费投入不足、技术人员不足，全市地方志信息化建设水平较低，地方志资源开发利用水平偏低。地情网站建设方面，目前重庆地情网正在建设中，区县地情网站仅建成 19 个。方志馆建设方面，重庆市方志馆尽管已于 2015 年立项开建，但目前还处于平场阶段，距离建成运行还有一段时间。区县方志馆仅建成 7 个。

三、重庆市地方志事业发展趋势

（一）法治化建设将进一步深化

贯彻落实《规划纲要》精神，全面推进依法治志。争取将地方志立法工作纳入 2017 年重庆市政府立法调研计划。把政务公开作为 2017 年依法治志的工作重点任务之一。对违反《地方志工作条例》和《规划纲要》规定的，要加大执法查处力度。结合工作实际，根据《规划纲要》要求，力争制定重庆市地方志事业发展规划或实施方案，全面提高法治化水平，确保全市地方志事业在法治轨道中平稳、有序、健康发展。

（二）第二轮修志进度将进一步加快

全面推进第二轮市志编修工作，不断提高志书质量。要做好调研工作，分析现状，寻找差距，对尚未启动第二轮志书编修工作的承编单位，及时向政府报告，通过检查指导、协调服务、催办督办等措施，促进第二轮市志编修工作全面推进。加强编辑工作指导，做好编修人员培训、志书纲目审定和志书编纂过程的全程服务工作，努力完成年度编纂工作任务。全年计划编纂出版市志7部，做好《重庆市志·民俗图志》初稿编纂，完成《重庆市志·政府志》资料收集和长编编辑工作，力争超额完成任务。精心组织总纂，切实加强志书质量管理，改进评审验收工作，做到审改结合，确保志书质量，多出精品良志。要在充分调研的基础上，认真做好分类指导工作，重点在争取领导重视，制定编修规划，培训修志人员，审定志书篇目，推进编纂进度，开展评审验收，提高志书质量等方面做好协调服务工作。适时召开全市地方志工作会议，进一步促进区县地方志工作健康发展。

（三）年鉴工作将进一步加强

市、区县两级综合年鉴“全覆盖”，是《规划纲要》“两个全面”目标的重要内容和组成部分。截至2016年，重庆市已有37个区县出版了综合年鉴，基本完成了年鉴全覆盖目标任务。明年要继续加强基层业务培训、编辑指导和质量管理，积极支持市级部门、行业和区县编辑出版年鉴。2017年有更多区县的综合年鉴实现“一年一鉴”和公开出版。

（四）信息化建设、地方志资源开发利用水平将极大提升

加快信息化建设步伐，积蓄事业发展新能量。大力推进地方志工作信息化、数字化和网络化进程，为经济社会发展和人民生产生活服务。

重庆市地情网站建设将加快，确保2017年上半年建成并投入使用。同时，地情资料查阅室、文献资料查阅室将逐步向地方志工作者和全社会开放。方志馆建设进度将会继续加快。地方志资源利用水平和服务水平将进一步提升。

（五）地方志理论研究水平将逐渐提高

为提高全市地方志理论研究水平，2017 年将会有一些新的重要举措。一是恢复地方志学会。地方志学会作为维护地方志事业发展的社会力量，在促进地方志工作交流、推动地方志理论研究等活动中起着不可忽视的作用。2017 年将推动恢复地方志学会的活动，发挥其在地方志事业发展中的重要作用。二是推动市、区县两级方志期刊建设。根据中国地方志指导小组办公室组织召开的全国地方史志期刊会议要求，全国省级地方志工作机构必须编辑出版地方史志期刊。2017 年将重新创办市级期刊，推动区县地方史志期刊建设。三是加强与相关学科交流合作，开展地方志编纂、地方志事业发展、地方综合年鉴编纂等重要理论问题研究，争取有学术论文在学术期刊或史志期刊上发表。

（六）乡镇（街道）志将推出新成果

全市乡镇(街道)志编修工作已于 2015 年正式启动,已出版乡镇(街道志)100 余部。2017 年,将加强对乡镇(街道志)编纂的指导和服务,开展业务培训,不断推出新成果。

四川省地方志事业发展报告

四川省地方志办公室

四川人杰地灵，志书编纂历史源远流长，历代历朝四川修志工作从未间断。四川是目前全国收藏旧志最多的省区之一，有方志大省之称。1949 年中华人民共和国成立后，特别是社会主义新方志编纂工作启动以来，在四川省委、省政府高度重视下，先后经历两轮三级志书编纂工作，四川各级地方志工作管理体制机制不断完善，志书、年鉴编纂，方志馆建设，地方志工作法规建设，方志资源的保护和开发利用建设工作全面推进，形成了从省到市（州）、县（市、区）的全省地方志事业体系。地方志工作在围绕中心，服务大局中发挥了积极的存史、资政、教化作用。

一、四川省地方志事业发展的新局面

（一）法治建设新突破

四川省是全国各省（市、区）中最早将地方志立法工作纳入省人大常委会、省政府法制工作规划的省。

近年来，按照依法修志工作要求，中共四川省委、省政府加强了第二轮三级志书编纂、“5·12”汶川特大地震抗震救灾志编纂、年鉴编纂、旧志整理等工作的领导，先后发布政府规规范性文件予以部署。四川省地方志工作办公室加强了全省地方志事业的规划管理、监督指导，相继制发了一系列规范性文件，规范了全省依法修志工作。

2016年，在省人大教科文卫委带领下，省地方志办参与，分赴雅安、眉山、乐山、阿坝等市（州），就贯彻落实《地方志工作条例》《全国地方志事业发展规划规划纲要（2015—2020年）》《意见》《发展规划》及地方志工作围绕中心服务大局等情况开展执法调研。定期的执法检查，不断完善了各级地方志机构构建依法履职、依法治志的工作格局。这些工作的推进，使四川成为了全国第一轮三级志书编纂先进省份之一，第二轮三级志书编纂等多项工作步入全国先进行列。

（二）工作体制机制更完善

四川省地方志编纂委员会1981年恢复成立。35年来，省志编委都是由省委常委、省政府常务副省长担任主任，四大班子联系秘书长任副主任委员。2015年省志编委更名为省地方志工作办公室。2016年10月8日、21日，省政府办公厅分别下发《关于调整〈四川省志〉审核委员会部分成员的通知》（川办函〔2016〕152号）、《关于调整四川省地方志编纂委员会成员的通知》（川办函〔2016〕163号），明确由省委常委、常务副省长王宁担任主任、主任委员，理顺省地方志工作体制，为方志事业的健康发展提供组织保障。乐山、眉山、雅安市亦将工作机构名称由“地方志编纂委员会办公室”更名为“地方志工作办公室”，强化依法治志行政执法职责。21个市（州）、183个县（市、区）三级地方志工作机构体制完备。

（三）志鉴编纂取得新硕果

1. 省、市、县三级志书编纂工作。省直部门积极开展部门志编纂工作，截至2016年11月底，《四川省志（1986—2005）》93个分卷已终审验收63个分卷，其中48个分卷进入出版程序（30个分卷正式出版见书），正在编纂的30个分卷，有23个分卷已完成初稿或复审稿。规划内的21个市（州）志已出版16部，1部通过终审。181部县（市、区）志已出版或交付出版173部，《川南区志》正加紧编纂。21个市（州）积极开展部门（行业）志、乡镇村志编纂。2016年10月24日四川省地方志工作办公室下发了《关于在全省开展〈乡镇简志〉编纂工作的通知》，正式启动全省乡镇简志编纂工作。在第二轮三级志书编修工作中，四川省地方志工作办公室高度重视志书的质量管理与监督工作。明确了志书实行三审制分级审查制；坚持三审制程序、提前介入、全程跟踪指导等方式加大对省直部门参编部门的指导力度，重点推进计划送审省志分卷编纂工作。

坚持按照分级管理程序加强对市县志的审查验收工作。坚持市州志篇目审查报批制度，严格按照2007年省政府印发的《四川省第二轮市县级志书审查验收办法》规定的上报审批程序、质量标准，做好市（州）志审查验收工作，即市州志出版需由市（州）政府上报经省政府批准同意，并经省政府组成的终审委员会的终审。各市（州）制定了志书审查验收办法，规范审查验收工作。

2. 抗震救灾志编纂工作。（1）《汶川特大地震四川抗震救灾志》出版工作。2016年5月，《汶川特大地震抗震救灾志》正式出版后，9月，《汶川特大地震四川抗震救灾志》8卷志稿交四川人民出版社，进入出版印刷程序。39个重灾县（市、区）抗震救灾志已出版或交付出版29部，《汶川特大地震绵阳抗震救灾志》《汶川特大地震雅安抗震救灾志》已报请市委、市政府终审，《汶川特大地震广元抗震救灾志》书稿已基本定型。

（2）“4·20”四川芦山强烈地震抗震救灾志编纂。2013年4月20日，芦山强烈地震发生后，四川省地方志编纂委员会迅速反应，派员参加省政府指挥部工作，组织编纂《四川“4·20”芦山强烈地震大事辑要》，指导灾区地方志部门开展资料收集，服务抢险救灾以及灾后重建工作；雅安、眉山市及受灾区、县加强了有关灾情、抢险救灾以及灾后恢复重建资料收集，启动了抗震救灾大事记、《芦山强烈地震抗震救灾志》编纂；芦山方志办搭建“帐篷方志馆”，为参加抗震救灾的社会各界人士提供地方文献查阅及县情信息咨询服务共计3000余人次。

（3）综合年鉴编纂出版。四川省编纂出版市、县两级综合年鉴已有20多年历史。截至2016年11月，全省21个市（州）全部实现一年一鉴；80%以上的县（市、区）开展综合年鉴编纂工作。《四川年鉴（2013）》已出版，版式设计、内容都有较大更新，更加关注民生、贴近社会。四川省级部门目前有20个单位开展部门（行业）年鉴编纂。《四川年鉴（2015）》正开展英文版的翻译、校对工作，《四川年鉴（2016）》以打造精品年鉴为目标，加快组稿编辑出版工作。自贡、南充、宜宾、绵阳、攀枝花、雅安等市（州）通过举办年鉴编纂培训班、专题研讨会、经验交流会、开展年鉴评审工作等方式提高年鉴编纂质量。绵阳市启动首部园区综合年鉴编纂工作，并开展县市区精品年鉴试点。泸州、眉山、雅安、泸州、攀枝花、资阳等市（州）改进创新年鉴编纂内容、版式。《成都年鉴（2016年卷）》同期推出年鉴简本和英文版年鉴。

（四）旧志整理出版进入收官阶段

四川省委、省政府重视古籍的保护和开发工作，将旧志的抢救保护纳入全省古籍保护工作规划。2010年7月23日，省政府办公厅发出关于公布第一批373部四川省珍贵古籍名录中，包括有近20余部志书。如（晋）常璩撰《华阳国志》、（清）程穆衡撰《金川纪略》四卷、（清）《蜀土司记》部分卷，（清）曾学传纂〔光绪〕《温江县乡土志》，（清）廖寅李嘉佑修、蒋梦兰等纂〔道光〕《邻水县志》，（清）陈仕林纂修〔乾隆〕《大竹县志》，还有（宋）乐史撰《太平寰宇记》，（明）李贤、万安等纂修《大明一统志》，（清）顾炎武撰《肇域志》等珍贵志书。2010年立项的国家社科基金重大项目、四川省重大文化工程《巴蜀全书》，其史部卷中也将方志类提要作为重要内容列入。2010年四川省地方志编纂委员会所提出的整理出版《四川历代旧志集成》（400种）纳入省政府规划、列入财政预算，并组织实施，这为四川旧志整理出版工作提供了良好工作基础。

经过几年努力，四川旧志的搜集整理与出版工作取得阶段性成果。2016年4月，《四川历代方志集成》（第三辑），共30册影印出版。5月，《迪山日记》（10册）出版。目前，《四川历代方志集成》（第四辑35册）选本事宜基本完成，《西康通志稿》完成三校，年底将开机印刷。《刘赞廷编康区36部图志》已交付出版社。成都市地方志办整理刊行《蜀藏》（340册），出版《巴蜀珍稀乡土志汇刊》（28册）。

（五）主动创新积极作为

2016年4月25日，李克强总理夜访成都宽窄巷子，要求地方负责人“应该把过去的历史资料、成都志，特别是有关宽窄巷子的历史脉络梳理清楚”；

"只有守住历史传统的根脉，才能打开面向世界的门窗"及"巷子可以窄，造福百姓的思路一定要宽。"4月28日凌晨，中国政府网发布消息。28日早上一上班，省地方志办党组即"闻讯"而动，庚即碰头研究，连续组织成都市及青羊、锦江、金牛、武侯、成华五城区志办负责人，特邀相关专家学者，共同思考商讨，在省级部门中第一个向省委、省政府报送具体工作举措，第一个提出系列具体措施，落实总理要求的工作单位，明确一要抓紧时间，高质量编纂《宽窄巷子图志》《宽窄巷子通览》等图书、资料，服务市场、读者需要。二要举一反三，组织力量编纂成都特色历史、文化类丛书，如成都会馆、成都茶馆、成都非遗等，把"最成都"的精神文化成果奉献给广大读者。三要积极挖掘地域文化优势，重点围绕巴蜀文化、红色文化、藏羌彝民族文化、抗震救灾精神和感恩文化，加强地方文化资源开发利用建设。

2016年，省地方志办与省纪委联合，记录保存四川革命先辈先烈及历代先贤名人家风家训珍贵资料，深度参与全省廉洁从政文化、风清气正政治生态建设；与省水利厅合作，做好四川江河志，特别是大江大河洪涝灾害及抗洪救灾历史经验总结；与省住建厅合作，服务新型城镇化建设及精准扶贫等工作；协调省旅游发展委员会，修订、编纂《四川省4A级以上景区资料汇编》，探寻服务文化事业、旅游发展的新思路。

（六）地方志信息化建设取得新进展

近年来，四川省积极利用国家加大电子政务建设、办公自动化的机遇，积极应用信息技术、网络技术加强地方志工作管理和地方志资源的保护和利用工作，取得积极成效。

四川省地方志工作办公室印发了《四川省地方志信息化建设意见》，明确了地方志信息化建设的指导思想、基础设施建设、标准规范、保密及数据库建设等工作要求，开通四川地方志网站，党政网建设取得新进展，机关局域网及机房改造基本完工，省情数据库和志书数字化系统建设完成并不断完善，安装了"四川省方志馆地情资料管理系统"，并在省政府门户网站开设第一轮省志、《四川年鉴》栏目，方便公众利用。目前"四川地方志"网站正在改版，预计2016年12月底完成上线。2016年3月31日，"方志四川"微信平台完成改版，新平台栏目设置丰富、内容更新及时，发布四川省地方志工作动态受到广泛关注。9月19日"方志四川"政务账号入驻"今日头条"，提升方志的官方信息和平台影响力，拓宽了发声渠道。成都、绵阳、内江、乐山、广安、遂宁、宜宾、甘孜、凉山和双流、旌阳、高县等36个市（州）、县（市、区）建立地方志网站，开展志书数字化处理和数据库建设工作。成都、眉山、巴中、乐山、广安、江油、达州市达川区等市（州）、县（市、区）开通微信公众号或专用短信平台、改版升级地方志网站，完善栏目设置，及时发布地方志工作信息，进一步增强社会服务功能。成都市数字方志馆、数据库建设稳步推进，初步实现资料在线报送、志书内部在线编纂等功能。

（七）方志馆建设迈出新步伐

四川省地方志工作办公室始终把方志馆建设作为基础文化设施的重要工作来推动，积极开展四川方志馆立项工作，2014年11月已完成选址，进入立项筹建阶段。2016年9月，可行性研究报告顺利通过专家组评审。11月，通过财评。巴中市方志馆装修和展馆布置工作进展顺利（总建筑面积4800余平方米、投资600余万元），即将开馆；资阳市方志资料库筹建工作完成；广安市方志馆建设纳入广安市博物馆整体立项；泸州、宜宾等市方志馆建设列入本地"十二五"规划；一批县（市、区）级方志馆建成。成都市方志馆2016年底完成主体布展，内江市方志馆建设完成，南充市方志馆主体工程建设完成，全面完成布展方案设计，乐山、遂宁、泸州、攀枝花、绵阳市方志馆建设纳入市规划，仁寿、西充、营山、叙永等县级方志馆建设稳步推进。这为发挥方志馆作为地方志文献的保护和开发利用中心、爱国主义教育基地的功能打下了基础。

（八）地方志干部队伍建设显现新面貌

四川省各级地方志部门按照"外树形象、内强素质"的思路，努力创建"学习型、研究型、创新型、服务型"机关，不断增强政治意识、大局意识、纪律意识、看齐意识，抢抓机遇，主动作为。地方志是官书官修官责，新方志需要严把的四关，第一就是政治关。我们注意把思想政治建设作为方志系统领导干部队伍建设的"牛鼻子"，提升理论素养，增强党性锻炼，强化"四个意识"。在中央组织部、省委组织部及有关方面的关心重视下，我们连续在中国井冈山干部学院、中国延安干部学院举办“四川方志系统领导干部培训班”，近百名市州、县市区方志办主任、省级部门处长参加培训，在国家级的培训机构，接受革命传统、党史国情、党纪国法及各类专业知识的学习提高，努力既成为编史修志的行家里手，又成为观大势、想大事、为大局，善于综合协调的领导干部。在各级党委政府及组织部门重视支持下，地方志部门的班子和干部队伍建设得到了加强，采取社会化招考、公务员遴选、基层选调等方式，加大地方志干部队伍选拔任用力度，一批经历丰富、年富力强的干部调整、充实到了市县地方志部门领导班子，人员编制增加，业务骨干成长，干部队伍学历、专业、年龄构成不断得到优化。

此外，针对当前地方志事业发展中的重点、难点问题，开展集体攻关、集中研讨，看症候、查病因、开药方、问效果、定规制，既埋头苦干实干，也抬头看天问道，形成一批理性思考、理论成果，为构建社会主义新方志理论体系做出四川贡献。2016年，把全省21个市州、10余个省直部门，组成3个课题组，集中进行“二轮修志经验总结研究”“年鉴编修与现代传播方式研究”“方志馆建设与规范化管理问题研究”集体攻关。目前3个课题都已经召开了专题研讨会，正在撰写课题总报告，总体感觉是成果超出预期，作风得到改进，队伍得到锻炼，士气明显提振。

二、全省地方志事业发展中存在问题分析及主要对策

（一）机构体制机制需要进一步完善

由于各种原因，全省各市（州）、县（市、区）地方志工作机构有部分是史志合一（一套班子、两块牌子，分别由党委或政府分管领导分管），或与档案、史志合一。从市县级地方志工作情况看，是现实的客观存在，整合了资源；但也有精力分散，忙时有被忽略的情况发生。随着依法行政工作的加强，按照《地方志工作条例》规定，在地方志部门开展依法行政工作建设不断健全的趋势下，独立的地方志工作部门更有利于工作的开展将逐渐被有关部门所认识和理解，但行政编制的严格控制，将长期制约地方志工作机构人员的扩展。然而随着方志馆建设的拓展，作为事业单位的方志馆的增设，将因其工

作任务的拓展为地方志队伍人员增加带来新的活力和生机。在今后的工作中，向有关部门加强依法修志的宣传工作依然任重道远，机遇与挑战并存，进一步理顺地方志工作机构体制，在全面深化改革中需要引起各级地方志部门的高度重视。

基础设施建设需要进一步加强。与发达省（市、区）比，四川人口多、底子薄、经济欠发达仍是基本省情，这使四川地方志事业在各级方志馆建设、信息化建设方面滞后于沿海发达地区，甚至和部分中西部省（市、区）相比也有差距。这需要各级地方志部门勇于担当，积极争取党委政府重视，在服务全省实施三大发展战略过程中，抓住注重经济增长点和区域经济增长极的文化设施配套机遇，从区域经济增长中心城市入手，争取把方志馆（库）建设纳入城市群的公共文化设施建设规划；抓住实施全省扶贫攻坚战略、大小凉山彝区、乌蒙山区、高原藏区民族特色文化和秦巴山区红色文化开发，推动四大片区地方志馆（库）建设和相关地方文化资源开发，为保护传承优秀的民族文化和巴蜀文化、藏羌彝民族文化、红色文化、科技文化，为增强文化软实力做出贡献。

班子及人才队伍建设需要进一步加强。要特别注重地方志工作机构体制机制、班子及人才队伍建设，认真做到认识到位、领导到位、机构到位、编制到位、经费到位、设施到位、规划到位、工作到位。要谋篇布局，重视人才队伍年龄梯度建设，通过举办各种形式的培训班，不间断地加强对地方志工作者的业务技能培训，为开展第三轮志书续修工作做好人员保障支持，使地方志工作后继有人。

地方志资源开发利用建设需要进一步推进。在新的形势下，各级地方志部门如何围绕中心服务大局，找准与中心工作的结合点，发挥地方志资源优势需要引起各级地方志部门高度重视。为此，在继续推进地方文献资源收集保护工作的同时，全面开展对这些资源的开发利用，尝试创新开发利用模式和渠道，探索利用信息技术开发数据终端实现同步更新的方式扩大区域地方文献的阅读、使用范围。实现全省三级地方志机构网站和办公系统联网，提升地方志信息化服务水平。

今后的四川地方志工作要进一步转变思路，突破目前平面宣传桎梏，通过网络、电视等立体媒介，扩大向社会宣传、交流范围，将四川地方志工作作为四川建设文化强省的重要内容纳入全省经济社会发展规划。

三、四川地方志事业发展趋势及展望

2017年，四川地方志系统继续深入学习党的十八届五中、六中全会和省委十届九次全会、省委第十一次党代会精神，围绕省委省政府的决策部署，认真贯彻落实全国地方志工作会议精神，以《规划纲要》《发展规划》为指导，坚持依法治志，科学谋划，真抓实干，用创新思维引领事业发展，推动地方志事业再上台阶。

（一）地方志独特的地域文化优势进一步被认识

习近平总书记、李克强总理等党和国家领导人高度重视弘扬传承中华民族优秀文化传统，地方志工作前所未有地受到瞩目，这为地方志事业迎来了更好的发展机遇。四川"好为修志"，地方志工作原本就有良好的基础，自第一轮修志工作伊始，就得到了省委省政府的大力支持，近几年，随着对地方志事业的认识不断深化，地方志作为中华民族独特的文化传统优势正广泛地为各级党委政府领导和社会所认可，这为地方志事业的健康发展创造了良好的氛围。

（二）依法治志逐步成为共识

四川作为全国地方志工作立法最早的省份，认真贯彻国务院《地方志工作条例》和《四川省地方志工作条例（修订）》等地方志法规的要求，依法履职、依法修志。牢固树立党委领导、政府主导、社会各界参与的修志格局，坚持"一纳入、八到位"工作机制，进一步巩固"党委领导，政府主持，人大、政协支持，社会各方力量积极参与"的地方志工作管理体制机制。及时研究制定有关地方志工作规范，加强对地方志工作法规规章贯彻落实情况的检查、调研，完善全省地方志工作机构依法行政工作，指导各市（州）做好全省行政权力依法规范公开运行平台上的监控和管理、行政执法证管理，完善执法队伍建设。

（三）创新和服务意识融入日常工作

二级志书编修是地方志事业的主线，完成“两全“目标任务的同时，积极拓展工作思路，不断丰富地方志工作内涵。

继续推进《四川当代史（1949—2009）》《四川抗战历史文献》《西康通志》《四川羌族志》编纂工作，督促各承编单位加快工作进度，保证编纂质量；推进《四川乡镇简志》编纂出版工作。有序开展历史名镇名村志、《川南行政区志》《四川江河志》《四川自然保护区志》编纂的组织指导；积极指导成都市青羊区编纂《宽记窄览——宽窄巷子的成都记忆》;积极参与省纪委牵头的《巴山皓月，蜀水清风——四川革命先辈先烈及历代先贤名人家风家训辑要》编纂出版工作;与省旅游发展委员会协调推进《四川省 4A 级以上景区资料汇编》工作。与时俱进，积极转变宣传思路，着力建设“四川地方志网站群”，改版升级“四川地方志”网站，打造“方志四川”微信公众号、“方志四川”政务头条号、“方志四川”新浪微博传播平台，形成“四川地方志新媒体矩阵”。

（四）打造一支过硬的干部队伍

继续抓好对市州志办负责人这群地方志事业的“关键少数”干部的学习、培训，加强对年轻干部的培养，筑牢事业发展的人才基础。坚持分级培训、分类培训，多形式、多渠道支持方志工作者多实践锻炼、多学习提高，注重多渠道选任、培养干部。通过招录、遴选、选调等途径，优化队伍结构，增添发展后劲。

贵州省地方志事业发展报告

贵州省地方志办公室

2015年至2016年，贵州省地方志工作紧紧围绕全省经济社会发展大局，主动树立新理念、适应新常态，不断提升服务能力，奋力推进全省地方志工作开创新局面，为“十三五”时期各项工作开好头，起好步奠定了坚实基础。

一、贵州省地方志发展状况

（一）扎实开展二轮修志工作

省志编纂全面推开。按照省委、省政府的部署和《二轮贵州省志编纂工作责任书》要求，规划编修的64部《贵州省志》，到2016年底，已有51部形成初稿，初稿达5000余万字，已复审43部，终审14部，标志贵州省二轮省志编修阶段性成果的《贵州省志·公路水路》《贵州省志·城乡建设》已于2015年12月出版。到2016年底，共出版8部第二轮《贵州省志》。2016年对一直未启动的《贵州省志·人物志》等4部志书编纂进行了启动，全省省级志书编纂工作全面推进。

市、县级志书编纂顺利推进。遵义市、铜仁市、黔东南州已全面完成第二轮市县两级志书编纂任务。规划编修的9部二轮市（州）级志书，已出版《铜仁地区通志》和《黔东南州志》，《遵义市志》《六盘水市志》完成终审，其余正在编纂。规划编修的88部县（市、区）志，累计出版41部，终审验收13部，其余正在编纂。

乡镇志、名村志编纂有序进行。省志办启动了《贵州省志·名乡名镇》的编纂，已完成资料收集任务。《贵阳市花溪区青岩镇志》《遵义市习水县土城镇志》等8部申报中国名镇志工程的名乡名镇志，均有序开展编纂工作。黔东南州志办深入全州各县市和有关乡镇街道、村寨宣传发动并指导编纂名镇志、名村志，并召开名镇名村志编纂工作研讨会，黄平县旧州镇等9个镇、街道启动了名镇志编纂工作，其中《黎平县德凤街道志》已完成州级专家评审，锦屏县隆里村、从江县岜沙村、三穗县寨头村等一大批传统村落先后启动了村志编纂工作。其余各市州亦陆续启动了名乡名镇志编纂工作。

部门志、行业志、特色志编纂进展良好。各级地方志工作机构认真指导相关部门做好部门志、行业志、特色志编纂出版工作。已出版的部门志、行业志、特色志有《贵州科学院志》《贵州省地方税务志》《遵义市三线建设志》《盘县文体广电旅游志》《黔西南州卫生志》等10余部。《贵州省农科院志》《贵州省开发区志》《贵阳市国家高新技术开发区志》《播州土司志》等30余部部门志、行业志正在编纂中。《四渡赤水志》《黔东南斗牛文化志》两部特色志已通过省市（州）两级评审，进入出版程序。

（二）地情资料利用与旧志整理成效明显

地情资料开发利用渠道拓宽。各级修志部门始终坚持修志为用的原则，积极开发、利用地方志资源，充分发挥志书的社会效益，不断拓展用志渠道，探索用志方法，让修志编鉴和研究成果更为广泛地为本区域内经济社会发展服务。

一是充分利用史志资源为各级各界、各行各业提供服务。遵义市向市委、市人大、市政府、市政协及市直单位提供《遵义市茶文化志》《遵义市三线建设志》《茅台酒百年图志》等志书，为全市经济社会发展提供决策参考；铜仁为市内外部门、单位和个人提供地情信息资料借阅、查询上百人次，较好地发挥了地情信息资料服务政府决策、服务经济建设、服务人民群众的作用。

二是积极编纂出版地情书籍。全省各级地方志工作机构充分整合资源，创新形式，编纂出版了《贵阳市创建国家卫生城市工作志》《贵阳市政府大事记（1949—2015）》《遵义市政区地名志》《赤水丹霞自然遗产志》《安顺革命史话》《中国共产党安顺市历史大事记（2001—2012年）》《安顺英烈》《中国工农红军滇黔桂边游击队在黔西南革命斗争史料辑》《兴仁抗战》等一批彰显多彩贵州地方特色、改革开放时代特色的地方志读物。

旧志整理有成效。为切实加强旧志抢救、整理和保护，妥善保存和传承贵州珍贵的历代旧志，丰富档案馆、地方志馆、图书馆馆藏，方便社会各界开发利用地方志资源，省地方志办借助社会力量，编辑出版《贵州历代方志集成》，全套共60册，约3000万字，共收录了新中国成立前贵州省各历史时期编纂刊刻的地方志书134部。

（三）方志馆建设取得实质性进展

2015年至2016年，贵州省各级方志馆建设得到进一步重视，工作有了实质性进展。

市州级方志馆建设中，六盘水市地方志办积极谋划已建成方志馆的布展问题，完成了布展大纲初稿的编写工作；贵阳市、遵义市、铜仁市方志馆已开工建设；黔东南州、黔南州政府领导均批示，将地方志馆建设列入建设计划。

县（市、区）级方志馆建设有序推进，大多着力推动在新建档案馆内设县级地方志馆。瓮安县方志馆建设2012年被纳入县政府十大重点工作，经过选址、规划、设计、建设等程序，于2015年建成了面积2200平方米的方志馆主体工程和外部装修，现正着手室内二次装修和布展设计。务川县、播州区、仁怀市、正安县、红花岗区、汇川区、赤水市方志馆已投入使用，凤冈县、道真县方志馆正在规划建设。

（四）依法治志能力不断加强

规范权力运行，做好地方志行政执法检查工作。省地方志办印发了执法检查方案和执法检查通知，联系省人大、省政府法制办、省财政厅联合开展执法检查，2015—2016年，按目标要求完成了对安顺市、毕节市、黔南州、黔西南州的检查工作，对存在问题严重的，下发了整改通知书，并跟踪督促整改。

黔东南州志办争取州政府办下发〔2016〕104号《黔东南州人民政府办

公室关于加强全州地方志综合年鉴工作督查的通知》，对全州各县市开展了不同形式的地方志工作督查。通过对三穗地方志工作进行重点专项督查，使三穗县地方志工作机构得到恢复。

印制地方志“七五”普法读本。贵州省志办印制了《地方志“七五”普法读本发展指导篇》和《地方志“七五”普法读本法律法规篇》。发展指导篇收集整理了习近平总书记、李克强总理、刘延东副总理对地方志工作的讲话和批示，国务院、省政府对地方志工作的重要文献和规划以及中指组领导的讲话，法律法规篇收集整理了行政法规、地方政府规章、重要规范性文件等。

（五）宣传工作有所突破

加强地方志工作宣传报道。一是做好全省地方志各类会议和重要活动的宣传通稿拟写等工作，在贵州方志信息网及《史志林》进行宣传报道。积极在《贵州日报》、贵州电视台以及中指组所属有关专业媒体进行了宣传报道。二是办好期刊，搞好理论研究。省志办《史志林》期刊及时宣传报道了省内重要修志动态，刊登了领导讲话、地情资料、方志理论文章等，成为全省修志工作的重要信息与交流平台；《人文贵阳》期刊，紧扣实事主题，先后推出了“纪念抗战胜利70周年”专栏、“纪念国务院《地方志工作条例》颁布实施10周年”等专栏，得到广泛认可，获贵州省新闻出版广电局通报表扬。三是开展纪念《地方志工作条例》颁布十周年宣传活动。2016年5月18日，由贵州省地方志编纂委员会办公室和贵阳市人民政府主办，贵阳市地方志办承办了纪念国务院《地方志工作条例》颁布实施10周年活动，活动期间举办了贵州省地方志成果展，展览展出了全省地方志工作中领导关怀、依法修志、理论研究、队伍建设等工作的成绩和编纂出版的地方志书、年鉴成果数百册，吸引了众多专家学者和市民前往观看，收到了较好的宣传效果。各市州也以各种形式开展了纪念活动。

加强宣传队伍建设。为加强地方志新闻宣传工作，强化新闻宣传意识，增强新闻宣传纪律，提高通讯员新闻稿件撰写和新闻摄影的能力，省志办于2016年8月17日至18日，在贵阳举办地方志新闻宣传工作通讯员培训，全省各级地方志机构40余人参加。培训班聘请省委宣传部、贵州日报报业集团专家，讲授了新闻宣传工作的纪律要求、新闻稿件撰写与摄影要领、新闻的发现与写作实操。通过培训，学员们拓宽了新闻宣传的意识、学到了新闻宣传的技能、增强了做好新闻宣传的信心。

（六）干部教育培训得到加强

为适应新形势、新发展、新需要，提高队伍素质，增强干部能力，2016年，省志办创新教育培训方式，首次与省委组织部共同举办了全省地方志领导干部培训班，30余名方志领导干部参加培训。通过培训，提高了干部人才队伍综合素质，为地方志事业发展提供了更有力的智力支持。

贵阳市委组织部和贵阳市干部教育领导小组将地方志业务培训纳入全市干部教育培训计划，在政策上、经费上给予有力支持；遵义市采取举办地方志年鉴业务培训班、召开年鉴工作会等方式对年鉴撰稿人进行业务培训，共计培训500余人次；安顺市积极与青岛市史志办签订了友好合作协议，开展人员培训和交流。

二、贵州省地方志工作面临的新形势

（一）党委、政府重视地方志工作，为事业发展提供了精神指引

党的十八大以来，贵州省委、省政府领导高度重视地方志工作，地方志事业发展面临着大好形势与发展机遇。2015年12月9日，省委副书记、代省长孙志刚在贵州民营企业“千企帮千村”精准扶贫行动动员大会上讲话提出：“贫困地区和贫困群众要感激民营企业家的帮扶，为作出突出贡献的民营企业家树碑立传，在各级地方志、年鉴中开辟专栏记载。”

2016年3月，中共贵州省委副书记、省人民政府省长孙志刚对全省方志工作作出重要批示，要求全省各级政府都要关心和支持方志事业发展，切实帮助解决发展中面临的困难和问题。

2016年12月1日，孙志刚省长在省地方志办公室《关于在〈贵州年鉴〉中充实反映贵州省“异地扶贫搬迁工作”内容的报告》上批复：“除易地搬迁扶贫外，外地企业、事业单位及个人对我省脱贫攻坚中给予帮扶支持的也要榜上有名，记录在案，以资鼓励和感谢！”常务副省长秦如培、副省长何力

等领导多次听取工作汇报、出席有关会议、作出指示、批示。省委、省政府领导对地方志事业的高度重视，为做好工作提供了精神指引。

各市州党委、政府坚持“党委领导、政府主持、地方志办公室负责实施”的体制，按照“一纳入、八到位”的工作要求，把地方志工作作为一项重要的系统文化工程，纳入政府重点工作议事日程，有效地推进了志书编纂进度。贵阳市委书记陈刚、市长刘文新、市委副书记张平等多次对地方志工作作出重要批示，市委常委、副市长杨赤忠多次专程赴地方志办检查指导、交流座谈；安顺市政府把地方志工作纳入市政府2016年重点工作议事日程，市委常委会议、市政府常务会议多次听取地方志工作汇报；毕节市从市到县均明确党委或政府分管领导，切实加强对地方志工作的领导和支持；黔南州政府副州长刘建民多次听取州史志办关于地方志工作汇报，对全州地方志工作作指示、提要求，对未按时完成州志资料编写的州直部门领导进行约谈督促；黔西南州委书记张政两次对州地方志工作作出重要批示，州委常委会议专题听取了州史志办关于贯彻落实全省地方志工作会议精神及其贯彻意见的汇报。

（二）省政府办公厅印发《规划纲要实施方案》，为地方志事业发展提供了有力的政策支撑

2016年8月17日，贵州省人民政府办公厅印发了《贵州省贯彻落实〈全国地方志事业发展规划纲要（2015—2020年）〉实施方案》（以下简称《实施方案》），对“十三五”期间贵州省地方志事业发展的总体要求、主要任务进行了科学规划，以落实“一纳入、八到位”为主线，明确了未来几年地方志事业发展的总体目标，即到2020年，全面完成全省第二轮修志规划任务，实现省、市、县三级综合年鉴全覆盖。安排了12项主要任务，明确了组织保障、制度保障、机构保障、经费保障等保障措施。《实施方案》既是指导今后一段时期全省地方志事业健康持续发展的行动纲领，也是今后一个时期开展地方志工作的基本依据。创造性地抓好落实，抓准关键问题，找准发力点，明确主攻方向，将有力地推动全省方志事业进一步发展。

（三）地方志工作应围绕中心服务大局有所作为

围绕大扶贫战略行动主动服务。贵州是全国扶贫攻坚的主战场，在波澜壮阔的扶贫攻坚伟大进程中，地方志不能缺席。在增强文化自信，激活历史和彰显当下中出彩。省志办主动作为，服务于扶贫攻坚贵州大局，编纂出版《贵州省减贫志》，全面记录贵州省扶贫攻坚的历史进程，为全省的大扶贫战略行动提供资政辅治之参考。在省地方志办的引领下，一些市、州也积极开展扶贫开发志书和地情资料的编纂工作。黔西南州史志办在普安县召开全州史志系统易地扶贫搬迁村（社区）志编纂工作研讨会，拟定村志参考篇目及《黔西南州脱贫攻坚村（社区）志编纂工作指导方案》，推动工作开展。

各级方志机构利用自身优势，积极参与当地规划编制、旅游开发、招商引资、历史文化遗产发掘保护、革命老区申报等中心工作。省地方志办编纂了《红军在贵州史料汇编》；遵义市为海龙囤申遗提供历史文化志书资料；六盘水市打造"三线文化"品牌，协助中央电视台大型文献纪录片《大三线》摄制组的采访工作；毕节市史志办先后为试验区交通、水利等基础设施建设，旅游资源开发与旅游规划修编，工业园区建设等工作提供志书、年鉴参考与借鉴；黔南州为宣传和推介茶文化、发展茶产业积极提供都匀毛尖茶史料。

主动融入大数据战略行动。大数据是贵州省弯道取直、后发赶超的战略引擎。贵州省各级地方志工作机构主动融入大数据战略行动，加速推进地方志信息化建设。贵州省地方志办结合《全国地方志信息化发展规划（2016—2020年）》，印发《关于推进贵州省地方志信息化建设的实施意见》，贵州档案方志信息网改版为贵州档案信息网和贵州地方志信息网，于2016年12月正式在中国·贵州政府门户网站云平台上线，新的贵州地方志信息网更具地方特色，截至2016年底，贵州省地方志系统已建成省级门户网站1个、市级门户网站9个、县级门户网站55个，基本实现省、市、县三级地方志信息网站群建设。贵阳市地方志办的方志云建设项目得到市委的政策支持，被列为《以大数据为引领打造创新型中心城市的十大重点工程》之"数据民生工程"，正式进入运行轨道。

三、存在问题及对策建议

（一）存在的问题

2016 年，地方志工作在省委、省政府领导和各级各部门的支持配合下，取得了一定成绩，但同时存在一些问题，主要表现在以下方面。

1. 机构体制机制不完善。省直部门修志工作无相应的机构支撑，为完成规划志书的编纂任务，省直承修部门只能安排较少的兼职人员承担修志工作任务，或返聘退休老同志承担相应修志工作。有些部门为完成任务，甚至采用外包方式编纂志书，使得修志工作质量和进度得不到保障，也不同程度加大了省志办指导和推进工作的难度；加之省志办人员不足，往往是几个人应对一百多个省直部门，"小马拉大车"，不堪重负，志书质量堪忧。

基层机构方面，贵州县级修志机构设置五花八门。88 个县（市、区、特区），独立的只有 4 家，与党史办合并的有 36 家，与档案局合并有 31 家，与党史办、档案局"三合一"有 17 家。机构设置的不统一，造成地方志事业发展的独立性弱化，职能作用弱化，造成精力分散，难以形成合力，出现忙时忽略忽视地方志工作的情况，也造成修志工作进展缓慢，发展不平衡。

2. 修志工作欠账多，完成任务难度大。贵州首轮地方志编纂工作起步于 20 世纪 80 年代初，省志规划 71 部，市（州、地区）志采取多卷集成，共规划 389 部，县级志书规划 86 部。2015 年，最后一部省志完成。到 2016 年底，都还未最后完成，市（州、地区）志出版 372 部，还剩下 17 部未出版，因此贵州省也成为全国首轮修志工作用时最长的省份之一。

按照全国统一要求，第二轮贵州地方志的编纂工作于 2002 年由省政府部署启动。但到 2011 年，贵州省地方志办与省档案局合并时，除了县市区志启动较好，进展较快外，省志、市州地志进展缓慢。特别是第二轮贵州省志编纂工作仍处于基本停滞状态，省政府时任副省长谢庆生将此界定为"严重滞后"。2012 年 1 月，省委办公厅、省政府办公厅联合下发《贵州省二轮省志编纂方案》通知，对第二轮贵州省志编纂工作进行重新部署。

至 2016 年 12 月底，省志编纂工作只完成任务数的 40%，市县级志书编纂只完成任务数的60%，年鉴尚有9个县（区、市）没有启动编纂工作，占任务数的11%。到2020年，要实现“两全”目标，任务相当艰巨。

3．第二轮修志工作进展不平衡，志书质量良莠不齐。贵州二轮修志工作进展严重不平衡。从全省第二轮修志工作进度看，省级志书的编修进度总体落后于市、县级志书的编修，主要原因是省级志书编修缺乏机构支撑，推动难度较大；就同级志书编修而言，在进度上也存在较大差异，如省志快的已经出版或通过终审，慢的几家连初稿都还没写出来。市县级志书也如此，遵义市、铜仁市、黔东南州已整体完成二轮规划志书编纂工作任务，有的市（州）还有大部分县没有完成。主要原因往往取决于领导重视程度，地方志机构（含省级临时机构）负责人工作力度等。

从全省已出版或审验的志书质量总体情况看，志书质量良莠不齐，差距较大。有些志书质量上乘，但有些志书距精品志书的差距较大，编纂质量还有较大提升空间。其主要原因在于没有很好把握质量与进度的关系，有些地方和部门，为完成工作任务，把修志变成“催志”“赶志”，以牺牲质量求得进度的现象一定程度存在，并有传到至地方志工作机构的趋势。应引起高度重视。

4．专业人才较为缺乏，方志理论研究滞后。地方志事业是一项学术性较强的文化事业，方志编纂具有一定的专业性，需要从业人员具有一定的专业理论基础和学术修养。目前，全省各级修志人员专业结构、知识结构、年龄结构不尽合理，业务人员整体不足且方志编纂理论水平和实际编纂能力不是很高，方志编修的学术性缺乏人才支撑。修志理论滞后于修志实践问题较为突出。干部队伍建设有待加强。此外，方志工作创新，尤其是方志理论研究缺乏有效激励机制。

5．地方志基层基础脆弱。贵州经济欠发达的省情，使得对文化事业投入不足，地方志工作整体条件较差，基层基础十分脆弱。表现在地方志机构设置不统一，人员编制少；基础设施落后，特别是各级方志馆建设、信息化建设整体与东部地区存在较大差距，局部与西部地区也存在一定差距；社会大环境的影响，造成许多经济因素和非经济因素制约着地方志事业发展。地方志容易被忽略依然是一个不争的现实。这种状况，需要下大力加以改变。

（二）对策建议

1. 理顺和完善体制机制。地方志机构是传承中华民族修志特有文化传统的组织机构，既有地方志行政管理职能，又具有编纂地方志的专业职能。要树立法治化理念，实现依法修志、依法治志的目标。加强和进一步完善各级政府依法履行领导责任、各级地方志工作机构依法履行组织实施和管理职责、社会各界依法履行修志权利和义务的法治化工作格局。

各级政府要依法按照“一纳入、八到位”的工作要求，在地方志机构设置上力求实现完整统一、层级相称、运转高效；建议制定克服机构和人员非专业化的顶层设计和解决方案；建议协调制定克服“编纂委员会太散、编纂委员会办公室太软”的顶层设计和解决方案。

2. 强力推进修志编鉴主业，确保“两全”目标完成。以改革创新为主线，加强志鉴编纂工作推进力度，咬定“两全”不放松，强化修志工作执法检查和政府督查，完善修志工作目标考核工作机制，有力的推动贵州第二轮修志的编修进度。

科学规划，精心部署，分阶段、分层级落实志鉴编纂工作目标，制定修志编鉴工作时间表、路线图，探索和实行志鉴编纂工作末位问责制，始终保持修志编鉴工作强力推进态势，实现后发赶超。

坚持存真求实、质量第一的原则，切实落实总编、总纂负责制，解决好总编、总纂挂帅不出力的问题，严格实行分级把关、各负其责的“三审一验”制度，加强质量管理。将精品意识贯穿于志鉴编纂的全过程，积极探索和建立健全质量保障体系建设。

3. 夯实基础建设，提高公共服务能力。加强基层地方志机构和队伍建设，认真落实“一纳入、八到位”工作要求，积极协调有关部门和各级政府，理顺机制体制，切实解决县级地方志工作条件较差、一些地方对地方志工作重视不够、机构队伍不稳、经费投入不足等问题，确保基层地方志工作有人办事、有条件办事、能办成事，为实现“两全”目标和地方志事业持续稳定发展奠定基础。

坚持分类指导原则，推动完成第二轮规划志书编纂的地方和部门，拓展修志领域，推动地方志工作向基层延伸，服务中心工作；以项目为抓手，积极开展地情研究；推进和指导第二轮规划志书编纂任务较重的地区和部门，在保证质量前提下，加快修志编鉴工作进度。

加强人才队伍建设，培养锻炼干部的领导能力、协调能力、决策能力，切实提高修志编鉴专业水平。探索加强省、市、县地方志干部交流方式，解决部分处室人手紧张的问题。确立“出成果、出理论、出人才”统筹发展思路，培养造就专兼职相结合的修志队伍。

积极推进地方志馆、库、网建设，切实发挥地情服务功能，着力提高公共服务能力，各级地方志机构和各级方志馆，要采取各种方式，为社会提供查询、阅览、展示、咨询等服务，把服务经济社会发展成效作为衡量地方志工作水平的重要标准。

云南省地方志事业发展报告

云南省地方志办公室

一、云南省地方志事业发展基本情况

（一）依法治志稳步推进

2015 年 8 月，《全国地方志事业发展规划纲要（2015—2020 年）》颁布实施，省政府明确要求，要认真组织学习《全国地方志事业发展规划纲要（2015—2020 年）》，抓好贯彻落实，编制好“十三五”期间云南省地方志事业发展规划。2016 年 4 月，云南省人民政府下发的《云南省国民经济和社会发展第十三个五年规划纲要》第十三篇“促进文化繁荣发展”中，把“加强修史修志工作”写进“十三五”规划，为推进云南省地方志事业发展奠定了坚实的基础。2016 年 5 月，经过充分调研和广泛征求意见，省地方志办公室起草了《云南省地方志事业发展规划纲要（2016—2020 年）》。同年 6 月 7 日，省政府办公厅以云政办发〔2016〕61 号文件正式印发。《云南省地方志事业发展规划纲要（2016—2020 年）》对“十三五”期间我省地方志工作提出了明确要求，是未来 5 年我省地方志工作的指导性文件。它的颁布和实施，标志着我省依法治志工作又向前迈进了一大步。为促进全省地方志工作，确保到 2020 年完成国务院和云南省规划纲要目标任务，经过认真筹备，2016

年 11 月 4 日，第六次全省地方志工作会议召开。省委书记、省长陈豪对全省地方志工作作重要批示，云南省副省长高峰、中国地方志指导小组办公室副主任邱新立出席会议并讲话，省政协副主席杨嘉武出席会议，省政府副秘书长赵瑞君主持会议。会议主要任务是贯彻落实《全国地方志事业发展规划纲要（2015—2020 年）》《云南省地方志事业发展规划纲要（2016—2020 年）》，回顾和总结全省第二轮修志工作开展以来取得的成绩和经验，分析存在的困难和问题，部署今后几年全省地方志工作。云南省地方志办公室主任任玉华作《认真实施〈规划纲要〉全面提升我省地方志工作水平》的工作报告。

（二）二轮修志有序进行

全省二轮志书编纂出版规划为：省志 1 部 68 个分志，州（市）志 16 部，县（市、区）志 129 部。截至 2016 年底，《云南省志》完成送审稿 34 个，占省志的 50 %；完成初稿 12 个，占省志的 17.6 %。审改《广播电视志》《劳动与社会保障志》《气象志》《人事志》《出入境检验检疫志》《体育志》《检察志》初稿；审改《卫生志》《商务志》征求意见稿；对《政府志》进行复审。听取省卫生厅、商务厅、检察院、农业厅、广电局、外事办、教育厅、煤矿安全监察局等承编单位工作汇报。修改完善省志编纂、管理制度，拟定《〈云南省志〉专家库专家工作管理办法》。另有名山志、江河志、名镇志和茶叶通志等特色志也在编纂过程中。全省 16 个州（市）已出版志书 5 部（曲靖、昭通、红河、迪庆、文山），通过终审 1 部（昆明），出版完成率 31%；129 个县（市、区）出版志书 68 部，出版完成率 54%。审改了《怒江傈僳族自治州志（1996 ~ 2010）》《腾冲县志（1978 ~ 2005）》《寻甸县志（1978 ~ 2005）》。参加《寻甸县志（1978 ~ 2005）》志稿评审会。到楚雄州志办、大理州志办、版纳州志办、普洱市志办、寻甸县志办、镇雄县志办进行工作调研、督查指导。

（三）年鉴编纂普遍开展

各级党委、政府高度重视年鉴工作，截至 2016 年，省级和 16 个州（市）均编纂出版了综合年鉴，129 个县（市、区）中有 125 个编纂出版了综合年鉴，全省综合年鉴出版率为 96.89%。部分州（市）和县（市、区）及省直部门还积极开展了专业年鉴的编纂工作。认真完成由中国地方志指导小组办公室和中国地方志学会发起的全国地方志系统第四届年鉴评奖工作。2016 年 3 月 24 日，云南省年鉴研究会第四届会员代表大会暨第一届年鉴系列颁奖大会在昆明召开，全省年鉴界同仁出席大会。

（四）旧志整理成果显著

云南省整理出版了一批旧志，并有多部荣获国家级及省级优秀成果奖，如《楚雄彝族自治州旧方志全书》《昭通旧志汇编》《〈宜良县志〉点注（清康熙五十五年、清乾隆三十二年、清乾隆五十一年）》《云南石林旧志集成》《师宗州志校注》《昆明市志点校》等，为抢救及保护地方历史文化作出了积极贡献。2016 年整理出版了《永平旧志汇编》、康熙《富民县志》、康熙《嵩明州志（校注本）》、乾隆《永昌府志（点校）》。部分州（市）正在开展旧志普查工作，编制旧志目录，理清脉络，摸透家底；有的还与高校、科研机构合作进行旧志研究和专题资料汇编，不断拓展旧志整理工作的广度和深度。

（五）特色志、专业志、行业志、部门志、乡镇（村）志和地方史编修方兴未艾

根据国务院《地方志工作条例》精神，省内修志人员积极进取，编辑出版了一大批特色志、专业志、行业志、部门志、乡镇（村）志和地方史等。如《梨花村志》《鸡足山志》《秀山志》《糯扎渡镇志》《话说曲靖》《幸福大理》《石林阿诗玛文化发展史》等。烟草、军事、金融等行业或部门形成了普遍修志的氛围。云南省积极组织参与全国名镇志工程、名村志工程和经济欠发达地区志书出版资助工程申报。截至 2016 年底，共有《和顺镇志》《匡远镇志》等 9 家申报名镇志工程，有《官渡村志》《江东村志》2 家申报名村志工程，西盟县志办 1 家申报经济欠发达地区志书出版资助工程。

（六）方志期刊逐步发展

省志办及 16 个州（市）志办，办刊 12 种；129 个县（市、区），办刊 12 种。主要是《云南史志》《昆明史志》《保山史志》《楚州今古》《红河经纬》《曲靖史志》《古今普洱》《宣威史志》等。这些刊物为史志研究、志鉴编纂及理论探索提供了有益的养份和发展空间。《云南史志》继续本着以繁荣云南地方志

事业、弘扬云南史志文化为办刊宗旨，坚持学术性、指导性、资料性、可读性相统一，顺利完成了准印号的办理，全年共出刊4期。2016年7月18日，《全国地方史志期刊工作指导意见（征求意见稿）》专家研讨会在云南昆明召开。

（七）开发利用取得成效

在地方志资源开发方面，我省有了许多成功的经验，主要是利用地方志资源和地方志人才为当地政治、经济、文化的发展提供服务。很多地方机场改建、文化长廊建设、矿产资源开发、地名变更、旅游景点开发，甚至世界遗产申报等工作中地方志都发挥了重要的作用。在第二轮修志期间，当地志办积极查阅地方志资料，配合完成了丽江、香格里拉、三江并流、石林世界地质公园、元阳哈尼梯田的申遗工作。迪庆州志办积极撰写《香格里拉》等地情书籍，配合开发旅游资源。保山市史志办利用地方志资源开展滇西抗战研究的相关工作，充分展示了滇西抗战在抗日战争中的主战场地位，不少研究素材被引入了电影电视剧。各级地方志办都积极为当地经济社会的发展出谋划策。

（八）队伍建设不断加强

为提高全省广大地方志工作者的志鉴编纂水平，省志办及各州市县志办每年都举办地方志、年鉴业务培训，邀请方志界和高校知名专家学者授课，培养了一大批中青年修志人才。此外，还召开各种主题的方志理论研讨会，鼓励修志人员撰写论文，以文入会，很好地丰富、繁荣和发展了我省地方志理论研究和地方志学科建设。目前，全省已形成一支1100余人的专职修志队伍，为修志工作提供了人力和人才资源保障。第二轮修志以来，云南还涌现了一大批为我省地方志事业的发展作出突出贡献的先进个人和集体。石林县志办昂智灵，红河州志办、曲靖市史志办、昭通市志办等因成绩优秀先后获人事部表彰。另有34人被授予“全国方志系统先进工作者”荣誉称号，14个集体获“全国地方志系统先进集体”表彰。至2016年，云南省地方志办公室有编制24人，实有18人。其中，主任1名，按副厅级配备；副主任2名，按正处级配备。设综合处、省志工作处、州市县志指导处、理论信息处4个副处级内设机构，核定副处级领导职数4名、正科级领导职数4名。

（九）行业协会与行政机关脱钩

云南省地方志学会经省民政厅批准成立于1982年12月，挂靠单位为云南省地方志编纂委员会办公室。为贯彻落实《中共中央办公厅、国务院办公厅关于印发〈行业协会商会与行政机关脱钩总体方案〉的通知》《中共中央办公厅关于加强文化领域行业组织建设的指导意见》《中共云南省委办公厅、云南省人民政府办公厅关于印发〈云南省行业协会商会与行政机关脱钩总体方案〉的通知》《中共云南省委办公厅、云南省人民政府办公厅关于印发〈云南省清理整顿领导干部在社会组织、企业兼职问题工作方案〉的通知》等文件精神，按照行业协会与行政机关脱钩要求，2016年12月，取消云南省地方志学会与云南省地方志编纂委员会办公室的挂靠关系。

二、云南省地方志事业发展的主要经验

（一）坚持正确修志体制

党委、政府的高度重视和大力支持，是云南省二轮修志工作得以有序推进的关键保障。云南始终坚持“党委领导，政府主持，地方志工作机构组织实施”的修志体制。第二轮修志工作启动13年来，都由省人民政府主要领导亲任省地方志编纂委员会主任，对地方志工作作出很多重要指示和批示，分管副省长亲自抓地方志工作，省政府秘书长、有关副秘书长经常关心过问，为地方志工作排忧解难。全省各级党委、政府及省直单位专门就第二轮志书的规划、编纂方案、人员配备、经费保障等问题召开会议、印发文件，为修志工作的有序开展创造了良好条件。实践证明，凡是党委、政府重视地方志工作，将其纳入国民经济和社会发展规划及政府工作任务的地方，切实做到认识到位、领导到位、机构到位、编制到位、经费到位、设施到位、规划到位、工作到位，修志工作就得以有序开展、成绩显著。

（二）建立健全工作制度

在第二轮修志工作中，云南省逐步研究建立起行政首长负责制、主编（总

纂）责任制，编纂人员目标管理责任制，资料搜集、整理和保管使用制度，编纂督查通报制度，志稿修改、评审制度，送审验收制度，三审定稿制度，年度工作会议制度，志鉴编纂年报制度等一系列行之有效的工作制度，严格执行《地方志书质量规定》《地方综合年鉴编纂出版规定》，有效规范修志工作程序，确保工作质量和效率。曲靖、红河等州（市）将地方志工作纳入政府目标责任制考核，地方志完成情况高居全省前列。

（三）加大组织实施力度

全省三级地方志工作机构不断加强对志鉴工作的组织实施力度，采取督促检查、分类指导、上下联动、整体推进的方式推进地方志工作。同时，积极“走出去，请进来”，加强横向联系、纵向衔接，加大学习交流和业务指导工作力度，逐步提高修志工作能力。

（四）打造优秀修志队伍

“致天下之治者在人才”，全省三级地方志工作机构积极组织开展地方志业务培训、志稿评审会、经验交流会、理论研讨会，以会代训，不断提高修志人员综合素质和业务水平，着力打造一支优秀的修志队伍，努力构建“人人渴望成才、人人努力成才、人人皆可成才、人人尽展其才”的良好氛围。第二轮修志工作启动以来，各级各部门在选任志书主编（总纂）、副主编及配备修志人员方面都十分重视，普遍吸收有较高政治理论素养、熟悉地情和地方志编纂业务的“笔杆子”组建修志队伍，为第二轮修志工作有序推进提供了坚强有力的人才队伍保障。

三、云南省地方志事业发展存在的困难问题

（一）省级志书编纂总体进展缓慢

二轮修志规划的省志 68 个分志中，仅 34 个分志完成送审稿，到 2020 年要全面完成志书编纂出版任务，仍然任重道远。

（二）三级志书编纂发展不平衡

全省各州（市）及所辖县（市、区）的志书编修进度参差不齐，16个州（市）志只有5部出版，129个县（市、区）志仅有68部出版。进度较快的曲靖市、红河州和迪庆州已经完成第二轮修志工作任务，进度慢的州（市）和县（市、区）二轮志书编纂才刚刚起步，远低于全省的平均速度。

（三）综合年鉴尚未做到全覆盖

云南省年鉴编纂出版率较高，但少数地方综合年鉴未做到一年一鉴公开出版，目前还有4个县（市、区）未开展综合年鉴编修工作，个别综合年鉴未纳入地方志工作机构组织编纂公开出版，亟须尽快解决，尽早实现三级综合年鉴全覆盖。

（四）理论研究氛围不浓郁

云南省已经形成了较为稳定的修志队伍，但对地方志理论研究投入的人力、物力、精力还不够，方志理论专家极其匮乏，面临修志人才青黄不接、新老交替的窘迫局面。

（五）信息化建设和方志资源开发利用较为滞后

与其他省、市、区相比，云南省的地方志信息化建设十分薄弱，不仅没有省级地方志网站，各州（市）、县（市、区）地方志网站正常运行的也不多。方志馆建设方面，仅有昆明市、红河州、昭通市及石林县、陆良县等10多家方志馆建成并投入使用。方志馆网建设的滞后，导致方志资源难以实现有效共享，极大地阻碍了地方志资源的开发和利用。

（六）“一纳入，八到位”贯彻落实有待加强

目前仍然存在地方志事业发展不平衡，部分地方或部门对地方志工作重要性认识不足、相关法规落实不到位、机构不健全、人员和经费不足等问题，严重制约了地方志事业的健康发展。

四、云南省地方志事业发展规划

2015 年 12 月，李克强总理作出重要批示，希望地方志工作者继续发扬方志人精神，“志存高远，力学笃行”，“为当代提供资政辅治之参考，为后世留下勘存勘鉴之记述”。刘延东副总理指示，“地方志工作要找准时代定位，紧跟时代步伐”，“要翔实记载中华民族走向复兴、实现中国梦的伟大进程”。今后几年，是实施国家和省地方志事业发展规划纲要的关键时期，在地方志事业蓬勃发展的大好形势下，我们深感使命光荣，责任在肩，任重道远，为确保如期完成规划纲要确定的目标任务，全省各级各部门要高度重视地方志工作，切实抓好以下工作的落实。

（一）规划引领促进事业发展

党中央、国务院和省委、省政府领导同志作出的重要讲话和重要批示，明确了地方志工作在协调推进“四个全面”战略布局、实现“两个百年”奋斗目标和中华民族伟大复兴中国梦进程中的重要地位和作用。各级各部门要深入学习，认真领会，切实贯彻落实国务院《全国地方志事业发展规划纲要（2015—2020 年）》和《云南省地方志事业发展规划纲要（2016—2020 年）》，砥砺前行，积极进取，真正将“一纳入、八到位”要求落到实处，各级地方志工作机构要主动汇报，积极推动本地区地方志事业发展规划或实施办法早日出台。以创新求发展，因地制宜，不断开拓地方志事业发展新途径，多出精品佳志。

（二）依法治志增强工作力度

认真贯彻落实国务院《地方志工作条例》《全国地方志事业发展规划纲要（2015—2020 年）》《云南省地方志工作规定》《云南省地方志事业发展规划纲要（2016—2020 年）》，做到“三个坚持”，即：坚持依法修志，依法组织、指导、督促和检查地方志工作，依法搜集、保存、使用地方志文献和资料，依法开展旧志整理、方志理论研究等工作；坚持依法用志，不断拓展地方志服务社会的方式、形式和途径；坚持依法管志，培养和树立法治意识和法治思维，逐步建立依法组织、实施和管理地方志工作的体制，逐渐形成法治化工作的新格局。

（三）确保完成“两个全面”任务

“两个全面”是国务院《全国地方志事业发展规划纲要（2015—2020年）》（以下简称《规划纲要》）规定的硬指标、硬任务，到2020年，全面完成第二轮省、市、县三级志书编纂规划任务，实现省、市、县三级综合年鉴编纂全覆盖，一年一鉴，公开出版。时间已不到5年，任务十分艰巨。目前，仍有个别地方和部门尚未启动第二轮修志工作；有的虽已启动，但工作抓得不紧，没有实质性进展，必须引起足够重视。要加大人力、物力、财力投入，引入目标责任管理等机制，倒排工期、优化程序、细化责任、强化督导，确保到2020年全面完成第二轮修志规划任务。已经完成第二轮修志任务的地方，要积极做好第三轮修志工作的准备。综合年鉴方面，未公开出版的，到2020年一律实现公开出版。未开展综合年鉴编纂出版工作的，务必抓紧抓实，严格按《规划纲要》要求由地方志工作机构组织编纂，实现三级综合年鉴全覆盖。积极争取将云南省更多的地方志项目纳入全国地方志“十大工程”，带动全省地方志事业向前发展。

（四）修用并举加强开发利用

地方志是一座巨大的文化宝库，编修地方志既是为了保存资料、记录历史，更是为了服务社会、资政育人。各地要自觉把地方志工作纳入公共文化服务体系，加快方志馆和信息化建设，不断拓宽服务渠道。要围绕党委、政府的中心工作和社会需求，充分挖掘利用地方志资源，主动服务和融入国家“一带一路”建设，积极参与把云南省建设成为民族团结进步示范区、生态文明建设排头兵、面向南亚东南亚辐射中心，努力扩大地方志的文化影响力，充分发挥好地方志的资政和资治功能。

习近平总书记强调指出：“文化自信，是更基础、更广泛、更深厚的自信。”当前，地方志事业发展规划已经制定，宏伟蓝图已经绘就，全省要按照国家“五位一体”和“四个全面”战略布局的要求，紧紧围绕实现云南跨越式发展目标，以《规划纲要》颁布实施为契机，认真贯彻落实《云南省地方志事业发展规划纲要（2016—2020年）》，大力弘扬“修志问道，直笔著史”的方志人精神，增百倍信心、用百倍努力，锐意进取、攻坚克难，全面完成《规划纲要》确定的目标任务，努力推动全省地方志事业发展再上新台阶。

西藏自治区地方志事业发展报告

西藏自治区地方志办公室

2015年至2016年，在中国地方志指导小组（以下简称中指组）及其办公室（以下简称中指办）的亲切关怀下，在自治区党委、政府的高度重视和坚强领导下，西藏自治区各级地方志工作机构和广大修志工作者牢固树立"四个意识"，深入学习贯彻落实习近平总书记系列重要讲话精神和治国理政新理念新思想新战略，深入贯彻落实习近平总书记治国必治边、治边先稳藏的重要战略思想和加强民族团结、建设美丽西藏的重要指示，深入学习贯彻落实习近平总书记"知史爱国、知史爱党""以史鉴今、启迪后人"的重要指示精神，深入学习贯彻落实李克强总理"直笔著信史、彰善引风气"的重要批示精神，深入贯彻落实自治区九次党代会精神，切实把地方志作为稳藏的重要史料、治藏的重要依据、兴藏的重要内容、建藏的重要任务，紧紧围绕地方志工作"两个全面"的目标任务，切实加强组织领导，严格落实工作责任，不断改善工作条件，积极拓展工作思路，持续加大措施落实力度，着力加快工作进度，大力深化志鉴成果运用，有力地促进了地方志事业的科学发展。

一、西藏地方志事业发展取得新成就

（一）顶层设计不断完善

西藏自治区党委、政府坚决贯彻落实中央决策部署，紧密结合西藏实际，就地方志工作作出一系列重大安排部署，不断健全地方志工作制度体系，强力推进全区地方志事业走上制度化、规范化发展轨道。一是及时召开全区地方志工作会议，学习贯彻中央和区党委主要领导同志关于地方志工作的重要批示要求，总结工作，分析形势，明确任务，落实措施，提出了坚持正确方向、坚持规划引领、坚持依法治志、坚持改革创新、坚持质量标准的地方志工作原则，对“十三五”时期全区地方志事业发展进行了全面安排部署，并与地方志工作单位签订了地方志工作目标责任书。二是制定出台了第一份西藏地方志事业发展的任务书、时间表和路线图——《西藏自治区贯彻落实〈全国地方志事业发展规划纲要（2015—2020年）〉的实施意见》（以下简称自治区《实施意见》），全面分析了西藏地方志事业面临的形势，明确了“十三五”时期西藏自治区各志书承编单位修志编鉴任务，提出了实现“两个全面”等地方志工作八大目标任务，并从强化领导机制建设、工作机构建设、人才队伍建设、推动任务落实和监督、支持地方志事业发展等方面提出了具体要求。三是颁布实施了第一部西藏地方志法规——《西藏自治区实施〈地方志工作条例〉办法》（以下简称自治区《实施办法》），对地方志工作的基本原则、组织领导、职能职责、经费保障、队伍建设、编纂权限、完成时限、工作原则、资料征集、审验出版、版权稿酬、开发利用、督查推进、追纪问责等核心问题进行了明确规定，为地方志事业发展提供了重要的法规和制度保障。四是制定印发了《西藏自治区地方志工作考核办法（试行）》（以下简称自治区《考核办法》）等制度规定，将地方志工作任务完成情况纳入各级党委、政府督查工作计划，明确了考核内容、办法、程序及结果运用等相关事宜，并全覆盖式地开展了2016年度全区地方志工作督查考核，有力推动了地方志事业创新发展。

（二）贯彻落实深入推进

全区各地市、县（区）和各志书承编单位深入贯彻落实区党委、政府的决策部署要求和全区地方志工作会议精神，统一思想认识，明确目标任务，强化工作落实，改善保障条件，不断推动和促进了地方志工作迈入新的阶段。一是组织领导更加强化。各级各部门根据全区地方志工作会议精神，成立了由党政主要领导挂帅的地方志编纂委员会（或领导小组），绝大多数地市、县

（区）和部门召开了地方志工作会议，对贯彻落实区党委政府决策部署要求、优质高效完成地方志编纂工作任务作出了细化安排，逐级层层签订了地方志工作目标责任书，积极开展多种形式的督促检查、指导调研和考核评价工作，做到了地方志工作有部署、有推动、有检查、有考核。二是工作条件不断改善。坚持把强化机构、人员、经费、设施等各要素的保障作为推进地方志工作向前发展的重要基础，指定专门的机构和部门负责地方志工作，进一步充实和调配人员，解决工作经费和设施设备，确保了地方志工作有明确的部门负责、有指定的人员专干、有专门的工作经费。三是工作思路不断拓展。面对地方志事业创新发展的新形势要求，全区各级各部门立足实际，整合资源、补齐短板，通过创新发展促进地方志工作。一方面坚持抓规范建设，通过制度设计、规范管理，提升志鉴水平，另一方面抓渠道拓展，通过争取援藏支持、推进部门合作、发挥老一辈专家学者作用等有效途径，为地方志事业发展提供了重要支撑。四是编纂进度明显加快。截至 2016 年底，西藏自治区已公开出版发行 38 部区志分志、7 部地市志和 38 部县（区）志，共计 83 部志书，另有 10 余部志书即将出版，10 余部志书正在总编。特别是 2016 年，西藏自治区总编和出版发行了 9 部志书，7 个地市和 23 个县（区）编纂出版了地方综合年鉴，共有 29 部志书顺利通过了初审、复审、终审等阶段评审，为“两个全面”目标任务的圆满完成奠定了良好基础。五是成果运用不断深化。坚持发挥地方志“存史、资政、教化、育人”的功能，抓住中国共产党成立 95 周年等重大活动的契机，大力宣传地方志工作成果，全面系统地展示中国共产党领导西藏人民进行和平解放、民主改革、社会主义建设、改革开放的光辉历程，全面系统地展示西藏经济、政治、文化、社会、生态文明建设等方面取得的辉煌成就，全面系统地展示西藏各族人民幸福安康的美好生活，为推进西藏长足发展和长治久安作出了应有贡献。

（三）方志援藏初见成效

在中指组的高度重视和兄弟省（市、区）的无私援助下，西藏地方志事业得以进一步发展。一是中指组历来高度重视和密切关心西藏地方志工作。特别是 2015 年 9 月，王伟光组长、李培林常务副组长一行专程赴藏调研，对加快推进新形势下西藏地方志事业科学发展作出重要指示，极大地增强了全区地方志工作者做好地方志工作的信心、鼓舞了坚决完成“两个全面”目标任务的斗志。二是中指办坚决贯彻落实中央第六次西藏工作座谈会精神、第五次全国地方志工作会议精神和中指组领导指示精神，扎实开展方志援藏工作，在政策、人才、项目等方面给予大力支持，为西藏地方志事业科学发展注入新动力。2015 年 9 月，在西藏林芝市举办了为期七天的援藏志鉴编纂业务培训班，西藏自治区 130 余名地方志工作者受训；2016 年借中央第七批援藏之机，选派一名经验丰富、能力突出的干部到西藏自治区方志办开展为期三年的援藏工作；将《浪卡子县志》《八一镇志》纳入了经济欠发达地区志书资助出版工程，并积极帮助开展《八一镇志》编纂工作。于 2017 年在西藏召开全国地方志援藏工作座谈会，再次举办援藏志鉴编纂业务培训班。三是部分对口援藏省（区、市）主动将地方志援藏纳入对口支援工作总体规划，对西藏相应受援的地市、县（区）从人员培训、业务指导、经费支持、设施配备、交流学习等方面予以大力援助，极大地推动了受援地市、县（区）地方志工作。

二、西藏地方志事业发展中的问题

在过去的两年中，西藏地方志工作尽管取得了一定的发展成绩，但是距离党中央、国务院的决策精神和区党委、政府的部署要求仍有较大差距，工作中还存在一些薄弱环节和不足之处。一是从发展水平看，西藏历史上无官方修志传统，地方志事业起步晚、基础相对薄弱、推进难度较大，虽陆续出版了百余部志鉴成果，但基础设施建设、信息化建设、成果转化运用等方面还有待加强，地方志事业整体发展水平与内地省（市、区）仍有较大差距。二是从目标任务看，截至 2016 年底，全区仍有少部分县（区）和行业未完成第一轮修志任务，仅有 11 部志书完成了第二轮修志任务，多数二轮志书尚处于收集资料或撰写初稿阶段，大部分县级地方综合年鉴尚未做到一年一鉴、公开出版，完成“两个全面”目标任务还有较大难度。三是从组织领导看，个别地方和单位对地方志工作的重视程度不高、支持力度不够，存在工作部署和落实推动力度较弱、牵头主导和协调配合工作不到位、统筹部署推动力度不强、主动督导和推动力度不够等问题，严重制约了地方志事业的发展。四是从质量标准看，个别地方和单位质量意识不牢，编纂的志鉴不符合规范要求，存在政治站位不高、主线突出不够、资料堆积重复、编纂梳理不够、特色亮点不浓、对评审会意见建议重视不够等问题，严重影响了志书质量的提升。

三、西藏地方志事业发展对策

针对上述问题，西藏各级地方志机构和广大方志工作者将在自治区党委、政府的坚强领导下，坚决贯彻落实中央和自治区关于地方志工作的决策部署，采取更加扎实有效的工作措施，努力推动西藏地方志事业加快发展。

（一）进一步提高思想认识，强化组织领导

从战略全局的高度充分认识做好地方志工作的重大意义，切实把编修社会主义新方志作为一项重大的政治工程、战略工程、文化工程和固边工程，紧盯党中央、国务院确定的地方志工作“两个全面”目标任务，牢固树立“西藏没有特殊例外，必须坚决圆满完成”的思想意识，进一步在制度设计、力量保障、业务建设、质量把关等方面做好谋划安排，努力构建党政主要负责同志亲自部署、亲自推动、亲自审核、亲自把关，分管负责人强化安排、主抓落实，地方志工作机构和人员具体编纂，各有关单位和部门积极参与配合的良好地方志工作格局，更好地推进地方志事业科学规范发展。

（二）进一步强化精品意识，提高编纂质量

坚持质量第一的原则，牢固树立精品意识，严格按照《地方志工作条例》及自治区《实施办法》《地方志书质量规定》《地方综合年鉴编纂出版规定》相关要求，严把志鉴政治关、史实关、保密关、体例关、行文关，不断提升编纂质量。坚持对历史负责、实事求是的治学态度，认真对志鉴原始材料进行鉴别、考证、核实，坚持朴实、简洁、流畅的行文原则，组织好志鉴编纂工作，严格执行审验程序和标准，有序开展志鉴审验工作，确保志鉴观点正确、体例严谨、内容全面、特色鲜明、记述准确、资料翔实、表达通顺、文风端正。

（三）进一步优化保障条件，加快编纂进度

按照地方志事业“一纳入、八到位”的要求，认真贯彻落实自治区《实施意见》和《实施办法》精神，进一步在机构、编制、人才、经费、设施等方面下功夫，为地方志事业发展提供重要保障。特别是高度重视方志队伍建设工作，根据志鉴编纂工作的实际需要，通过增加人手力量、发挥老同志作用、拓展地方志援藏渠道、加大培训力度等有效方式，切实解决力量不足、人才短缺等问题，为志鉴编纂任务的圆满完成奠定坚实基础。

（四）进一步加大督导力度，确保落实到位

坚持将志鉴编纂任务完成情况列入各级党委、政府督查工作计划，严格执行自治区《考核办法》，切实强化集中督查和工作评比，不断加大常规性的指导检查力度，从严从实，及时发现问题，狠抓整改落实，促进地方志事业持续稳定发展，确保到2020年如期实现“两个全面”目标任务。

四、西藏地方志事业前景展望

通过近几年扎实有效的工作，全社会关心支持地方志事业发展的氛围初步形成，地方志工作制度体系进一步完善，方志干部队伍逐渐发展壮大，保障体系进一步建立，工作成效进一步显现，西藏地方志事业已经进入了高速发展、快速推进的新阶段。我们坚信，有中指组及其办公室的积极指导和帮助，区党委、政府的坚强领导，兄弟省（市、区）的无私援助，全区各级地方志部门的积极努力和广大地方志工作者的无私奉献，西藏地方志事业必将迎来新的发展机遇，必将取得新的更大的成绩。

（一）“两个全面”目标任务圆满完成

在各级各部门的共同努力下，全区志鉴编修工作不断深入，志鉴质量不断提升、工作进度不断加快，陆续推出一大批志鉴成果。按照自治区《实施意见》的安排，2017年将编纂出版志鉴38部（种）；2018年将编纂出版志鉴88部（种）；2019年将编纂出版志鉴45部（种）；2020年将编纂出版志书 42 部，届时“两个全面”目标任务将圆满完成。

（二）人才队伍建设不断强化

随着地方志事业的持续深入发展，在全区各级各有关部门的高度重视下，各志书编纂单位将不断配齐配强方志工作力量，一些亲历西藏革命和建设事业的老领导、老专家、老学者、老同志也将更加广泛参与地方志工作，地方志工作队伍不断壮大。同时，自治区各级地方志机构将积极争取各种机会，灵活采取部门合作、教育培训、跟班学习等多种方式，着力提升方志队伍业务素质，最终建设一支政治强、业务精、作风正、纪律严的高素质地方志干部队伍。

（三）督查指导力度持续深入

按照自治区《考核办法》的安排，地方志督导工作成为常态化。自治区、地市把督查考核作为推动地方志事业发展的重要抓手，扎实开展督促检查、指导调研、考核评比，逐步构建起大督查、大检查、大落实的良好格局，为地方志事业发展提供不竭动力和有力保障。

（四）方志援藏工作不断加强

在中指组及其办公室的有力指导和大力支持下，全国地方志援藏工作将全面铺开，中指组及各省（区、市）的优惠政策、优势资源、优秀人才将会源源不断注入西藏地方志事业，为推进西藏地方志事业发展提供强有力的支援和帮助，助推西藏地方志事业更好更快发展。

（五）方志事业全面深入发展

西藏自治区在确保完成“两个全面”目标任务的同时，大力推进方志馆项目建设、地方志信息化建设、各级地方志网站建设，切实加强地方志基础设施，逐步实现地方志资源数字化；不断推进以《八一镇志》《吞巴村志》等村镇志编纂工作和《堆龙德庆县志》（藏文版）、《布达拉宫志》等专业志、特色志编纂工作，切实打开地方志工作全面深入发展新局面，为服务西藏长足发展和长治久安大局发挥更加积极的作用。

陕西省地方志事业发展报告

陕西省地方志办公室

近年来，陕西省在全面完成纳入国家规划的首轮省、市、县三级志书编纂出版任务的基础上，全面推进第二轮省、市、县三级志书编纂出版工作，全面推进地方综合年鉴编纂出版工作，全面推进以陕西省地情网为枢纽，省、市、县三级地情系统协同共建工作，同时在地情资料编纂、旧志文献整理、志馆建设、社会服务等领域，取得了一定的业绩。

一、陕西省地方志事业发展的现状与特点

近年来，陕西省地方志工作在中指组的指导下，贯彻落实《地方志工作条例》（以下简称《条例》）和《全国地方志事业规划纲要（2015—2020 年）》（以下简称《规划纲要》），全面、扎实推进第二轮志书编纂和年鉴编纂，深入挖掘地情资源，积极编撰地情资料图书，着力传承优秀传统文化，不断提升资政服务水平，有力地推进了依法治志工作健康发展。

（一）贯彻落实《条例》和《规划纲要》，依法治志工作稳步推进

省政府制定了《陕西省〈地方志工作条例〉实施办法》和《陕西省地方志事业发展规划（2016—2020 年）》，将依法治志工作提上了重要议事日程。修订了《陕西省二轮三级志书审稿办法》《陕西省第二轮三级志书出版规定》

和有关地方综合年鉴的相关规定，有力地推动了全省地方志事业的全面发展。同时围绕地方志事业为社会解决发展服务这个大局，不断开拓创新，强化舆论宣传，不断提升地方志工作的影响力。如西安市采取地情丛书交流制度，每年定期向国家、省市图书馆，档案馆及驻陕单位赠送图书、年鉴，扩大了社会影响。

（二）第二轮三级志书编纂出版工作扎实进展

1．《陕西省志》通过分卷编纂，统一规划逐步推进。在首轮79卷89册的基础上，第二轮《陕西省志》规划75卷本。截至2016年底，共出版14卷，终审或送审17卷。其中《军事志》属统一安排，省、市、县三级编纂出版任务全部完成。三卷本《文物志》属重修志书，《知识产权志》《扶贫志》属于新拓志书，《大事记》属直修志书。另有《黄帝陵志》《炎帝志》《帝王陵墓志》等陵墓类志书，《华山志》《太白山志》《云雾山志》等山川类志书，亮色突出。

2．设区市志编纂稳步推进。现有10个设区市、1个农业高新技术示范区，除西安、铜川、宝鸡、咸阳首轮为市志外，渭南、延安、榆林、汉中、安康、商洛均编纂了地区志，第二轮全部则以市志为主。除渭南市采取会通志外，大都与上一轮志书相衔接。2013年，509.8万字的《渭南市志》5卷本全部出齐，近200万字《延安市志》单卷本通过终审，包含34个分志、约830万字的《西安市志》7卷本，初步完成分纂；宝鸡、咸阳、铜川、榆林、汉中、安康、商洛等市志仍在编纂初稿。其中渭南、延安属一次成书，而宝鸡、咸阳属二次成书，如《咸阳市志》有专业志书73部，已出版12部，审定17部，完成初稿15部。约90万字的《咸阳市艺文志》贯通古今，单独成书，对全市文化遗存进行了一次全面清理，卓具亮点。杨凌国家农业高新技术产业示范区非行政区，但该志已纳入设区市志的管理范畴。年底完成初审。

3．不设区市志、区县志编纂进展顺利。现有4个不设区市、27个区、77个县，出版或终审37部，送终审或复审31部。其中韩城、华阴2部不设区的市志已出版，西安市碑林区、雁塔区、长安区、灞桥区、阎良区，宝鸡市金台区、渭滨区，渭南市临渭区、榆林市榆阳区9部区志已出版或报终审。户县、陇县、永寿、旬邑、蒲城、白水、富平、大荔、潼关、澄城、合阳、华县、黄陵、佳县、旬阳等28部县志已陆续出版。渭南市在全省率先完成了第二轮市、县两级修志任务。从体例上看，除《西安市志》及《碑林区志》《雁塔区志》等为条目体外，其他市县皆为章节体；从断限来看，除佳县、户县、旬邑县和渭南市临渭区属会通志外，其余均为断代志。

4. 村镇志、院校志编纂方兴未艾。《陕西省名村名镇志》《宁强县青木川镇志》和《安康市汉滨区乡镇志》《周至县村镇史》等编纂逐步推进，而包括《西安建筑科技大学校志》《三原县南郊中学志》在内的院校志编纂也日益增多。

（三）地方综合年鉴编纂方兴未艾

截至2016年底，除《陕西年鉴》连续30年编纂外，10部设区市的年鉴均实现一年一鉴，公开出版全覆盖，70余部不设区市、区县年鉴出版情况不尽均衡。《西安年鉴》在全国城市年鉴中处于第一方阵，2016年荣获全国地方志优秀成果（年鉴类）评比一等奖。咸阳市采取市上资助办法推进区县年鉴出版工作，在全省率先实现了市县年鉴编纂出版任务全覆盖。《咸阳年鉴》《铜川年鉴》《榆林年鉴》均连续16年以上，《汉滨年鉴》《南郑年鉴》《澄城年鉴》等均连续出版10年以上，均已成为当地文化品牌。国家杨凌农业高新技术产业示范区所编《杨凌年鉴》于2015年启动。

（四）地情信息网络化建设蔚成系统

陕西省采取财政补贴、上下联动办法，实现了以陕西省地情网为核心，省、市、县三级113家地情网密切互动的建网目标，广泛开展地情信息共享服务。其中《地情资料库》已覆盖全省已出版两轮志书、年鉴和地情书的Word、PDF两种版本（武警类、军事类志书因保密除外），全部实现地情资源社会共享。与百度公司合作，实现了百度陕西词条的优先推介。2012年，制作了约2亿字符的光盘版《陕西省新编地方志书》，覆盖了首轮218部三级志书并全部对外公布。西安市志办启动了拥有240册图书、1.2亿字符的移动地情资料库开发与建设项目，西安地情网点击率高达39万人次。拥有旧志54部的咸阳地情网全新改版，“方志咸阳”官微平台已发布信息26期，105篇稿件，单篇阅读人数最高764人次。

（五）地情资料丛书出版富有特色

2015年，陕西省地情资料丛书首批推出《陕西经济通史》《陕西法制通史》编纂；配合抗日战争纪念活动的四卷本《铭记丛书》（《关河长风》《中流砥柱》《东方之光》《战地莺歌》），饶有特色。围绕省政府公民进政府的活动要求，《陕西省人民政府沿革史》《陕西省人民政府历史沿革展》相继推出、扩大再展，得到省政府领导的称赞。四卷本《西安历史大辞典》等15部、1500多万字的地情图书陆续推出，影响深远；其中《西安村落记忆》涵盖全市3000多个村落的演变，有300多万字、3000多幅图片，印刷2000册。带有贯通性的四卷本、120万字的《西安通史》和大型系列历史文化丛书之一《西安史话》相互辉映，卓富看点。五卷本、120余万字的《咸阳历史文化丛书》（《历史风云》《经济纵览》《文化大观》《帝陵揽胜》《地名集萃》），现已完成初稿。《安康文存》系列丛书、《安康文化》期刊连续10年出版，堪称区域文化深度年鉴，而《中国汉调二黄研究》《安康方言调查研究》《安康民间美术调查》构成专题丛书，富有价值。《陕西概览》《汉中概略》等图书赫然寓目；《宝鸡史话》《宝鸡简史》《渭南史话》相继出版。铜川市耀州区推动“寻找记忆中的乡愁”主题文化工程，颇具特点。《商於古道》成为中央电视台大型电视专题片的解说素材。《抗战中的汉中》《杨凌村落文化》也别具一格。

（六）旧志整理积极推进

陕西省拥有523部旧志，已整理再版约200部。近年来，《陕西省历代旧志文库》《陕西省历代旧志集萃》已纳入省政府统一规划，前者以影印为主，后者则以点校为主，陆续实施。《西安府志》《长安县志》《长安咸宁两县合志》逐年整理，讲求校点质量；15卷本《咸阳历代旧志经典稽注》，采取专兼职结合的办法，统一规划，统一版式，统一整理；榆林市采取影印和整理相结合的办法，再版明、清《延绥镇志》，出版质量上乘；《汉中府志》《略阳县志》《留坝县志》《勉县志》等，采取一县一套的办法，逐县进行校点整理；安康市采取全部清底、自主整理的办法，将历代旧志统一影印，成本低而成效显。包括户县、凤翔、凤县、武功、旬邑、澄城、合阳、富平、临渭、宜川、延川、榆阳、靖边、定边、米脂、绥德、佛坪、旬阳、平利、宁陕、商州、雒南等县在内的，22个县区旧志整理纳入议事日程，或校点或影印，成果突出。

（七）基层地方志馆建设日渐踊跃

陕西省地方志馆于2009年9月开馆，现有馆舍面积3000多平方米，拥有藏书楼、陈列馆、阅览馆、电子阅览室、会展报告厅等基础设施，保存图书资料十余万册，已成为集陈列、阅览和收藏于一体的地方文献中心。西安地方志馆采取网络建设和图书管理兼容的模式，有独立事业编制。安康地方志馆坚持地校合作、市区联动、学社互通等协同模式，按照“一次规划，分步实施；整合资源，集中收藏；藏展并重，研用结合；合作建设，成果共享”的办馆理念和“三个中心，两大平台，一个基地”（即安康地方志和地情资料收藏展示中心，安康地情信息咨询研究中心，安康地方志学术研究和对外交流中心；安康地方文化传承与宣传平台，为群众提供高质量文化成果平台；爱祖国、爱安康、爱岗位的教育基地）的馆舍定位，现已成为集地方志和地情资料的搜集、整理、阅览、编纂、研究、咨询、展示、交流于一体的，具有开放式、服务性、公众化特点的区域标志性文化基础设施。榆林市地方志馆落实了建馆土地，延安、咸阳、商洛地方志馆已纳入经济和社会发展规划。此外，一些县区档案史志馆或地方志办公室，亦利用档案馆、文化艺术中心建设，落实了地方志馆的展示、收藏职能。

（八）专业学会、期刊建设有所推进

自2007年复刊后，《陕西地方志》一直连续编辑，连续出刊200期，现已改版，编辑质量和影响范围逐年扩大。西安、宝鸡、榆林、安康等市级学会工作活跃，在团结地情专家、组织修志业务、蔚成社会氛围方面，发挥着不可替代的社会作用。同时，地情专家库建设提上议事日程。2015年推出首批24名审稿专家。

陕西省地方志事业全面推进，富有特色和亮点，根本原因在于：一是坚持依法治志，强化责任考核。围绕《条例》和《规划》，进一步明确了各级政府主持修志的法律地位。省委、省政府一年一度推行目标责任制考核制度，使各项工作任务明确，落实责任，对地方志事业的全面、协调和可持续发展进行有力推动。省、市政府领导人与各市、县政府领导人签署责任书，层层

明确了责任和义务。各市县陆续将地方志事业纳入年度目标考核范围，通过激扬典型，鼓励中坚，敦促后进，取得了较好成效。二是加强业务培训，提升人员素质。在举办陕西省情与地方志编纂研讨会、主编、主任培训会、审稿人员培训会、年鉴业务高级培训班的基础上，2016年举办了全省精品志书培训会，邀请省内外知名专家授课讲解，增强了从业人员对理论引领和理念当先重要性的认识。同时进一步加强业务指导，编辑出版了《第二轮陕西省志编写手册》《第二轮市县志编写指南》《陕西省情与地方志编纂论文集》《调查与对策》等多部教材或文集。各市采取走出去、请进来的办法，加大培训密度，凸显了培训成效。三是加大宣传力度，蔚成良好氛围。陕西省连续三年举办修志技能比赛和知识演讲赛，每年推出“十大修志能手”和“十大优秀选手”，在《陕西日报》开设专版宣传，给予鼓励，形成了新的宣传品牌；各市县也踊跃跟进，采取灵活机动的办法，大力推动地方志宣传工作。宝鸡市志办与《宝鸡日报》合作，设立专栏，每月一期，营造了良好的社会氛围。四是增强服务意识，投身地方发展。围绕西部大开发，率先推出《西部大开发陕西志》编纂工作；围绕国家“一带一路”建设，有关唐代聘国使杨良瑶航海下西洋的专题学术研究，刷新了人们对于中国航海史乃至世界航海史的基础认识，引起海内外广泛关注。德国汉学家萧婷等撰有德、英、法文版《杨良瑶》专著予以推介。围绕城市管理和区域发展，西安市推出《缓堵保畅西安行》，宝鸡市连续举办三届服务地方经济社会发展学术研讨会，均取得了显著成效。围绕全面建设小康社会，切实落实脱贫攻坚任务中，地方志工作者也发挥了独特的地情支撑作用。

二、陕西省地方志事业发展的问题与对策

根据《条例》《规划纲要》和《陕西省〈地方志工作条例〉实施办法》和《陕西省地方志事业发展规划（2016—2020年）》的要求，要在2020年全面完成第二轮地方志书编纂出版任务，实现地方综合年鉴一年一鉴，公开出版全覆盖，陕西省地方志工作任务艰巨、不容乐观。所存在的主要困难和问题有以下方面。

一是对地方志工作监督检查的力度尚需进一步加大。截至2016年底，全

省有独立修志机构24家，“二合一”机构79家，“三合一”机构15家；实行公务员法管理的105家,事业单位管理的13家。现有专职地方志工作者764人，其中在编人员740人，聘用人员283人，其中行政管理人员732人，专业技术人员97人。关键是省志承编单位机构和人员均不稳定，各市县修志机构编制、人员状况差异不一，部分区县依法治志意识不强，经费未纳入预算或预算额度偏低，具有领军能力的修志人才骨干匮乏，在职人员年龄结构不合理。尤其是在地方志事业不断发展、领域不断拓宽的情况下，志鉴编辑力量普遍存在能力恐慌的问题。

二是省、市、县三级地方志书编纂进度不平衡，尤其是省、市两级志书编纂进度相对滞后，编纂质量尚有较大提升空间。有的县区有篇目、有方案，但实际进展迟缓；有的单位党史、档案和地方志“三合一”，人员少、任务重且周期不一，统筹推进难度较大。尤其是新鲜血液不易补充，人员老化、知识钝化、聘用为主、外行管理现象比较突出。在实行三审终审制过程中，有把关不严、把关失守的问题。

三是中省驻地单位修志任务落实难度较大。由于市志记载事物以区划为界，而现行社会形态多样，事物分布网络复杂，驻地政府管理及行业垂直管理交织，省、市、县三级行政管理交错，非本级管理而需要记述的内容较多，导致一些行业或机构的资料难以征集。包括军事、交通、金融、邮电、电力等内容，相关资料搜集非常不易。

四是地方志工作仍然有某些政策障碍现象。《地方志工作条例》规定：编纂地方志应当吸收有关方面的专家、学者参加。地方志编纂人员实行专兼职结合。但这与清退机关临时人员政策有抵触，对于兼职、临聘人员的待遇和工作报酬也缺乏明确规定。地方志机构职称评定停滞，限制了从业人员的成长空间，影响其工作积极性。

五是面对新形势下的志鉴工作，方志工作者的思想观念也需要进一步转变。省级地方志学会、协会完全停滞，直接影响到地方志事业的全面推动和社会互动，影响到学术氛围、互动环境的形成。同时地方志机构行政管理和事业管理相互脱节，要从依靠政府修志转向社会修志，从一本书主义转变为地方志事业，尚需解决好管理上的上下疏通问题。

针对上述困难和问题，有下列对策建议。

一是省级地方志机构要与省编制办公室、省人力资源和社会保障厅统一协调，切实解决好机构编制和人员编制问题。地方志的管理机构与事业机构的职能划分、编制安排，需要进一步厘清和到位。同时采取与地方高校、培训机构合作等办法，切实加强专业人才的储备和培养，加大现有人员的业务培训力度。对于高素质专业人才的培养和训练，更需要与地方高校互动结合，并将其纳入干部培训计划，全面落实。

二是加大宣传力度，使各级领导和社会各界充分认识地方志工作的重要性。要借助报刊媒介、地情网站、方志微博等平台进行宣传，并通过积极投身地方经济社会建设，发挥地方志机构和人员应有的作用。进一步发挥学会协会的联络平台作用，使之在地方志机构和社会各界之间起到应有的桥梁纽带作用。

三是切实推行精品战略，确保地方志鉴编纂的基础质量。为确保志鉴编纂质量，要求进一步实施严格的审稿制度，省市志采取二审终审制，不设区的市、区县志采取三审终审制，终审后尚需统一查验，统一质量标准。坚持质量第一的制度设计，务必坚持下去。

四是加强社会参与，积极投身地方经济社会发展。要通过地方志馆、地情网站和志鉴文献资源共享等积极措施，努力将地方志机构这一传统智库转换为现代智库，不断提升地方志事业的影响力和参与度。地方志要转换为现代智库，就必须强化其非营利的、公共政策研究咨询组织的性质，将主要研究目标锁定为区域政策的长时段研究、分析与建言；要在讲好地方故事，演绎行业声音等方面，发挥其参谋、助手、咨询、智囊的作用。

五是实行制度创新，不断克服工作障碍。采取事业与管理分立、政府和社会兼顾、专职与兼职并行、地方与院校互动等办法，落实相关政策。根据国家版权局、国家发改委有关《使用文字作品支付报酬办法》，进一步稿酬标准，落实付酬办法。

三、陕西省地方志事业发展的趋势与展望

根据国务院和省委、省政府的要求，陕西省地方志事业的全面、协调和可持续发展，仍然有较大的可塑空间。其基本发展趋势如下。

一是在全面落实和推进“双覆盖”目标任务的基础上，全面推进地方志事业的发展进步。到2018年，全面完成第二轮省、市、县三级地方志书的编纂任务；到2020年，全面实现第二轮三级志书全部出版和三级地方年鉴一年一鉴，公开出版。这个艰巨而严峻的工作任务，亟待付出我们全部的精力和努力。与此同时，在地情丛书、地方志馆、期刊、网站、学会建设、社会服务等方面，仍将需要进一步的全面推动。

二是紧紧围绕全面建成小康社会的宏伟目标，围绕同步够格摆脱贫困落后面貌，使地方志事业这一中国传统智库转换为主动发声、主动参与的现代智库，发挥应有的资政作用。地方志事业既要展现一个区域的自然、经济、政治、文化和社会事业的基本格局，同时通过多媒体、多介质的联动作用，不断提升其在经济建设、政治建设、文化建设、社会建设和生态文明建设“五位一体”战略格局中的参与度和贡献率。

三是地方志事业职能必将长久存在，这一事业职能的存在载体和运作方式必将与时俱进。特别是在区域资源共享和社会应用方面，仍将有其他媒体所不具备的特殊位置。实体地方志馆和数字地方志馆互动并存，智库化、大数据用于地方志资源的整合和地方志事业的管理，或将逐步提上重要议事日程。地方志机构的全国联动、上下互动和内外互联，有望成为新的发展趋势。可以肯定，随着全国地方志事业发展的新的春天的到来，陕西省地方志事业的发展必将展现出新的格局。

甘肃省地方志事业发展报告

■ 甘肃省地方史志办公室

2015—2016 年，甘肃省地方志事业在省委、省政府的正确领导下，在中国地方志指导小组的关怀指导下，全面贯彻党的十八大和十八届三中、四中、五中、六中全会精神，按照“以三级志书为主体，以地方综合年鉴为主导，以信息化平台为依托、以服务社会为支撑”的总体工作思路，全面贯彻落实国务院《地方志工作条例》（以下简称《条例》）和《全国地方志事业发展规划纲要（2015—2020 年）》（以下简称《规划纲要》），大力推动地方志工作基础条件建设、业务建设、队伍建设、制度建设和理论建设，各项工作取得了长足发展。

一、甘肃省地方志事业发展基本情况

（一）二轮修志加速推进

全省二轮修志工作 2004 年启动后的 11 年，累计终审出版省志 16 卷，市（州）志 4 部，县（市、区）志 33 部，进展较为缓慢。为加快二轮修志工作进度，2013 年，省政府与各市（州）政府签订了《2013—2015 年地方史志工作目标管理责任书》，责任书签订后的四年中，全省共终审出版市（州）志 5 部，县（市、区）志 17 部，完成初稿 20 多部。在 2016 年 10 月召开的部分市（州）、县（市、区）三项重点工作安排部署会上，省地方史志办公室又对未完成第二轮志书编修任务的5个市（州）、31个县（市、区）以《甘肃省地方志事业“十三五”发展规划》为依据，再次明确目标、靠实责任，有力地推动了市（州）、县（市、区）第二轮修志工作。为尽快改变全省第二轮省志编纂进程相对滞后的状况，保证规划的72卷省志在2020年之前全面完成，2016年省史志办新班子到任后，通过调查研究，适时开展了第二轮省志集中攻坚行动。对第二轮规划未出版的56卷省志按尚未启动、正在编纂、完成初稿三种情况进行划分，责任到人，包干到人，细化工作目标，量化完成时限。通过上门服务、定期督导、召开后进单位督促会、举办培训班等途径，促使各省志承编单位对第二轮修志工作重要性的认识明显提高，进度明显加快，年内终审省志12卷，未启动的10卷志书全部开始编纂，正在编纂的34卷志书加快了进度。截至2016年11月，全省规划的72卷省志、14部市（州）志、85部县（市、区）志分别终审出版28卷、9部、54部。

（二）年鉴工作进一步规范

两年来，全省各级地方志工作部门采取各种措施加大年鉴工作力度，取得明显成效。一是年鉴工作关系进一步理顺。一些年鉴编辑工作不在修志机构的，经过协调先后划入修志机构。二是年鉴编辑工作覆盖面进一步扩大。至2015年底，全省已有13个市（州）、71个县（市、区）开展了综合年鉴编辑工作。白银、天水、酒泉、嘉峪关、武威、金昌、庆阳、张掖8市实现了市、县（市、区）综合年鉴编辑全覆盖。三是年鉴编辑工作进一步规范。经过几年时间的持续努力，全省大部分地方综合年鉴做到了一年一鉴，及时出版。新出版的年鉴体例更加规范，内容更加充实，质量有了新的提高。

（三）信息化建设步伐加快

按照中国地方志指导小组和省政府的要求，省史志办和各市州史志工作机构将信息化建设作为新时期地方志工作的重要内容，抓紧建立互联网站，积极开展纸质版志书数字化转换，加强网上信息交流，地方志工作信息化水平有了新的提高。两年来，先后有酒泉、定西、嘉峪关、张掖、金塔、高台、清水、西峰、正宁、渭源、临洮、会宁等20多个市（州）、县（市、区）建立了地方志网站。截至 2016 年 11 月底，全省已有 12 个市（州）和 45 个县（市、区）建成了地方史志网站或地情信息网。甘肃地方史志网站于 2013 年 8 月开通后，由于定位较低，只是一个介绍部门经常性工作的平台，信息量小，作用发挥不是很好。对此省史志办决定新建一个网站，新网站以甘肃地方史志全文数据库（数字方志馆）为主体，全面反映全省史志成果，以更好地服务社会。新的网站已完成前期调研论证、板块设计和项目审批等工作，前期工作正在进行。

（四）史志工作范围继续拓展

全省各级地方志工作部门充分利用方志文献和人文优势，不断拓宽工作领域，在着力编好志书年鉴的同时，紧紧围绕省委、省政府关于华夏文明传承创新区建设和文化大省建设的重大战略，积极开展旧志整理、地情资料编写和读志用志工作。一是加强了对部门志、行业志、乡镇村志编纂工作的指导。两年间共出版各级部门志、行业志、单位志 160 多部，乡镇村志 20 多部。二是专门志编纂取得新成果。先后出版了《嘉峪关志》《红军会宁会师志》《舟曲特大山洪泥石流灾害抢险救灾和恢复重建志》等一批专志。尤其是《舟曲特大山洪泥石流灾害抢险救灾和恢复重建志》，是甘肃省地方史志工作总结重大灾害抢险救灾和恢复重建经验、主动服务经济社会发展的一次成功尝试。三是史志撰著和资料编写方兴未艾。两年共编纂史志著述和专题资料 120 多部。其中影响较大的有《南梁春秋纪略》《崆峒金石集萃》《酒泉民俗研究》等 20 多部。四是旧志整理成果丰硕。两年来，全省共整理点校历代旧志 11 部。秦安县志办整理点校的《明清秦安志集注》获得甘肃省社会科学优秀成果三等奖。庆阳市志办整理点校的清乾隆《新庆阳府志》、民国《庆阳府志续稿》、武都区志办整理点校的《阶州志集校笺注》、清水县志办重印的《清水县旧志丛编》等都具有很高的文化价值。

（五）方志库馆建设取得新进展

在 2013 年全省地方史志工作会议上，省政府提出有条件的地方可以建设方志馆。三年来，一些市、县积极谋划，多方协调，反复申报，取得一定进展。目前，天水市政府已将方志馆建设列入城市建设总体规划，占地 4500 平方米的市方志馆已审批立项。白银市方志馆列入市政府“三馆一中心”建设规划，即将开工建设。各地在积极争取方志馆立项的同时，首先抓好方志资料室资料库建设，为建立方志馆积累资料。省史志办资料室存书达2.6万多种、4.5万多册。

（六）依法治志不断推进

为了把国务院《条例》的贯彻落实不断引向深入，继2006年《甘肃省地方志工作规定》颁布后，2013年省政府下发了《关于进一步加强地方志工作的意见》，对各级政府、各有关方面依法履行修志工作职责，进一步加强地方志工作提出了新的要求。2015年国务院办公厅《规划纲要》颁布后，省史志办在抓紧调研、论证、制定《甘肃省地方志事业“十三五”发展规划》的同时，要求全省各市（州）、县（市、区）也要开展规划的制定工作至截至2016年10月底，全省已制定颁发省级规划1个、市（州）级规划12个、县（市、区）级规划48个，对全面促进全省地方志事业科学发展起到了重要的推动作用。

（七）修志队伍建设进一步加强

一是地方志工作机构进一步健全。酒泉、庆阳市政府与所属各县（市、区）政府签订的目标责任书中，对各县区地方史志办公室的人员编制提出了具体要求。尤其是对一些在首轮修志结束后人员减少或机构撤销的县区，如玉门市、肃北县、合水县等，经过协调，恢复了机构，补充了人员。两年来，全省各市（州）、县（市、区）新增修志专职人员近40人。二是业务培训力度进一步加大。省史志办两年来共举办志鉴培训班3期，培训人数近400人。各市（州）也分别举办培训班、研讨班，开展了多层次的培训工作。

二、甘肃省地方志事业发展的基本经验

一是坚持把党委领导、政府主持、地方志工作部门组织实施、社会各界广泛参与的工作体制与加快建立健全地方志工作法规制度体系统一起来，变单纯依靠行政推动为行政推动和依法推动相结合，地方志工作才有坚强的政治保障和坚实的法治保障。

二是坚持“官书”“官修”，落实“官职”“官责”，始终把地方志工作置

于党委领导之下，重大事项报请党委、政府决策把关，切实保障地方志工作的条件，把“一纳入、八到位”真正落到实处，地方志工作才有正确的政治方向和可靠的工作基础。

三是坚持客观性、真实性、思想性与科学性的统一，注重在反映时代风尚中揭示地方文化的优秀精神特质，赋予志鉴作品活的灵魂，地方志工作才能具有文化创造意义。

四是坚持以修为主，修用并举，自觉融入改革发展大局，在服从和服务于经济社会发展的实践中，把作为文化形态的软实力转化成为推动科学发展的硬实力，才能实现地方志工作的社会价值。

五是坚持与时俱进，改革创新，不断推进体制机制变革和体例方法变革，努力提高地方志工作科学化水平，地方志事业发展才有不竭的动力。

六是坚持人才治志，人才兴业，建立一支高素质的修志专业队伍，着重选好配强修志业务骨干，重视和尊重主编的能动作用，志书编纂工作才能高效率、高质量地推进。

三、甘肃省地方志事业发展存在的主要问题

一是依法修志观念有待进一步增强。个别地方和部门的领导对地方志工作的重要性认识不足，未能真正把地方志工作摆上议事日程，地方志工作“一纳入、八到位”有待进一步落实。

二是工作发展不平衡。纵向看，市、县两级进展相对较快，总体实现了任务过半。而省志编纂进度较为缓慢。横向看，部分进展较快的市州，如酒泉、武威、金昌三市已在全省率先完成市、县两级修志任务，而有的市迄今还没有一部第二轮志书出版。不少修志部门修志编鉴读志用志一起抓，事情越做越大，而一些单位只是编纂志书，其他工作至今开展不起来。

三是年鉴工作还存在着进度不一、覆盖面窄、关系不顺等问题。

四是个别志书、年鉴还存在体例框架陈旧，研究新情况、新问题不够，时代特征、地方特色不突出等不足。

五是个别市州、县市区地方志工作机构不健全，人员不到位、经费较为紧张等问题。

四、甘肃省地方志事业发展趋势及展望

（一）甘肃省地方志事业发展面临的新机遇

一是各级领导对地方志工作的高度重视为地方志事业发展提供了根本保障。省委、省政府领导对甘肃省地方史志工作也非常重视和支持。2014 年 6 月，省委书记和省长会见了到甘调研地方志工作的中国社会科学院院长、中国地方志指导小组组长王伟光一行。刘伟平省长亲自审定《舟曲特大山洪泥石流抢险救灾和灾后重建志》编纂方案，并对编纂工作作出重要批示。2014 年 12 月，夏红民副省长分管地方志工作以后，立即到省史志办调研，关心看望史志工作人员，研究解决地方志工作存在的问题。中央领导和省委、省政府领导高度重视和支持地方志工作，给全省地方志工作者以极大鼓舞，进一步坚定了全省地方史志工作者不断做好工作的信心和决心。

二是社会主义文化强国建设和文化大省建设为全省地方志事业发展提供了广阔空间。党的十八大明确提出建设社会主义文化强国的战略目标。省第十二次党代会确定了建设文化大省的目标任务。国务院批准在甘肃建设华夏文明传承创新区以及丝绸之路（敦煌）国际文化博览会的成功举办，都为甘肃文化事业的大发展大繁荣描绘了宏伟的蓝图。地方志工作作为社会主义文化建设的基础性工程，承担着传承中华优秀文化、提升国家文化软实力的重要任务。积极参与社会主义文化强国建设，地方志工作者负有义不容辞的责任。落实省委、省政府文化大省建设规划和华夏文明传承创新区建设，离不开史志资料的支持。坚持“围绕中心，服务大局”的方向，紧紧抓住重大历史机遇，以更高的文化自觉、更高的事业担当投入文化大省建设热潮，地方志事业迎来了新的春天。

三是广大人民群众对史志文化的需求为地方志事业持续发展注入了新的动力。当前，我国已快步进入全面建成小康社会的决胜阶段，在物质生活不断提高的同时，广大人民群众的精神文化需求空前高涨。尤其是随着城市化进程的加快，全社会包括海外华人在内寻根溯源、访亲谒祖的根亲文化不断

升温，人民群众了解家乡历史文化的兴趣越来越浓厚。近年来，各地、各部门自发编纂部门志、行业志、单位志、乡镇村志，就是人民群众追根溯源、实现精神回归的具体体现。有需求就有机遇，大需求蕴含大机遇，大机遇带来大发展。全省地方志工作机构和地方志工作者顺势而为、不辱使命，以扎实的工作和高质量的史志成果回馈人民群众的新需求、新期盼，开辟了地方志工作的新天地。

四是依法治国方略的实施为依法修志创造了良好条件。《条例》《规划纲要》的颁布实施，使得地方志工作真正成为各级政府的一项法定职责和经常性工作。随着《条例》《规划纲要》的深入实施，地方志工作环境不断优化，条件不断改善，队伍不断壮大，成果日益丰富，全省地方志事业进入了科学发展新阶段。

（二）甘肃省地方志事业发展面临的新挑战

在看到机遇的同时，我们也看到，社会价值多元化取向和史志工作自身存在的问题，也使地方志工作面临着一系列严峻挑战。一是党和政府对史志工作的高度重视以及人民群众对史志文化的多元化需求，对史志工作提出了新任务，需要史志工作机构在年鉴编写、旧志整理、地情资料开发，志书推介使用等方面开拓新的工作领域。二是社会变革对新一轮志书的编修提出了新课题，第二轮志书所要记载的是改革开放的伟大历程，与首轮志书所记记载的计划经济年代相比，社会组织结构、经济体制、生产生活方式等各个方面都发生了深度变化，需要在继承经验的基础上与时俱进，探索适应时代要求的修志组织方式、任务实现形式和志书体裁体式。三是信息网络的快速发展对史志工作的服务方式提出了新内容，需要史志工作加快信息化建设步伐。四是新形势新任务，对史志队伍素质提出了新要求，需要不断加强史志队伍培训，不断提高业务素质。

面对新机遇和新挑战，史志工作需要深化改革，加快发展，在改革中破解难题，在发展中创新亮点，在创新中优化服务，在服务中再上台阶。

（三）甘肃省地方志事业发展展望

1. 依法治志的局面将初步形成。随着国家、各级政府各项地方志法规、规章的颁布实施，地方志工作已经从单纯的行政推动发展到以法规规章为准绳，地方志工作不再是一件可有可无的事情，而是各级政府必须要履行的法定职责。尤其是《条例》《规划纲要》的颁布实施，明确了地方志工作在国家发展改革大局中的地位、目标、任务及保障措施和组织领导，有计划、有步骤地对今后一个时期的地方志工作进行了顶层设计。可以预料，今后，地方志法制化、规范化的程度将进一步提升，依法治志的局面将逐步形成。

2. 第二轮修志工作进度将明显加快。编修三级志书是地方志工作的基本任务，是检验地方志工作的首要标准，而在2020年之前全面完成第二轮修志任务，更是全省地方志工作者对省委、省政府和全省人民立下的军令状。随着《甘肃省地方志事业“十三五”发展规划》的贯彻落实和第二轮省志攻坚行动的深入推进，可以预见，在2016年的基础上，今后两三年全省第二轮修志工作进度将明显加快。随着培训力度的加大及“三审一评”制度的严格落实，第二轮志书的质量也将进一步提高。

3. 年鉴工作将进一步规范。按照《全国地方志事业发展规划纲要（2015—2020年）》中提出的“大力推进地方综合年鉴工作。到2020年，做到地方综合年鉴由地方志工作机构组织编辑，一年一鉴，公开出版，实现省、市、县三级综合年鉴全覆盖”的总目标，近两年甘肃省通过采取一系列有效措施，全省年鉴工作取得了长足进展。随着各地对年鉴编辑工作重视程度的不断提高和上级史志部门对下级年鉴督导审查力度的不断加大，可以预见，2017年全省综合年鉴覆盖面将进一步扩大，年鉴管理的规范化程度将进一步提升。

4. 史志工作领域将进一步拓展。一是随着《条例》《规划纲要》的深入贯彻，地方志工作已经从原来的一本书主义发展到志鉴并举，再到现在的“一业为主，九业并举”，即以志（三级志书）为主，库（数据库）、馆（方志馆）、鉴（年鉴）、用（服务开发）、刊（方志期刊）、网（地情网站）、会（地方志学会）、研（理论研究）的发展新格局，地方志工作的领域进一步拓展、影响力将进一步提升。二是随着中国地方志指导小组中国名镇志、中国名村志文化工程的深入实施，可以预料，未来两三年各地编纂乡镇村志、部门志、行业志、专项志的积极性会空前高涨，成果也会越来越丰硕。三是随着各级地方志工作部门对地方史研究管理的逐步深入，地方史研究编写一定会迈上一个新台阶。

青海省地方志事业发展报告

青海省地方志办公室

青海省地方志事业在省委、省政府的领导下，在中国地方志指导小组及其办公室的指导下，按照国务院《地方志工作条例》《全国地方志事业发展规划纲要（2015—2020年）》（以下简称《规划纲要》）以及《青海省地方志工作规定》《青海省地方志事业发展“十三五”规划纲要》的要求，扎实推进各项工作，取得了一定成效。

一、基本情况

（一）第二轮三级志书稳步推进

全省第二轮修志工作于2006年启动，计划编纂省、州、县三级志书共121部（其中：省志67部、州志8部、县志46部）。截至2016年底，全省二轮三级志书已出版22部，占计划总数的18.1%；出版8部，占计划总数的6.6%；验收9.5部，占计划总数的7.8%；终审11.5部，占计划总数的9.5%。

（二）年鉴编纂工作实现扩面提质

省级《青海年鉴》已连续公开出版19年，各市州综合年鉴也基本实现了“一年一鉴、公开出版”的要求，年鉴编纂工作重心正在向县级综合年鉴和专业年鉴转移，到2020年有望实现省、市（州）、县三级综合年鉴全覆盖的目标。

（三）《玉树大地震救灾重建志》成效显著

2014年"4·14"玉树大地震发生后，青海省成立了《玉树大地震救灾重建志》编纂委员会并启动《玉树大地震救灾重建志》编纂工作，计划编纂9部分志。截至2016年底，已有7部完成复审，占计划总数的66.7%。

（四）特色志书相继启动

为深度挖掘地方特色文化，先后策划启动了《青海花儿艺术志》《青海藏毯志》《丝绸之路青海道志》《青海岩画志》等3批共22部特色志书。截至2016年底，《青海花儿艺术志》已出版，《青海藏毯志》已进入出版阶段，其他特色志编纂工作正在有序推进。

（五）旧志整理工作启动

旧志普查、整理工作是传承地方文化，发挥地方志功能的一项重要工作。省志办加强与省文化和新闻出版厅等部门的联系和沟通，完成旧志整理出版规划，旧志整理工作已正式纳入青海省文化改革发展"十三五"规划的"文化记忆工程"中。

（六）信息化建设不断加强

为更好地推动志鉴数字化进程，有效发挥地方志存史、资治、教化之功能，更广泛地服务于社会大众，2015年12月31日青海省地方志网站正式开通，共设省情综览、机构职责、政务公开、法规制度、工作动态、志鉴论坛等8大栏目和28个子栏目，以文字和图片的形式全方位展示全省地理、历史、资源状况和政治、经济、社会、文化、生态文明建设情况，权威发布全省地方志工作动态、法规文件、志鉴编修成果等内容。

（七）依法治志得到保障

2015年3月1日《青海省地方志工作规定》颁布实施后，先后举办了以"依法治志、统筹推进、全面提升地方志事业科学化水平"为主题的尊法、学法、用法培训班。在第六次全省地方志工作会议之后，西宁市、海东市、海西州、玉树州等地相继召开地方志工作会议。黄南州河南县召开的全县地方志工作会议，由县长主持、县委书记讲话，会议规格之高前所未有。

（八）地方志工作顶层设计得到加强

为切实推动《规划纲要》目标任务落实，促进地方志事业科学发展，抢抓各级政府及领导重视地方志工作的有利时机，积极主动向有关部门协调沟通，将地方志工作纳入了《青海省国民经济和社会发展第十三个五年规划纲要》，这在青海省地方志事业发展历史上尚属首次。2016 年 8 月 26 日，经省政府同意，省政府办公厅印发了《青海省地方志事业发展“十三五”规划纲要》，这是全省“十三五”时期地方志事业的发展蓝图，为地方志事业指明了方向，提出了目标任务。

二、主要做法

近年来，全省地方志工作逐步形成了党委领导、政府主持、地方志工作机构组织实施、社会各界广泛参与的地方志工作体制，顺利完成了部分志书的编纂工作，为全省改革、发展、稳定大局提供了较为全面的基础性材料，也为志书的可持续编修积累了经验。具体来讲，主要有以下几个方面。

（一）强化组织领导

积极协调省政府，组织召开地方志工作专题会议，对第二轮志书编修工作进行了安排部署。以省政府办公厅的名义行文推动第二轮三级志书及特色志和玉树大地震救灾重建志的编纂工作。2015 年初，经省人民政府第 38 次常务会议审议通过《青海省地方志工作规定》，对什么是地方志工作、如何搞好民族地区修志编鉴、加强对基层的业务指导、机构队伍建设、经费保障等方面都做了明确规定，使全省地方志工作步入了依法治志的新阶段。根据工作需要，省志办主要领导还及时向省政府领导以专题报告等形式汇报地方志工作，先后 5 次获得省政府领导的批示。

（二）强化督促检查

第二轮修志工作启动以来，省地方志办公室协同省政府督查室以省政府名义对第二轮修志工作进行了督查督办，并建立了不定期通报开展进度的通报督办机制。省志办领导和相关业务人员经常深入基层，对第二轮修志工作进行督促检查和业务指导，确保了修志工作有序开展。通过召开全省市州地方志主任会议、各类座谈会、参与市州综合年鉴审定工作、组织外出业务培训等形式，加强对基层修志队伍的培训指导，特别是《规划纲要》印发后，省志办领导分组赴基层进行宣讲和指导，对基层的工作指导力度进一步加强。

（三）强化业务培训

采取走出去学习考察与请进来培训相结合、专题培训与学术交流相结合的方式强化培训，提高业务人员素质。举办全省志鉴编纂工作经验交流会和全省志书编纂业务培训班，邀请省内外有关专家学者进行授课。努力拓宽培训渠道，积极参加中指办及山东省等地举办的业务培训班。2016 年，全省共有 180 余人次参加了系统的业务培训。

（四）强化倒逼机制

2015 年底，省政府办公厅印发了《关于加快推进全省二轮三级志书编纂工作的通知》，省地方志办公室印发了《全省二轮三级志书编纂工作倒排时间表》等针对性很强的文件，并建立了第二轮三级志书编修工作督查通报制度，分年度、分层次对完成第二轮三级志书编修任务提出了要求。计划 2016 年出版 15 部、2017 年出版 25 部、2018 年出版 32.5 部、2019 年出版 39 部，到 2020 年全面完成第二轮三级志书编修任务。

三、发展经验

（一）领导重视是开展好地方志工作的保证

省政府出台的《青海省地方志工作规定》明确地方志工作实行行政首长

负责制。从全省地方志工作的实践表明，领导的重视和支持是推动地方志事业发展的动力和支撑。

（二）健全机构和稳定的队伍是开展好地方志工作的基础

只有建立和健全工作机构，才会有稳定的修志队伍，才能主动承担工作职责，才能落实工作任务。从全省第二轮志书编纂进展情况来看，修志机构和队伍稳定的地区和部门修志工作推进得就快，任务完成得就早、质量把握得也就越好。

（三）建章立制是开展好地方志工作的保障

近年来，全省各级地方政府及相关领导对地方志工作更加重视和支持，有力地提升了地方志事业的影响力。同时，需要继续做好修志编鉴工作的规章制度建设，在不断完善近几年形成的行文规范、审稿办法和程序、出版印刷规范等制度的基础上，从实际需要出发制定切实管用的规章办法以及内部管理制度，为提升工作质量和效率提供管理保障。

四、主要问题及工作打算

近几年，全省第二轮三级志书编修工作呈现出了大步追赶进度、全力确保目标任务完成的新态势。但囿于多种原因，第二轮三级志书编修进度整体落后、方志资源开发利用不够等问题需在以后的工作中不断加强改进。

今后我们将进一步加强谋划，在思想上高度重视，在细节上精准发力，在全力完成“两全”目标任务的同时，着力推进地方志事业的转型升级。

（一）建立健全地方志工作的领导体制

进一步建立完善“党委领导、政府主持、地方志工作机构组织实施、社会各界广泛参与”的地方志工作体制。督促各级地方政府依法担负起编修地方志的主体责任，在机构、队伍、经费保障等方面给予支持，着力在解决有人管事、有人干事、能干成事上下功夫，努力形成有人牵头抓总、有人具体负责、有能人干事的工作格局。

（二）坚持推动依法治志

《地方志工作条例》和《青海省地方志工作规定》为依法治志提供了法制保障，要注重运用法治思维、法治方式来思考和谋划地方志工作，善于借助法制推动“法定职责有所为”，落实各级政府负有的主体责任，明确地方志工作机构的权力清单和责任清单。省志办将会同省政府督查室、法制办，对各地区贯彻《规划纲要》和《青海省地方志工作规定》的落实情况进行不定期的行政督查和通报。

（三）落实好志书编纂时间倒排机制

2016年，印发了《全省二轮三级志书编纂工作倒排时间表》和《全省第二轮三级志书编修进度及市州、县级年鉴编纂覆盖情况的通报》，明确了志书分年度验收出版的具体时间，下一步要根据实际情况认真梳理、及时调整志书出版时间，确保到2020年全面完成“两全”目标。

（四）确保志鉴编修质量

质量是志书的生命。现阶段，完成“两全”目标是首要任务，但是质量意识必须贯穿于整个志鉴编修过程。要严格落实“三审一验收”制度，既要坚持进度服从质量，又要按期完成工作任务切实把好政治关、史实关、体例关、文字关、出版关，实现志鉴质量与编修进度的双推进。

宁夏回族自治区地方志事业发展报告

宁夏回族自治区地方志办公室

2015—2016 年，在宁夏回族自治区党委、政府的正确领导下，在中国地方志指导小组的直接指导下，宁夏回族自治区地方志办公室以《地方志工作条例》及《宁夏回族自治区〈地方志工作条例〉实施办法》为指导，紧紧围绕贯彻《地方志事业发展规划纲要（2015—2020 年）》“两个全面”目标任务工作，进一步加大对全区修志、编鉴、史话工作的指导力度。进一步加强方志信息化、旧志整理和方志质量建设等工作。结合开展“两学一做”活动，进一步完善制度，强化内部管理，加强协调联络，各级地方志机构以修志编鉴为中心的各项工作成效显著，地方志工作整体能力和水平进一步提升。

一、宁夏地方志事业 2015—2016 年发展基本情况

（一）修志工作卓有成效

1. 二轮修志工作进展顺利。经过 2015—2016 年两年的努力，全区二轮市、县（区）志书的编修工作成效显著。截至 2016 年底，除吴忠市、同心县、中卫市等少数市、县正在编修外，其他市县已经全部完成二轮修志任务。自治区志办先后组织召开了《银川市志（1979—2005）》、《大武口区志（1994—2014）》、《平罗县志（重修）》的评审会，其中《平罗县志（重修）》已正式出版。

送出版社待出版发行的有《惠农区志（2008—2015）》、《大武口区志（1993—2014）》；《同心县志》《兴庆区志》正在开展资料的收集、编写工作。

2. 认真开展《宁夏通志》（全25卷）的重印及扫尾工作。《宁夏通志》（全25卷）自2000年启动至2014年底，先后编纂出版了20卷。2015年，自治区政府立项拨付资金157万元对已经出版的20卷通志进行重印。截至2016年底，重印工作进展顺利，已经有近10个分卷完成印刷任务。同时，宁夏区志办积极推进《宁夏通志》最后五卷本的印刷出版工作，《商贸旅游卷》《教育卷》、《政权政协卷》、《人物卷》4卷已经全部印刷出版。最后一卷《卷首》进入印刷出版环节。《宁夏通志》（全25卷）的出版标志着宁夏首轮、第二轮行业志书编纂工作全面完成。

3. 行业志及基层乡镇村志、族谱、家谱编修积极进行。《宁夏物价志》等第二轮行业志已通过宁夏地方志办公室评审，准备印刷出版。行业志、部门志、家谱村志编修工作稳步推进。指导的《哈巴湖自然保护区志》《青山乡志》《冯记沟乡志》《高沙窝镇志》《灵沙乡志》《汪家塬村志》等一批乡镇村志出版发行，数量上远远高于往年。为了就族谱、家谱编纂进行学术交流和经验总结，2015年7月9日至10日，宁夏地方志办公室在彭阳县召开“上半年地方志工作暨族谱、家谱（彭阳）现场会”。会议现场观摩了彭阳县2015年来编修、出版的志书、年鉴及族谱家谱，并介绍了《崖堡村志》《杨氏族谱》的编纂经验，此次会议积极推动了全区族谱、家谱的编纂工作。2016年11月25日，由自治区地方志办公室主办，彭阳县史志办公室承办的“宁夏（彭阳）家谱编纂理论研讨会”在彭阳县召开，进一步推动了全区家谱编修工作。

4. 全力推进《贺兰山志》《闽宁扶贫协作志》等特色志和名山大川志的编修工作。2015年7月召开了《贺兰山志》启动会议，进行了课题分工，组成编纂小组，并赴安徽、河北、山东等地进行了考察调研，收集了资料。截至2016年底已经提交了50万字的初稿，计划2017年初完成初稿，年底出版。2016年4月，由地方志办公室承担的《闽宁扶贫协作志》编修工作正式启动。地方志办公室积极协调联系自治区扶贫办、福建省地方志办公室等部门，召开协调联系会议，确定专题联络人员，审定志书篇目，协商资助事宜，为全面开展编修志书工作奠定了基础。截至2016年底，全部书稿已基本完成。除此之外，自治区志办还在积极争取《六盘山志》的编纂立项。

（二）年鉴编纂工作进入新阶段

1. 实现了省、市、县三级年鉴全面覆盖。2015—2016年，宁夏地方志办公室继续把推动全区各级年鉴的编辑出版作为重点工作。2014年底，在自治区政府的大力督促下，全区未启动年鉴编辑工作的8个市县区（金凤区、西夏区、吴忠市、利通区、红寺堡区，大武口区、惠农区、沙坡头区）正式启动了年鉴编辑工作。宁夏地方志办公室加强对这8个市县区的年鉴编纂工作情况进行调研、督导，及时协调解决工作中出现的困难与问题。在全区方志部门的共同努力下，2015年，宁夏全区省、市、县三级年鉴编纂工作实现全覆盖。2016年，全区各市县在年鉴篇目设置创新上、编校质量提升上、审稿出版时效上不断突破不断提高，吴忠市、西夏区、红寺堡区等8个2015年刚创刊编纂年鉴的市县区继续推进2016年年鉴的编修工作，年鉴编纂工作开始走向常态化。银川市、固原市、中卫市、吴忠市等已经开展年鉴编纂工作多年的市县区，不断创新篇目设置，不断提升年鉴编纂质量。在全区地方志工作人员的努力下，宁夏年鉴编纂工作得到了中国地方志指导小组的肯定。

2. 认真组织年鉴业务培训活动。2015年5月18日，宁夏地方志办公室召开宁夏“5·18”地方志宣传日活动暨年鉴工作经验交流培训会议。特别邀请了全国著名年鉴专家、广东年鉴社莫秀吉社长进行年鉴编纂基础、方法技巧的专题讲座。2015年9月16日至19日，由中国地方志指导小组主办，宁夏地方志办公室承办的“全国地方志综合年鉴编纂高级研修班”在宁夏银川市举办。来自全国各省（自治区、直辖市）地方志编委会（办公室），新疆生产建设兵团志办公室，全军军事志以及副省级城市和部分市县地方志机构的领导和年鉴工作者等共150余人参加。2016年12月27日至28日，宁夏地方志办公室在自治区党委党校举办全区年鉴编纂业务培训班。自治区志办全体工作人员，各市、县（区）地方志工作机构负责人及年鉴编纂工作人员，各厅局单位为《宁夏年鉴》供稿的信息员共150余人参加培训。培训结束后，自治区地方志办公室为参加培训学员颁发了结业证书。

（三）地情资料编写和信息化工作呈现新特点

1. 地情资料编写形式多样。2015—2016年，在宁夏地方志办公室的统一协调指导下，全区地情资料成果丰硕，取得了很大的进步。全区年内出版的地情资料涉及地方党史、地方志大事记、图册等，和历年比质量上乘，数量众多。已经出版的地情资料有《隆德县大事记（2011—2013）》《历代咏青铜峡诗词选注》《千帆竞发勇争先——全区产业发展和重点工作观摩情况摘编》《中卫往事》《中国共产党中宁历史大事记（1924—2014）》等数十册。

2. 方志馆和信息化建设步入正轨。方志宁夏微信、宁夏方志网建设工作已经启动。宁夏方志网站建设工作充分立足地方志工作实际，本着用最少的资金，花最小的代价，借助第三方云平台技术实现宁夏地方志工作信息化目标的原则，借鉴广东省志办、河北省志办的经验和做法。12月，经过努力，积极协调建设宁夏方志网站。目前，建设工作正在积极进行中，预计2017年1月底、2月初建成启动。届时，全自治区27个各市县区和自治区地方志办公室，同时将各类志书、年鉴以及地情资料逐步数字化上传，逐步实现方志成果数字化资源共享。全区地方志工作将逐步进入数字化时代。银川市开通方志银川官方微信，在“5·18”前夕，通过注册、申请、认证等环节，开通方志银川微信公众号，共发布微信17条，关注对象450多人。中卫建成中卫市方志网。在中卫新华书店读客书屋、市图书馆中卫作家书屋分别设立中卫地情书专柜。2016年，固原市方志馆建设获得批准，政府划拨调剂原固原市档案馆为方志馆建设场地，共占地1000平方米，拨付布展经费20万元，布展工作正在积极开展。灵武市方志馆与档案馆整体建设项目获得国家和自治区批准，前期招标工作已经结束，预计2017年建设完工，并投入使用。

（四）创新开展“5·18”地方志宣传日活动

2015年5月18日是第八个地方志宣传日，宁夏地方志办公室召开宁夏“5·18”地方志宣传日活动暨年鉴工作经验交流培训会议。自治区政协副主席安纯人、自治区党委宣传部副部长周庆华，自治区人民政府副秘书长崔晓华、宁夏社会科学院院长张进海、宁夏社会科学院副院长刘天明、宁夏社会科学界联合会副主席吴勇等领导出席活动并参观了全区地方志成果展览。全区各地方志工作机构和厅局系统年鉴编写工作人员140多人参加。2016年是《地方志工作条例》颁布十周年，自治区志办以五个市为重点，采取多种形式广泛宣传地方志工作。一是开展集中宣传活动。在人流集中的区域悬挂横幅、印制国务院《全国地方志事业发展规划纲要（2015—2020年）》《地方志工作条例》《宁夏回族自治区〈地方志工作条例〉实施办法》等法规规章，现场发放志鉴及地情资料书籍。二是开展报刊宣传。充分利用当地日报社、电台等等主流媒体，连载或专载当地史志、史话及采访等活动内容，向社会宣传推广多年来地方志编纂成果。三是利用“互联网+地方志”模式大力开展宣传。通过“宁夏地方志系统”公众微信，发布交流各种信息，扩大活动宣传面。四是开展市情竞答活动。银川市地方志办公室在《银川日报》和银川方志网上登载了100道市情知识题目，设立奖项等次，赠阅银川市历史文化研究系列丛书等。五是开展志书进机关、基层等活动。银川市地方志办公室组织开展送志书进机关、进校园、进社区、进农村、进企业、进军营、进宗教场所的“七进”活动。

（五）积极推动《宁夏史话丛书》的编写工作

截至2016年底，已出版发行《银川史话》《固原史话》《宁夏交通史话》等23部500万字，填补了宁夏没有史话的空白。2015—2016年，由宁夏地方志办公室组织评审和修改的《宁夏军事史话》《惠农史话》《海原史话》《银川史话》《青铜峡史话》《银川史话（连环画）》《泾源史话（连环画）》已出版，《永宁史话》已进入出版程序，开机印刷。《红寺堡史话》《大武口史话》完成初稿。《西夏区史话》《沙坡头史话》启动编辑工作。

（六）旧志整理工作取得新进展

宁夏现传世的旧方志为30种，其中明代6种，清代18种，民国时期6种。为了传承好这份宝贵文化遗产，2015年初，宁夏地方志办公室组织力量，进行《宁夏旧方志集成》（35册）的编辑、整理、影印出版事宜。通过目录核对，厘清家底，运用目录学、版本学等传统古籍文献整理方法及现代数码出版技术，将散落于宁夏区内外的历代宁夏旧方志进行全方位搜集整理、版本鉴定，并逐页进行扫描拍照、修版、编辑等处理，便得宁夏历代传世旧世得以完整集成。该丛书收录了宁夏现有传世旧方志30种及其他3种，共35册，将宁夏存世旧志“一网打尽”，基本上是原刻本，创造了以省区为范围的旧方志集成整理之先河。2016年7月，《宁夏旧方志集成》出版座谈会召开，与会领导、专家一致认为，编纂出版《宁夏旧方志集成》（35册）是宁夏地方志事业发展规划的重要内容，是宁夏地方志资源开发利用的重大成果，为宁夏地方历史文化研究奠定了坚实的基础。

二、存在问题分析与对策

（一）机构问题是宁夏修志体制不顺的集中反映

由于历史原因，自治区地方志办公室设立之初，内设于宁夏社会科学院，为宁夏社科院的一个处级机构。机构设置问题影响了宁夏地方志工作的正常开展。就全国而言，绝大多数省级地方志办公室都是厅级设置，实行公务员管理。宁夏地方志工作机构作为处级单位，属事业单位编制，在全国也是个特例。这种工作机构体制在一定程度上不利于宁夏修志工作的顶层设计与管理指导，弱化了管理职能，难以担负起指导全区修志的重任。在目前国务院机构改革的大环境下，宁夏地方志机构想升格或独立，困难较大。宁夏各市、县（区）地方志工作机构和省级机构不同，都被批准为“参公”管理，但各级机构、修志单位组织形式多样，体制运行不统一。比如县（区）级修志机构多与档案、党史合署办公，甚至属内设于政府办公室内的一个科室。全自治区 27 个地、市（区）、县（区）常设独立修志机构只占约 40%。大多数修志机构与党史、档案、政府办公室等部门合并。甚至一些市县如吴忠市利通区、沙坡头区只设有修志临时机构或联系人员。一些市的修志机构在机构改革的大潮中不被重视，甚至出现了降格情况，挫伤了修志人员的积极性，给修志工作带来了不利影响。承担省级行业志修志任务的区直机关及企事业单位的修志部门多为临时机构或暂挂靠其他部门，仅有宁夏军区、宁夏农牧厅等极少数单位长期独立设置。这种组织形式不利于地方志系统的统一管理。

宁夏地方志系统的机构问题由来已久，要想解决这一难题，首先，必须紧紧依靠自治区党委、政府和各市、县（区）党委、政府的坚强领导。近几年的工作实践证明，地方志工作没有政府的强力推动和督促检查，很难落到实处。宁夏年鉴工作之所以在两年内突飞猛进，实现全面覆盖，正是自治区领导亲自过问，严格督导的结果。只有自上而下地，依靠政府的行政权威，才能把地方志事业推动前进。其次，省、市、县（区）地方志部门的领导干部一定要有大局观念，摒弃狭隘的部门利益想法，不以个人恩怨影响地方志事业的发展，才能不断把地方志事业做大、做强。

（二）某些客观因素导致一些地方和部门对修志工作不够重视

全区修志工作发展不平衡，一些地方和部门对修志工作重视不够，修志机构、人员、经费、条件等没有得到很好的解决，影响了修志工作的顺利开展。全区各级党委、政府及部门（单位）主要领导对方志工作的重视不一，方志工作被视为可有可无的软任务，方志机构被“边缘化”的现象依然存在，尤其是区直机关及企事业承编单位更为明显。一些地区或单位仍然以“应付”的态度对待修志工作；部分机构和单位片面地认为志书编纂完成，就是志办机构解散之时，没有长期规划和长远目标。全区一些修志机构和单位“一纳入、八到位”的落实情况并不理想。

要想解决修志工作不受重视的问题，必须不断贯彻“依法修志”“一纳入、八到位”的科学理念。各级党委、政府对修志工作不是不够重视，而是我们的地方志工作人员宣传力度不够，没有及时向领导汇报地方志工作的发展和思路。地方志部门要想受到各级领导的重视，必须坚持“有为才能有位”的观念，把地方志本职工作做好，以实际工作成绩赢得领导的尊重和肯定。

（三）修志队伍不够稳定，凝聚力不强

全区地方志机构普遍缺少修志人员。自治区地方志办公室全部人员只有15人，和全国兄弟省市相比相差甚多，为数不多的人员要承担志书编纂、业务指导、年鉴编辑、旧志整理、资料收集等多项工作，还要应付大量的行政事务性工作，颇有疲于奔命之感。全区各市县志办人数有多有少，多者10—15人，但大多数地市县为2—5人，有的仅有1人。目前，宁夏的修志队伍存在青黄不接、良莠不齐、流动性较大等问题，有些单位编纂人员素质不高，缺乏有丰富修志经验的专家型人才。各市县、厅局专职修志人员少，真正懂得修志理论的人更少，目前的修志人员一般都是兼任秘书、档案、党史等多项工作，导致修志业务水平不高，无法对人员结构、知识结构、专业结构、年龄结构进行优化。修志队伍还不够稳定。有的地方在机构改革中，把修志

机构和修志人员撤并和调换。有的地方老同志退休以后没有及时安排新人接替，致使修志工作断档。

解决地方志工作队伍问题，必须下大力气培养骨干力量，要加大人才培养力度，解决年轻修志人员的待遇问题、职称问题等。使老同志能充分发挥余热，年轻人能鼓足干劲，愿意沉下心来从事地方志事业，构建老、中、青相结合的地方志合理人才结构。

（四）地方志的社会功能有待进一步开发

地方志的社会功能开发不够，对志书的宣传、利用、发行工作不够重视，读志、用志开展得不普遍、不深入，为经济与社会发展提供服务不够，影响了志书服务功能的发挥。

宁夏将继续大力开发地情资料等地方志普及读物，使地方志真正走进寻常百姓家，继续完成《宁夏地方史话丛书》等地方历史文化工程，借宁夏回族自治区成立六十周年的契机，加大史志文化地情资料的编纂出版，使一大批优秀的地情文化产品涌现出来，使“读志用志”的热潮继续升温。

三、宁夏地方志事业发展展望

我国即将迈入“十三五”的新征程，在新的历史时期，党和国家高瞻远瞩，颁布了具有重大指导意义的《全国地方志事业发展规划纲要（2015—2020年）》，极大地鼓舞了宁夏地方志工作者的积极性和主动性。宁夏修志工作必将迎来崭新的发展黄金期。近阶段宁夏地方志工作将实现以下几方面的突破和进展。

（一）“依法修志”观念更加深入人心

在新阶段、新常态下，中央、自治区领导对地方志工作作的重要批示、指示和重要讲话及《规划纲要》的发布为宁夏的修志工作提供了重要的舆论支持和政策保障，宁夏地方志法治化建设的发展思路取得新突破。全区地方志系统必将认真思考和谋划地方志事业的长远发展。按照新的历史时期对地方志工作的新要求，明确地方志工作法治化的发展目标和任务，提出做好地方志工作的新思路、新办法、新举措，拓展地方志工作服务全区经济建设的内涵、方法和途径。按照《地方志工作条例》和宁夏《实施办法》，制定更为切实可行的修志规划，为全区地方志工作又好又快发展确定新的目标、提供有力保障。依法修志工作将取得更新更大的进展。将地方志工作纳入法治化轨道，从单纯靠行政命令推动修志转变为依法修志，继续办好每年的5月18日“地方志宣传日”活动，积极推动依法修志，积极协调推动其他各市、县（区）出台地方志工作条例和办法，努力把基层地方志工作纳入法治化轨道。

（二）全面完成第二轮修志，巩固并保持全区省、市、县三级年鉴编纂全覆盖

2017年是全区到2020年全面完成第二轮修志工作的攻坚阶段。到2016年底为止，宁夏第二轮修志工作总体趋向是好的，《宁夏通志》（全25卷）的顺利出版，标志着第二轮省级行业志的全面完成。第二轮市、县（区）志书的编纂只有吴忠市、中卫市、同心县等极少数市县没有完成，其他市、县（区）已全部完成。宁夏将严格按照国务院《地方志发展规划纲要》的目标任务，充分发挥各级党委、政府的作用，切实加快吴忠市、中卫市、利通区、沙坡头区等第二轮志书的编纂工作，到2020年全面完成第二轮修志任务。年鉴编纂在全面率先实现全面覆盖，是宁夏年鉴工作的亮点。宁夏将继续保持年鉴工作的良好势头。在篇目设置、资料收集、编辑审核、出版发行等方面探索积累更多更好的丰富经验和成功做法，培养一支业务素质较高的年鉴编辑队伍。进一步保持和巩固宁夏年鉴工作来之不易的优秀成果，使我区的年鉴编纂工作继续走在全国的前列。

（三）地方志信息化建设和方志馆建设将取得更大突破

宁夏地方志办公室将继续向自治区党委、政府申请自治区方志馆项目早日立项并开工建设，力争把方志馆作为宁夏公共文化基础设施予以优先安排。努力提升和扩大已建成或立项的吴忠市方志馆、固原市方志馆、灵武市方志馆等的服务功能和社会效益，使方志馆真正成为地方志和地情资料收藏展示中心、地情研究咨询中心、地方文化对外交流中心、爱国主义宣传教育基地。宁夏还将努力建设宁夏区情网，实现宁夏方志工作数字化、网络化和现代化。

新疆维吾尔自治区地方志事业发展报告

新疆维吾尔自治区地方志编纂委员会

一、2015—2016年新疆地方志事业发展情况

（一）高位推动，明确方向

中共十八大以来，新一届中央领导集体高度重视地方志工作，先后多次对地方志工作作出重要批示指示和重要讲话，为全国地方志事业发展指明了方向，提供了根本遵循。2016年4月26日，自治区党委、政府主要领导对新疆地方志工作作出批示，对新疆新时期地方志工作给予了充分肯定，明确指出地方志工作传史鉴今、资政辅治的重要意义，对新疆地方志工作提出更高、更新的要求，表达了对地方志工作的殷切希望。8月8—11日，中国社会科学院院长、中国地方志指导小组组长王伟光，中国地方志指导小组副秘书长兼办公室副主任冀祥德到新疆调研指导期间，在听取新疆地方志工作汇报后对新疆地方志工作再次作出重要指示。这些重要批示指示和讲话精神已成为做好新疆地方志工作的努力方向和强大动力，鼓舞着新疆地方志工作者继续保持积极进取、奋发有为的精神状态，共同推动新疆地方志事业健康可持续发展。

根据工作需要和人事变动情况，自治区党委、政府于2016年4月22日及时调整了自治区地方志编纂委员会组成人员，由中央政治局委员、新疆维

吾尔自治区党委书记张春贤任名誉主任，自治区党委副书记、自治区主席雪克来提·扎克尔任主任，自治区副主席吉尔拉·衣沙木丁任常务副主任，这是新疆地方志编委会成立以来行政级别最高的议事机构。如此高规格机构的成立不仅为新疆地方志工作的顺利开展提供了强有力的组织保障，更重要的是进一步凝聚了人心，鼓舞了士气，增强了各级党委、政府领导对地方志工作的支持力度和新疆地方志工作者的工作自觉、行业自信。

2015 年以来，编委会主要领导在各级会议和志稿评审会上，反复强调全疆广大修志工作者要切实把思想认识统一到中央和自治区领导的批示指示精神上来，始终坚持正确的政治方向，紧紧围绕“为谁修志、修什么志、怎样修志”这一根本问题来开展工作。全疆地方志系统认真学习领会各级领导关于新疆地方志工作的批示指示，真抓实干、积极作为。新疆地方志工作正站在新的历史起点，展现出前所未有的大好局面。

（二）规划引领，法治护航

2015 年 9 月，《全国地方志事业发展规划纲要（2015—2020 年）》（以下简称《规划纲要》）正式颁布实施。《规划纲要》颁布后，编委会党组积极向自治区党委、政府汇报，在全国率先编制《关于贯彻落实国务院〈全国地方志事业发展规划纲要（2015—2020 年）〉的实施意见》（以下简称《实施意见》），并上报自治区人民政府。2016 年 5 月 6 日，自治区第十二届人民政府第 34 次常务会议通过了《实施意见》（新政办发〔2016〕58 号）。编委会及时将《实施意见》下发全疆地方志系统贯彻落实。《规划纲要》和《实施意见》为“十三五”时期新疆地方志工作作出了顶层设计、宏观部署。各级地方志系统根据《实施意见》提出的总体目标、主要任务和法治、组织领导、制度、经费等各项保障措施配备要求及时制定了实施办法，加强组织领导，理顺工作关系，解决突出问题，倒排时间、对照实施，确保 2020 年全面完成规划目标任务。

2016 年，在国务院《地方志工作条例》（以下简称《条例》）颁布实施十周年和《新疆维吾尔自治区实施〈地方志工作条例〉办法》（以下简称《办法》）颁布实施七周年之际，自治区召开了纪念国务院《地方志工作条例》颁布十周年座谈会，全疆 150 人参会。自治区地方志编委会除按照惯例在 5 月组织开展多种形式的宣传活动外，还先后在新疆地情网站、《新疆地方志》杂志和

《新疆方志信息》上开辟了宣传专题。各级地方志机构分别与当地媒体联系，在报纸、刊物上设置专栏，对《规划纲要》《条例》《办法》和本地区贯彻落实依法修志情况进行集中宣传。其间，编委会党组专门组成调研组，到伊犁、乌鲁木齐、阿克苏、和田、喀什、昌吉等45个地州县市区了解检查当地学习贯彻落实《规划纲要》《条例》《办法》的相关情况，帮助协调解决各地的实际困难和问题。截至2016年，全区已形成党委领导、政府主持、地方志工作机构组织实施、社会各界广泛参与的工作体制，并初步形成将地方志工作纳入自治区、地（州、市）、县（市、区）三级国民经济和社会发展规划及政府工作任务，“认识、领导、机构、编制、经费、设施、规划、工作”到位的工作机制，全区各级地方志工作机构依法治志格局进一步完善。

（三）二轮修志和年鉴编纂实现新突破

2015—2016年，编委会加大了对第二轮志书、年鉴编修工作的督促与指导力度，通过采取派专人赴修志工作滞后的单位进行常驻式蹲点指导、开办各类有针对性的专题培训、研讨班等措施，志鉴编修进度和质量均有明显提升。在各方努力下，地方志工作的重要意义和社会价值不断被社会公众所认可，地方志事业地位也得到前所未有的提升，三级志书、年鉴编撰呈现出百舸争流、亮点纷呈的喜人景象，自治区工商局、农村信用合作社、监狱管理局、国土资源厅等《新疆通志》承编单位全行业修志的局面已经形成。

截至2016年底，第二轮《新疆通志》专业志共有19部出版，其中2015、2016年出版6部，已出版志书占48部二轮专业志书规划出版任务的40%；2015、2016年完成复审的有2部。组织《新疆通志（1986～2005）》（简志）各承编单位共完成100余部稿件的撰写、审定，占总撰稿任务的97%。简志总纂和组织出版招标工作于2016年10月完成，已正式进入总纂阶段。

截至2016年底，79部地县两级第二轮志书规划出版任务已完成33部，占规划任务的41.77%。哈密地区及所属县市的二轮修志工作已全面完成，为全疆首个完成地县两级第二轮修志任务的地区。为推动新疆乡镇志编纂工作，2016年10月28—29日，在塔城地区乌苏市组织召开全疆乡镇志编纂工作经验交流会，为下一步在全疆全面启动乡镇志编纂工作打下了理论基础。截至2016年底，中国名镇志《北庭镇志》已出版；新疆《麻扎村志》和《纳达齐牛录志》成功申报中国名村志文化工程，此举作为少数民族地区新型城镇化进程中抢救村落文化的重要举措是新疆地方志工作的又一次深化和创新。

截至2016年底，全疆共出版100种、700多部地方综合年鉴，3种、37部专业年鉴。2016年初，150多万字的《新疆年鉴》(2015年刊)如期出版。至2016年底，《新疆年鉴(2016年刊)》已交付印刷；14个地州市级综合年鉴全覆盖；全疆96个县(市、区)已有92个县(市、区)公开出版年鉴，覆盖率达到96%。

(四)志鉴编译卓有成效

新疆地方志、年鉴少数民族语言编译工作主要由自治区地方志编委会编译处来承担。截至2016年底，先后翻译出版维吾尔文版《麦盖提县志》《墨玉县志》《新疆通志·政务志》等42部地方志书，翻译出版哈萨克、蒙古、柯尔克孜文版地县两级志书近20部。每年按期完成上年度的《新疆年鉴》年刊的翻译出版，累计完成30部，《新疆年鉴(2015年刊)》的翻译工作已全部完成，进入审稿阶段；每年按期编辑出版4期《新疆地方志》(维吾尔文版)，累计出版116期。多年来，志鉴翻译作品不仅有效拓展了新疆地方志读志用志范围，更重要的是它已成为新疆广大少数民族干部群众方便准确地了解新疆历史发展与现状的重要媒介，已成为实现新疆社会稳定和长治久安精神文化支撑的重要组成部分，已成为激发新疆各族人民爱乡爱国共圆伟大"中国梦"的精神动力。

(五)质量进度同步推进

新疆地方志系统在保证质量的前提下，通过多种措施努力完成第二轮志书和年鉴编修的进度目标，实现了志鉴编修质量和进度同步推进。

一是结合现阶段志鉴编修实际，编委会重新修订出版了《地方志工作手册》，对志书资料收集、编写、翻译、审定和出版等各个环节作了具体规定，使志书质量有了更加明确的衡量标准，志书、年鉴审查验收有章可循。2016年初下发了《关于加强地方综合年鉴编纂质量管理和转发中指组〈地方综合年鉴编纂出版规定(试行)〉的通知》，进一步完善了新疆地方综合年鉴质量保障和评价体系，确保年鉴的时效和质量，引导年鉴编纂出版持续健康发展。二是2016年对全区出版县级以上地方综合年鉴情况再次进行调查统计与评估，做到心中有数，为实现2020年三级综合年鉴全覆盖提供了重要的决策依据。三是2015—2016年编委会各级领导多次带队赴各地州市县区和有关厅局，开展地方志工作调研，实地检查各地、各单位修志工作进展和“一纳入、八到位”落实情况，建立了定期公开发布督察事项、公布督察结果，以督察推进工作的制度。四是通过联系当地党委、政府，以依法督察的形式，帮助解决一些地区和单位存在的修志人员少、专业人才缺乏、修志专项经费没有保障、修志资料收集难等实际问题，使全疆地方志系统树立弱势单位也有大作为的行业自信，增强干地方志工作责任意识、自觉意识。五是通志工作处、地县工作处、年鉴工作处等业务处室分别建立起对口督导责任制，强化日常业务指导和工作交流。通过集中式培训和常驻式指导，一些进度滞后的地区和单位修志工作效率显著提升。

经持续努力，志鉴出版质量有了不断提升，在2016年7月中国地方志指导小组组织的全国地方志优秀成果（年鉴类）评奖中《新疆军事年鉴（2014）》获军事年鉴特等奖；《克拉玛依市克拉玛依区年鉴（2014）》获县区级综合年鉴一等奖；《克拉玛依年鉴（2013）》、《乌鲁木齐年鉴（2013）》获地市级综合年鉴二等奖，《乌鲁木齐高新技术产业开发区（乌鲁木齐新市区）年鉴（2013）》、《玛纳斯年鉴（2013）》获县区级综合年鉴二等奖，《西北石油年鉴（2013）》获专业年鉴二等奖；《鄯善年鉴（2013）》、《独山子年鉴（2013）》获县区级综合年鉴三等奖。

2016年10月，在新疆维吾尔自治区第十一届哲学社会科学奖评奖中《新疆年鉴（2014）》获一等奖；《新疆通志·外贸志（1991 ~ 2005）》《克拉玛依年鉴（2014）》获三等奖；《乌鲁木齐高新技术产业开发区（乌鲁木齐市新市区）年鉴（2013）》获优秀奖。

（六）信息化和方志馆建设迈出坚实步伐

2011年以前，新疆地方志系统网站为本单位职工自己开发的“新疆通览网”，网站系统运行规模和层次处于较低水平。近年来，根据中国地方志指导小组关于加快地方志系统信息化工作推进速度的明确要求和自治区政府的有关指示，编委会全方位谋划部署地方志系统信息化工作，确定了加快新疆地方志系统信息化建设的基本思路。在各方努力下，截至2016年底，数字化新疆方志库项目已基本完成。网站名称进一步规范，由最初的“新疆通览网”改为“新疆地情网”。网站硬件平台可满足万人同时在线，软件平台架构合理、技术可靠。网站栏目由2011年的不足10项发展到五个大类60余个分项，各栏目以其鲜明的特色、丰富的地情信息受到社会广泛关注，公共服务水平不断提升。至2016年底，“新疆地情网”已发布各类文章、信息3000余条，网站月访问量20000人次左右，较以前大幅提升。在2015年新疆政府网站普查初评中，“新疆地情网”测评成绩位列自治区政府直属152家单位的第7位。

至2016年4月，新疆首轮志书、年鉴数字化和系统录入工作全面完成（共计250卷、约4亿字），地情资料库系统开发工作全部结束，机房、硬件设施建设整体达标，提前完成了《规划纲要》中关于信息化建设的各项要求。目前，广大互联网用户可以快速查询、检索新疆已出版的各类志书、年鉴全文。新疆地情资料库建设整体工作已经处在全国领先行列。

随着新媒体应用的日益广泛，近两年自治区编委会紧跟时代步伐，依靠自身力量，开展了建设官方微信、微博的有益尝试。在2013年开通新浪官方微博，发布全疆地方志系统日常工作信息基础上，通过借鉴广东、山东等地经验，2015年9月，又开通了“方志新疆”微信公众平台，平台设有新疆方志、志鉴动态、文献法规、修志理论、地情资料库等栏目。在短短一年的时间，这些栏目累计推送信息近千条，平台粉丝突破600人。该平台已成为新疆地方志系统继“新疆地情”网之后又一重要宣传阵地，为全疆地方志系统进一步加强沟通交流、宣传自身工作、推广志书成果提供了更为全面的通畅渠道。

新疆地方志馆建设分步实施、逐步推进。截至2016年底，全疆已建成6个方志馆，其中有克拉玛依市、博尔塔拉州2个地（州、市）方志馆，温泉县、阿拉山口市、乌鲁木齐县、库尔勒市4个县（市、区）方志馆。自治区方志馆项目建设的前期准备工作正在进行。

（七）志鉴开发利用和服务大局与时俱进

在自治区成立60周年之际，新疆地方志编委会加大整合方志资源的力度，深度开发利用现有资料出版编纂各类地情书，一是主动承担自治区人民政府组织的《新疆辉煌60年》部分内容的编撰和全书的编辑出版工作，编委会党组书记廖运建担任该书的副主编。二是组织全体员工，以全疆首轮志书、部分第二轮志书和《新疆年鉴》为基础，编纂出版《新疆地情通览》。到2016年底，已进入统纂阶段。该书上限为事物发端，下限为2014年，总字数约120万字，全面系统而又详略得当地展现新疆自古以来各项事业的发展变化。三是组织编纂并正式出版《新疆大事记》，该书上限为事物发端，下限为2015年，以大事记的形式对新疆历史进行梳理，总字数约200万字。四是约40万字的《新时期新阶段新疆工作大事记（2014.6 ~ 2015.5）》如期出版。2016年，此书在吸收《新疆年鉴》和《新疆统计年鉴》部分资料数据的基础上改版为《新疆区情报告》，编纂工作已经启动。五是督促、指导各级地方志工作机构，组织编纂一批反映当地经济社会发展、地域特色、文化旅游、民俗风情的地情书。至2016年底，全疆地方志系统出版各类地情书近400种。六是参与自治区政协文史工作委员会组织的新疆传统村落保护和研究，起草了传统村落保护实施方案。七是继续在全疆开展志书年鉴“进机关、进企业、进学校、进社区、进军营、进乡村”活动，通过向图书馆、学校、街道文化站赠书和宣传“新疆地情资料数据库”网站等方式，积极扩大地方志书在社会上的影响，进一步深化了地方志资源的开发与利用。

（八）队伍建设得到加强

一是在2015年事业单位机构改革中，新疆各级地方志工作机构被批准参照公务员管理，新疆地方志队伍得到了稳定。二是近两年，自治区地方志编委会通过公务员选调，先后从基层公务员队伍中选拔4名经历丰富、年富力强的干部充实到编委会机关干部队伍中。三是各级地方志工作机构坚持每年举办各种类型的学习会、培训班，坚持以老带新，以会代训，岗位练兵、实战成才的长效队伍建设模式，切实增强干部队伍的履职能力和专业素养，为地方志事业的长期发展打下坚实的人才基础。四是通过“请进来、走出去”的方式加强与中指组、国内各省市的业务交流。2015年8月，邀请中指组秘书长冀祥德来疆作《二轮修志中的法律问题及实践》的报告，编委会全体干部、乌鲁木齐市及所属区县、昌吉州及所属县市、自治区监狱管理局等300多名修志人员参会培训。同时，2015—2016年先后组织修志人员百余人次参加中指组、内地各省市举办的业务理论研讨班、培训班、学术年会等，不断开阔眼界，拓展工作思路，提升工作水平。五是充分发挥先进典型的示范引领作用，通过大力宣传2015年被评为全国地方志系统先进集体的哈密地区地方志办公室和被评为先进工作者的托克逊县地方志办公室主任陈慧琴的修志工作好经验、好做法，辐射、带动全区修志工作者学优看齐、对标赶超，以更加饱满的热情推动新疆地方志事业健康发展。

（九）方志援疆工作协调推进

中央召开两次新疆工作座谈会后，全国19个省（市）按照中央新疆工作座谈会的要求，从资金、人才、技术、智力等方面不遗余力的开展了对口援疆工作，广东、北京、湖北、山东、昆山等省市地方志办公室积极主动推进援疆工作，取得了积极进展。2016年8月8—11日，中国社会科学院院长、中国地方志指导小组组长王伟光，中国地方志指导小组副秘书长兼办公室副主任冀祥德一行先后深入克拉玛依、库车、和田等地对新疆地方志工作进行调研指导期间，王伟光对新疆地方志工作给予了充分肯定的同时，并就进一步做好新疆地方志工作提出了具体要求。同时，结合新疆地方志事业面临志鉴编纂出版经费缺口大、人才队伍与地方志事业发展不匹配等问题，要求中指办认真研究尽快提出援疆方案。紧接着，在中指组的大力协调支持下，新疆地方志系统工作人员及地方志工作机构新任负责人先后分批到山东省、内蒙古呼伦贝尔市鄂温克族自治旗进行培训，收到了良好的效果。不久，北京、山东等省市先后对对口支援地区和田、喀什在项目确定和资金安排上进行实质性接洽对接。

二、存在问题分析与对策

（一）全疆修志发展不平衡

按照中国地方志指导小组的部署和要求，新疆于2006年9月启动了第二轮修志工作，全疆各地州县市先后召开了第二轮修志动员大会。受经费、人员、设施配备等方面的支持力度的影响，截至2016年底全疆各地各部门（单位）地方志工作在二轮修志编鉴进度、质量等方面发展不均衡。就各地州来看，北疆的哈密市、昌吉州、克拉玛依市、伊犁州等地经济相对发达的地区，第二轮修志进展顺利，但南疆的和田、喀什等经济欠发达的地区，进展迟缓。

对策：一是在前期对各地各部门（单位）地方志工作实地调查的基础上，对后进单位存在的问题和困难再次进行梳理和分析，继续进一步发挥自治区地方志编委会和编委会党组的作用，通过与当地、部门（单位）主要领导的协调，借助高位推动的力量解决修志工作的实际困难。二是按照《实施意见》和自治区第二轮修志工作的具体要求将各地、各部门（单位）地方志各项工作进行量化，继续开展定期和不定期督察，并以新疆地情网站为平台适时公布，通过互比，增强后进地区、部门（单位）的紧迫感和主动性。

（二）新疆地方志事业发展水平同我国东部地区差距仍然较大

经济发展滞后、基础设施建设滞后、部分修志机构在管理上缺乏创新、部分修志工作者的主动学习钻研劲不够、人才严重匮乏、方志理论研究水平还不适应第二轮修志的需要等问题依然客观存在。

对策：一是以中央和自治区领导对史志工作作出重要指示、批示和讲话为契机，要求全区各级地方志工作机构把地方志工作放在国务院《地方志工作条例》和《全国地方志事业规划纲要》规定的轨道上、框架下运行，用法治思维、法治手段积极推动“一纳入、八到位”的贯彻落实，着重解决部分修志机构尚未真正把地方志工作纳入政府工作规划和编制人员、业务经费、办公条件等方面存在的问题，促进全疆地方志工作又好又快发展。二是不断优化现有的机构组织、人员队伍，畅通选人用人渠道。既要用“为国修志、传承文明”这一崇高事业激励人，也要为修志工作者提供适合其全面发展的空间。自治区地方志编委会机关要继续不断完善奖惩和考核制度，建立长效激励机制，改变机关内部忙闲不均、干好干坏一个样的现象；结合工作需要，采取内部竞争上岗，盘活人才资源，提供干事创业的平台；在积极参加全国地方志信息化、方志馆建设、科研工作、期刊工作等业务培训的基础上，不断探索与区内外相关高校联合举办长期或短期培训班、研究生班等人才培养模式，逐步提升修志队伍的业务理论水平和指导能力。三是为各级修志机构、部门（单位）提供更多的相互间及与内地各省市（自治区）修志机构的业务交流机会，在交流中不断拓宽视野、查找差距、启发思路、鞭策共进。四是各级修志机构、部门（单位）在专业人才队伍建设方面要开拓思路、勇于创新，尝试吸收一批熟悉地方（行业）情况的老同志和大专院校、科研单位的专家、学者直接参与修志工作，逐步形成一支人才来源渠道广泛、专兼职结合、知识结构合理的修志队伍，建立健全自治区级地方志专家库，选拔一批方志和年鉴专业领军人才。五是按照全国地方志科研工作规划，积极组织一批地方志科研课题，组织全区地方志系统申报；充分发挥新疆地方志学会的平台作用，办好《新疆地方志》维、汉文刊物，加强与相关学科交流合作，活跃学术研讨，推动理论建设。

（三）现阶段，新疆处在暴力恐怖活动的活跃期、反分裂斗争的激烈期、干预治疗阵痛期

“三期叠加”的特殊形势决定了新疆反分裂斗争的长期性、复杂性、尖锐性。按照中央和自治区党委部署，新疆的工作着力点和着眼点是社会稳定和长治久安，全疆各级地方志机构围绕新疆工作总目标每年抽调部分工作人员全力参与到“访民情、惠民生、聚民心”住村工作和维护社会稳定工作中，在岗修志工作人员严重不足，有效的修志编鉴工作难以得到保障。部分修志人员的素质有待进一步提高。

对策：一是充分调动现有方志工作者的积极性，尽可能给他们多创造参加高质量培训班、研讨班的机会，建立切实可行、行之有效的奖励、激励机制，发挥他们的主观能动性，形成良性循环。二是及时补充空缺人员、积极争取增加人员编制。三是充分动员社会力量。一方面积极吸收地方志系统离退休老同志，通过返聘使他们在志鉴编修、理论研究、开发利用等方面继续发挥作用；另一方面通过政府采购智力服务等形式增大社会修志力量。

三、新疆地方志事业发展展望

迈入“十三五”的新征程，是实现第一个百年奋斗目标、全面建成小康社会的决胜阶段，在中央、自治区领导先后对地方志工作作出重要批示指示和重要讲话精神的鼓舞下，在《规划纲要》这一地方志发展史上具有里程碑意义的纲领性文件的引领下，全疆地方志工作者精气神焕然一新，新疆地方志事业发展迎来了千载难逢的机遇期。

近阶段新疆地方志工作将实现以下几方面的进展和突破。

（一）《规划纲要》和《实施意见》目标任务将圆满实现

在新阶段、新常态下，自治区地方志编委会党组将进一步转变观念、创新思维，以志鉴编修质量和进度为切入点和突破口，从体制机制、理论研究、服务方式和服务领域上探索新疆方志事业的改革创新之路，有重点地抓好指导和督促检查工作。通过赴基层修志单位开展调查研究，充分发挥地县两级人民政府依法领导本行政区域地方志工作的作用，全力协调地方志系统各部门之间和地方志系统与各职能部门、相关单位之间的联系，上下联动、相互配合，形成方志工作的合力，有计划、有步骤地贯彻落实《规划纲要》《实施意见》，促进既定任务圆满完成。

全区地方志系统将把深入学习贯彻各级领导对地方志工作的重要批示指示、重要讲话精神以及第五次全国地方志工作会议精神作为当前做好新疆地方志工作的中心任务，不断增强政治意识、大局意识、核心意识、看齐意识，进一步树立方志文化自信，增强做好地方志工作的责任感、使命感和自觉性，力争把学习成果转化为全面推进实现《规划纲要》和《实施意见》目标任务和地方志事业转型升级的动力。

（二）"依法治志"新格局将逐步形成

全疆修志机构将以中央、自治区领导对地方志工作的重要批示指示和重要讲话及《规划纲要》《实施意见》的发布为契机，以此为行动指南强化法治意识，坚持依法治志，严格贯彻落实《地方志工作条例》和自治区《实施办法》，逐步克服依靠行政命令推动工作的老思维、老习惯，转变思维模式、工作方式，坚持用法治思维来突破发展瓶颈、破解发展难题，切实提高依法治志的自觉性和主动性。自治区地方志编委会将强化对全区地方志工作的督察考核，加大地方志法规规章的执行力度，依法纠正、查处执行不力和违法行为，更加努力推进"一纳入、八到位"的落实，加快构建新疆"依法治志"新格局。

（三）志鉴编修工作将有新成效

新疆第二轮修志已进入攻坚期，全区各级地方志机构将按照《实施意见》的目标任务突出重点、突破难点，充分发挥各级党委、政府的作用，在前期工作的基础上抢进度、抓质量，积极推进第二轮修志工作。已完成第二轮《新疆通志》分卷或地县第二轮志书编纂任务的承编单位，及时总结首轮、第二轮志书编纂经验，做好第三轮修志的规划与资料准备，同时进一步开展读志用志，深入推进特色志、部门志、行业志等编纂；规划任务未完成的地区和单位，将统一认识，明确这是在2020年前必须完成的刚性任务，制定时间表、任务书、路线图，确保按时完成任务。自治区地方志编委会将加强督察和业务指导，及时解决滞后地区和单位二轮修志过程中出现的问题，严把质量关。到2017年底，维、汉地县两级志书将出版14部，《新疆通志（1986～2005）》将全面完成统稿和初步审定工作，《新疆通志》专业志稿将完成4部审定工作，少数民族文字志鉴编译出版工作力度将进一步加大。

认真贯彻全国第一次年鉴工作会议精神，推动落实《全国年鉴事业发展规划（2015—2020年）》，继续加大对全疆综合年鉴编纂进度和质量的督导力度，确保年鉴编纂“一年一鉴，公开出版”的时效性和到2020年三级地方综合年鉴全覆盖；不断创新年鉴编纂理念，拓展内容，增强可读性，扩大利用范围，推动实施年鉴编纂试点及精品工程，鼓励和支持各部门、各行业、有条件的乡镇（街道）开展年鉴编纂工作。

（四）地方志信息化建设将呈现新亮点

积极推动《全国地方志信息化发展规划（2015—2020年）》《全国信息方志与数字方志建设工程方案》的贯彻落实；有序推进新疆信息方志与数字方志建设工程，加强新疆地情网的日常维护和安全管理，进一步扩大“方志新疆”微信平台的影响力。在各方努力下，以应用需求为导向，以融合创新为动力，以新一代信息技术为支撑的“互联网＋地方志”将逐步成为新疆开发利用地方志资源的重要手段。2017年，“数字化新疆方志库”二期工程将按计划启动实施。集方志信息宣传、地情收集发布、地情教育于一体的新疆地方志公共文化服务体系逐步建成，新疆地方志在公共文化服务体系建设中的作用将进一步增强。

（五）方志理论研究水平将上新台阶

以全国地方志科研工作会议为契机，按照全国地方志科研工作规划，积极组织全区地方志系统参加第一批地方志科研课题的申报。进一步发挥新疆地方志学会的平台作用和《新疆地方志》刊物的理论阵地作用，围绕学科建设及地方志工作中的热点、难点问题，采取多种方式及时组织各类交流、研讨和培训活动，不断提高新疆地方志理论研究水平，活跃学术研讨的氛围，推动研究成果创新。

（六）方志馆建设将取得阶段性成果

自治区方志馆项目建设的前期准备工作将继续抓紧，力争早日把方志馆作为全疆公共文化基础设施建设纳入自治区总体规划予以安排。已完成方志馆项目建设的地县将从长远发展考虑建设好数字方志馆，努力推动实体方志馆与数字方志馆优势互补和资源共享，使方志馆真正成为新疆地方志和地情资料收藏展示中心、地情研究咨询中心、地方文化对外交流中心、爱国主义宣传教育基地。

（七）地方志资源开发利用将更贴近新疆实际

围绕新疆社会稳定和长治久安总目标，引导各级地方志工作机构进一步加强对地方志资源的深加工和开发利用，逐步改变过去局限编写形式单一的地情书模式，从框架结构、内容、版式等方面不断创新，认真研究、科学论证，找准这些资源与现实社会的结合点，做到凡对新疆社会稳定和长治久安、经济发展有参考价值、有积极作用的专题调研报告和展览、著述、数字产品与音像制品都应考虑列入选题计划。

（八）人才队伍建设将展示新面貌

继续重视人才选拔、培养和使用，不断完善教育培训制度，分类对地方志工作机构新任负责人、志鉴主编（总纂）、专业技术人员等进行专项培训，鼓励和支持地方志工作人员接受专业继续教育，逐步培养一批知识面广、熟悉地情、有创新意识、善于分析研究解决地方志工作中疑难问题的高素质地方志编修、研究工作人才。建立和完善自治区级地方志专家库，积极吸收社会各界力量参与地方志工作，逐步形成多层次、多学科、多领域专家参与修志编鉴的具有专业化水平和影响力的专家平台。

新疆生产建设兵团地方志事业发展报告

新疆生产建设兵团志办公室

兵团、师（市）、团（场）三级志书编修坚持了志书的优良传统，汲取了全国新编地方志优秀成果成功经验，结合兵团特殊体制，制定出符合实际的结构框架和创造性写法。兵团志书真实记载了新疆历代屯垦戍边事业和兵团发展历史及现状，反映了新中国成立以来毛泽东等几代中央领导集体屯垦戍边思想在边疆的实践，为了解兵团、研究新疆屯垦提供了珍贵资料。兵团志的编修，为后人续编探索出宝贵经验，为当代社会主义新方志增添了新内容，成为中华志林中的新志种。兵团第二轮修志工作于2009年启动，规划编纂出版兵团、师（市）、团（场）三级志书164部，其中兵团级志书1部，即《兵团志（1986—2010）》；师（市）级志书19部（含4个事业单位志书），团（场）级志书144部，于2020年全面完成修志任务。目前，各项工作正常有序地推进。

一、兵团方志事业基本情况

2016年，兵团志办公室在中国地方志指导小组正确指导下，在兵团党委亲切关怀和兵团领导大力支持下，深入学习党的十八大及三中、四中、五中、六中全会和习近平总书记系列讲话精神，全面落实第五次全国地方志工作会议精神和《全国地方志事业发展规划纲要(2015—2020年)》（以下简称《规划纲要》）要求，以改革创新为动力，以求真务实为重点，以提高质量为目的，依法修志、依法治志，积极做好各项工作。

（一）认真学习宣传贯彻《规划纲要》精神

兵团志办公室认真组织学习、深入贯彻落实习近平、李克强、刘延东等中央领导关于做好新时期史志工作重要批示精神，充分利用微信、QQ 等现代信息平台，宣传交流广大史志工作者对《规划纲要》的认识。利用《兵团史志工作简讯》刊物，将各师（市）学习情况和体会及时沟通和交流。2016 年 5 月，结合国务院《地方志工作条例》颁布十周年良好契机，在兵团机关大楼不同方位四块电子屏幕上连续滚动播放“热烈庆祝《地方志工作条例》颁布实施十周年”“认真贯彻落实《全国地方志事业发展规划纲要（2015—2020 年）》全力推进兵团第二轮修志工作”等宣传标语。一师阿拉尔市、八师石河子市等单位结合实际，开展形式多样的宣传纪念活动。

（二）坚持依法治志，制定出《兵团史志工作“十三五”发展规划》

1. 加强组织领导，完善工作机制。兵团志办公室及各师（市）史志办及时向各级主管领导汇报《规划纲要》精神，争取各有关部门和领导对地方志工作的进一步重视、支持和指导。各级党委重视史志工作，领导认识到位、工作思路清晰、措施得当、经费落实，各项工作开展得到有效保障。在《兵团经济和社会发展第十三个五年规划纲要》中第三十五章明确提出：“加强修史修志，发掘和利用兵团史志文化资源。”二师铁门关市、六师五家渠市等单位修志工作纳入师（市）机关及各团场目标绩效考核管理范畴。

2. 加强制度建设，制定《兵团史志工作“十三五”规划》。结合兵团方志工作实际，围绕加快推进第二轮修志进度，加强与完善综合年鉴编纂、地方志资料年报、地方志信息化建设、地方志资源开发利用及方志馆（史志馆）的制度建设。兵团志办公室立足弘扬优秀传统文化、服务经济社会发展的宗旨，全面谋划和推进史志工作，进行顶层设计和统筹安排。制定了《兵团史志工作“十三五”规划》。经兵团党委办公厅、兵团办公厅向各师（市）、院（校）党委及兵团机关各部门、各直属机构党组（党委）转发。坚持依法修志、依法治志，依法履行组织、指导、督促和检查地方志工作职责，确保到 2020 年与全国同步完成兵团三级修志任务，实现兵团、师（市）两级综合年鉴全覆盖。

（三）积极推进第二轮修志工作

1. 完成了《兵团志（1986—2010）》统稿工作。2015 年底，志稿全部通过评审，形成送审稿。2016 年底，兵团志办公室分工协作，对志稿反复修改、补充、完善。严格遵循志书编纂要求，立足全兵团角度和高度，强化全书的整体性，加强综合平衡，理清发展脉络，形成一个有机整体。完成了自然、政治、经济、文化、社会五大部类志稿的合成、统稿工作。

2. 完成了《新疆通志·兵团卷（1986—2010）》的供稿任务。兵团志办公室在 300 多万字《兵团志（1986—2010）》志稿的基础上，按照新疆维吾尔自治区地方志办公室相关规定和要求，对原志稿进行压缩篇幅、提炼精华、消减一般、突出重点。2016 年底，形成了 50 万字的送审稿。

3. 督促指导师（市）、团（场）修志工作。兵团志办公室将《兵团史志工作“十三五”规划》下发，各师（市）制定出完成任务时间表、路线图，力争在 2020 年前与全国同步完成第二轮修志。调研各师（市）修志开展情况，根据具体情况做好分类指导。督促兵团试点单位二师 4 个团（场）和六师 3 个团（场）尽快出书，指导六师五家渠市召开二轮修志启动大会，并培训修志人员。向五师双河市、十四师昆玉市发督促函，要求尽快启动修志工作。对《皮山农场志》《二团志》《三团志》《六团志》《十三团志》《二二四团志》《石河子乡志》等志书编纂工作进行跟踪服务、检查指导，尽快形成送审稿。至 2016 年底，14 个师（市）全部启动了第二轮修志工作，兵团第二轮修志正常有序地进行。

4. 做好对师（市）、团（场）送审志稿及篇目的审查、验收工作。至 2016 年底，兵团志办公室完成《皮山农场志》《二团志》《三团志》《六团志》《十三团志》《石河子乡志》等 6 部志稿的审查工作。完成《二十五团志》《二十七团志》《六师五家渠市志》上报篇目大纲的审定修改工作。完成审读修改《八师石河子市志》中大事记修改意见。兵团正式公开出版志书 14 部，其中师（市）级志书 4 部，分别是《兵团党委党校志》《新疆农垦科学院志》《兵团勘测规划设计研究院史志（1952—2012)》《图木舒克市志》，团（场）级志书 10 部，分别是《一团志》《三团志》《六团志》《十团志》《十六团志》《四十九团志》《五十三团志》《一〇三团志》《北新路桥公司志》《皮山农场志》。同时，兵团志办公室支持各行业专业志书的编辑和出版，指导《兵团煤炭工业志》资料搜集、参加志稿评审会。

（四）大力推进综合年鉴工作

至2016年底,《兵团年鉴》已编辑出版31部,多次获得国家级各种奖项。全兵团有14个师（市），师（市）级编辑出版年鉴单位有7个，分别是一师阿拉尔市,四师可克达拉市,六师五家渠市,七师、八师石河子市,十师北屯市,十一师，占总数的50%，已编辑出版年鉴55部。十三师计划于2017年红星市建市挂牌启动师综合年鉴创刊工作。全兵团有176个团（场），编辑出版团（场）级综合年鉴的有15个,占总数近10%,已编辑出版年鉴102部。团（场）级编辑出版年鉴的有第七师、八师石河子市，其中七师有5个团（场）编辑出版年鉴，八师石河子市实现两级全覆盖。一师阿拉尔市启动了《十团年鉴》《六团年鉴》编辑出版工作。另外，编辑出版专业年鉴单位有4个，已编辑出版年鉴25部。

（五）做好史料地情资料出版发行工作

至2016年底，兵团编纂出版各类行业志部门志专业志105部，地情书42部。由兵团党委党史研究室、兵团志办公室编辑的《兵团历史文件选编》系列丛书，由兵团出版社出版发行，分送到中央和国家机关各省部局办及各大图书馆。该丛书分《兵团历史文件选编（1952—1981）》（第1册）、《兵团历史文件选编（1981—2000）》（第2册）、《兵团历史文件选编（2001—2008）》（第3册),《兵团历史文件选编（1949—1980）》（第1册）、《兵团历史文件选编（1981—2000）》（第2册）。该丛书是继《兵团贯彻中央新疆工作座谈会大事记》《兵团工作文献选编（1949—2014）》之后党和国家屯垦成边理论研究又一重大成果。由兵团党委党史研究室编撰，新疆人民出版社出版发行的《兵团史料选辑》26部，其中《兵团史料选辑·援外专辑（25）》《兵团史料选辑·农业专辑（26）》，分别为42万字和82万字。继续做好《资政参考》编辑工作，共编印发行29期，撰写资政报告110篇，为兵团领导决策提供重要参考服务。继续做好《兵团史志工作简讯》编辑工作，共编印发行40期。设特载、领导讲话、干部任免、修志动态、年鉴工作、理论研究、经验交流、第二轮修志答疑等栏目，共刊载各类信息、稿件、文章1000余篇，约100万字。

（六）不断加强调查研究和业务指导力度

兵团志办公室采取下基层调研和各师前来汇报工作相结合的方式，变单项下基层调研为双向交流，更好地了解到基层地方志工作的实际情况和存在的问题，极大地提高了调查研究效率和业务指导针对性，有力地推动了第二轮修志工作的进展。一是下基层调研，了解各单位志书编纂情况，推广经验，促进修志工作。2016年7—8月，兵团志办公室全体人员分批下基层，对各师（市）进行了一次大规模、全覆盖的史志工作调研督查。通过调研，对师、团两级人员编制情况、第二轮修志进展情况、年鉴编纂工作等方面有了全方位了解。二是各师（市）到兵团志办公室汇报史志工作。一师阿拉尔市、八师石河子市、六师五家渠市、十一师、十二师和七师一二三团、一二八团、一二九团史志办负责人到兵团史志办对接史志工作。兵团志办公室召开由何喜清副主任（负责人）、方志处人员参加的工作座谈会，针对史志工作进行分类指导。与会师、团史志工作者分别介绍了工作进展情况，交流了工作经验，提出工作存在的问题和困难，并就今后如何开展好史志工作进行了研讨。通过座谈，既解决了问题又产生了新的思路和想法，使基层史志人员对修志工作有了更清晰的认识和更有效的措施。三是派出方志业务骨干到五师双河市开展了为期两个半月工作指导，推动修志工作。

（七）加快方志信息化网站、史志馆建设

《兵团史志工作“十三五”规划》将“建设一个数字史志馆，实现史志著作网络化，构建兵团史志资源共享数据平台”列为主要发展任务。至2016年，在单位内部基本实现了各类文件网上接收、审核、修订、印发，大大节省了从组稿到定稿的时间，并可方便地查阅各类稿件资料，还实现了全兵团志鉴稿件起草、修订、审核、定稿、归档、发布、利用一网式办理。安排全体人员参加公务员计算机技能培训，为开展史志网站建设打下坚实基础，有力提升了地方志信息化建设专业水平。兵团志办公室积极对建立网上史志馆着手进行规划设计，积极搞好网上史志馆资料的架构工作，做到各师（市）上报

史志鉴各类书稿要全部实现电子化，同时着手对 1986 年至今的所有史志鉴资料光盘以及已经出版的各类史志鉴电子版进行全面梳理，实现电子化。在充分调研论证的基础上，依托兵团政务网站平台，建设数字史志馆，实现史志著作网络化，积极推进“兵团史志网”建设。

四师七十二团红军纪念馆、七师一二八团史志陈列馆、一三〇团史志陈列馆自筹资金建成正式开馆，每年接待观众上万人次。

二、存在问题

兵团志办公室在组织管理、编辑编纂、理论研究和专业队伍建设等方面进行了富有成效的探索，取得了一些成绩，但也存在一些薄弱环节。一是团（场）级没有史志机构编制，多数为兼职人员，相对第二轮修志出书任务繁重，在一定程度上影响了兵团方志事业可持续发展。二是志书质量还有待于进一步提高。兵团机关各部门和兵团各团场修志人员大多是临时聘用参与编纂工作，工作经验和业务水平相对不足，志书质量还存在这样那样的问题和不足，离出精品佳作要求还有较大差距。三是开发利用方志资源不够。地情网站建设还没有达到方志资源利用的最大化，缺乏实践经验，理论研究滞后，编史修志手段现代化程度不高等等，这些问题都是今后工作中应该引起重视和逐步解决的。

三、兵团方志事业发展趋势及展望

（一）抓住机遇，扩大史志成果，形成一树多果

兵团史志工作要随时准备向“丝绸之路经济带”建设提供实时信史文化资源、文化品牌支撑。兵团综合志正本编修年限跨度较大，编纂周期较长，动用系统文化工程量较大，这与当今发展战略很不相适宜。所以不仅要抓一部综合志，还需要做好以下工作：一是要把编史修志过程中形成的原始资料、产生的系列产品，及时转化为可提供利用的史志成果。二是要把单一重视编修综合志正本，向行业志、专业志、部门志、特色志方面转变。三是要把史

志成果及时转化为地情资料、地情文献，多出“短平快准”（出书周期短、保险系数大不会流产或夭折、编写速度快、切入点精准）的地情文献资料。

（二）又快又好地编纂出版兵团第二轮志书，深化史志资源利用

通过编修志书，把兵团广大人民群众在党的领导下的屯垦戍边伟大实践和成就、历史和经验载入史册。翔实收集好各方面资料，全面系统真实地记述好这段历史，留传后世，必将为加速建设富裕、文明、和谐兵团提供有益的参考和借鉴。兵团志书成果作为“官书”，不能束之高阁，而要在资政育人方面做大胆尝试和探索，为当地制定规划、经济建设、开发资源、招商引资、减灾防灾等服务。兵团及各师（市）、团（场）利用志书资料编写成为乡土教材，向广大职工群众进行热爱新疆、热爱兵团教育。聘请史志工作者到党校授课等，兵团史志书籍作用越来越凸现出来。

（三）开阔视野，营造方志事业大格局，不断拓展方志工作新领域

紧密结合兵团党政工作大局，不失时机地与组织、宣传、党校、政策研究等部门联合，参与编写兵团题材的电视宣传片、读志用史活动、举办地情展览等。结合军垦文化，编纂出充满正能量的教科书典籍。兵团及各师市、团场利用史志资料作为乡土教材，写兵团的事、写身边的人。利用史志文物资料，建立和丰富各级爱国主义教育基地、军垦纪念馆、历史博物馆、红色旅游景区等。

编后记

从2015年中国地方志指导小组办公室（以下简称中指办）正式启动“一体两翼”工程以来，《中国方志发展报告》已经取得了重要成果。《中国方志发展报告（2015）》于2015年12月正式出版，《中国方志发展报告（2017）》和《中国方志区域发展报告（2017）》历经两年辛勤编纂，如今付梓面世。

《中国方志发展报告（2017）》，由总报告，有关地方志工作机构、课题组提交的专题报告以及附录汇编而成；《中国方志区域发展报告（2017）》，由各省（自治区、直辖市）地方志编委会办公室、新疆生产建设兵团志办公室报送的区域发展报告汇编而成。

2016年8月，《中国方志发展报告（2015）》出版座谈会暨《中国方志发展报告（2016）》编纂启动会在京召开，会议邀请了近60位省级地方志工作机构负责人、撰稿人以及方志界和科研院校的专家、学者参会，制定了《〈中国方志发展报告（2016）〉项目实施方案》，设立了总报告、志书编纂及成果评价、区域发展报告、探索与创新等栏目，安排了编纂任务分工。而后，各省（自治区、直辖市）地方志编委会办公室、新疆生产建设兵团志办公室组织人员申报，填写《〈中国方志发展报告（2016）〉分报告撰写申请表》，《中国方志发展报告》评审委员会逐一审核确定。之后，中指办方志处积极与各单位沟通协调，协助撰稿人完善撰写提纲及收集、整理资料等。同年11月，各位撰稿人陆续提交报告初稿。2016年12月至2017年2月，方志处逐一对报告进行审阅并提出了修改意见，联系撰稿人修改稿件。2017年4月，《中国方志发展报告（2016）》初稿顺利完成。6月，《中国方志发展报告（2016）》初稿评审会在京召开。会议在征求各级领导、专家和撰稿人意见的基础上，讨论并通过了《中国方志发展报告（2016）》改为《中国方志发展报告（2017）》、时间断限确定为2015年1月1日至2016年12月31日、全书分为《中国方志发展报告（2017）》和《中国方志区域发展报告（2017）》等决定。会后，各省级地方志工作机构审定《中国方志区域发展报告（2017）》各分报告，各撰稿人审定并增补《中国方志发展报告（2017）》各分报告。7月初，方志处对所有审定后稿件进行复审，陈旭负责对《中国方志区域发展报告（2017）》进行统稿。7月底，上报中指办领导终审。8月，交付方志出版社出版。

《中国方志发展报告（2017）》和《中国方志区域发展报告（2017）》在编纂过程中，得到了中国地方志指导小组及其办公室领导的高度重视。中国社会科学院院长、中国地方志指导小组组长王伟光，中国社会科学院副院长、中国地方志指导小组常务副组长李培林对这项工作给予关注和肯定，并就编纂工作作出重要指示。中国地方志指导小组秘书长，中指办党组书记、主任冀祥德，高度重视《中国方志发展报告（2017）》和《中国方志区域发展报告（2017）》编纂工作，从报告定位、篇目框架、标准规范等方面提出指导性意见和建议，还对全书进行了审定。中指办副主任刘玉宏、邱新立十分关心编纂工作进展情况，并对全书进行了审定。

本书可以说是集体智慧的结晶，得到了各级领导的高度重视和各级地方志机构的大力支持，各位撰稿人不辞辛劳反复修改，各位编辑加班加点认真负责。在本书出版之际，我们向所有参与和支持本书编修的同仁表示由衷的谢意。

由于编者经验和水平有限，不足之处在所难免，恳请广大读者提出宝贵意见，以便我们在下一年度的《中国方志发展报告》中改进完善。

《中国方志发展报告》编辑部

2017年12月